大学美育

COLLEGE AESTHETIC EDUCATION

李麟学　王鑫　主编

同济大学出版社 · 上海
TONGJI UNIVERSITY PRESS · SHANGHAI

图书在版编目（CIP）数据

大学美育 / 李麟学，王鑫主编 . -- 上海：同济大学出版社，2023.9
ISBN 978-7-5765-0907-6

Ⅰ. ①大… Ⅱ. ①李… ②王… Ⅲ. ①美育－高等学校－教材 Ⅳ. ① G40-014

中国国家版本馆 CIP 数据核字 (2023) 第 152691 号

大学美育
COLLEGE AESTHETIC EDUCATION

李麟学　王鑫　主编

责任编辑：宋立 | **责任校对：**徐春莲 | **装帧设计：**完颖

出版发行：同济大学出版社 www.tongjipress.com.cn
（地址：上海市四平路 1239 号　邮编：200092　电话：021-65985622）
经　　销：全国各地新华书店、建筑书店、网络书店
印　　刷：上海颛辉印刷厂有限公司
开　　本：710mm × 1000mm　1/16
印　　张：26.75
字　　数：470 000
版　　次：2023 年 9 月第 1 版
印　　次：2024 年 8 月第 2 次印刷
书　　号：ISBN 978-7-5765-0907-6
定　　价：98.00 元

序一

美不远人，以美施育

文　顾祥林

同济大学副校长

拿到《大学美育》这本厚厚的样书，颇多感慨，犹记得两年前组织本科生院、艺术与传媒学院等部门的老师，反复组织论证《同济大学美育实施方案》的场景。之后经过学校常委会的审定，在实施方案基础上，同济大学美育建设工作进入快车道。“大学美育”课程作为同济大学美育工作的核心课程，经过两年多的策划、论证、组织、建设、实施和优化，目前，同步线上课程已对社会开放，《大学美育》教材也将付梓发行，美育课程建设结出了丰硕的果实。

自2015年以来，习近平总书记、中共中央办公厅、国务院办公厅以及教育部在全国教育大会的讲话中，反复强调加强和改进高校美育工作。大学美育是培根铸魂的工作，提高学生的审美和人文素养，全面加强和改进美育是高等教育的重要任务。

同济大学的美育实施方案坚持三个坚持：坚持正确方向、坚持面向全体、坚持协同创新，并提出总体指导思想，即以习近平新时代中国特色社会主义思想为指导，全面贯彻党的教育方针，坚持马克思主义指导地位，坚持中国特色社会主义教育发展道路，坚持社会主义办学方向，坚持明德引领风尚，落实立德树人根本任务，引领学生树立正确的审美观念、陶冶高尚的道德情操、塑造美好心灵，切实改变高校美育的薄弱现状，遵循美育特点，弘扬中华美育精神，以美育人、以美化人、以美培元，培养德、智、体、美、劳全面发展的社会主义建设者和接班人。

同济大学在大学美育课程建设过程中，着力打造具有学校鲜明特色的美育教育高地，构建大美育培养体系。通过美学及相关学科基础理论课，培育学生基本的美学理论素养；开设普及性美育通识课，提高学生审美能力和水平；以“课程思政”体系建设为契机，挖掘不同学科所蕴含的美育资源和承载的美育功能，并与各学科教育实践活动有机结合，将美育贯穿专业教育教学全过程；以校园文化活动为载体，开展丰富多彩的艺术教育和审美实践活动，加强美育与德育、智育、体育和劳动教育的融合；结合“互联网+”模式，扩大优质美育资源的覆盖面，创新美育工作的内容与方法，加强基于移动互联网的美育学习平台建设；充分利用各类载体，营造具有美感的校园文化氛围。教学团队结合同济大学情况，提出“课堂美育、学科美育、二课堂美育、环境美育、网络美育”五育并举的方针，形成完善的课程总体框架，总体上构建“大学美育”核心理论课程与近 200 门美育实践课程，构成“大美育”课程体系。

“大学美育”课程以网上慕课的形式呈现，包含四个板块，即人文艺术美学、艺术鉴赏提升、工程科技美学、美学全人培育的课程录制，也即将完成图书出版工作。目前已经完成两个学期的教学工作，学习课程的人数超过万人，这是同济大学美育教学工作的新突破，也体现了课程团队的出色工作。

即将出版的《大学美育》体现如下三个突出的特点：一是，授课教师高手云集，近三十位老师参加授课，既包括汪品先、裴钢、李杰等院士，也包括人文、艺术、建筑、设计、书法、时尚等领域的院长与著名教授，还包括二胡演奏家、芭蕾舞表演家等具有丰富实践经验的实践者；二是，课程突出同济特色，尤其在工程科技美学板块，主张将专业和美育结合起来，更有独特的气质和教育的针对性，其中的城市之美、建筑之美、园林之美、设计之美、数理之美、机械之美、基因之美等，深入结合同济学科和专业特点；三是，课程充分体现“美育全人”教学理念，尤其结合院士大家的亲身经历，讲述人文艺术和审美活动对自己的影响，给自己的事业发展、人生追求带来的意义，展现美育如何让人成长为一个“完美和谐的人”。

前些日子，我去同济大学校史馆，在宗白华先生的图片前驻足良久，中国美学史上的大家、中国现当代美学的“双峰”之一宗白华先生，不仅是同济大学培养出来的杰出校友，更为中华美育留下了丰富的思想和教育资源。因此，同济大学的美育工作，有历史、有传承、有发展，也有创新。同济大学历届校领导也积极推动同济大学美育和艺术的教育工作。同济大学要培养全面发展的创新型人才，培养拥有健康体魄和美好心灵的人才，培养有持续成长后劲的人才，让学生成为真正的“社会栋梁、专业精英”，就要实现学生的理性思维和感性思维、科学思维和人文思维、抽象思维和形象思维多重培育的统一。美育教育责任重大。

孔子讲，“道不远人”，其实，美也不远人！在宗白华先生的小诗里面，细雨落花、流水清音、天幕孤星，都会让我们看到美，也能体会到不同的意境。在我们建设国家、改造世界的过程中，无论是下潜深海还是建造桥梁，无论是探寻数理公式还是生命基因，都蕴藏着和美有关的内容。同济大学的大学美育课程，就是培育每个学生发现美、感受美、创造美的能力，培养学生未来能够健康、美好和幸福生活的能力。

希望“大学美育”这门课程给同学们带来更丰富和开阔的生命感受，也希望同学们在阅读这本教材的时候，能够感受到它蕴藏的精彩世界。美不远人，让我们拥抱它！

是为序。

顾祥林

2023 年 8 月　上海

序二

发展美育，造就完整而全面发展的人

文　高建平

中国社会科学院研究员，中华美学学会会长

同济大学的老师们组织了一支精干的团队，编写了《大学美育》这本教材，嘱我写几句评论。最近一两年，我常常应邀到一些综合性大学去做讲座，被要求讲美育的话题。综合性大学是否需要发展美育，如何发展美育，这个问题也就绕不过。同济大学是一所以强势工科闻名的大学，现在也日益成为迈向国际一流的综合性大学，本书对在全国综合性大学中发展美育，可起到引领作用。

谈到美育，首先要解决的是美育与美学的关系。1790 年康德出版了《判断力批判》。席勒研读了此书以后，于 1793 年开始写作《审美教育书简》，并于 1795 年出版。因此，许多人都说，美育理论是在美学理论的基础上形成的。这么说也不算错，但需要对这一论断做进一步的辨析。美学作为一门现代学科，包括了一些在 18 世纪和 19 世纪才产生的基本概念，如“美的艺术”“崇高”“天才”“趣味”等。在这些关键概念的基础上，建立起了美学的理论体系。“美学”一词从德语“Ästhetik”翻译而来，其本义是“感性学”。它所要实现的是促进人们对感性独立性的重视和对感性能力完善的追求。美学研究人通过感性直观而与世界构成的情感关系，并借助一些概念体系来表述这种关系，使这种关系明晰化。人的审美能力并不是借助美学而得以形成，这正像人的语言能力并不是借助语言学而得以形成一样。没有一个学习语言的人是先学会语法，再掌握一门语言的。同样，也没有人先学习了美学，才学会审美。研究美学的人，毕竟是少数专业研究者。

如果将美育建立在对美学这个学科所包含的复杂的概念结构基础上，那么，非专业的普通民众和青年学生，就很难接受。然而，美育与美学又是紧密关联的。美学研究的发展，现代美学体系的形成，只是促使人们重视审美能力培养，使已有的审美能力得到强化而已。从这个意义上讲，美育依托美学这门学科的发展，并以美学作为理论基础；但是，美育的实施，却具有实践性，它本质上是一种教育活动，通过具体的教育过程而得以实现。向大众讲述美学，用更为通俗的语言，更为生动的例子讲解美学上的道理，与美育并不是一回事。美育是审美指向和能力教育，所提高的是人的修养而不是丰富人的知识，重在提高思辨能力。

由此谈到第二个问题，即什么是美育。美育是人的审美趣味的培养。人们常说，爱美之心，人皆有之。这是说，人对美的向往、爱好、追求，是先天就有的。其实，这种说法，也要看如何理解。说先天就有，也只是有一种对爱美的倾向而已；说不是先天就有，是指审美能力的培养，还需要经过熏陶、教育，甚至练习。先天有爱美的倾向，但审美的指向和能力，都需要后天培养。美育的目的，就是校正这种指向，培养相应的能力。

关于美育，可大致分两点。第一是培养审美指向，即以什么为美，到何处去寻找美，确定什么才是美。美具有普遍性，但也具有特殊性。世界上有共同的美，也有属于各自民族、文化、历史时期和社会阶层的不同的美。对此进行辨析，认定美在哪儿，以什么为美，这是美育的一项重要功能。第二是培养审美能力。这是指对美的敏感度、审美反应的强烈性，以及对美的反应的持久性。人们对美的感受能力，具有先天的因素，也是培养而成。大卫·休谟曾以品酒为例，说高明的品酒师会有极敏感的辨识力，能在酒中品出误掉入桶中带扣钥匙的金属味与皮革味。这是一种对美的超凡的敏感度，通过品酒的实践获得。对美的辨识和感受能力每个人都有，但各不相同。美育的一个重要的目的，就是提高这种审美能力。

摆在我们面前的这本书，就是想要做这方面的努力。关于美的本质、范畴，以及美感过程和性质等问题，是属于美学理论著作研究的；而从何处寻找美的事物，怎样借助这些事物培养审美能力，使这些能力得到提高，这是美育要做的事。只有明晰地做出区分，才能不把美育教材写成美学教材。

目前已经有不少关于大学美育的教材问世。这本教材的一个独特之处就在于，它打破了原有的美学原理框架，从审美能力的培养出发。这本教材背后有美学作支撑，但不是将美学的理论知识直接讲出来，而是以教育实践为中心，体现出四个特点。第一，讲人文艺术教育的内容及其意义。第二，通过一些典型的艺术门类的讲述，学生掌握这些艺术门类的知识，从而培养其审美能力。艺术鉴赏是提高审美能力的抓手，通过艺术鉴赏，可使审美辨识力和敏感度得到提高，形成审美修养。第三，讲述工程科技中各个门类的美的特点，对生活中的美做全面的介绍。这一部分特别重要且具有创新性。在美学史上，有自然美与艺术美之分。在现代社会，由于工程科技的发展，美的划分早就超越了这个阶段。在人所创造的专供欣赏的艺术与并非人所创造的自然之间，存在着一个巨大的由人所生产的世界。这就是由建筑和城市建设、工程技术、工业设计、各种日用工业制成品所形成的现代人的生活世界。夏尔 · 巴托提出了“5+2”的划分模式（指绘画、雕塑、舞蹈、音乐和诗歌这五种最典型的美的艺术，加上兼具实用性的演讲术和建筑术），但其实，他所认为的介乎“美的艺术”与自然之间的，并不仅仅限于他所谓的建筑术与演讲术，在那里存在着一个他没有想到，也无法想象的巨大的工业设计、工程技术、创意产业的世界，并且，随着现代化的推进，这个世界会变得越来越大，不断侵蚀“美的艺术”的世界和自然的世界的地盘。在这里，美无所不在地存在着。生产和创造这些美，是当代人工作的组成部分和努力的方向。这一切都是人所创造的，而创造的前提是人需要接受美育。只有懂得美和对美敏感的人，才能从事这种美的世界的创造工作。第四，讲人的全面发展与美育的关系。这提升了本书的价值和意义。美的世界要靠人去建设，而人要靠美育去铸造。总的来说，本书结构和课程结构的设计，在大学美育中，既具有创新性，又稳妥可行，在当前的种种美育教材中，具有突出的特点和优点。

美育在生活中具有重要而积极的意义。中国人的美育传统，可以追溯到先秦的礼乐以治世。现代的美育，建立在现代美学的基础上，致力于人的全面谐调发展。过去四十多年的时间中，美学经历了三个阶段。首先，改革开放之初的“美学热”，通过美学来解放思想，改变人的精神面貌。其后，经济成为主战场，美学暂时受到冲击。近年来，随着经济社会的发展，需要有相应的人的素质的提高，美育在这种素质和品位建设、人的均衡发展中，起着重要的作用，引发了全社会的重视。

最后，再次回到美学与美育关系上来。美育教材不能只是美学教材基础上的添补，而是要将美学理论囊括其中，面向学生的实际，提供具体有用的有关美的知识，在实践性、操作性和感受性的活动中，提高受教育者的审美水平，希望这本教材能起到这方面的引领作用。

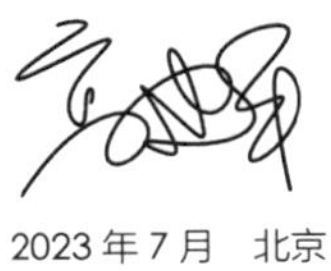

2023 年 7 月　北京

目 录

第一讲

导论：人为何需要美

文　李麟学

同济大学艺术与传媒学院院长，建筑与城市规划学院长聘教授，博士生导师对“美的向往”是人的本性，爱美之心，人皆有之。

《诗经》中有“关关雎鸠，在河之洲。窈窕淑女，君子好逑”[1]的表述，表达了男女的爱慕之情，也有观点认为这表达了对真理的孜孜以求，无论怎样理解，都体现了古人对美的向往。

《论语》中讲述了一个非常美的场景，孔子聚徒授学，闲暇时与大家闲聊，问学生：“你们未来有什么样的志向，有什么样的情志？”他的学生曾皙说：“暮春者，春服既成，冠者五六人，童子六七人，浴乎沂，风乎舞雩，咏而归。”[2]暮春时节，大家在沂河之滨，吹着风、咏着诗，这是曾皙设想的未来理想社会的一个“大美”场景。除了以上的“大美”，还有“小美”，例如，在下面这幅钢琴演奏的画面中，钢琴节奏与计算机程序完美配合，再结合数字媒体投影所呈现出的画面，也是一种美（图 1）。

人向往美，但也不可忽视，人们对美的判断具有非常强的主观性，往往会引起一些争议。这些争议是如何产生的暂且不论，但如下案例揭示了对美的判断确存在巨大差异。

位于杭州的民国时代名人——20 世纪 30 年代上海《申报》主编史量才的故居，修缮时外观被涂成极不和谐的色彩；上海的街道在城市改造过程中一度出现

图 1：钢琴演奏（局部）（同济大学艺术与传媒学院提供）

1 诗经 · 国风 · 周南 [M] // 孔丘 编 . 诗经 . 西安：三秦出版社，2018.
2 子路、曾皙、冉有、公西华侍坐 [M] // 孔丘及其弟子 . 论语 . 北京：北京联合出版公司，2017.

了招牌“统一化”现象，受到了很大质疑，与国人的文化认知产生了很大冲突。可以看到，人们对“什么是美”的争议时常很大，为什么这样是美的、那样是丑的；不同时代、不同观念之间有关美丑的争议也非常大。这也恰恰说明，提高我们的审美、追求美是非常重要的。

本篇分为四个部分：第一部分是对“美的历史”的概述，“美”有什么样的历程；第二部分“美与人生”，讲述在生活中为什么需要美，美可以为人生带来什么；第三部分“什么是美”，试图探讨什么是美，美有没有标准；第四部分是“课程框架”，为“大学美育”的核心课程与知识体系勾勒出一个宏观架构。

美的历史

图 2 是西班牙阿尔塔米拉洞穴的史前岩画；图 3 是大艺术家巴勃罗 · 毕加索（Pablo Picasso）在 20 世纪 40 年代的画作，这两张图的主题都是“公牛”。毕加索的公牛经历了具象到抽象的演变过程。可以看到，史前岩画上的公牛画得非常棒，而大艺术家画的公牛似乎与史前时代“殊途同归”。由此，我们可以去追问：什么是美？在不同年代、不同时代，美如何变得越来越抽象？在原始社会、史前社会，人类如何用最简单、朴素的色彩与线条去表达美？

对美的发现和创造，是中国文化中恒久的主题。例如，中国的绘画艺术就有非常长的历程，展示出中国人对美的向往。

美的创造与年龄阶段密不可分。《千里江山图》是北宋王希孟 20 岁前的作品，他深得宋徽宗的赏识，但英年早逝，这幅画是中国绘画史上非常著名的一

2

3

图 2：《受伤的野牛》（*Wounder Bison*），约公元前 15000—前 10000 年，西班牙阿尔塔米拉；图 3：毕加索，《公牛图》，1946 年

图 4：王希孟，《千里江山图》，绢本，51.5 厘米 ×1191.5 厘米，故宫博物院藏；图 5：黄公望，《富春山居图》，33 厘米 × 1239.34 厘米，浙江省博物馆藏，中国台北故宫博物院藏

幅杰作（图 4）。他用青绿颜料来描绘中国的千里江山，可以看到那么年轻的人是如何意气风发、对未来充满想象。而元代的黄公望则恰恰相反，《富春山居图》[1] 是他在 79 岁时的画作（图 5），那时的他已度过漫长的人生历程，隐居在富春江畔，远离尘嚣。透过这两幅画，可以看到，中国古代的山水画、文人画等，展现出中国文人对美的孜孜追求，也可以看到，不同年龄段的中国文人画作的不同，以及他们是如何创造美的。王希孟用青绿山水方式表现出来的绘画细节，在今天仍令我们叹为观止。黄公望则用笔顿挫转折，山石的勾勒洒脱而富有灵气，浓淡得体，令人心生向往。

通常而言，五四新文化运动前后，是我国在美育、美的认识方面一个非常重要的转折时期，其中的一位关键人物就是当时的北大校长蔡元培。中国美术学院曾主办了有关“新文化运动与美育启蒙”的展览，以蔡元培、陈独秀、丰子恺、林风眠等为代表的“大家”为主角。他们中既有政治家，也有教育家、艺术家、思想家，在提倡民主科学的同时，还特别强调美的重要性。当时为什么要提倡“美”？蔡元培设想“以美育来代替宗教”，他认为，美育可以救国，通过美的教育可以陶冶人们的生活情趣，增强对美好事物的感受。在此基础上，蔡元培提出“莫如舍宗教而易以纯粹之美育”[2]。图 6 是《新青年》的封面，图 7 是蔡元培在《新青年》上发表的论文，当时的艺术家、思想家在法国巴黎组织展览活动并留影。可以看到，那个年代的学者希望把美育引入社会。当蔡元培提出“美育

---

1 《富春山居图》是黄公望在元至正七年（1347 年）79 岁归富春时为师弟郑樗（无用禅师）作，三年而成，是中国十大传世名画之一，被誉为“画中之兰亭”。画卷几经易手，并因“焚画殉葬”而身首两段，前半卷《剩山图》，现藏浙江省博物馆；后半卷《无用师卷》，现藏中国台北故宫博物院。2011 年 6 月，前后两段在中国台北故宫首度合璧展出。

2 出自蔡元培北京神州学会演讲《以美育代宗教说》，原载于 1917 年 8 月《新青年》3 卷 6 号。

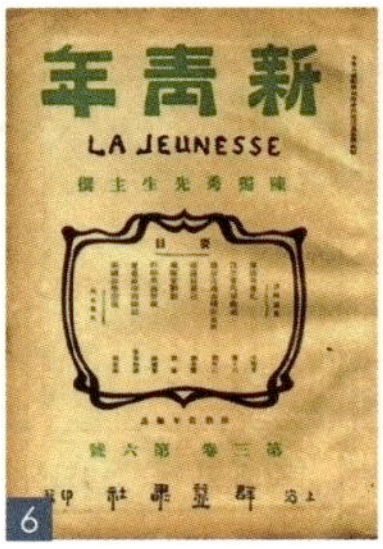

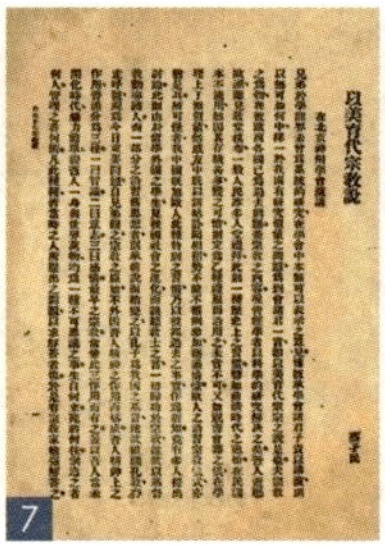

图 6：《新青年》封面；图 7：蔡元培发表于《新青年》的论文；图 8：莫奈，《睡莲》；图 9：莫奈花园（李麟学 摄影，2001）

救国”的时候，他有很多宏阔的想法，所以中国美术学院的杭间教授说：“从某种程度来说，蔡元培先生的‘美育救国’没有过时，也不是危言耸听。”[1] 大艺术家吴冠中曾说：“‘美盲’其实不是审美形式的缺乏，而是折射出民族整体素养的缺失。而更为重要的是，这样的缺失事关我们的创造力。”[2]

从以上这些关于美的历史片段中，我们可以深刻地体会到，今天为什么要在一个更高的层次上来关注美、关注美的教育。

美与人生

人生需要美，我们可以通过一些名人的故事，观察人生与美的创造的关系，思考在他们的职业、专业发展中，美的教育、美的熏陶起到了怎样的作用。

图 8 是奥斯卡 - 克劳德 · 莫奈（Oscar-Claude Monet）的画作《睡莲》。莫奈是法国著名的印象派创始画家，在 19 世纪末 20 世纪初期，印象派绘画引领了整个欧洲画坛与艺术界。在法国的吉维尼小镇有莫奈的故居“莫奈花园”。图 9 是笔者于 2001 年在“莫奈花园”拍摄的照片，可以看到花园的睡莲、垂柳和光影。每天，莫奈会坐在水边作画，捕捉不同时间段、不同场景下植物的状态、水面的状态以及不断变化的光影印象，所以莫奈被称为“印象派”大师。莫奈的一生留下了非常多知名的绘画作品。到巴黎一定要专程去一趟莫奈花园，在那里

---

1 出自杭间关于 2021 年“设计的价值在中国新增展中展：新文化运动与美育启蒙”展览的讲话。
2 吴冠中先生曾说：“今天中国的文盲不多了，但是美盲却很多。”

可以看到莫奈营造的一个非常美的、与画作呼应的真实世界，那时你就会明白何谓“美的人生”。

当然，除了艺术家天然需要美外，科学家也离不开美和美的熏陶。阿尔伯特·爱因斯坦（Albert Einstein）是至今最伟大的科学家之一，如果说爱因斯坦影响了世界，那么音乐则影响了爱因斯坦的世界。他既是一位伟大的科学家，也是一位出色的小提琴手，所以他的夫人说他的智慧一部分来自音乐的熏陶。爱因斯坦热爱巴赫，他的朋友说，他偶尔在计算数学或者解方程式时会通过演奏小提琴来思考。

中国也有非常多的美学大家，如宗白华，他说：“啊，诗从何处寻？在细雨下，点碎落花声；在流水里，飘来流水音；在蓝空天末，摇摇欲坠的孤星。”[1] 这是多么美的诗篇。

节目《十三邀》中，许知远采访历史大家许倬云时，谈及人们常有的困惑——“找不着人生的意义在哪里”。可以说，在寻找人生意义时，“美”是一个很重要的坐标，它会帮我们确定人生的方位、人生的意义。在匆忙的人生中、在人们努力奋斗的历程里，可以停下脚步欣赏一下美的物体、美的物件、美的自然等，这就是非常重要的“美的意义”。

蒋勋也是一位非常知名的美学家，他大学毕业以后就在巴黎的卢浮宫做导游，天天接触美的作品，这深深影响了他以后的人生。

所以，美不仅是一门知识、一门学问，也是人的一种生存的智慧和境界。可以看到，美对人生有非常重要的意义。

美还具有非常广阔的范畴。设计是一种美，很多品牌的设计和故事里都蕴含了美的要素，如苹果（Apple）公司。苹果公司的创始人是史蒂夫·乔布斯（Steve Jobs），乔布斯读书时对所选专业非常不感兴趣，就退学了。但他退学以后，又去旁听其他专业的课。他学习了书法、设计、宗教、哲学等，认为这些是他需要学习的课程。好在校长非常支持他，给他提供了很多便利。没课的时候他就去研究计算机。乔布斯工作之后，先在雅达利公司工作了一段时间，这家公司是当时美国初创企业中最知名的。工作一段时间之后，乔布斯又去印度修行了一段时间。为什么去修行？因为他一直有困惑。在这些经历中，他慢慢地形成了自己的

1 宗白华．流云小诗 [M]. 北京：中国文联出版公司，1999.

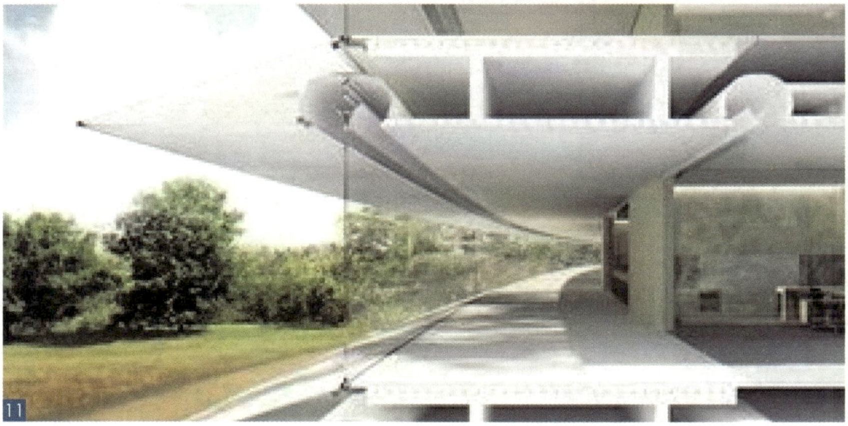

图 10：苹果飞船总部大楼（Apple Park）；图 11：苹果飞船总部大楼建筑断面

美学基础，建立了自己的价值观、美学观，这些也影响了苹果公司之后的很多设计。今天你拿在手中的“苹果”产品，里面孕育着或者说结合了非常多的美的设计要素。

当然还有乔尼 · 艾维（Jony Ive），他是苹果电脑背后的设计天才。他是一个阅读障碍症患者，但是对触觉非常敏感，后来他把触摸的元素融入产品设计，这就是“触屏”概念产生的原因。

谈到苹果，还可以再延伸一下。乔布斯想在库比蒂诺建一座苹果总部公司，便找到英国建筑大师诺曼 · 福斯特（Norman Foster）来做设计。福斯特设计的苹果总部是圆环形的，像一艘大的飞船（图 10）。它的中间是一座巨大的花园，这个花园的尺寸非常大，如果把埃菲尔铁塔放倒，正好可以放在花园里旋转。图 11 是总部建筑的一个断面，这个断面里蕴藏了非常多生态的概念，它是流线形的，所以风可以有效地来加以组织；它的外围是一条以走廊为主的半户外的空间，可以根据季节来调节，人们会呼吸到更多自然的空气，与自然产生更多的视觉联系。当然，这其中也有非常复杂的机械概念、暖通概念以及空气调控的概念等，可以说它们共同营造了一种非常简洁的、人与自然密切交融的办公场所，这样一个场所和乔布斯所受的美的熏陶、美的概念以及他的苹果产品一脉相承。

以上这些事例表明，从大艺术家、大科学家到设计师与工程师，美都影响了他们的人生，影响了他们的创业，影响了他们的成功。由此可见，美的熏陶是人生历程中一个非常核心的要素。

什么是美

什么是美？这个话题看似很简单，实际上很复杂。“大学美育”整门课程会由不同的老师，从不同的角度为大家阐述这个问题。

自古以来，从东方到西方，对于美都有非常多样的、有意思的界定。孔子讲“尽善尽美”“里仁为美”，这是什么概念？就是说，他认为“美”是一种“圆满”，或者是一种“完满”。老子讲“信言不美”“美言不信”，他将“美”与“信”结合起来。庄子讲“天地有大美而不言”，他认为生发于大地的自然的东西是最美的。西方哲学家苏格拉底（Socrates）讲，任何一个美的东西，从同一个角度来讲又是“善”的，他跟孔子有些像，都是说美与善的紧密联系。柏拉图（Plato）讲“美是理念”，他说理念是至高的美。黑格尔（G.W.F.Hegel）讲“美是理念的感性显现”，他更进了一步，指出美除了是一个理念以外，它还以感性的形式展现出来，所以美是一种感性显现。为什么说美比较难传授，这也是一个很重要的原因，它是一种感性的熏陶。总之，我们可以从多个角度去思考什么是美。

第一，美是一种传承，不论从艺术角度还是从历史角度讲，美都是一种不间断的、不同年代的延续，它有很多传承的要素在其中。中国的国画大家黄宾虹，曾在中国美院教书，他的画以系统的传承而知名。他的绘画生涯可分为两个时期，前期被称为“白宾虹”，后期则被称为“黑宾虹”。什么是“白宾虹”？早期，他受到“新安画派”的影响，画以干笔淡墨、疏淡清逸为特色（图 12）；而到 80 岁以后，他逐步形成了自己的风格，笔墨黑乎乎一团，黑密厚重、黑里透亮，因此叫“黑宾虹”（图 13）。除了受到“新安画派”的影响，在 80 岁以前非常长的时间里，他先摹元画，次摹明画，再摹唐画，最后临摹宋画，吸取了唐、宋、

图 12：黄宾虹，《狮子林》，20 世纪 30 年代，纸本水墨，23.1 厘米 ×26.7 厘米，中国美术馆藏；图 13：黄宾虹，《雁宕龙湫》，1951 年，纸本水墨，71.5 厘米 ×31.8 厘米，中国美术馆藏

元、明等不同朝代的艺术风格，从这些不同年代的杰作中，他学的是用笔、用墨，由此形成他的“法备变化”。可以看到，在其人生的大半段时间里，都是在积累。所以到晚年，他的山水画独成一体，他画出来的山川，层次深厚、气势磅礴、惊世骇俗，把中国山水画上升到一个极高的境界。这是一种美，但这种美里面具有很强的传承性，吸收了不同年代有价值、有意义的艺术精华。

第二，美是一种突破，对美的评价没有单一的标准。法国雕塑家马塞尔·杜尚（Marcel Duchamp）的作品很有意思。1917 年正值第一次世界大战，他在纽约的展览中提交了一个小便斗作为作品（图 14）。那时没有人能理解这个作品，所以杜尚被拒绝了，但是有一个摄影家把它拍了下来，后来这居然成了现代主义艺术的一个划时代作品。杜尚把日常生活的现成品签上名当作艺术品，这是什么概念？它是一种观念的艺术，或者说它是一个宣言，这个宣言是跟当时一系列现代主义运动结合起来的。萌发于 1840 年之后的现代主义运动是对传统审美的一种全面的反叛，所以绘画、文学、戏剧、音乐、舞蹈、建筑、设计、电影等各个领域，几乎所有的艺术形式都在这场运动中被极大颠覆。著名的哲学家、文学家波德莱尔（Charles Pierre Baudelaire）说：“艺术的永恒和不可改变的那一面被取代了。”之前大家觉得艺术有统一标准；他还说漂亮甚至不是一个好的词语，恐怕没有一件现代主义的艺术品能得到的最高评价就是漂亮了，除非它漂亮得让人不舒服。所以评价现代的艺术作品又有了一种新的观念，这与当时整个社会的思想演变是结合起来的，也可以说没有杜尚就不会有之后著名的英国当代艺术家达米安·赫斯特（Damien Hirst）（图 15），就没有当代艺术的演进。所以说，美需要在不同的年代、不同的时代去校正美的标准，去做很多突破。

第三，美是一种崇高，会表现很多伟大的主题。比如说大画家徐悲鸿，他一生致力于写实主义绘画。他在绘画创作中，尤其在抗日战争之前的年代里，通过《奔马图》（图 16）、《愚公移山》等作品以托物言志的方式展现家国情怀，成为那个时代民族精神的生动象征。所以他的《奔马图》和《愚公移山》，在那个年代激发了中国人、启示了中国人，在风雨如磐的时代发出了振聋发聩的声音。在这里，美代表着一种崇高的对时代的回响。

第四，美是一种日常，美可以非常普通，看似平淡无奇，却蕴含很深的哲理。图 17 是国画大师齐白石的作品。他自己写了一首非常有趣的打油诗：“塘里无鱼虾自奇，也从叶底戏东西，写生我懒求形似，不厌声名到老低。”就是说，我懒得写生了，大概求个形似就行了。齐白石是一位画虾的高手，普通的虾在齐白石的笔下居然展现得如此生动。它反映了一种日常生活的美好，他对这种日常生活、日常事物、日常物件的美，具有非常强的敏感性。

第五，美是技艺，是一种制作，是一种创造，不论是民间工艺还是当代设计、当代建筑。美是一种技艺，从中国大量的非物质文化遗产和文化遗产里面，我们可以找到非常多这种美的要素。

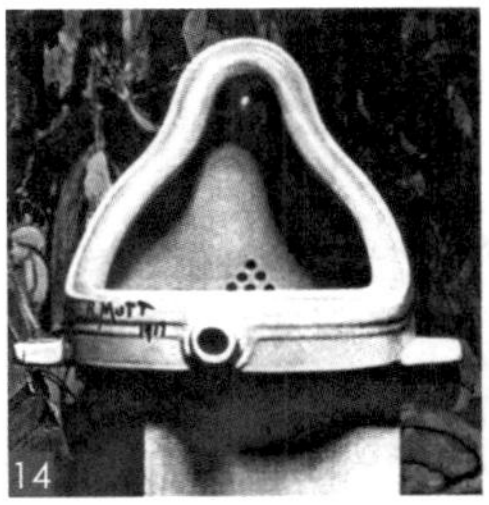

图 14：马塞尔·杜尚，《泉》（*Fountain*），1917 年，艾尔弗雷德·施蒂格利茨摄影，出自《盲男》，1917 年 5 月，费城艺术博物馆藏；图 15：达米安·赫斯特，《生者对死亡无动于衷》（1991），由普鲁登斯·卡明联合公司拍摄

图 16：徐悲鸿，《奔马图》，1941 年，纸本画，130 厘米 ×76 厘米，徐悲鸿纪念馆藏；图 17：齐白石，《群虾》，1951 年，纸本水墨，102.2 厘米 ×34 厘米，中国美术馆藏

第六，美是生活。食养山房是来自中国台湾的林炳辉的一种生活模式，在与自然非常接近的一个场景里面品茗与交流，是生活的一种状态，也是美的展现。

第七，美涉及一个体系的构建。麻省理工学院的物理学家写了一本书，叫《自然的设计》（*Design in Nature*），探讨了所有不同学科的自然法则是什么。比如：一棵非洲的龙树，为什么它长这样就被认为是美的？因为它需要应对物理的环境，需要收集更多的雨水，所以它像向日葵一样拼命地展开，有那么多的枝丫将雨水汇聚到根部，所以我们可以看到，这样一个生长的、自然的系统，它的状态是美的。

第八，美是自然，是一种自然的状态。例如，风向图非常有规律，是美的呈现；从植物、珊瑚、贝壳中可以看到非常多自然的造化，自然是美的塑造者。

第九，美既是艺术，也是科学。有非常多的人把艺术与科学结合起来创造美。这里有一个小小的例子，在纽约现代艺术博物馆（Museum of Modern Art, MOMA）展出的德国艺术家马尔库斯·凯瑟（Markus Kayse）的作品（图

18），他用太阳能来聚焦融化沙子，形成一个沙碗（图 19）。他在撒哈拉沙漠中做了一套太阳能的聚焦装置，设计好程序以后，可以不断地移动，因为聚焦的阳光能量非常高，太阳经过的地方接触的沙子就融化了，融化以后就形成这样一个沙碗，之后被放在博物馆里展出。它既是一件科学的装置，也是一件艺术作品，由此可以看到，科学与艺术之间可以非常好地融合。

第十，美是可见的，也是不可见的。有的东西是看得见的，例如江南的民居，有非常漂亮的构造和木雕（图 20）。图 21 是民居的一个走廊部分，这个走廊是在民居内部的，通常被叫作“风廊”。为什么要有风廊？因为风可以吹过，夏天此处就非常凉爽。同时，这个空间又是内部空间与外部空间的一个过渡，所以它不用封得那么死；而且它设有花窗，这个花窗又透进来非常漂亮的光影。这就是“江南文化”，同时又是一个技术的载体。既有可见的材料、构筑、雕刻等要素，也有很多不可见的要素，如气流的流动、温度的变化等。可见的与不可见的要素共同构成了一种美的集合。

图 18：马尔库斯 · 凯瑟作品；图 19：马尔库斯 · 凯瑟，用太阳能制作沙碗；图 20：江南民居的木雕；图 21：江南民居的“风廊”（李麟学 摄影）

第十一，“美美与共”。美有不同的形式和标准，没有单一的评价，它们之间有很多相通、共存的东西，这是我们去考察美、认知美的非常重要的一个观念。阿布扎比的卢浮宫博物馆分馆，它是一个非常棒的建筑作品，其中以编年史形式设计的展览也非常棒，它把不同地区相近年代的物品和文物展示出来，进行对比性的展示与研究。例如，史前人类要用石斧来敲打、切割，从非洲的到欧洲的石斧，形状基本是对称的，这构成了美的物件的基础。还有不同地区的各种合金面具，有埃及的、叙利亚的、两河流域的、中国的等，在不同地区，金面具的制作、形式是不一样的，但是它们很多美的内涵是相通的。所以说“美美与共”，东方的、西方的，古代的、现代的，美的很多内涵和秩序是相通、共存的。

第十二，美是未来的竞争力。为什么要懂美学，为什么要进行美的教育？因为美育很重要，它是未来的核心竞争力之一。2017 年 10 月，《纽约客》（*New Yorker*）做了未来人工智能发展的报道，人工智能会取代很多职业，甚至人类要做人工智能的乞丐了。为什么会这样？因为它可以取代太多重复性、机械性的工作。但是，也有些工作是人工智能取代不了的，尤其是很多与美相关的、与人打交道的职业，比如艺术家、音乐家、科学家被取代的概率为多少？3.8%、4.5%、6.2%。建筑师被取代的概率为 1.8%，心理医生为 0.7%，教师为 0.4%。也就是说，他们不太容易被人工智能所取代，因为他们所做的工作很多是与人打交道的，与感性、与创造打交道的，与“美”打交道的，所以我讲“美是未来的一种竞争力”。同学们不管从事艺术与文科，还是理科、工科或医科，都得有此竞争力。由此，开设“大学美育”这样一门核心课程就显得非常重要。

“大学美育”课程框架

美育，是一项基本的教育国策。2015年以来，中共中央办公厅、国务院办公厅、教育部都发布了专门的文件来强调高等教育中的美育，提出如何来改进与推进高校的美育工作，提出美是纯洁道德、丰富精神的重要源泉，大学承担了加强美育教育的重要任务，反复强调加强和改进高校美育工作。为切实贯彻落实中央精神，并结合教育实践，同济大学专门制定了美育教育实施方案。美育教育的指导思想是：以习近平新时代中国特色社会主义思想为指导，全面贯彻党的教育方针，坚持马克思主义指导地位，坚持中国特色社会主义教育发展道路，坚持社会主义办学方向，坚持明德引领风尚，落实立德树人根本任务，引领学生树立正确的审美观念、陶冶高尚的道德情操、塑造美好心灵，切实改变高校美育的薄弱现状，遵循美育特点，弘扬中华美育精神，以美育人、以美化人、以美培元，培养德、智、体、美、劳全面发展的社会主义建设者和接班人。

在具体的操作层面，第一，构建了“大美育”培养体系，“大学美育”就是其中的核心课程，并以此贯穿近 200 门的选修与实践课程；第二，以“课程思政”体系建设为契机，贯穿美育教育的全过程；第三，以校园文化活动为载体，在选修课里，同学们参与的校园文化活动也可作为美育教育的一部分；第四，结合“互联网 +”模式，以多元化、丰富性的形式来营造美育教育的氛围。

“大学美育”旨在塑造一个基本概念：美是什么？我们为何需要美？课程包括四大板块：第一板块是“人文艺术美学”，通常讲到美就会想到人文与艺术，讲述美学的基础理论与知识；第二板块是“艺术鉴赏提升”，同学们要学会怎样去欣赏美、体验美，这一部分有非常多样的内容，包括美术时尚鉴赏、文学书法鉴赏、音乐舞蹈鉴赏、戏剧影视鉴赏四个方向；第三板块是“工程科技美学”，这是同济大学美育教育非常重要的特色，讲述在科学、技术、工程里面也蕴藏着丰富的美，这里从建筑之美、城市之美、园林之美、设计之美、数理之美、桥梁之美、AI 之美、机械之美、生命之美等方面去阐释，特别契合了同济大学的专业与学科的分布和特色；第四板块是“美学全人培育”，美的熏陶是全人教育的一部分，课程邀请多学科的中国科学院与中国工程院院士，用他们的切身经历与同学们分享在他们成长过程中，美的关注与养成承担了什么样的角色。

课程的培养目标：一是了解美育在塑造“全人”中的意义、作用与路径；二是了解美学及各艺术门类、流派的基本理论知识，拓展审美视野；三是能够运用美学知识对自然及人类社会中各审美对象进行分析、鉴赏和体悟，提升“发现美、体验美”的能力；四是能够运用美学知识指导自我日常学习和生活，提高审美塑造的自觉性，提升“创造美”的能力。这里面有三个非常重要的阶段：认识美、感知美、创造美。首先要认识什么叫美；其次用心灵去感受美；最后要动手，要结合自身专业和职业去创造美。

下面我们对美的类型与形式做一些基本的阐释。

人文之美。王力教授所著的《中国古代文化常识》，从天文、历法、乐律、地理、职官、科举、姓名、礼俗、宗法、宫室、车马、饮食、衣饰、什物等 14 个方面讲解了中国古代文化的美在哪里、特色在哪里，书中有非常系统的讲述。艺术史大家巫鸿的《中国绘画中的女性空间》，关注的是中国女性空间在绘画中的展现，内容非常聚焦，非常有深度。徐小虎与王季迁的《画语录》，通过对谈形式聚焦中国书画的笔墨艺术。这些书既有广度的拓展，又有深度的挖掘，很好地阐述了什么是“人文之美”。

科学之美。杨振宁教授在接受“何谓物理之美”的采访时说：“我觉得理论物理的美，就是自然界本身的美。如果真的有一个造物主，它有能力去控制基本原则，在一个美的原则和一个丑的原则中选择，那它一定会选择美的。”可以看到，从宇宙学说到混沌理论再到分形理论，数学与物理中潜藏的这种逻辑，就是科学中不乏美的存在，这是“数理之美”，也是自然法则之美。

技术之美。麻省理工学院的名誉校长埃里克·格里姆森（Eric Grimson）说人工智能作为一种技术，是一种非常重要的技术手段，影响着不同的学科；同时，技术的创新会产生新的作用，决定着美的发展。

工程之美。例如，工程技术中蕴含着丰富的美的要素。图 22 是本人设计的中国商贸博物馆的底层混凝土拱，工程的逻辑、受力的逻辑、建造的逻辑以美的形式展现出来。

中国之美。河南卫视的节目《洛神水赋》在水下的舞蹈非常美。通过对中国传统文化的挖掘，从敦煌的飞天、文学的洛神等吸取了非常多中国美的要素。图 23 是江苏盐城九龙口，从空中鸟瞰，它的河湖湿地形成了一种河湖大地之美。

城市之美。图 24 的一个案例是本人主持设计的杭州市市民中心，是在杭州钱塘江畔的一个市政、文化建筑集群。城市的空间与美感，从一张草图（图 25）经过十余年的建设，形成这样一个总体形态。2016 年召开 G20 峰会的时候，它沿江展示出优美的天际线（图 26）。可以看到，对美的构想、对整个城市的构想、对建筑的构想、对人的活动空间的构想，共同构成了城市之美。

乡村之美。城市是美的，乡村更是美丽的，这是今天特别热门的一个话题。为什么？因为大量的乡村文化遗产、文化要素需要我们去挖掘，很多乡村的内容需要去改造，很多的功能需要重新植入，原来的生活需要去提升，这个就是“美丽乡村”。今天在身边存在不同地域的、不同形态的乡村。图 27 是浙江农民的动迁房，建筑师孟凡浩做得非常漂亮，建造出来以后就像江南的水乡画作；王澍是建筑领域国际最高奖项——普利兹克奖的获得者，是中国美院的建筑大师，图 28 是他设计的中国文村，其借助很多农民住房中使用的传统砖石、夯土、木头等塑造了似曾相识但又非常当代的村落形式，可见美丽乡村可以具有非常丰厚的美的内涵。

图 22：中国商贸博物馆底层混凝土拱（李麟学 摄影）；图 23：江苏盐城九龙村；图 24：杭州市市民中心（苏圣亮 摄影）；图 25：杭州市市民中心草图；图 26：杭州钱塘江天际线（苏圣亮 摄影）

图 27：浙江农村民居；图 28：中国文村；图 29：贵州遵义遗体与器官捐赠者纪念碑（章勇摄影）

美的精神。图 29 是本人设计的一个小小的、遗体与器官捐赠者的纪念碑，位于贵州遵义，在一个非常小的半山腰空地，用纯白混凝土做了一个像光一样发散出去的形态，捐赠者的精神是伟大的，就像一点点光，照亮了很多人。它既是一个小小的建筑作品，也展示了一种美的精神。

“大学美育”整门课程授课教师的阵容强大，我们邀请到来自同济大学、华东师范大学、上海博物馆等单位的学者、艺术家、书法家、舞蹈家，还有科学家、文学家、哲学家、建筑师等，共同为大家奉献一场“美的盛宴”。比如，马晓辉老师是非常棒的二胡艺术家，还有同济大学建筑与城市规划学院的李翔宁院长、设计与创意学院的胡飞院长、文化遗产方面的法兰西骑士勋章获得者邵甬教授，以及研究人文、机械、数理、桥梁的教授，我们还请到了汪品先院士、裴钢院士、李杰院士等，来讲授美与全人培育。这是一个非常强大的阵容，一支“梦之队”，他们会从不同的专业、不同的领域，包括人文的、科学的、技术的和工程的，来讲授、交流什么是美，帮助同学们慢慢地打好美的基底。

让我们展望：美的教育，在科教兴国中可以起到这样一个作用——美可以提升软实力，美可以给不同学科领域的同学助力，美可以让同学们具有更宽广的视野、更高的审美品位、更强的创造力。

第一篇

人文艺术美学

第二讲

人文艺术何为

文 王鑫

同济大学艺术与传媒学院传播系主任，长聘教授，博士生导师

人文艺术何为？这是一种提问，也是一次追问，还是一次自问。

在人文艺术典籍和作品中，人们会看到一个人的性情、趣味、审美、追求、信仰和观念，这些作品汇集了个人、民族和国家的经验，“艺术是对人与世界关系的保存，这里面贯穿着人的理性认知、审美感受、伦理承担，记录着人的宗教和信仰。艺术家以具象和个体的方式保存了抽象和普遍的内容”[1]，值得我们去学习、思考、发现，并把它们变成自我生命的一部分，感知时间、空间、人生与世界。

人文艺术何为？如果是一次提问，其要旨在于回答什么是人文艺术。如果是一次追问，就要回答为何要学习人文艺术、意义何在、对于每个生命个体又意味着什么。如果是一次自问，那么如何才能在读书、行路和其他日常生活经验中，不断累积对人生在世的思考，解决与自己的问题、与他人的问题、与社会的问题以及与自然的问题？黄永玉先生曾在中央电视台《文化访谈录》节目中谈及，科学可以进步，但是艺术不存在进步，艺术的状态只能是繁荣。因为，人文艺术解决的是一些人生在世的根本问题，这些问题存在于过去、当下和未来的人的生活中，并不会因为社会的发展、进步，技术的变迁，生活方式的改变就消失或者被解决。因此，或许也需要每个人用一生的时间和实践来回答这个问题。

从两个故事说起

人文艺术是什么？在回答这个问题之前，我想讲两个小故事。

先说说第一个故事。

大概小学三年级的时候，我开始练习硬笔书法。记忆中，《庞中华钢笔字帖》的第一页的第一行，写着这样一句话：“你若喜爱你自己的价值，你就要为世界创造价值。”署名歌德（Johann Wolfgang von Goethe）。那个时候，我还不知道歌德是谁。我不知道他写的《少年维特之烦恼》，也不知道他写的《浮士德》，还不知道他和爱克曼（J.P. Eckermann）有过文学和艺术的交流，后者还写了著

1 王鑫．艺术是人与世界关系的保存——新媒体时代艺术的“变”与“守”[J]. 艺术广角，2015(4)：42-46.

名的《歌德谈话录》。但是，这句话深深地印在了我的脑海里面。我想人的一生应当这样度过吧：你若喜爱自己的价值，就要为世界创造价值。

很多年后的某一天，我去了德国的法兰克福。我在那里寻觅了很久，找寻歌德故居和歌德广场。我想在他的雕像下告诉他，我十岁的时候就认识他，今天，我来看他了。我还记得我终于找到了歌德的雕像，心情非常激动，他的雕像可真高啊，站在他的雕像下，只能仰望，必须仰望（图 1）。

我对歌德说：我来自两百多年之后，万里之外的中国；我小时候就认识了你，你说过的一句话深深刻在我的心里，今天，我不远万里，来到你的面前，想对你说“谢谢你”。

接下来讲第二个故事。

我走上讲台的第一天讲的课程就是“美学”。在此后的十多年里面，美学不仅作为一门知识、一门学问，还作为一种生命智慧和生活方式贯穿在我过去、现在以及未来的人生中。

讲这门课程的时候，我经常会讲到一部作品，就是《米洛斯的维纳斯》（图2）。我看过关于这尊雕像的各种角度的图片，给学生讲她微转的 S 造型，讲作为古典雕塑艺术具有的“高贵的单纯”和“静穆的伟大”（温克尔曼语），讲她裸露的

图 1：《歌德》，法兰克福（王鑫 摄影，2019）；图 2：《米洛斯的维纳斯》，巴黎卢浮宫（王鑫 摄影，2019）

躯体呈现的美感而不能有任何亵渎之情，讲她被时间风化而脱落的斑驳之处，丝毫不影响她的美感。

但是，我从未见过她。

直到有一天，我来到巴黎的卢浮宫。她就像我很久很久之前的朋友，一直在那里，等我来。我终于看到她了，她那么高大，甚至有点宏伟，表情那么端庄、宁静、平和，我终于理解了“高贵的单纯”和“静穆的伟大”。

的确，读万卷书、行万里路，看万般风景（图3，图4），所有我们看到的、听到的、感受到的都将成为你丰饶心灵中最令人沉醉的部分。

图3：瑞士铁士力雪山（王鑫 摄影）；图4：英国乡村（王鑫 摄影）

我曾经问过课堂上的一些学生，如果可以穿越，最想见到的人是谁。

很多同学回答说：苏轼。

是的，很多人都特别喜欢苏轼，他的诗文、他的书法、他的情怀、他的风骨、他的故事、他的传说。天降苏轼，这是对中华文明的恩赐。其实，这样的人的名字还可以罗列长长的一页纸，有哲学家、文学家、诗人、画家、词家、曲家、舞蹈家，还有那些沉没在历史边缘，但是依然值得我们感动和感喟的人。在人生短长不一的路上，人们踽踽而行、辛苦劳作的时候，这些生命是如何饱满起来，又如何能保持着生命力？其实，人类群星闪耀的时刻，那些与生命、生活、生存有关的故事、作品、人物、思想、创见就像一幅长长的画卷铺展开来，给我们提供无数种活出自己的可能。遇到艰辛困苦，可能会想到苏轼的“一蓑烟雨任平生”；看到“月光满天”，可能会想起“举杯邀明月，对影成三人”的李白；回到故乡，可能会深切地感受到“结庐在人境，而无车马喧”的陶渊明；路过岳阳楼，会想起滕子京谪守巴陵郡时重修岳阳楼，记得“先天下之忧而忧，后天下之乐而乐”的范仲淹；走近黄鹤楼，会想起崔颢的“黄鹤一去不复返，白云千载空悠悠”。与这些人文艺术大家的相遇是一件很值得庆幸的事情，庆幸我们在人类文明传承的过程中，能够作为其中的一个部分；更加幸运的是，在遭遇日常生活彷徨与忧伤的时候，在与他们不期而遇的时候，就像和很久之前的朋友见面或聊天，告诉他们自己的忧伤和快乐、踌躇和彷徨，以及“悲欣交集”（弘一法师）。

当然，不只是那些古诗词，也会遇到一些人，他们的可爱、愁苦、恣意盎然、百转千回，也给予后来人力量和支持，让人心境开阔，更加悲悯和体恤，也变得柔软和深情，即使现实生活让人沮丧甚至无助，还是会有信念，会相信“山重水复疑无路，柳暗花明又一村”（陆游）；黑格尔的“就是这种守住自我的镇定，才能让人在任何苦痛中保持静穆并显现和悦”；会记得里尔克（Rainer Maria Rilke）的诗，“哪有什么胜利可言，挺住意味着一切”。在清风习习的夜晚，仰望星空，会想起康德（Immanuel Kant）说：“世界上唯有两件事情能让我心灵震颤，一是头顶灿烂的星空，一是心中崇高的道德法则。”当“心游万仞”的时候，可能会想起陆机的《文赋》、刘勰的《文心雕龙》。刘勰说：“故寂然凝虑，思接千载；悄焉动容，视通万里。吟咏之间，吐纳珠玉之声；眉睫之前，卷舒风云之色。”（《文心雕龙·神思》）人的想象力可以穿越时间和空间，可以自由自在，也可以“于无声处听惊雷”。

这些被不断反刍的诗句和人生，就是人文艺术的力量，它们不只是脱口而出的句段，实际上已经变成很多人生命的一部分。分享这些沉浸在生命中和人文艺术有关的部分，其实也是一次启蒙，那些不被重视或者静置的内容，是如何滋养人的心灵，哺育人的精神。知识和智慧是不一样的，知识是固化的、刻板的，但智慧是生命和知识交融之后活化而成的。所以，人文艺术何为，不仅是一种知识的回答，还需要带着个人的生命感、生命智慧，回答人文艺术何为。

何谓人文艺术

人文艺术何为，涉及三个层面的问题：第一，何谓人文艺术，即什么是人文艺术，有怎样的特征。第二，人文艺术何为，即人文艺术有怎样的意义和作用。第三，如何去学习，即通过什么方式去学习人文艺术，提升自己的人文艺术修养和人生境界。

人类历史上很多智慧者，大抵是百科全书式的人物。比较有代表性的，如古希腊的柏拉图、亚里士多德（Aristotle），中世纪的奥古斯丁（Aurelius Augustine）、托马斯·阿奎那（Thomas Aquinas），文艺复兴时期的达·芬奇（Leonardo da Vinci），等等；中国古代的智者，则更多地探究天人之间的关系、人与人之间的关系，以及人与群体的关系，比如儒家的孔子、孟子，道家的老子、庄子，法家的韩非，墨家的墨子，等等，中国古人的智慧偏重于人文和社会，即使天文和历法这些与自然科学有关的内容，也是服务于人情和世事的。中国古代的六艺：礼、乐、射、御、书、数，现在看来也是为培养当时的通识人才。和中国不同，西方文明从发轫之初即解决一些本质的问题，因此观察和认知世界不是讲对应性和交融性，而是讲分析和综合。他们探究的规律是虽然服务于现实、征服自然，但目的是要解决信仰和上帝的问题。尽管路径不同，但是对自然和社会的认知并没有像现在如此细致区分，因此对于君子和人的培育，也偏重于通识性的人才。后来人类的知识越来越细分，人文艺术就与自然科学和社会科学区分开来，也难以培育百科全书式的人才，更多的是单一领域的精英。人文被划分成以文、史、哲为主的学科，成为与工科和理科并列的学科。虽然人文领域的知识或者智慧，并不像理工科那样能够解决生产力的问题，但是，有人的地方，就离不开人文。同样，艺术也是如此，以门类划分的艺术，如建筑、音乐、舞蹈、雕塑、绘画、戏剧、文学、影视，都是与人类审美情趣和现实生活离不开的，不仅能陶冶情操，还成为人类历史长河中经典的组成部分。

按照大学建制以及现代科学的划分，一般可以分为人文学科、社会学科和理工、医农等学科。其实，这是人文科学、社会科学和自然科学三个大类划分下按照学科更为细致的区分。所以也会有人文、社科等一些习惯性叫法。一般来讲，人文学科包括文学、历史、哲学（美学、伦理学、逻辑学、宗教学）等。“自然科学强调的是‘是什么’的客观陈述，而人文学科则注重‘应当是什么’的价值内涵”。[1]虽然这些学科被清晰地划分，但是又有一句话，叫“文、史、哲不分家”。因此，本文在讨论“人文艺术何为”时，将人文艺术包含的内容设定为文学、史学、哲学和艺术几个方面。其实，随着个体生命经验的丰富以及对人类文明成果的深入理解和感悟，就会发现，尽管基于现代学科划分而被分门别类加以学习和研究，但文学、史学和哲学三者具有根本上的共通。因为人文科学最终要回答人为什么存在、如何存在、以什么样的方式存在，人如何才能过上理想和可能的生活，如何在外部时空中安放自己的位置，如何在精神世界中形成圆满和自洽等问题，从而救赎在悲欢离合、世事艰难中的自己。因此，文学、历史和哲学又会在这些问题上不期而遇，因为，“只有这样的学科才能使我们真正地懂得什么是真正的自由、什么是生活的智慧。也只有这样的学科才能引导我们思考人生的目的、意义、价值，从而设立一种思想的人格、目标，并愿意为之奋斗终生。人文学科的教育目标是发展人性、完善人格，提供正确的价值观或意义理论，为社会确立正确的人文价值观导向”。

如果要为这四者划定一个坐标系的话，历史应该是一个筋脉，文学的历史、哲学的历史和艺术的历史以及社会的历史、人类的历史都将被安放在这样的一个坐标纵轴之上。

哲学从人类诞生的那一刻开始就存在，因为人要认识这个世界、解释这个世界，除了问世界是什么、什么才是世界的本质，也要问人是什么、人如何为人、人要用什么方法去认识这个世界。文学从一开始就再现了人的感情和精神世界，比如肇始于古希腊的模仿说。中国的诗教传统包含“兴于诗，立于礼，成于乐”，人的启蒙和培育、社会的礼制规约以及成为一个君子，都离不开文学艺术建立起来的人文传统。可能文学并不能让人物质富足，甚至对于大多数人来讲也难以谋生，但是文学就像夜空的星星，是人们喜欢仰望的，尽管有时候它看起来很远，

1 周宪 . 美学是什么 [M]. 北京：北京大学出版社，2002.

实际上它就在近旁；可能大多数时候会忘记了它的存在，但是它一直都在。细数中国历史上那些伟大的诗人，诗词歌赋和他们的文治武功并不是截然分开的，每一个饱满的生命都因为文学而成为一个丰饶的灵魂。

何谓人文艺术？如果用比较诗意的话讲，人文艺术是人类社会中最富有灵性的部分，也是一个人能够在艰难的外部世界中保存自己内心自由的去处，是一个人不能被剥夺的自由的部分。同时它也是一个民族最坚韧的部分，是一个民族的精神内核，是一个民族的生活方式和存在方式的凝练，是一个国家不能被侵占的内容。在文学艺术作品中，会看到一个人的性情、趣味、审美、追求、信仰和观念，文学作品也汇集了个人和民族、国家的经验。所以，当我们看到一幅幅在博物馆、艺术馆展出的画作时，要知道这不仅是一幅画，里面更包含着年代的技术记忆、文化记忆以及作者的情感记忆等。这些艺术品就像一个万花筒，折射出不同的光芒和色彩。

关于人文的说法，刘勰讲过，“人文之元，肇自太极，幽赞神明，《易》象惟先”（《文心雕龙·原道》）。这里“文”是道的规律的外显，是自然的呈现，也是人与道沟通的路径，是文字和文章，也是文明的显现，所谓“察人文以成化”。而在西方，culture（文化）一词是从 cultivate（培育）这个单词而来的，是培育植物的意思，后来引申为培育人，也就是文化。因此，“人文”，既是人之“文”，人类创造文字、文章、文明和文化；反过来，也是对人的“教化”和“点亮”的过程，这是一个双向的过程。因此，无论技术如何发展、科学如何进步，有关人类创造的文明、文化，以及对自身塑造、濡养、培育的人文之学，始终会伴随着人类本身，不知道在未来人机文明共存的时代里，人文的意义何在？这是不是人保留自身领地的最后的堡垒？

人文艺术的特点

那么人文艺术与社会科学以及自然科学相比，有什么特点呢？可以从以下四个方面来理解。

（一）生命感

无论是文学、史学、哲学还是艺术，都包含人的思考和反思，也包含人的情感和故事，更包含人类历史中被书写的无数个体的生命叙事。如果人文艺术学者不关心人，人文艺术不关注人，那就失去了根基，只有关心人的思考和情感以及人在世间如何生存的意义，才能彰显人文艺术的价值。“在艺术文化中，核心是人的生命，如果艺术世界里失去了对人生命的昭示，将意味着艺术的死亡。”[1] 正是生命感，才让人文学科充满了悲天悯人的气质，让人文艺术成为人的多样化生存和活法的保留地，“艺术在充分地成为自身的那一刻，恰是人的生命的‘一个经验’的完成，这个经验是完满的、连续的，并且具有情感意义。艺术只有与日常生活完成一种连续性的缔结，艺术才不是苍白无力的；艺术对日常生活经验的观照，使其具有了人的生命感的浸入和渗透”[2]。人文艺术，包括哲学、文学、历史、艺术等内容，如果抽离了生命感和生命向度，很可能沦为单一的理性判断和固化的知识。正是生命感，才能让这个学科饱满起来，让知识变成智慧，让人的思考有对现实照见的可能。无论是古希腊神庙上镌刻的“认识你自己”，还是孔子的“仁者爱人”；无论是布莱士·帕斯卡（Blaise Pascal）的“人是一株会思想的苇草”，还是庄子的“天地与并生，万物于我为一”，抑或是雅克·卢梭（Jean-Jacques Rousseau）在《忏悔录》中对内心的剖白，还是无数个诗人对生命和天地的喟叹，都跃动着对生命和对人生在世的关怀。也正因为此，人文学科可能并不提供任何生产力，但是它为生产力的改变和革新的人提供生命的旨趣和关怀。“因而，有多少觉醒的生命，有多少活生生的，有感受的生命群体，便有多少个不同的世界。”[3]

（二）历史感

所有的事情都发生在时间中。历史强调的是时间性，人文艺术都在时间中铺展，并在不同的时间点显现出相同或者不同的变化。没有历史感的故事是苍白的，没有历史感的民族是单薄的，没有历史感的人也是轻飘的，因为故事、民族、个人都是借由历史而展现其在当下的存在图景，“对于每个人来说，由于他属于一个阶级、一个时代、一个民族及一种文化，都有一幅应当按照与他自己的关系而出现的典型的历史图景”[4]，每个人的历史图景都映衬着时代的光影，嵌

---

1 张伟 . 生命 · 文化 · 艺术——艺术文化学导论 [M]. 北京：人民教育出版社，1999: 20.

2 王鑫 . 艺术的生命之维——从经验说起 [J]. 艺术广角，2012 (2): 18-21.

3 施本格勒 . 历史 文化 艺术 [M]// 刘小枫 . 人类困境中的审美精神——哲人、诗人论美文选 . 上海 东方出版中心，1994: 401.

4 奥斯瓦尔德 · 斯宾格勒 . 西方的没落 [M]. 张兰平，译 . 沈阳：万卷出版公司，2015:21.

入生命经验里的部分是个体历史感的记录，也是心灵在历史上的表达，正如《发明个体》一书的扉页上，写着福斯泰尔·德·库朗热（Numa Denis Fustel de Coulanges）的一段话："历史学不只是研究各种史料性的事实和制度；它真正的研究对象是人类的心灵：它理应渴望知道，在人类生活的不同时代，这颗心灵相信过什么、思考过什么，感受过什么。"[1] 也正是因为历史感，可以实现时间与历史上不同时代的心灵共感和共通。人文艺术教育是基于历史面向未来的，顺手拈来的个案，无不从历史中走来。哲学的历史是人类群星闪耀时的思想群像，无论是中国哲学史还是外国哲学史，都是人类思想延展的脉络和进程，人类的思想肖像，无不被历史的锋刀雕刻过；文学的历史是无数脍炙人口的诗篇、小说构成的人类光芒四射的成就，并与这些作者的生命历程构成互文，共同撰写了文学史的文本。而史学的历史，无论是真实还是被建构，抑或"一切历史都是当代史"（克罗齐语），都构成过去与未来的对话。其实，怀有历史感的人，才能谦卑地对待当下和未来，任何身处的时代也只是历史时序中的一个片段和章节，所面对的世间经验和故事，在精神主旨上也不过是历史某个片段的再现。在人生路径上的每个人走过的每一天，都成为历史的一页。人文艺术培养的历史感，让我们知道时间的特性和局限，不能超越自身过自以为是的人生，正如赖特·米尔斯（Charles Wright Mills）在《社会学的想象力》中认为的："即个人只有通过置身于所处的时代之中，才能理解他自己的经历并把握自身的命运。"[2] 人文艺术培育的历史感，会让人在静观中，具有反思当下的力量。

（三）宇宙感

在中国传统经典《说文解字》中，"宇"为空间，"宙"为时间，正所谓"四方上下为宇，古往今来为宙"。这里的宇宙，是时空的合一，而不是单一的物质世界。宇宙感会放大人对时空的理解，可以超越有限的现在，进入更高远、更辽阔、更浩瀚的时空。人会意识到自身的局限，不可以"胆大妄为"，也不会"自以为是"，于日常生活之中谦卑勤奋但不蝇营狗苟，遇到危难处也能守住做人的尊严。宇宙感，使人不局限于功利之中，具备超越性、自由性，不局限于周而复

1 拉里·西登托普．发明个体：人在古典时代与中世纪的地位 [M]. 贺晴川，译．桂林：广西师范大学出版社，2021.
2 C. 赖特·米尔斯．社会学的想象力 [M]. 陈强，张永强，译．北京：生活·读书·新知三联书店，2016: 6.

始的日常“平均状态”（海德格尔语）中。虽然在浩瀚的历史长河中，人总是会走入尽头；在宇宙天地中，人又渺小如蝼蚁，但是人的生命坐标系因宇宙感而豁达和旷远，而不执着生活中微细和琐碎的事，纠结于一城一池的得失。王羲之在《兰亭集序》中写道：“仰观宇宙之大，俯察品类之盛，所以游目骋怀，足以极视听之娱，信可乐也。”在天地时间、万物中放置人的目光和心怀，可以为乐。这是人的宇宙感的体现。这和维克多·雨果（Victor Marie Hugo）的诗“世界上最广阔的是海洋，比海洋更广阔的是天空，比天空更广阔的是人的心灵”异曲同工。“观古今于须臾，抚四海于一瞬”（陆机《文赋》），或者“寂然凝虑，思接千载”（刘勰《文心雕龙》）之时，实际上已经超越眼前的世界，而进入宇宙的视角之下。宗白华先生说：“中国人于有限中见到无限，又于无限中回归有限。”[1] 当我们蹚入历史的河流，从远古顺流而下，看人类千帆竞过，起落沉浮，辉煌变尘土，尘土亦可起高楼，人的内心因为虚空而容纳更多，亦会摆脱羁绊走向更大的自由。在人类历史的岩层中，无数被时间辗轧而成的标本，记述了大大小小、远远近近的故事。而哲学一直追问宇宙、世界、人之间的问题，没有终极答案，但是艺术保存了人类的经验、社会的变迁、历史的场景以及情感的永恒，这些超越时空而存的人文构成，也是宇宙感的显现。

（四）世间感

无论在人类历史的长廊中游历多久，都必须生活在当下。“夕阳中要有归鸦体现了远近往复，中国哲人和中国诗人对宇宙俯仰观照的审美方式体现了上下往复”。[1] 夕阳是远，归鸦是近，一上一下一往一复，中国人的宇宙感和世间感就获得了相互映衬。“人生在世”与“向死而生”是人的存在状态。生命感让人理解个人经验塑造的生命可能，历史感给人过去并面向未来，宇宙感给人心灵最开阔的自由和可能，但所有的一切都浸润在人世间的生活里，也必须面对眼前的，无论是诗意还是苟且的生活。每个人身上都带有世间烟火的气息，不同地方、不同风俗、讲不同方言的人，做喜欢的菜、做好喝的酒、跳喜欢的舞、唱好听的歌，在烟火人间中恣意地生活，这就是对世间最好的感受。人们跌倒也会爬起，心中有信念也有良知。人世间多好，尽管会愤怒、会呐喊，也会无语凝噎，但是仍旧在世间找到安放自身的俗世理想，特别是中国人，并不渴望彼岸的神的光芒，而

1 凌继尧．美学十五讲 [M]. 北京：北京大学出版社，2003: 131.

5

图 5：梁晓声作品《人世间》的封面

是在现世中成就个人的幸福，热爱烟火人间，并且要努力让它更加充满活力、生机盎然。小说《人世间》（图 5）中的那些人物，在时代的裹挟之下，活得粗糙、生动，又疼痛又美好，这可能就是世间的可爱之处。人们从历史、哲学、文学和艺术的经典文本中寻找支撑的力量，但在所有经典背后的人才是要找寻的，他们的人格、操守、信念、胸怀和性情，是艰难人世间熠熠生辉的部分。因为人生在世，每个人都不是给定的，而是生成的。在不断成为自己的过程中，就会发现，人文艺术最大的魅力可能就是其具有的世间感。它们也许是我们当前所处的世间，也可能是被历史湮没的世间，但是所有的人文艺术都在保存和再现千姿百态、摇曳多姿的世间。

人文艺术何为

北大前校长许智宏先生曾说：“人文科学就是关于人的科学，她告诉我们，人是什么，人具有什么样的本质。”[1] 人文艺术的功能主要是解决人的问题。那么，是哪些方面的问题呢？大体包括如下三个方面。

1 周宪 . 美学是什么 [M]. 北京：北京大学出版社，2002: 4.

（一）人如何面对自己

西格蒙德·弗洛伊德（Sigmund Freud）曾经做出一个比喻，他说人的潜意识就像是一座冰山隐藏在海面下的那一部分，那个硕大无比的部分比露出海面的部分大得太多。“认识你自己”，从古希腊时期就已有之，但是至今仍旧是一个难题。大学的学科分类涉及多个方面，对于人的研究，有自然科学的视角、有社会科学的视角，也有人文的视角。人，是理性的，也是感性的；人有神性的面向，也有动物的本性；人有反思的能力，也依靠本能行事；人是自然的人，也是工具的人，同时是经济的人、法律的人、道德的人、社会的人。卡尔·马克思（Karl Heinrich Marx）说：“人的本质是一切社会关系的总和。”无论从理论家那里探寻多少种对人的界定，还是从不同学科对人进行研究，都会发现，就像浩渺的宇宙一样，人这种独特的生物同样不可捉摸。

科学可以解决诸多神经系统复杂运行的难题，但是难以解释舍生取义和为自己信仰放弃生命的果敢；人有趋利避害的本能，但是也有心目中崇高的道德法则。遇到的任何困境，都会让人觉得艰难，但仍有人坚持前行。每个人都有自己的弱点和“缺口”，这也是不断战胜和超越自己的可能。人文艺术，不仅是对人与自我关系的解决，更是一种保存。文森特·凡·高（Vincent Willem van Gogh）的画作，无论是迷幻的星空，还是各式热情绚丽的向日葵（图6），或

图6：凡·高，《向日葵》，1889年，93厘米×73厘米，凡高博物馆藏

是乡间的干草垛，都是他与自己的对话，也是其自我的表征。中国传统文论《毛诗序》中讲，在心为志、发言为诗，文学艺术既是人面对自我的方式，也保存了人与自我的关系。

人如何面对自己，并无唯一的答案。但可以从人文艺术中找到自己相信的内容和部分，并把它作为自己与自己、自己与他人或者自己与世界和解的出口，以此抵御世间的无常和凶险，于顺意处自持，于慌乱处平和，形成内心的自洽和圆满，从而不惧外部的变化。人文艺术会给出很多的路径和出口，以帮助内心遭遇困窘的人。有的时候，人们遇到的知音可能不是近旁的朋友和家人，甚至也不是同时代的人，与那些历史中的人物对话，可能会发现，自己遇到的问题，他们都曾遇到过；自己认为的难处，他们也在苦心孤诣之后找到答案。人文艺术的经典就是可以重返的历史现场，它能帮助人更好地认识自己，遇到困境的时候不迷失。

（二）人如何面对他人

人是社会关系的总和。人总是要和不同的人沟通、交流、合作，为别人服务，也接受别人为自己服务。无论是熟悉的人，还是陌生的人，对待他人的方式，是我们的世界观和价值观的体现。

前面提到歌德的“你若喜爱你自己的价值，你就得为世界创造价值”，这是在启蒙主义视角之下，将个人价值融于世界和他人之中，这就是一种面对他人的方式。

“我不同意你的意见，但是我捍卫你说话的权利。”（伏尔泰，Voltaire）这是法律捍卫自由的一种方式，也可表明在法律关系的前提下，人与他人之间的关系。

“樊迟问仁。子曰：‘爱人。’”（孔子）这是中国传统的人文思想和伦理道德，奠基了中国儒家思想核心的部分，这是讲人如何面对他人。

“天地与我并生，万物与我为一。”（庄子）人与他人是齐一的，甚至人与万物齐一。将在天人关系中，确立人与人的关系。

“先天下之忧而忧，后天下之乐而乐。”（范仲淹）这是中国传统士大夫的家国天下情怀，这里也表明了人与他人之间的关系，并建立了中国知识分子“铁肩担道义，妙手著文章”（李大钊）的传统。

实际上，一个人的世界观、人生观和价值观决定了如何安放自己与他人的关系。

有工具的关系，彼此利用，以利益为先。

有道德的关系，超越具体、个体的利益，寻求更抽象和群体的价值。

有审美的关系，这是一种非功利的自由的关系。但是几种关系并非不可以转化，比如庄子所言的“相濡以沫”，可以类比个体与他人之间的工具关系，但是进入“相忘于江湖”，一种旷远豁达的自由状态，就是审美关系了。

人能够意识到自己的局限，才能谦卑；因为尊重别人的生活，才能开阔；为了别人更好，才能担当。一个人的成长，有先天的禀赋，也有后天的习得。人文艺术何为，就在于给我们一条路，在相遇的路上，我们给予他人，也获得他人的给予。

人文艺术也给我们一种选择和一种生活方式。

（三）人如何面对世界

如何面对世界意味着选择何种可能的生活。

其实，人文艺术要解决的这三个问题都是非常困难的问题，也是没有终极答案的。哲学家几千年来一直追问这个问题。苏格拉底说，未经审视的生活是不值得过的生活；或如《圣经》所言，所罗门最富有的时候，还不如山里的一朵百合花。这都是人面对世界的观念和态度。马丁·海德格尔（Martin Heidegger）非常喜欢弗里德里希·荷尔德林（Johann Christian Friedrich Hölderlin）的一首诗所说的：“人，诗意地栖居。”面对人生的“平均状态”以及“烦、畏、死”的存在基本状态，审美和艺术成为救赎人的方式之一。

中国著名美学家朱光潜先生说，面对同一棵古树，木商所知觉到的只是一段木料；植物学家只关心它的科目属种；画家什么事都不管，只管审美，他所知觉到的只是一棵苍翠劲拔的古树。可见，专业会塑造人、经验会影响人，但是说到底，决定如何面对世界的，是一个人的根性，这是被道德塑造的、被伦理规约的、被习俗限定的、被法律允许的，决定人可以做什么和不能做什么。人也有自身的局限性，向死而生是每个人命定的路程。那么人是否可以保持内心的和谐与自由，活出自己的生命境界？冯友兰先生讲过，人生的四重境界是：自然境界、功利境界、道德境界和天地境界。自然境界，受制于本能；功利境界，受制于利益；道德境界，受制于声望；而唯有天地境界，能够超越有限的目的性，进入自由的状态，向上可抵宇宙感、往下可有世间感，在一上一下的往复中，人活出自己的天地和世界。能健康从容地活着，感知天地万物之美好，哪怕于日常中。道不远人，美亦不远人。不过，想抵达这种超越的、自由的状态，还需要人文滋养、需要艺术浸润，在人文艺术的哺育下，在对自然天地的化育中，才有活泼生动的灵感和创造，才能保持人与自然、社会和天地的自由与和谐。因为所有的人文艺术素养，都能够让人活得更有生机、更有力量、更有尊严，也更自由。

如何学习人文艺术

人文艺术对人生如此重要，那么如何才能提高自己的人文素养，或者如何学习人文艺术？可能这四个方面是可以尝试的：一、阅读；二、行路（图7、图8）；三、习得；四、听课。

第一，关于阅读，要做到三个区别。首先是读书与读“屏”的区别。当下的各种“屏”带来了阅读的多样性和丰富性，但是读书的质感与读屏不一样，特别是读屏的时候，屏上的其他应用程序（App）会分散和干扰阅读的专注度和深入程度；读书和读屏调动的身心参与方式也是不一样的，读屏对视觉有强烈的黏性，并且借助于手指的滑动，一定程度上提升了阅读的速度，但是降低了阅读的效度，特别是阅读一些经典书籍时，需要时间和耐性，这是在读屏时很难做到的。其次是长阅读与短阅读的区别。如果做一个比喻，长阅读像是往湖里投一个石子，它从水面，一直逆着水的阻力慢慢落到水里，这个过程中可能会遇到水草、小鱼，感受不同深度的水的力量，最后落入的地方，可能是沙石堆积的湖底，也可能是水草丛生的水底，还可能是柔软的淤泥；总之，会有很多可能性。而短阅读或者

图7：海德堡哲学家小路（王鑫 摄影）；图8：海德堡哲学家小路（王鑫 摄影）

浅阅读，可能是湖面掠过的一阵风，或者飘过的浮萍，可能也很好看，但是转瞬即逝，并不会留有太多的痕迹。最后也要区分兴趣阅读和专业阅读，兴趣阅读是增进人生中某种无目的的部分，专业阅读是提升自己的专业能力。有的时候，做一些无目的的事情，反而是美好的。

第二，行路，所谓“读万卷书，行万里路”。行路的过程，是增强生命感和世间感的过程，遇到不同的人，看到不同的世界，人对远方的期待也是对人生某种可能性的向往。在这个过程中，人们会对世界产生惊异，审美的产生需要惊异，哲学的思考也同样如此。“古希腊最伟大的百科全书式的哲学家亚里士多德说过：‘由于惊异，人们才开始哲学思考（惊异又译“好奇心”）。’惊异是从无知到知的‘中间状态’。”[1]带着“心”去阅读和行路尤为重要，因为心是那一点“灵明的东西”。对世界的惊异、体验，并把世界之外的内容变成自我生命的部分，“心”是连接，也是点亮。前面讲的小故事，就是在读书和行路中积累的人文艺术底蕴。此外，将读过的书、看过的风景放在心中，在行路的过程中，把阅读和行路变成让自己生命经验和智慧得以累积和质变的方式。不带着“心”去旅行，就不能把行路中遇到的一切变成自己生命里的东西。

第三，习得一门艺术（技艺）。“Art”的原初之意是技艺而不是今天习惯说的艺术，任何艺术都是以技术为支撑的。无论是文学、绘画、书法，还是音乐、舞蹈等，技艺是充分甚至精准表达情感的可能。朱光潜先生也说，我们学习美学和讲授美学的，要懂得一两门艺术。修学技艺的过程也是修整心灵的过程。美国哲学家约翰·杜威（John Dewey）说：“审美的敌人既不是实践，也不是理智。它们是单调，目的不明而导致的懈怠，屈从于实践和理智行为中的惯例。”[2]学习一门技艺，无论是经典的艺术门类还是传统的工艺，可以在心手并用中，感受人与物之间、人与人之间及人与天地之间的关系，也可填补人生中无聊和空洞的部分。

第四，听课，在“转益多师”中获得更多的思维和视角。学习有很多种方式，但是人文艺术的学习，尤其是大学美育的学习，听老师讲课是非常重要的一部分。因为对于人文学科的知识，生命阅历是理解其非常关键的条件，有些书在某个年龄段的确难以读懂，特别是对有些哲学思想和历史勾连，也难以建立系统的理解。

---

1 张世英．哲学导论 [M]. 北京：北京大学出版社，2006：2.

2 约翰·杜威．艺术即经验 [M]. 高建平，译．北京：商务印书馆，2010: 47.

因此，老师讲课的过程，既是讲解知识，也是讲述者将生命经验和阅历与知识融会贯通并转化为智慧的过程，这尤其重要。遇到不同的老师，学习不同的课程，感受不同的人文艺术的魅力。在每一间气象万千的教室里，认真倾听，感受天地、万物、时空和内心。

无论是从事自然科学还是社会科学一类的工作，都离不开人文艺术，它就像一座桥梁，连接自然和社会，连接感性和理性，连接自我和世界，最主要的是，让人找到在世间栖息的家园。人文艺术可能并不直接改变生产力，但是它改变生产力的根本，就是人，这是目的，也是过程。

结语

人文艺术何为的提问，包含了人文艺术是什么，包含哪些方面，具有哪些特征，意义何在，以及如何学习人文艺术等具体问题。这是一个宏大的问题，也是一个精微的问题。说它是宏大的，因为它关乎宇宙、世间、人生、生命等方面；说它是精微的，因为它体现在每个人的一粥一饭的烟火人生中。对于人文学者来讲，对上述提问的回答也是见仁见智的。事实上，每个从事人文艺术的研究者或者实践者，都会基于个人的经验、思考、学术和专业对上述提问做出不同的回答。或者说，每个人都有对上述问题的个体经验，可以用学理的或者通俗的语言做出描述和回答。正如美的历程指向未来，关于人文艺术何为的提问，也是指向未来的，因为它不仅提示每个人在丰富的生活经验里可能会遇到的问题，也给出一些启示和可供选择的答案。或许，我们可以在这些答案中找到契合自己的部分，使问题得到解决，让人生更加自由和开阔。

第三讲

传统人文艺术

文　朱崇志

同济大学人文学院中文系主任，教授，博士生导师

美与人文艺术

从美育的角度来谈传统人文艺术时，厘清相关概念是首要任务。人文的概念最早出现在《易经》中："观乎天文，以察时变；观乎人文，以化成天下。"关于"人文"的解释通常采用唐代经学家孔颖达的说法："言圣人观察人文，则诗书礼乐之谓，当法此教而化成天下也。"他对"人文"的解释主要集中在"诗书礼乐"四个方面。现代对于"人文"的解释主要从学科的角度而言，也就是人文科学，包含文、史、哲、艺四个方面，并以此为核心再延展向其他领域。人文科学的研究对象，可以用勃兰兑斯（Georg Morris Cohen Brandes）在《19 世纪文学主流》里面提到的三种观察事物的方式来解释。这三种方式分别是实践的、理论的和审美的方式。他举了一个例子，从如何看待一座森林来讨论这三种方式的区别。

我们观察一切事物，有三种方式——实践的、理论的和审美的。一个人假设从实践的观点来看一座森林，他就要问这森林是否有益于这地区的安康，或是森林主人怎样计算薪材的价值；一个植物学者从理论的观点来看，便要进行有关植物生命的科学研究；一个人假设除了森林的外观没有别的思想，从审美的或艺术的观点来看，就要问它作为风景的一部分其效果如何。

从学科解释的角度来讲，这三种方式实际上体现了功利性、科学性和审美性三种属性，其中审美性体现了人文科学的特征。我们现在谈美育，当然主要是从审美的角度来说。因此，我们讨论的"人文"实际上主要包含文学、艺术、哲学中的美学这三个方面。

"艺术"的定义经过了一定的历史变化，英文中的"艺术"（art）源于拉丁文中的"ars"一词，拉丁文又源于古希腊文 τέχνη。无论是 ars 还是 τέχνη，它们最初的词义都是"技巧"。中国早期对"艺"的理解也包含技艺，如《尚书 · 金縢》："予仁若考，能多材多艺，能事鬼神。"所以，古希腊和古中国对于艺术的认识都与记忆、工艺或者农艺相关。到了 18 世纪，法国的夏尔 · 巴托（Charles Batteux）将艺术做了明确划分：美的艺术和机械艺术，并列举了七种美的艺术，就是我们现在所熟知的音乐、诗歌、绘画、雕塑、舞蹈，还添加了修辞学和建筑。从艺术门类的区分来看，东西方稍有不同。中国的传统艺术门类包含书法、绘画、雕塑、建筑、音乐、舞蹈、戏曲、文学，而西方的传统艺术门类主要是绘画、雕塑、建筑、音乐、舞蹈、戏剧和文学，二者大部分重合。

在日常生活当中，我们经常会碰到"文学"一词。判断文学或者非文学，前提是对文学的概念有基本了解。不管是在东方还是西方，“文学”的含义都经历了历史演变过程，经过了从无到有、从广义到狭义、从审美与实用混杂到审美性的独立的变化。

《论语》中把德行、言语、文学、政事四个方面作为区分学生各有所长的不同领域，这里的文学实际上指的是文章和博学，即文章写作和知识广度。在古希腊时期没有产生过文学的概念，只存在文学的特定形态，比如说古希腊的史诗、戏剧，特别是古希腊悲剧，还有抒情诗。在西方，“文学”这个词是 14 世纪的时候由拉丁文引进来的，最早的词源是“字母”或者是“学识”的意思，引申出“文献资料”“文字著作”的含义。总体而言，文学概念的宽窄可以有五个方面的理解。最广泛的文学是把一切现象都称之为文，可以区分为自然界的文和人类社会的文，也就是《易经》所说的天文与人文。稍微狭窄一点的“文”指的是人类创造的一切文明迹象，包括器物文明和精神文明。再稍微狭窄一点的“文”的含义，是以语言文字的形式记录的人类对自然和社会的认识和印象，章太炎说：“文学者，以有文字著于竹帛，故谓之文；论其法式，谓之文学。”狭义上的“文”，也就是我们现在一般所理解的文学，指的是以情感性、形象性为标志的文学作品，包括诗歌、散文、戏剧、小说四大文学体裁，进入当代之后还有影视文学。在更狭窄的意义上，“文”指的是与诗相对应的文学题材，主要指散文。

所谓哲学中的美学，涉及人类的审美活动。人类的审美活动是怎么发生的呢？《墨子》说：“食必常饱，然后求美；衣必常暖，然后求丽。”“美”和“丽”都是审美活动中的审美判断，思考的前提是“食”和“衣”要满足人的需求。《韩非子》中也有类似的看法。现代辩证的理解是恩格斯（Friedrich Engels）所说的：“人们首先必须吃、喝、住、穿，然后才能从事政治、科学、艺术、宗教等。”由此可见，从古到今，对于人类审美活动的发生有着比较一致的理解，那就是实用价值先于审美价值。我们再从“美”的字形来看古代人类如何看待美的产生。，这是甲骨文里美字的最早的字形。它有两种解读的方式：第一，从字形的直观理解来看，它好像是“羊”和“大”两个字的组合，所以古代就称之“羊大为美”，即食物味美为美的本义；第二，从人类活动的角度来看，这样的字形非常像一个人顶着羊角或者是插着鸟类的长羽毛在进行集体娱乐活动，经过修饰之后具有美感意味。从第二种理解当中，我们可以直接引申为，人类的审美、创造美的活动最初是以娱乐形式表达出来的。

“美是什么”是美学必须解决的一个最基本的理论问题，它一般会被表达为：什么是美的本质？回答这一问题，需要梳理东西方传统美学的理论成果，以理解人类如何认识美的产生、美的本质等基本内容。美学的历史不仅仅是一个学科的历史，从广义上来说，还包含着审美意识、美学思想在内的历史，而美育亦即审美教育是美学体系的重要组成部分，所以讨论美学思想史，自然也包括对美育观念史的考察。

西方传统人文艺术

西方传统美学思想的发端在古希腊罗马时期。它是由一个问题引发的：美是什么？从文献的角度来看，这个问题的最早提出者是柏拉图，他是以苏格拉底与其他学者互相辩论的方式提出的。柏拉图所生活的时代是公元前 5 世纪到公元前 4 世纪，他是第一个从哲学的高度来提出和思考美学问题的人，是西方美学思想的源头。柏拉图非常严格地区分了美的事物和美本身这样两个问题。美的事物是要回答说什么东西是美的，而美本身是要回答美是什么。什么是美和美是什么这两个问题，虽然看起来是同样的四个字，但是所指称的思想指向不一样。相较而言，柏拉图更关注美本身也就是美的本质的问题。柏拉图认为，美的本质问题涉及一切事物成为美的普遍性质和共同原因，主张美学思考应当超越美的具体事物去寻找美本身。在他的美学理论中，“美本身”等于“理念”，理念是世间万物的本体，是永恒不变的原型。他提出，真正的美，是美的“理式”。美本身和美的事物的区别在于，一个是指向单一永恒、不可改不可见的性质，另外一个是组合性的、变化的、可见可感的，二者之间的联系在哪里呢？首先，二者是分离的；其次，二者是被分有和分有的关系，那么分有的方式是以模仿或者是灵感的方式来进行的。柏拉图的美育思想主要在《理想国》中提出，美育是实现理想国的重要的措施，必须从幼年起对人实行严格的教育，通过健康高尚的文学作品对青少年实行教育。柏拉图一方面非常重视美育所带来的独特的教育作用，另一方面也有否定的一面，他否定的是艺术所表现的情感的真实性。柏拉图的学生亚里士多德与老师不同，他提出：美是整一。所谓的整一指的是事物的秩序匀称与明确的形式。整一不是杂多、不是单一，而是既包含统一性，又包容了多样性，是统一性与多样性的整合。它的外在性质是秩序、匀称与明确，所谓的秩序是从时间上来讲的，匀称是空间的理解，明确则是对秩序匀称的限定。所以亚里士多德所指的整一包含时间上的整一、空间上的整一和整一所造成的感官印象，这就是他所认为的美。从审美教育的角度来说，与柏拉图不同，亚里士多德肯定艺术对于现实的模仿能够达到真实性高度，甚至还认为诗比历史更真实。亚里士多德也不否定人的情欲，他认为美育的特殊作用就在于能够通过理性对感性去进行节制和净化。第三位值得一提的美学家是古罗马的贺拉斯（Q.Horatius Flaccus），在《诗艺》中，贺拉斯较早提出了“寓教于乐”的观念，把文艺的教育功能和娱乐功能统一起来，对于文艺的审美教育功能做了非常准确的概括。如果要做到“寓教于乐”，必须要有三个特性，就是真实、形象和情感。他所理解的三个文艺特性放到现在也是得到认可的。

在西方的美学思想发展过程当中，第二个比较重要的阶段是文艺复兴时期。文艺复兴在思想上有以下几个方面的特征：第一，以人为中心来追求人性的完善；第二，提倡科学和理性，反对盲目的宗教信仰；第三，肯定现世的幸福和感官享受，否定禁欲主义和来世主义。由此，形成了声势浩大的人文主义思想解放运动。在这样一个大的背景之下，文艺复兴时期对于美的认识和理解也有了很大变化。在美学观点上的变化主要有三个方面：第一，认为美是来自人的，肯定尘世的美，在这一点上，与中世纪宗教哲学对于美的理解有很大的不同；第二，非常重视对于古典美学经典的研究，主要是古希腊美学经典，在客观事物当中寻求美的基础，肯定艺术模仿自然的传统观点；第三，都很重视研究自然美和人体美，特别强调自然美。文艺复兴时期与美学相关的人文主义者主要是达·芬奇、威廉·莎士比亚（William Shakespeare）等。达·芬奇在画论里面提出，美感是建立在各部分之间神圣的比例关系上的。这一点在古希腊思想家那里也有所表达，比如毕达哥拉斯学派提出来的黄金分割率。

17 世纪的夏夫兹博里（The Earl of Shaftesbury）创造了一个现代经常会使用的术语——“第六感官”，他认为，在审美的过程当中，人所使用到的不仅仅是五官，人审查美丑善恶的能力依赖的是天生的内在的第六感官，也就是人的心灵，用现在的话来讲，即人的审美能力是天生的内感觉，审美起自于内在感官对于美的分辨，根植于自然分辨的能力本身也就应该是自然的，而且只能来自自然。

英国的经验主义哲学家休谟（David Hume）和博克（Edmund Burke）所提出的经验主义美学，构成了 18 世纪最重要的美学思想。休谟指出，美并不是事物本身的一种性质，它只存在于观赏者的心里。古希腊以来的美学家往往都强调模仿论，也就是认为美是外在的、客观存在的现象，文艺作品只是对于外在的客观的美的模仿。而休谟把这样的观点倒转过来，其指出，美不是事物本身的性质，也就是说不是客观的，而是一种主观行为，再由此提出，快感和痛感是形成美与丑的真正本质，亦即人的感受是第一位的。博克的观点相对而言更加具有辩证性，他认为美是属于物体的某些属性，审美则是一种感性活动，是人类的一种基本情绪，在感性基础之上，生发出人的审美活动；而这种审美活动所指向的外在物体本身也存在着美的属性，所以是主观和客观两方面的结合。也就是说，博克其实综合了休谟的主观论与以往的客观论的美学思想。

西方美学在 18 世纪的又一个重要进步是建立了真正的美学学科。严格意义上来说，美学成为一门独立学科，是从鲍姆加登（A.G.Baumgarten）开始的。他使用理性主义的研究思维创立了美学学科，并把美学规定为研究低级的感性认识的科学。而为了克服感性认识的不可靠性，鲍姆加登将莱布尼茨（Gottfried Wilhelm Leibniz）的“混乱的认识”和沃尔夫（wolf）的“完善”概念融合起来，认为审美活动尽管属于混乱的感性认识，却反映着客观世界的和谐秩序，具有意象的完善性。莱布尼茨认为人的感性认识是一种混乱的认识。而沃尔夫则指出，人的审美活动是具有先天的完善性的。所以二者结合起来就可以说明，审美活动尽管属于一种混乱的感性认识，但是本质上反映着客观世界的和谐秩序，在意向上具有完善性。同一时期的著名思想家狄德罗（Denis Dideort）也非常明确地提出：美在关系，同一个事物内部的关系可以产生出真实的美，事物之间的关系形成的是事物彼此映照的美，事物与人的关系揭示出来的是一种与主体情感活动息息相关的美。在狄德罗之后，重要的西方思想家康德对美学有着更加符合逻辑的解释。康德指出，美只与主体的愉快或者不愉快的情感有关，与事物的存在本身无关；美只涉及形式问题，“美是一对象的合目的性的形式”，具有“无目的的合目的性”。跨越 18、19 世纪的黑格尔被称为西方古典哲学的集大成者。他指出，美是理念的感性显现，美的根源在于理念，在于绝对精神，而感性是理念生发出来的。在这一点上我们可以看到黑格尔对古希腊思想的继承。黑格尔说，艺术的内容是理念，而它的形式就是诉诸感官的形象，艺术是要把理念和形式两方面调和成为一种自由的、统一的整体。

18 世纪后期的思想家席勒（F.Schiller）对于现代美育观的形成非常重要，我们现在所使用的“美育”一词来自他所撰写的《美育书简》。在西方美学史上，他第一次非常明确地提出了“审美教育”的概念，并对其性质、特征、作用有系统化的论述。《美育书简》是由书信构成的，总共有 27 封信，包含了三个方面的内容：前 10 封信讨论的是自由与审美活动；第 11 和第 26 封信主要是讨论美和艺术如何能够把人的人性重新恢复起来，人的人性由于进入感性的或者是理性的片面的状态而出现了缺失，通过审美游戏，以美和艺术的行为是可以恢复人性的；在第 27 封信中，他详细讨论了“审美游戏说”。席勒的美育理论主要有两个方面的价值：一方面，他力求从哲学的高度来揭示审美教育不同于其他教育的特异性，把审美教育的目的和审美活动的性质内在地统一了起来；另一方面，从人性的内在结构入手，以人性的完满自足为终极目的来揭示审美的教育意义。这两个方面跟我们当代的美育观是完全一致的。

中国传统人文艺术

相对来说，中国传统美学思想的发展脉络更加明晰。中国古典美学思想的基本特征是天人合一，即将人和自然、个体与社会视为一个统一、圆融的整体，在此基础上探求审美现象的根源、实质和含义，在一定意义上体现了中国古典美学的内在精神和主导思想线索。

先秦两汉时期就已经确定了天人合一的审美思维方式。《易经》的原初自然生化观呈现出传统思想浑融性的特征，由天人感应的观念引申出乾坤互补、刚柔相济的美学思想，由此生发朴素、健康、向上奋发的生活态度。以此为基调，儒家和道家思想从不同的方面进行阐发。先秦时期的儒家思想代表人物孔子、孟子、荀子都从不同的角度对美的产生和审美现象进行了思考。孔子是从人的主体角度出发，以道德的善来解释美，对《诗经》“兴、观、群、怨”的评论是孔子对文艺作品的社会审美教育作用的直接表达。相对来说，孟子更重视个体的人格精神的建构，同样重视美与善的联系，认为由善到美是逐步递升的状态，美基于善又超越于善。隆礼重法是荀子的基本思想，重视外在的礼仪法治对于人的规范性的作用，提出“无伪则性不能自美”，一定要有外在的规范触发人的美的体验和美的认识。因此，以孔子为代表的儒家的美育观念比较重视如何通过礼乐教化来培养文质彬彬的君子，而且有非常具体的措施，这一点与古希腊比较接近，儒家对礼乐教化在人格形成方面的作用的重视是非常符合我们现代的美育观念的。道家思想与儒家思想有着不同的指向，道家认为现实的人生和“道”是相背离的，现实世界充满了美与善、美与真的矛盾，那么个人如何达到一种审美的境界呢？道家提出通过心斋、坐忘的方式，超越人世间的是非、利害、得失、荣辱、祸福甚至生死，从人世的苦难中解脱出来，回到道的自然无为，进入一种“以天合天”的自由逍遥的审美境界。所以道家的美育观突出审美本身的功能，着眼于一种理想化的审美人生态度，在具体实现的方式上，是以人的虚怀来应和世界的虚无。道家美学对审美活动、审美现象的讨论和研究，特别是对审美心理的揭示做出了突出的贡献。

先秦时期除了儒家和道家之外，墨家和法家对审美活动和审美教育在某种程度上是持反对态度的。墨子提出“非乐”，不支持从事审美的活动，认为审美艺术活动只能“亏夺民之衣食之财”，无补于“兴天下之利，除天下之害”。法家指责审美与艺术不仅无助于物质功用，而且“乱法”“害用”。他们都以狭隘的功利主义态度来对待审美活动和艺术活动，与当代的技术主义有相近的性质。

汉代非常重视严整宇宙论的结构体系，它的核心是以气、阴阳、五行作为基本的概念，重视现存秩序，重视事物在宇宙中的定位，重视外部的完满，重视人的活动行为、功绩事业。所以汉代美学具有一种向外部世界扩延的气质和气魄。汉代的《淮南子》是杂家之作，它明显想把先秦时期儒家和道家对内在审美人格精神的追求转换成对广大外部世界的审美追求。汉代儒家思想的主要代表人物董仲舒把儒家的以仁为美的思想放置在天人感应的宇宙论的框架里，认为天地的美表现在天地无私地长育万物。人的思想感情与天地自然之间是同类相通、互动的对应关系，这种对应关系是审美活动得以发生的根据。也就是说，人的审美来自天人相应。同时期另外一部讨论审美思想的著作是《乐记》。它从音乐艺术出发，总结出了“和”的美学思想，并对“和”的美学思想做了三个维度的延伸：放到天地宇宙中考察，音乐的和谐就是天地创生化育万物的原初生命力；置于人的心灵深处加以衡量，音乐的和谐根源于感性个体内在心灵的和谐；放到整个社会人伦政治层面审视，音乐的和谐状态可以察知一定时代人伦政治的和谐状态。以研究《诗经》为主要内容的《毛诗序》提出“发乎情止乎礼义”的审美观点，一方面承认了审美活动也是一种情感活动，另一方面又对这样的情感活动制定了一定的规范。

一般认为，中国的美学到了魏晋时期才真正进入自觉状态，形成了相对比较独立的士人美学体系。这个时代美学特征的形成受到外部条件的影响。佛教的东传、佛教思想的传入，对先秦时期以来以儒家、道家为主的传统思想形成了很大的冲击，直接引起了玄学的兴起。玄学的主要研究对象是《老子》《庄子》《易经》三本书，玄学的兴起也间接地影响了文学艺术的发展。魏晋时期形成的审美

图 1：宋代木构佛像（李麟学 摄影，纽约大都会博物馆藏）

自觉是与当时政治的黑暗、社会混乱造成的个体生命的苦难相关联的，玄学所展露出来的是一种全新的宇宙人生结构，提升了“无”的本体地位，也就是先秦时期庄周所坚持的世界的虚无性，由此彰显出具体事物、感性的生命的有限性。社会现实和思想突破两者相结合，就激发出了人的生命意识的觉醒。审美追求与感性个体生存风貌和存在价值结合在一起，感性个体的才情、智慧、能力、风范等成为文学艺术的主要呈现内容，就形成了魏晋人的自觉、文学艺术的自觉以及审美思想的自觉。这在很多作品里面都有所体现，曹丕提出“文以气为主”，钟嵘认为“摇荡性情”是诗歌的本体属性，陆机说诗是“缘情”而作。《文心雕龙》综合了儒家、佛家、玄学三个方面的思维特征，对审美活动做了相对比较严谨的思考，提出文艺创作的产生是由“神思”来激发的，文艺作品的风格要讲究“风骨”，审美形式重在以“隐秀”的方式，等等。魏晋时期的审美自觉主要表现在两个方面：首先，认识到审美和艺术活动跟社会伦理活动是两种不同的领域，具有独立性；其次，审美和艺术对人生的作用不仅仅是教化、抒发的状态，而是可以表达人生的体验，将人生境界提升到对形而上哲思体悟的超越上。

唐代是中国封建社会的繁荣阶段，整体的民族心态是奋发向上、刚健有为，从审美思想的角度来说，形成了诗性感受的文化品格，也是一个儒释道三教并重的思想自由的阶段。唐代时期儒家美学观点的代表人物杜甫、韩愈、白居易等更加重视审美活动的社会教化功能，杜甫的诗歌所体现出来的沉郁顿挫的风格来自儒家对于温柔敦厚的文化人格理想，以韩愈为代表的古文运动发起者强调“文以载道”，要用审美活动来承载强烈的社会责任感，白居易比较强调诗的讽喻性，也就是批判现实的作用。唐代美学的最高成就是道家美学和禅宗美学，集中体现在“意境”理论的构建方面。“意境”一词来自王昌龄的《诗格》，在皎然的《诗式》、司空图的《诗品》等著作中得到了进一步阐发，如司空图讲“不着一字、尽得风流”，重视“象外之象”的营造，强调体会“韵外之致”“味外之旨”等，都是以讨论诗歌的方式深入思考审美活动的特征、本质和作用，丰富和深化了传统美学思想。

宋代时期审美思想有了很大的变化。市民阶层的勃兴是宋代文化的显著特征，以市民为对象的世俗文艺也随之蔚为大观，与之相应，以市民的审美趣味为核心的世俗审美心态成为主要的美学背景（图 1）。宋代美学的显著特点是追求平淡。宋代人非常重视日常生活当中的情趣之美，处处体现对平淡境界的追求，如写作文章要讲究平易，创作诗歌要追求淡雅，书法绘画力求淡泊平远，都与此相对应。

欧阳修说平淡境界就是“古淡而有真味”，苏轼也提出：“大凡为文当使气象峥嵘，五色绚烂，渐熟渐老，乃造平淡。”宋代美学的另外一个特点是以禅喻诗。禅宗思想对宋代美学有非常大的影响。禅宗更重视内在自悟，强调在内心世界当中求得解脱，非常符合审美活动追求精神自由的本质特征。严羽的《沧浪诗话》讲：“禅道惟在妙悟，诗道亦在妙悟。”诗道也就是审美活动，其在本质上与禅道是相通的。

明清时期更加重视个性和情感，把人情放在了文艺和审美活动的本体层面，主张在审美与艺术中直率地、大胆地表现个人的真实情感，反对因袭，崇尚独创。李贽推崇“童心”，也就是人性的自然生发。重要的戏曲作家汤显祖也说：“世总为情，情生诗歌而行于神。”明代的代表作家群体前后七子、公安派也都非常强调审美活动的情感性。这种主情思潮到了清代仍然发挥着重要的作用。明末清初三大思想家中，黄宗羲和王夫之都有相关的明确表达，黄宗羲说“诗以道性情”，王夫之讲“情之所至，诗无不至”，重要的诗歌理论家叶燮更认为“情”“理”“事”是审美观照的客体、文学艺术的本源，对人的审美心理和外界物质存在之间的关系从相统一的角度进行了非常深入的思考。

具有现代意义的美育观在清末民初开始渐渐形成。王国维有一篇重要的文章，叫《论教育之宗旨》，其把教育分成心育和体育两方面，心育又包含了智育、德育和美育，所以王国维实际上已经提出了智、德、体、美这四个方面的教育，既强调了美育的独特性质，又没有忽视美育与德育和智育的联系。重要的教育家蔡元培也非常明确地提出了著名的“以美育代宗教”的美育思想，对如何把美育在全民中进行普及和具体实施方案有非常详尽的论述。他认为，美育有两个特性，一个是普遍性，一个是超脱性，这两个特性存在相互规定、互为因果的内在关系，它们既是美育得以展开的现实依据，也是美育所趋向的最终目标。同时，将美育作为研究对象的组织形式——中华美育会在 1919 年成立，提倡科学救国和教育救国的同时，又把美育看作改造社会的根本手段，代表人物是著名文学家王统照和画家丰子恺。把西方的美学思想引入中国来的重要人物是朱光潜，他在吸收中西传统美学思想的基础上，认为救治人心的根本途径是提倡美育，“美育是一种情感教育”，更易改变人的心性，美育能够使人解放、给人自由，美育是否兴盛、艺术是否发达，是跟一个民族生命力的高低强弱相关联的。

结语

在传统的美学思想中，东西方都认为审美是基本的人生体验，而基本的审美对象至少包含了三个方面，第一是自然之美，也就是外在的自然景观；第二是生活之美，即人类所处的生活世界；第三是艺术创造之美。东西方的传统美学思想都认为审美现象其实是审美关系当中的现象，审美这个词本身就是一种关系的体现，是人在审视对象，所以美只有对于人来说才具有价值。审美现象就是审美的主体和客体的有机结合，是二者之间一种特定的审美关系。我们进行审美活动、进入美学思考的方法大概可以有三个层次：第一，对审美现象进行观察，对这样的现象做充分的了解；第二，美学的思考还需要审美的体验，需要我们自身的融入；第三，相对深入的美学讨论是需要解释的，需要对我们所处的审美关系、所产生的审美现象，进行深层意义上的阐释和研究，对其美学价值做出形而上的判断和本体意味的探索。美既是客观事物的形式属性，也是审美主体的主观感悟，发现美、感悟美、欣赏美、评价美，是我们超越有限个体生命、追寻精神自由、提升生命质量的必然选择。

第四讲

现代人文艺术

文 于幸泽

同济大学建筑与城市规划学院建筑系副教授，硕士生导师本讲从解读人文概念切入，包括人文的界定、起源发展和内涵类别，从而引出本课程三个主要板块：现代人文、现代美学和现代艺术。现代人文部分将介绍现代人文的发展脉络、核心及特质，对现代人文教育和现代科学人文教育做比较分析。现代美学部分则以美学概念为起点，总结美学在不同历史阶段的核心理念，讲述现代美学的基本含义和特征，总结科学美学和表现美学两大思潮及各个流派的主要思想。现代艺术部分分别对西方现代艺术和后现代艺术进行阐述，科学和理性的现代艺术表现，艺术家从视觉、知觉和符号的演化中，完成了艺术内部的变革并不断地纯化表现语言；在多元和自由的后现代艺术观念中，艺术不再追求永恒的价值，艺术创作突破了所有的束缚，体现了无限自由。最后，解答艺术无法终结的原因。

人文概念

“人文”广义是指“人类的文化”，它集中体现在尊重人和爱护人。人文是人类在社会文化活动中积极的、优秀的、科学的、健康的部分。所以，人文是人类思想的核心内容，具有先进的价值理念。我国《辞海》（第七版）中明确地给出了关于人文的解释：今指人类社会的各种文化现象。文化是人类在进化和发展过程中，跟自身生活相关的经验和知识。因此，文化不仅包含人们生活中衣、食、住、行等方面的外在形式内容，还包含了人们内在的心理、意识、思想及观念。因此，文化是人类或者一个民族通用的符号，而符号是人类文化传播的媒介和手段，通过符号展现出民族的价值观和规范等。价值观是文化信念的核心，规范是文化内容的特征，这里的规范还包含了对人的行为的约束、道德（伦理）和法律制定的规范。而艺术上的文化内涵主要指哲学里的美学范畴。

中国传统文化当中，人文是和天文、地理（或地文）对应的概念。“人文”一词最早出现在商末周初的《周易·贲卦》：“文明以止，人文也。”[1] 后来的《童子问易》说：“天道左行，地道右迁，人道尚中。”[2]《易经》中说天、地、人可以会通，人们可以向天道和地道学习，通过法天正己、尊时守位、知常明变，

1 人文意指修饰，和人道同义。
2 这里的天、地、人实际上是各行其道。

可以窥探天机、掌握规律，甚至建功立业，可以改变自己、家庭和国家的命运；提倡人们遵循乾坤与秩序，努力去实现人道与天道、地道相互间的融合。唐代以前，人文指诗书礼乐，如《易·贲》中说："观乎天文，以察时变；观乎人文，以化成天下。"[1]唐代著名经学家孔颖达在《孔颖达疏》中言道："言圣人观察人文，则诗书礼乐之谓，当法此教而化成天下也。"[2]近代至现代中国，人文泛指社会中各种与文化相关的现象，孙中山在《民权初步自序》中说："会此世运进化之时，人文发达之际，犹未能先我东邻而改造一富强之国家者，其故何也？"[3]当代社会中的人文偶尔也指世间的人情和世故。

人文有以下几种分类方式。按照人的衣食住行，可分为服饰文化（跟"衣"有关系）、饮食文化（跟"吃"有关系）、建筑文化（跟"住"有关系）、交通文化（跟"行"有关系）。按照人的职业爱好，除衣食住行以外的文化内容，还有如工商、管理、手工业、政治、军事、宗教、书画、音乐、体育等。按照人的研究内容，人文分为文化、艺术、教育、体育、历史、科学、美学、哲学、国学、法律等。再细分，文化包括语言、文学、诗歌等；艺术包括绘画、音乐、电影、建筑、舞蹈、戏曲、戏剧等；美学包括艺术、心理、行为等；教育包括科学教育、素质教育、职业教育等；哲学包括逻辑学、认识论、伦理、思想、宗教等；国学包括经、史、子、集，如诸子、易学等；历史包括中国历史、外国历史等；社会包括政治、经济、秩序、军事等。

现代人文

（一）现代人文概念

我国的人文，始于我国春秋时代。12 世纪通过阿拉伯人传到欧洲，14—16 世纪文艺复兴时期得到繁荣，"摧毁非人道势力"[4]是此时期的口号，弗朗西斯科·彼特拉克（Francesco Petrarca）提出以"人学"对抗"神学"，是西方文艺复

1 这句话的意思是：通过观察天地运行的规律，以认知时节的变化；通过注重伦理道德，使人们的行为合乎文明礼仪。

2 这句话的意思是：圣人观察了"人文"，他就要以诗书礼乐来教育天下的众生，使得社会达到一个和谐的状态。

3 这句话的意思是：在当时这个时代，中国已经接触到了先进的世界文化和思想，但仍然没有像东邻日本一样建立一个富强的国家，这是为什么呢？进一步理解为：中国的封建制度和文化传统，使得人们缺乏创新精神和进取心，而政府的腐败和弱化也让国家难以实现现代化和强大起来。

4 该口号意味着消灭那些被认为是反动、反社会、反人民、残暴和不公正的力量，这些力量被认为是剥削、良心不良和破坏社会和谐的根源。

兴时期最早的人文主义者。17—18 世纪经过约翰·洛克（John Locke）、亚当·斯密（Adam Smith）、法国启蒙运动时期的人权宣言、美国独立宣言，使“人文”得到了进一步的推动。19—20 世纪早期是论证和反思时期，代表性人物有卡尔·马克思、尼采（Friedrich Wilhelm Nietzsche）等，20 世纪中叶后的现代时期是人文大发展的阶段。联合国 1966 年通过了《经济、社会和文化权利国际公约》和《公民权利和政治权利国际公约》，两个人权公约成为现代国际社会保护人权的重要文件，是人文走向法制化和国际化的标志。

人文主义，源于欧洲文艺复兴。知识分子以古典文化为依据，回归人文传统，被称为“人文学者”，他们的学问成了“人文主义”。近代以来，人文的英语为“Humanism”；19 世纪出现人文学科，20 世纪西方大学开始增设人文学科。“人文学科”指的是运用人文主义的方法进行研究的社会科学。现代以来，人类社会诞生两个重大观念：人文观念和科学观念。人文观念的本质是尊重人，尊重人的思想观念、道德标准和价值取向及所呈现的共同精神现象；科学观念的核心是尊重规律，在正确认识客观规律的基础上严格按规律认识世界，追求认知的真理性、精准性和系统性。跨入信息化的 21 世纪，人类在社会生产活动中的地位发生了根本性的改变，人与人的交流进入了前所未有的自由状态。人的自信、平等和价值感得到了更广泛的提升。因此，当代社会中的人以尊重个人的自由、兴趣、尊严、思想和观念为前提条件，关注人与人之间的博爱行为，反对战争和暴力手段，关爱身边的人和事物，重视心灵和精神的修炼。但“神灵崇拜”的宗教精神和宗教活动不属于人文主义的范畴。

（二）现代人文特质

首先，现代人文主义推崇“人”，核心理念是“人本观念”，即“人本位”，人是现代社会的主体，是权衡一切的标准。以人性来反对神的绝对权威，以理性来对抗教会制度下的蒙昧主义。“人本位”是洛克探求社会规律的伟大的理论成果，洛克还提出天赋人权的概念。他的观念对现代政治和哲学的进步产生了重大影响，他也被称为启蒙时代中最重要的思想家之一。“人本位”也意味着人权思想已经登上人类历史的舞台。人权本意指“个人权利”，是人与生俱来的生命权、自由权和财产权，并且三者不能分离、不可被侵犯。其次，“观念”是指“个人观念”是洛克的第二个伟大发现，尊重每一个人，任何人决不能以个人的利益为目的去侵害或者抢占他人的利益。“保护自己，不损害他人”是现代社会中达成共识的原则。最后，“自由观念”，即保护人的自由。自由是人自身最宝贵的财富，如侵害了他人的人身自由，就会受到惩罚；所以，后来形成的自由主义成为西方现代社会影响最为久远的意识形态，自由主义的主要原则也成为建构西方社会的主要理念来源。向往自由，追求自由，虽然人们获得更大的能力掌控个人的命运，但不能随心所欲，更不能为所欲为。

19 世纪末至 20 世纪初，西方出现了关于人的明确的科学观点，把人等同于客观现实世界中的普通物件，将人看作机器，要求用自然科学的方法来探究人和人类的社会。第二次世界大战以后，自然人的属性逐渐退隐，人被衍化成为物件的现象逐步加强。人类逐渐变为新兴科学技术控制下的奴隶，同时面临着外部传统信念和价值体系的解体，人类开始转向内心世界，探寻新的价值目标。美国著名社会心理学家亚伯拉罕·马斯洛（Abraham H. Maslow）提出了“精神分析心理学”和“行为主义心理学”相融合的人本主义心理学，并融入他自己的美学思想，提出了七层次的需求和自我实现理论：生理需求（physiological needs）、安全需求（safety needs）、隶属与爱的需求（belongingness and love needs）、自尊需求（self esteem needs）、认知的需求（need to know）、审美的需求（aesthetic needs）、自我实现需求（self actualization needs），对社会、管理、教育等方面做出重要启示和巨大贡献。后来，马斯洛在最高需求层次的“自我实现”上加了“自我超越”一层，把对人的“幸福感”和“成就感”置入自我实现需求之上。因此他也成为现代人文思想的最重要代表之一。

现代人文主义在发展的过程中与宗教、哲学和近代科学相结合，逐渐形成了基督教人文主义和科学人文主义两个方向。基督教人文主义主张扬弃传统和上帝创造一切的概念，认为人的理性高于信仰，人的行为高于教条；宗教改革不能违背友爱精神和人道理想。注重教育对人的作用，认为社会改革的重要目的，是提高人类生活和福利水平。科学人文主义认为，科学与人文应该协调发展，让科学人性化。科学与人文两种文化相互融合，科学精神是教育的基础，人文精神是教育的价值，并主张以科技手段来提升人的生存境遇和改善人的生活环境。因此，现代人文主义思想强调保护人的自由与尊严，抗击对人的威胁和压迫。现代人文主义与博爱主义（humanitarianism，也译为人道主义）有深刻的联系，从自由的人性角度获得了诸多启示，以理性和博爱为基本的价值观和思想基础。现代人文主义更加重视人的主观和情感、直觉和体验及个体生死观、个体存在价值、个体自由意志，以及现代社会结构、意义等有关人类自身和人类生活的问题。

（三）现代人文教育

现代人文主义重视“教育”在培养人过程中的作用，教育应当培养人的能力，即作为完整的人所必须具备的各种技能。现代人文主义教育注重个人的自我实现，首要任务是丰富学生的精神世界和提高学生道德水平。教育侧重对人的主观情感、价值观、直觉等方面的培养。认为教育必须从对客观世界的认识与理解出发；教育必须从人的需要层次出发，用有效的方法去引导学生，最大限度地发挥学生自身的学习潜能，同时不忘弘扬他们的个性，并提升他们的理性思维，不断完善人格教育，即所谓教育必须以人的“完美人性”和“潜能充分发展”为最终目的。现代人文主义教育试图建立人的认知和情感的平衡，通过挖掘人的个性、理智和情感等诸多方面的潜质来确立人的价值。现代人文主义教育的内容和选择建立在学生的需求、学生成长的自然模式以及个性特征基础要求之上。强调“以学生为中心”，教师在教学过程中是知识传播者和学生的学习促进者。教师要创造良好的学习环境，并为学生提供学习方法和教学设备，要引导学生养成自主性和创造性的学习习惯。主张课程人本化，提倡以学生为中心的授课模式和教学方法、以学生自由探索和自我学习为主。教师只有掌握了学生学习知识过程中所需要的时间和需及时改善的条件等，才有可能达到理想的教学效果。

随着现代社会发展和教育理念的不断更新，出现了尊重科学又崇尚人文的“科学人文主义教育”，形成更科学、更人性和更合理的新型教育机制，科学精神成为教育的前提条件和基本思想，人文精神成为教育的价值方向和实践导向，二者相互融合。所以，科学人文主义教育是对人文主义思想的继承和发扬，继续强调“以人为本”，在教育过程中将“教师”和“学生”均作为教育主体，将教师在教学中的地位提升到与学生同等重要的位置。以教师作为中心，需要科学和系统地传授知识；在学生学习和掌握了新知识以后，教师则以学生为主，为其营造良好的学习环境，提供必要的教学设备，帮助学生进行自主学习，以达到既定理想的教学目标。科学人文主义教育还强调学生在学习知识以外，形成包括道德、情感和意识等的全方位发展的培养目标。所以，总结科学人文主义教育，就是要尊崇科学，尊重人性，敬重人道，以科学为基础手段和前提条件，以充分体现人的价值为主要目的。

现代美学

（一）现代美学概念

中国传统文化中没有“美学”这个学科，但是有经、史、子、集四种学问。因此美学不是中国传统文化中的概念，而是来自西方的人文概念。现代，美学是现代哲学中的分支学科（二级学科）；西方美学史是哲学形态的审美史和意识史。美学是研究审美关系的学科，即人与自然之间的审美关系，是人类的精神活动和文化学习的重要内容。美学作为现代汉语中的词汇来自新文化运动学者的译法，是借鉴日语对鲍姆加登感性学“Aesthetic”的翻译。最先提出“美学”概念的是德国哲学家鲍姆加登，他使美学从哲学中脱离出来，成为一门独立的学科。美学在希腊语中被直译为“感性学”，也指感知和感觉。美学研究的审美关系包含了三方面内容：审美对象、审美特征和审美教育。审美对象又称为审美客体，包括空间、时间中的动态和静态对象，也有社会生活、自然现象和人体本身所呈现出的社会美、自然美、艺术美等。审美特征是美的感觉最突出的表现和最具有代表性的特征，表现出感觉具象性、瞬间永恒性、空间异样性等，也包括审美对象显现出的高尚、优美、独特、低俗、媚俗等。审美教育是通过艺术作品对人进行教育，或者运用自然世界、社会生活中美的内涵对人进行潜移默化的影响，以达到美化人的心灵、行为、语言等目的。审美教育包含四个环节：发现美、感知美、认识美和创造美。审美教育也被称为美感教育，是人在全面发展过程中不可或缺的学习内容。

西方美学的发展历程大体上经过了三个阶段。第一阶段：本质论美学；第二阶段：神学论美学；第三阶段：认识论美学（语言和文化）。本质论美学：古希腊时期思想家提出的美的主体设定，“本质”是事物美存在的核心原因，并形成以“美的本质”为中心和优先地位的美学思考。神学论美学：流行于欧洲中世纪，认为美来自万能的上帝，上帝才是最高形式的美，上帝创造了美并是美的本体和化身。神学论美学是人的认知来自对神的崇拜，是神学支配下的对美形成的认知意识。认识论美学：17 世纪到 19 世纪的欧洲，产生了神学主宰被理性觉悟取代的“认识论转向”的哲学思潮，人们认为美和艺术不是来自上帝的创造，而是人对客观世界理性观察、思考和分析而得到的结论。语言论美学和文化论美学属于认识论美学的范畴。语言论美学形成于 19 世纪末期和 20 世纪之交，曾一度盛行以语言形式为主导的美学主张，注重语言分析审美现象和提倡美的文本阐释。

文化论美学与文化紧密联系，认为美根植于深厚的文化土壤，真正的美学是建立在文化之上的。

（二）现代美学特征

“认识论美学”是西方现代时期美学的主线，19 世纪德国哲学家叔本华（Arthur Schopenhauer）和尼采的唯意志论美学，认为美没有个人意志，是纯粹审美主体的“观审”[1]，强调人的本能和意志至上的反理性主义，为现代西方现代美学开辟了新的天地。现代美学思潮中美和艺术的各种思想、观念及流派让人目不暇接。如果深入剖析，不难总结出这些美学的思想拥有某些共同特征。第一，非理性、个性化和主观性的特质。第二，反英雄、平面化、非视觉、零散性和非形象的特色。第三，内在性、非功利、动态性的特点。并且，西方现代美学不是单一结构和单一线条的发展逻辑，各种学说观点、流派思潮常常交织在一起且不断深化，很多美学家都跨了好几个派别，总体划分呈现出“科学美学”和“表现美学”两种美学思潮。

1. 科学美学思潮

格式塔心理学美学、解释学美学、接受美学、结构主义美学、解构主义美学、符号论美学、后现代主义美学和批判现实主义美学都从属于科学美学思潮的范畴（表 1）。

表 1　科学美学思潮的范畴

科学美学思潮	格式塔心理学美学
	解释学美学
	接受美学
	结构主义美学
	解构主义美学
	符号论美学
	后现代主义美学
	批判现实主义美学

（1）格式塔心理学美学，是探讨艺术内在结构形成的美学理论。该美学理

1　观审：亦译“静观”，指行为主体沉浸于直观感受，宁静地审视客观对象。

论提出，人的知觉具有结构性和整体性特征，并在此基础上呈现出“完形”的特性。而人已有的艺术经验具有与客观对象结构相同的特质。这是将人的审美经验和客观的自然结构有机结合起来的研究方法，并运用于美学的思考。

（2）解释学美学，主张艺术的审美经验是用语言来表达的，并对艺术本体（本身）进行解释。艺术的含义不仅是艺术家的创作意图和表现，更是要把艺术作品的意义看作观众对艺术品理解的理论参照。解释学是至今仍盛行于欧美学术界，且影响仍不断扩大的美学理论。

（3）接受美学，根据马克思基于对消费和生产之间的辩证关系，创建了马克思主义的接受美学理论，重点指出“读者”在阅读文学作品的接受过程中所表现出的关键性作用，接受美学对世界产生了重要影响。

（4）结构主义美学，认为结构组织决定了人的实践行为，否定了人性的自由选择观点。只有透过语言结构的相互关系才能探索和表达出文化的意义，结构主义美学研究主要应用于文学创作。20 世纪 60 年代结构主义美学在欧洲盛行，后在全球范围内广泛传播。

（5）解构主义美学，主张要跨越结构主义的美学观点。在哲学和美学的理论上反对统一性和整体观，强调阅读行为在文学活动中的重要性；否定了传统意识中对文学与非文学的判断结论，彻底突破了传统哲学中对美学概念范围的界定。

（6）符号论美学，提出艺术、科学都属于文化现象，它们不是对客观世界和现实的反映，而是人类经验所展现出的符号形式。艺术只不过是人创造出来且可以直观的形式和内容，艺术即为表现人类情感的符号。

（7）后现代主义美学，抛开陈旧的审美观念，强调主体消失和不再具有思想，不必再提供解释，拒绝挖掘任何意义，个性随之被消除干净，艺术也因此没有任何启发功能。后现代主义美学是对文化的反思和艺术主体意识观点的超越。

（8）批判现实主义美学，要求作家接近生活并表现生活原貌，深刻地呈现当下现实中人的生活状态，同时需要有强烈的批判精神。其核心思想是资产阶级倡导的人道主义，研究社会关系及其意义，剖析和描写典型社会环境中的人物个性。

2. 表现美学思潮

表现主义美学、直觉主义美学、形式主义美学、精神分析美学、法兰克福学派美学、存在主义美学、现象学美学和新托马斯主义美学从属于表现美学思潮的范畴（表 2）。

表 2　表现美学思潮的范畴

表现美学思潮	表现主义美学
	直觉主义美学
	形式主义美学
	精神分析美学
	法兰克福学派美学
	存在主义美学
	现象学美学
	新托马斯主义美学

（1）表现主义美学，认为语言就是艺术，艺术不是物理世界中可见的事实，不是功利的活动，是非概念的或非逻辑的实践活动。艺术是个人瞬间情感的表现，其形式是人表达情感过程中的可视现象，是想象力的再现和情感的直接表现。

（2）直觉主义美学，研究方向聚焦人的直觉，认为科学不能把握人的全部和正确解释客观世界，如绝对的状态和实在的本性，人类只有通过直觉才能体验和感悟生命存在的“绵延”。直觉是内心体验并可以支配人的理智，艺术是艺术家自己的内在感受和内心世界的表现。

（3）形式主义美学，认为艺术的形式是艺术之唯一重要的内容。强调艺术家不应对外在事物进行单纯的模仿和再现，而是去努力表现其情感所呈现的状态，认为艺术是脱离客观世界与精神性实体的表现。

（4）精神分析美学，强调人本能的重要意义，以及人本能在艺术活动中对人的创造力发挥将起的决定性作用，特别重视人的“无意识”在进行艺术活动和施展创造力两个方面所占有的重要位置。提出人创造艺术是以象征的形式表现人类潜意识的观点，本能和无意识是文艺作品创作的源泉。

（5）法兰克福学派美学，认为艺术的基本任务就是颠覆永恒的美学。艺术的审美力量将重建社会的现实生产力，艺术要具有社会职能，要参与拯救和恢复人性的活动。其艺术审美理想是拯救现代社会人们对现实生活的渴望。

（6）存在主义美学，认为艺术是以实现社会中人的自由为目的的实践行为，艺术实践就是发展人的自由感，强调个人意识、自主思考、主观经验。它关注人的想象和意识的自由，认为艺术是培养人对自由的需要的一种方式。

（7）现象学美学，主张返回“事物本身”，回到原初的意识层面，采取“还原法”把我们通常的判断“悬置”起来，这才能让直觉回到纯意识的原型。认为

“艺术作品”是独特的存在，是纯意向性的客体，也强调观众参与艺术作品创造的能动作用。

（8）新托马斯主义美学，宣称现实和世俗都是没有意义且价值是虚无的，呈现出非理性、象征性和神秘性的特征。认为艺术不属于理性和逻辑思维下的产物，是上帝给予的神秘直觉下进行的创造性结果，并用神学思想来阐述直觉、意识、创造、象征等美学概念。

现代艺术

（一）科学和理性的现代艺术表现

现代艺术起源于西方。西方现代艺术的语言变革与流派建立，都以艺术家颠覆已有艺术准则所进行的运动为基础。同叔本华和尼采的唯意志论、柏格森（Henri Bergson）的生命哲学和直觉主义、弗洛伊德的精神分析学等有关，西方现代艺术的发展同这些哲学成就和思想在艺术领域的蔓延有着不可分割的联系。以个人为中心、宣扬个性，是现代主义艺术的基本准则。艺术的价值和存在的意义依靠艺术作品自身的表现，诸如造型、色彩、构成、体积、线条等之间的相互组合。西方现代艺术从保罗·塞尚（Paul Cézanne）开始，他和其他印象派画家使绘画脱离了文学、政治和宗教的束缚。他专心研究绘画本身，着迷于色彩与明暗关系的分析，颠覆了以往的视觉透视方法，从色彩中抽离了“空间和结构”，使绘画成为纯粹的艺术（图1）。因此他被尊称为“新艺术旗手”和“现代艺术先驱”，西方现代画家称他为“现代绘画之父”。艺术上的“不断创新”，成了20世纪西方现代主义时期艺术的主流。但现代主义时期的画家和古典主义

图1：保罗·塞尚，《圣维克托山》。约1885—1887年。布面油画，64.8厘米x81.4厘米。Samuel Courtauld信托基金，伦敦考尔陶德艺术学院画廊藏

时期的画家一样，都希望自己的艺术作品能被放在博物馆永久珍藏供后人膜拜；因此，从侧面可以看出，他们还没有突破艺术自身的规律和边界。

西方现代艺术在不到一个世纪的时间里，给人类创造了异彩纷呈的艺术形式，形成了立体主义、象征主义、表现主义、超现实主义、意识流、抽象主义和存在主义等艺术流派。其中，立体派艺术主观分解了画面形象的完整性，让绘画的每个块面都有自我呈现。立体派画家声称："谁理解塞尚谁就理解立体主义。"[1]他们在绘画中试图创造结构美，排斥叙事性和表现性的内容，力求几何化的画面构成。未来主义艺术，在表现理念上深受现代机器、速度、暴力等对人心理的影响，着重表现机器运转带来的动力效果和张力美，画面突出表现速度和时间等因素。抽象主义艺术，是对西方传统绘画艺术的彻底反叛，主张绘画的精神和构成形式的独立，解放造型语言，将绘画的"纯粹性"推向极致，摒弃了物象客观造型和色彩的描绘，让绘画更加自由。此时的艺术，还在借助新型科学力量创造大量的新成果，如以工业方式生产并且追求机械化重复的极少主义艺术，基于光学知识的光效应艺术（又称视觉效应艺术），极具工业时代特征的动态雕塑和灯光雕塑等。现代艺术历史中还曾经出现概念性、偶发性、身体和过程等艺术形式，并且伴随着第三次世界科技革命的到来，新媒体艺术萌芽。许多艺术已经超出了传统艺术概念和材料的范畴，作品打破了艺术家、艺术品和观众之间的界限，开始主张艺术要干预社会和生活。

科学为现代艺术的发展提供了必要的新技术和新手段，因此诞生了新的艺术形式，也为艺术创造了前所未有的表现环境和传播手段。现代艺术从本质上颠覆了"艺术是对自然的模仿"的传统理念，艺术家追求艺术表达的完美性，因此，它还是隶属精英文化范畴，还是属于高雅艺术。现代艺术家们理性地追求视觉语言本体的纯粹性，排斥其他诸如宗教、政治、法律和文化等客观外在因素的干扰，也为抽象艺术诞生打下了视觉语言的基础，尤其艺术家主张"形式至上"，为形式而形式，赋予形式独特的功能和价值，并且强调形式的唯一性和原创性，这种理性思维模式为现代设计提供了丰富的形式基础和可参鉴的样本。基于科学和理性建立的西方现代艺术，是西方几百年来的思想和文化的集中反映。但是，西方现代艺术作品多数以艺术家自我表现为中心，不考虑观众是否能理解其艺术表现的意图，所以，现代艺术整体上呈现了视觉多样和形式繁杂但精神单一的局面。

---

1 哈罗德·奥斯本. 20 世纪艺术中的抽象和技巧 [M]. 阎嘉，黄欢，译. 成都：四川美术出版社，1978：87.

（二）多元和自由的后现代艺术观念

马赛尔·杜尚（Marcel Duchamp）非理性与反艺术的思想，表达出了“艺术无处不在”的观念，“自由”和“反叛”的艺术主张打开了西方后现代主义艺术的大门。他提出的“现成品”概念为西方艺术发展指出了一条新的发展道路，精神自由是艺术创作的前提和主要目的，形式和美都不再是艺术家追逐的目标。艺术要想成立必须是完全开放和自由的，只要具备时间和环境这两个外在条件，就可以完成对艺术的创造。创造作品就和制造工具一样，它是一项技能，一种物质的选择和思考的过程。杜尚的“现成品艺术”打破已有的艺术标准和定义，是对拘谨的艺术思考行为和匠气技艺展现的讽刺，引导人们走向多元的艺术世界和展现自由的创造精神。

首先，后现代艺术发展形成了两种形式轨迹：一种是艺术本身，艺术作品保持着原有的形态和使用媒介，让艺术保持独立的品性和价值；另一种是模糊了艺术与非艺术的边界，强调只有将艺术与生活融为一体时，艺术自身的创造力才能得以完全体现。其次，拓展了使用材料的范围。如大地艺术，也称为环境艺术，艺术家利用自然界中的土地、岩石、沙丘等创作大型项目，意为反抗现代工业发展对环境的破坏，倡导人们积极地保护自然资源；如身体艺术，身体被视为艺术语言的另一种表达和媒介，艺术家在行为作品中针对自己和他人身体的耐力进行实验，探索身体的极限和承受压力的能力。或者强调物质概念，忽视物理形态，被称为概念艺术或思想艺术，后来在此基础上又创造出了后物体艺术或无物体艺术。概念艺术是艺术家探寻艺术与文化知识的关系，艺术出现了文本性，文本概念已经取代了作品的概念，这种艺术可以传递有力的信息，成为进行社会参与和政治评论的工具。还有认为艺术的制作过程是比结果更重要的过程艺术，时间退化的效果成为创作的主要手段，时间被纳入艺术探索范畴。第二次世界大战后，德国艺术家约瑟夫·波伊斯（Joseph Beuys）发表了一系列的艺术演说，继而提出“扩展的艺术概念”，将艺术扩展到人体内部，以强化艺术参与和批判社会的功能。他的“社会雕塑”的理论主张，认为艺术可以介入生活并且可以改造社会。

后现代艺术目标已经不是个人化的艺术表现，相反，后现代艺术强调艺术社会功能和探索新时代艺术所能具有的潜在特性，关心社会问题并积极参与社会活动。后现代艺术开始承认和重视种族艺术、女性艺术和第三世界国家的艺术。从事物发展的内在逻辑分析得出结论，后现代艺术产生是出于对现代艺术主张的反叛和颠覆，新科学技术的转换与应用出现了表达思想和传递信息的新手段，观念的更迭致使由自我意识发展成为普遍意识，艺术呈现出更加自由的精神状态和多元价值观的发展趋势。

由于历史原因，中国现代艺术起步较晚，但伴随着中国综合国力提升，中国现代艺术慢慢开始登上了世界艺术舞台并扮演着重要角色。学术界把当下社会的新艺术形态称为“当代艺术”，它隶属于后现代主义艺术的概念范畴，是后现代艺术形态的延续。美国著名的艺术哲学家阿瑟·丹托（Arthur C.Danto）在 20 世纪 80 年代中期发表《艺术的终结》和 90 年代发表《艺术终结之后》，强调艺术的最高使命已经结束，艺术的各种形式已经不再能对我们产生震撼作用，所以理论的艺术的概念已经被边缘化或者说彻底无视了。丹托的“艺术终结论”一直备受学术界瞩目，也成为艺术界争论的焦点。“艺术终结论”，实质上不是指艺术真的结束了或者艺术家没有必要存在。我们可以从历史发展的角度看出，艺术曾具有崇高的地位，美学和艺术也曾是独立的学科领域。然而，20 世纪以来的现代艺术，对以往艺术进行质疑并提出了颠覆性的艺术宣言和美学主张，的确在一定时期内削弱了艺术独立存在的价值。但是，“艺术终结”论断只是现阶段艺术哲学的观点，艺术终结将不会出现物理时间和物理空间上的范围界定，终结的艺术批评声音也将无限持续下去。艺术终结还有一层含义，现代艺术发展到了观众难以形容和无从解释的境地，隐含着人们对新艺术到来的期盼。所以，艺术终结并不意味着艺术已经真的到达了终点。

结语

本讲内容，从“人文”开始讲授，要求掌握人文概念，了解人文的发展及内涵类别；对西方现代人文及人文主义的核心概念和特质做一般性了解，要求掌握“以人为本”的现代人文主义教育和现代科学人文主义教育在教育理念上的差异与共性。通过对西方现代美学概念和历史纲要的学习，要求掌握现代美学具有的人文精神和认识论的本质特征，并建议对现代科学美学思潮和表现美学思潮中各个流派进行扩展阅读，深化学习其中的主要美学观点。本讲中关于西方现代艺术和后现代艺术的总结，要求掌握关键词和代表性流派的艺术观点，对“科学与理性”的现代艺术和“多元与自由”的后现代艺术进行比较学习，探析不同历史阶段艺术发展和变化的内在因素。

第五讲

中华美育经典：丝路之美

文　王荔

同济大学艺术与传媒学院教授

丝绸之路的基本概念

历史上的这条“丝绸之路”内涵丰富，第一，它包括了陆上丝绸之路和海上丝绸之路；第二，陆上丝绸之路和海上丝绸之路并非单纯的两条线路，而是指历史上中国与世界进行广泛交流互通的网络。1877 年，德国地理学家李希霍芬（Ferdinand von Richthofen）首次把汉代中国和中亚南部、西部以及印度之间以丝绸贸易为主的交通路线称作“丝绸之路”。丝绸之路是指从中国出发，经过中国西北地区，横贯亚洲，进而连接非洲和欧洲的古代陆路交通线路，通过这条线路，各地、各民族间在政治、经济、文化方面进行着广泛的交流。

在古代世界，中国是最早开始种桑、养蚕、生产丝织品的国家，中国的丝织品迄今仍是中国奉献给世界人民的最重要的产品之一，它流传广远，涵盖了中国人民对世界文明的种种贡献。丝绸之路的基本走向形成于两汉时期。它东面的起点是西汉的首都长安（今西安）或东汉的首都洛阳，经陇西或固原西行至金城（今兰州），然后通过河西走廊的武威、张掖、酒泉、敦煌四郡，出玉门关或阳关，穿过白龙堆（今库木塔格沙漠）到罗布泊地区的楼兰。汉代西域分南道和北道，南北两道的分岔点就在楼兰。

但是，历史上的丝绸之路不是一成不变的，随着地理环境的变化和政治、宗教形势的演变，不断有一些新的道路被开通，也有一些道路的走向有所变化，甚至废弃。比如敦煌、罗布泊之间的白龙堆，是一片经常使行旅迷失方向的雅丹地貌。当东汉初年中原王朝打败蒙古高原的北匈奴，迫使其西迁，并牢固地占领了伊吾（今哈密）以后，开通了由敦煌北上伊吾的“北新道”。从伊吾经高昌（今吐鲁番）、焉耆到龟兹（今新疆库车、沙雅二市、县之间），就能和原来的丝路北道相会了。

南北朝时期，中国南北方处于对立的状态，而北方的东部与西部也时分时合。在这样的形势下，南朝宋、齐、梁、陈四朝与西域的交往，大都是沿长江向上到益州（今成都），再北上龙涸（今松潘），经青海湖畔的吐谷浑都城，西经柴达木盆地到敦煌，与丝路干道合；或更向西越过阿尔金山口，进入西域鄯善地区，与丝路南道合，这条道被称作“吐谷浑道”或“河南道”，今天人们也把它叫作“青海道”。还有从中原北方或河西走廊向北到蒙古高原，再西行天山北麓，越伊犁河至碎叶（今吉尔吉斯斯坦北部托克马克附近），进入中亚地区。这条道路后来也被称作“北新道”，它在蒙古汗国和元朝时期最为兴盛。

总之，丝绸之路可以理解为今天人们所说的“网络”，而并非一条单一的线路。

丝绸之路与文化遗产保护

丝绸之路的申遗最早可追溯到20世纪八九十年代。1987年，丝绸之路的重要历史遗迹敦煌莫高窟被列入世界文化遗产保护项目。1994年，我国将丝绸之路中国段列入世界文化遗产预备名单。此次申报的丝绸之路段，落在丝绸之路交通与交流体系中，具有突出的特点，它形成于公元前2世纪，兴盛于公元6—14世纪，沿用至16世纪，分布于今中国、哈萨克斯坦和吉尔吉斯斯坦境内。它见证了该期间亚欧大陆经济、文化、社会发展之间的交流，尤其是游牧与农耕文明之间的交流；它在以长途贸易推动大型城镇和城市发展、水利管理系统支撑、交通贸易等方面是一个出色的范例；它与张骞出使西域等重大历史事件直接相关，深刻反映了佛教、摩尼教、祆教等宗教和城市规划思想等在古代中国和中亚等地区的传播。世界遗产委员会建议将该路段命名为“丝绸之路：长安—天山廊道的路网”。2014年6月，第38届世界遗产大会同意中国与吉尔吉斯斯坦、哈萨克斯坦联合提交的这一文化遗产申请项目入选《世界遗产名录》。

陆上丝绸之路成功申遗后，我国又全力推进了“海上丝绸之路”的申遗。根据中华人民共和国国务院协调会议精神，国家文物局启动了“海上丝绸之路”联合申遗工作，确定福建省泉州市作为牵头城市，联合广东省广州市、浙江省宁波市、江苏省南京市等城市全力推进，于2018年将“海上丝绸之路”作为我国正式申报世界文化遗产项目提交联合国教科文组织申遗。接下来的“海上丝绸之路保护和联合申报世界文化遗产三年行动计划”是2019年海上丝绸之路保护和联合申报世界文化遗产城市联盟联席会议审议通过的计划，主要是为了进一步充实海上丝绸之路史迹的突出普遍价值和遗产多样性，借鉴陆上丝绸之路申遗的成功经验，带动各地方政府积极参与“一带一路”倡议，推动我国与海上丝绸之路沿线相关国家实现跨国联合申遗成功。

对丝绸之路的认识，是基于考古学一系列发现的结果，同时，新的考古发现也在不断丰富着“丝绸之路”的内涵及认识。丝绸之路成功申遗后，中国考古的贡献就是“南亚丝绸之路”和“海上丝绸之路”这两条丝绸之路的重大考古发现。

中国境内海上丝绸之路主要由广州、泉州、宁波三个主港和其他支线港组成。从公元3世纪30年代起，广州已成为海上丝绸之路的主港。唐宋时期，广州成为中国第一大港，长时间处于“一口通商”局面，是世界海上交通史上唯一一个2000多年长盛不衰的大港，直至明初、清初海禁。宋末至元代时，泉州成为中国第一大港，并与埃及的亚历山大港并称为“世界第一大港”，后也因明清海禁而衰落。泉州目前是唯一被联合国教科文组织承认的海上丝绸之路起点；在东汉初年，宁波地区已与日本有交往，到了唐朝，成为中国的大港之一，两宋时，靠北的外贸港先后为辽、金所占，或受战事影响，外贸大量转移到宁波。通过海上贸易获得利润是当时政府重要的收入来源之一。唐宋元三代在广州、明州（今宁波）、泉州等地设立了专门管理进出口贸易的市舶司或市舶务，对来华进行贸易的海外商人给予尽可能的优惠与支持。

2021 年 7 月 25 日，经联合国教科文组织第 44 届世界遗产委员会会议审议通过，“泉州：宋元中国的世界海洋商贸中心”项目成功列入《世界遗产名录》，成为中国第 56 项世界遗产。泉州申遗成功，不仅反映了中国深厚的历史文化底蕴，还为了解古代中国与世界海洋商贸往来、文化交流互鉴打开了重要窗口。

泉州古称“刺桐城”。公元 10 至 14 世纪，泉州在繁荣的国际海洋贸易中蓬勃发展，成为各国商旅云集、多元文化交融的“东方第一大港”，是古代海上丝绸之路的起点。作为第 44 届世界遗产大会中国唯一申报的世界遗产项目，“泉州：宋元中国的世界海洋商贸中心”是公元 10 至 14 世纪产生并留存至今的一系列文化遗产，包含九日山祈风石刻、市舶司遗址等 22 个遗产点，涵盖当时社会结构、行政制度、交通、生产和商贸等诸多重要文化元素，反映了特定历史时期独特而杰出的港口城市空间结构。这一新晋世界遗产，既集中体现了中国开放多元、互利共赢的文化传统，也为世界提供了认识“一带一路”深厚历史底蕴的一个重要视角。

陆上丝路的明珠：敦煌石窟

公历纪元前后，印度佛教开始由印度传入中国，经长期传播发展而形成了具有中华民族特色的中国佛教。由于传入的时间、途径、地区和民族文化、社会历史背景的不同，中国佛教逐渐形成了三大体系，即汉传佛教（汉语系）、藏传佛教（藏语系）和云南地区上座部佛教（巴利语系）。东汉永平十一年（68），中国第一座佛寺白马寺（伽蓝寺）修建，是印度佛教传入中国后兴建的第一座官办寺院，有汉传佛教的“祖庭”和“释源”之称，距今已有近两千年的历史。隋唐佛教的兴盛繁荣，除了得益于佛教本身在南北朝所奠定的稳固基础外，更有赖于国家的统一强盛及护持提倡。隋朝高祖文帝即位后（589—600），立即废止北周毁佛政策，下诏修建寺院、重整经像、设“五众”及“二十五众”宣讲佛教义理，更以大兴善寺作为译经中心，计其一生致力于佛教的推广，所度僧尼达五十多万人，修建寺院三千多所，立塔一百一十座，写经十三万卷，佛教在隋文帝时代的盛况可见一斑。

至此，敦煌莫高窟、麦积山石窟、云冈石窟、龙门石窟等一片石窟寺的建成或拓展，成为中外文化传播与交流的有效窗口，不仅继承了中国古代文化丰富的多元形态，还增添了许多新的元素，使佛教得以在中国生根、壮大、本土化。四大石窟还进一步丰富了建筑、绘画和雕塑在融合营造与表现上的艺术语汇，赋予了内容与形式的创新，成为镶嵌在丝绸之路上熠熠生辉的明珠和重要的历史文化遗产。

敦煌石窟包括敦煌市的莫高窟、西千佛洞和瓜州县境内的榆林窟、东千佛洞，肃北县境内的5个庙石窟，在古代都属于敦煌文化圈。这几处石窟在内容、风格等方面都非常一致，可见其系统性。敦煌石窟始建于前秦建元二年（366），至今莫高窟还保存着700多个洞窟，其中有2000多身彩塑，45000多平方米的壁画。如此数量众多、规模宏大、延续时代久远而自成体系的文化遗产，在世界上也是罕见的。从艺术史方面看，敦煌石窟反映了一千多年间美术的发展及演变，尤其是唐代和唐以前的艺术遗存十分稀少，而敦煌石窟却保存了系统而丰富的建筑、雕塑、壁画，成为我们认识和研究这一阶段艺术史的珍贵资料。世界上没有哪一处文化遗迹延续了这样长的时期，并且每个时期都有相当数量的作品保存下来。

从艺术发展史的角度，我们把敦煌石窟大体分为三个发展阶段。一是中外艺术融汇交流时期。这一时期经历了北凉、北魏、西魏、北周，也就是通常所说的北朝时期，学术界往往把这一时期的艺术称为“早期艺术”。二是与中原艺术同步的繁荣发展时期。隋唐时代由于中国在较长时期呈统一状态，隋唐帝国的空前繁荣，以及丝绸之路的畅通，使敦煌与中原的交流非常便利，敦煌作为丝绸之路上的重镇，迎来了经济和文化艺术方面兴旺发达的时代。隋唐时代以长安和洛阳为中心的地区涌现的著名画家如阎立本、李思训、吴道子、张萱、周昉等，他们的绘画风格都可以在敦煌壁画中找到。三是样式主义和新时代因素并存时期。唐王朝覆灭以后，中国又形成了分裂的局面。然而敦煌一地的统治者始终与中原王朝取得联系，以维系敦煌的安定。这样的局面长达一百年左右。由于与中原的交流时续时断，敦煌也仿造中原朝廷成立了画院以保证石窟艺术的发展。画家们能做的就是努力与唐代艺术保持一致。“样式主义”也可看作在这样的情势下的一种创作态度与创作方式。当然其中也出现了不少具有特色的创新。

敦煌莫高窟第 17 窟之所以驰名中外，是因为它是一个被封尘数百年后重新发现的藏经洞窟。第 17 窟开在第 16 窟的甬道北侧，坐北朝南，北侧设佛床，床上塑有高僧洪䛒（辩）像（图 1），也称为影窟。但后来不知具体是什么时间、什么人、由于什么原因将 5 万卷经卷、遗书存放堆置其中，然后将洞门封住并抹上泥皮，绘上壁画也被封藏起来（图 2）。直到 1900 年 6 月 22 日，道士王圆箓在清理积沙时才发现了这个洞窟。洞窟内藏有公元 4—11 世纪的佛教经卷、社会文书、刺绣、绢画、法器等文物 5 万余件。这一发现为研究中国及中亚古代历史、地理、宗教、经济、政治、民族、语言、文学、艺术、科技提供了数量极其巨大、内容极为丰富的珍贵资料。后遭英、法、日、美、俄等国探险家的盗窃掠夺，藏经洞绝大部分文物不幸流散到世界各地，仅剩下少部分留存于国内，是中国文化史上的空前浩劫。

1907 年英国斯坦因（Mark Aurel Stein，1862—1943）首次来到敦煌，从藏经洞取走经卷 600 多件，装满了 5 大箱。1914 年斯坦因再次来到敦煌，又从王道士手中买走经卷、写本、绘画等 620 多件，装满了 5 大箱。在此期间，日本的橘瑞超、吉川小一郎，俄国的鄂登堡（Sergei Fedorovich Ol'denburg，1863—1934），美国的兰登 · 华尔纳（Landon Warner，1881—1955）等人先后从莫高窟骗购和盗走了不同数量的经卷（图 3）。

法国保罗 · 伯希和（Paul Pelliot，1878—1945）从敦煌莫高窟劫走 6000 余种文书（图 4），此外还有 200 多幅唐代绘画与幡幢、织物、木制品、木制活字印刷字模和其他法器。他将所劫文物全部运往巴黎，同时详细查看了所有洞窟，对每个洞窟做了描述，特别是详细记录了洞窟中的壁画题记。正是伯希和在敦煌的考查，其所拍摄的莫高窟照片有着重要的史料价值，使之名声大噪，对于奠定他在国际汉学界的地位起到了重要作用。

图 1：第 17 窟藏经洞以及高僧洪䛒（辩）像，敦煌莫高窟；图 2：藏经洞出土的经卷文书；图 3：藏经洞的经卷文书裹以经帙，每包 10 卷，在其包裹上可看见《摩诃般若波罗蜜经》（又称《大品般若经》）的标注；图 4：伯希和在藏经洞内挑选精品

面对“敦煌石窟艺术”这样一个历史文化信息海量的人类文化遗产，我们该如何切入对它的了解呢？大致可从以下三个方面切入。

（一）洞窟形制

第 268 窟（图 5）、第 272 窟（图 6）、第 275 窟三窟为敦煌石窟中时代最早的石窟。这三窟的洞窟形式及部分龛形在后代的石窟中都找不到完全相同之例。

1. 禅窟

第 268 窟是一个多室组合的禅窟。多室组合的禅窟形式，源于印度的毗诃罗（Vihara）窟。毗诃罗指僧院、僧房，也称精舍，既是出家人起居生活之处，也是修行之所。窟顶呈叠涩式藻井形式。叠涩式藻井最早源于西亚和中亚的宫殿建设，在巴米扬石窟中出现较多。

2. 殿堂窟

第 272 窟平面为方形，窟顶近似覆斗顶。顶部中央为方形藻井，浮塑跌叠涩式井心，从最外层的方形边缘到中心，每一层的边框转 45° 角，共有三层叠进，内层比外层稍微上升一点，以表示建筑上的叠压关系。第 275 窟则是纵长方形盝顶窟。大致可辨明顶部中央为纵长方形，四边有略向下倾斜的斜坡顶形式，并残

图 5：第 268 窟是一个多室组合的禅窟，北凉时期，敦煌莫高窟；图 6：殿堂窟，第 272 窟内景，北凉时期，敦煌莫高窟

图 7：双树龛，第 275 窟北壁，北凉时期，敦煌莫高窟；图 8：阙形龛，第 275 窟南壁，北凉时期，敦煌莫高窟

存部分仿木构的椽子，应是仿汉式建筑的屋顶四披形式。这种洞窟形式在莫高窟仅此一例。这两个窟均可称为殿堂窟。

第 268 窟正壁佛龛较为简素。龛柱的造型表现出希腊式柱头的特征，在敦煌石窟中仅此一例。第 272 窟佛龛顶为穹窿顶，顶部绘有圆形伞盖，周边绘有希腊式风格的柱子。第 275 窟在洞窟两侧壁上部开有列龛，现存南北壁各有阙形龛两个，树形圆拱龛各一个。圆拱龛的佛龛两侧分别浮塑出一棵树，树冠部分向中央倾斜而代替了龛楣的形式，也称作双树龛。龛楣浮塑的树干和树叶具有很强的装饰性，在龛的两侧和上缘都绘有火焰纹装饰，上部中央双树间有一个空隙，从而使龛缘形成一个尖形龛顶。双树龛的形式在北魏洞窟中也有表现（图 7）。

阙形龛（图 8）的基本形式为方形，两侧为一高一低的阙，中央有稍低于双阙的屋顶形式。阙形龛是把汉式建筑中“阙”这一建筑类型用来作为佛龛。“阙”的起源很早，至迟在西周时期文献中已经出现“城阙”一词，到东汉时，阙主要作为一种礼制性建筑而存在。因此，阙在人们的心目中是权力、级别的象征。阙形龛内均塑交脚菩萨，交脚菩萨表现的是居于兜率天宫的弥勒菩萨。

3. 中心柱窟

中心柱窟（图 9）是北魏时期最流行的洞窟形制。其特点为主室平面呈纵长方形，洞窟中央靠后部有一座象征着佛塔的方柱，上部与窟顶相连。方柱四面开龛造像，正面为大龛，其余三面分上下层各开一龛。环绕中心柱形成一个回廊，以供信众环绕塔柱右旋观瞻和礼拜。中心柱窟的形式可以追溯到印度的支提窟，但完全印度式的塔庙窟在中国几乎没有出现过。敦煌石窟的中心柱窟形式从河西中心柱窟发展而来，特别是中心柱窟与人字披顶相结合的形式，是敦煌中心柱窟特有的形制，表明敦煌一地汉文化之深厚。

4. 覆斗顶窟

第 285 窟为覆斗顶窟（图 10），中有西魏大统四年（538）、大统五年（539）发愿文题记，是莫高窟现存最早的洞窟纪年。以第 285 窟为标尺，与之风格相近的洞窟约有 10 个，这些洞窟大体上都可以确定为北魏晚期至西魏时期所开。

9

10

11

12

图 9：中心柱窟，第 254 窟内景，北魏时期，敦煌莫高窟；图 10：覆斗顶窟，第 285 窟内景，西魏时期，敦煌莫高窟；图 11：大像窟，第 96 窟（九层楼）外景，初唐时期，敦煌莫高窟；图 12：涅槃窟，第 148 窟内景，盛唐后期，敦煌莫高窟

图 13：佛像，第 259 窟北壁，北魏时期，敦煌莫高窟

5. 大像窟

大像窟是唐前期十分引人注目的洞窟。莫高窟第 96 窟（图 11）、第 130 窟和榆林窟第 6 窟均造大佛像，而洞窟形制也因大佛的营建而形成自身的特点。

6. 涅槃窟

涅槃窟仅有一例，为盛唐后期营建的第 148 窟（图 12），此窟平面为横长方形，西侧设高约 1 米的佛床，上有长达 14.4 米的涅槃佛像。窟顶为券顶，洞窟南北两壁各开以深龛，龛顶为盝顶形，配合涅槃佛像而形成三世佛的结构。

（二）彩塑

彩塑是洞窟的主体。北魏的石窟主要是中心柱窟，彩塑一般安置在中心柱四面的龛内以及左右侧壁的列龛中。北魏的主尊像多为坐佛像，坐式有交脚坐、倚坐、跏趺坐。只有第 259 窟龛内为释迦多宝二佛并坐像，二身佛像均为游戏坐式，一条腿屈于佛台上，一条腿自然垂下。第 259 窟北壁的佛像结跏趺坐（图 13），体型丰满，着通肩袈裟，双手置于腹前，仅以细细的阴刻线表现袈裟的衣纹。头微向下倾，目光下视，嘴角露出一丝微笑，全身的静态更衬托出眼、嘴的微小的动作，从而体现出一种出自内心的笑容。同窟的其他佛像面部表情也有同样细微的处理。

第251、254、257、259、435窟的佛像身体饱满圆润，富有立体感，袈裟均以贴泥条的形式表现富有装饰性的衣纹，这样的视觉效果与云冈石窟佛像雕刻十分接近，是从犍陀罗雕刻的样式发展而来的，最初应是受到了古希腊艺术的影响。

第260窟和248窟等中心柱中都塑有苦修像，表现释迦牟尼成佛前的苦修状态，从消瘦的面庞、突出的锁骨等方面表现出清瘦的特征，双目的表情和全身的精神，依然体现出一种神采。

北魏的彩塑中还出现了天王（或金刚）的形象，第257窟正面龛的天王像，是北魏石窟中最早出现的天王彩塑。北魏洞窟除了佛像及协侍像外，在中心柱的四周还贴满了影塑。影塑是指模造的小型塑像，内容有菩萨、天人等，模造之后贴于壁上，最后施以彩绘完成。

在北魏前期的第251、254、260等窟中心柱四面的影塑，形象大体一致，多为胡跪的天人形象，或双手合十，或持花，或双手抱膝，天人束发无冠，有头光。在北魏晚期的第435、248窟除了传统的胡跪天人外，在正面龛上部中央有一佛二菩萨或者二飞天的影塑，这是单独为特别的位置制作的影塑。表现为飞动的样子，其形态及服装样式可见云冈石窟浮雕的风格特征（图14）。

第45窟的彩塑（图15）表现了盛唐时期雕塑艺术的进一步发展，即对一组七身群塑整体的表现。其对人体的比例及人物性格的表现已十分娴熟，且更注重精神气质的表现。正壁敞口龛内的塑像是此窟的重点，这铺塑像原系九身，龛外两侧力士像已毁，现存七身。塑像按照通常秩序纵向对称布置在深敞口龛内。主尊佛像右手上举，左手抚膝，端坐说法，头顶高耸螺纹肉髻，宽和的面貌，丰满圆润，肥大的耳朵，圆弧似的双眉，长长的眼睛，似在呼吸的鼻子，饱满秀巧的嘴唇，丰腴的下颌，宽厚的胸膛，其慈眉欢韵的神情、丰厚肥硕的躯体、庄重大度的仪态，鲜明地体现了佛陀大慈大悲的性格特征。菩萨表现为立姿，身体比例上略长，更能显示出女性婀娜、柔美之态。创作者为使菩萨妩媚动人，更借助主要构成人体动态的头、胸、臀三部分在空间的扭倾关系，遂成“一波三折”节奏鲜明的动态，塑造了理想中慈悲为怀、垂怜众生的菩萨形象。迦叶和阿难不仅仅是一老一少的僧人，更是通过对其眼神、手姿等方面的刻画，传达出得道高僧的

图 14：影塑飞天，第 437 窟中心柱正面，北魏时期，敦煌莫高窟；图 15：龛内群塑，第 45 窟，盛唐，敦煌莫高窟；
图 16：说法图（位于北壁），天宫伎乐与飞天（位于窟顶南披），第 272 窟，北凉时期，敦煌莫高窟

睿智。将二者塑像加以比较，其共性是慈悲为怀，与人为善；而个性则显示了阿难的聪慧与内秀、迦叶的智慧与沉稳。

第 46 窟、66 窟、320 窟、445 窟等窟的彩塑，均与第 45 窟是同一类风格。

（三）壁画

壁画是石窟艺术中讲述和宣传教义不可或缺的教科书。其内容题材包括尊像画和飞天、故事画、供养人画像、山水以及佛教史迹画、装饰图案等。

1. 尊像画和飞天

尊像画是指佛、菩萨、天王等形象的绘画。佛像通常以说法图的形式来表现。第 272 窟主尊为彩塑坐佛（图 16），南北两壁则画出两铺说法图。另加上东壁的大部分壁画都画出千佛的形象。千佛，包括过去世庄劫千佛、现在世贤劫千佛、未来世星宿劫千佛。

飞天是壁画中一个特殊的角色。佛经中在叙述佛说法的时候，常常会讲诸天

图 17：药叉，第 254 窟西壁，北魏时期，敦煌莫高窟；图 18：毗楞竭梨王本生，第 275 窟北壁，北凉时期，敦煌莫高窟

前来歌舞或散花供养。在有关佛本生、本行等故事中的许多场合也会描写诸天人、天女赞叹歌舞或者散花的情景。第 272 窟的飞天数量较多，变化较丰富。飞天身体大致呈 V 字形，两手张开，持飘带飞舞。不同的动态，使画面显得十分活跃。

北魏时期第 263 窟南壁还出现了三佛说法图，这是早期壁画中唯一的一例。这个时期伎乐演奏的乐器也更丰富了，包括琵琶、箜篌、法螺、腰鼓、横笛、竖笛等。药叉（图 17），即金刚力士，是佛国的护法神。

2. 故事画

故事画包括本生、本行和因缘故事。本生是指佛前世所做的各种善行。本行是指佛现世的生平故事（也称佛传）。因缘是指佛陀教化众生的故事。这些在 275 窟中都集中地有所呈现，北壁就画有五铺本生故事。毗楞竭梨王本生故事表现毗楞竭梨王为求得婆罗门劳度叉说一偈言，不惜生命，让人在自己身上钉一千个钉子的故事。画面（图 18）描绘毗楞竭梨王端坐中央，头上方左右两侧各画飞天一身，右侧画以婆罗门左手扶钉，右手挥锤，正向毗楞竭梨王的胸腹双臂上，有用石绿色画出的锥形钉状物若干个。毗楞竭梨王左膝下画一眷属，单腿而跪，右手遮面作痛苦状。

敦煌第 257 窟西壁（图 19）上，故事采用长卷式构图，表现了溺人落水、九色鹿救溺人、溺人跪在鹿前谢恩、王后要求国王捕鹿、溺人告密、国王出行捕猎、九色鹿在国王前告知始末，共 7 个情节，顺序是从两头开始，到中央结束。“鹿王本生”的故事中国早有译本。摘要如下：昔者菩萨身为九色鹿，常在恒水边饮食水草。时水中有一溺人，随流下来。鹿救之。溺人下地绕鹿三匝，叩头乞作奴。鹿言：“不用汝也，且各自去，欲报恩者，莫道我在此。人贪我皮角，必来杀我。”于是溺人受教而去。是时国王夫人夜于卧中，梦见九色鹿，其毛九种色，其角白如雪，即托病不起。夫人告王：“梦见九色鹿，我思得其皮作坐褥，欲得其角作拂柄，王当为我觅之。王若不得者，我便死矣。”王以分国而治、赐重金银募鹿。溺人心生恶念，言王九色鹿处，于是溺人面上即生癞疮。王率众觅鹿至恒河边，见鹿，王军人即便弯弓欲射。鹿语王人救溺人之事。王闻鹿言，甚大惭愧。于是鹿与人皆太平运命化去。

西魏时期壁画中出现了大量而丰富的汉民族传统神话中的神灵和瑞兽形象。如伏羲、女娲（图 20）、东王公、西王母等，以及朱雀、玄武、开明（人首蛇身）、乌获（大力士）、风、雨、雷、电之神等，表明佛教思想与中国传统思想被交织共用在佛境与仙境之中。第 285 窟窟顶东披上部正中：伏羲、女娲均作人首蛇（龙）身，与相关文献记载相合。伏羲右手持矩，左手持墨斗，胸前有日轮；女娲右手执规，左手持物模糊。古人称“没有规矩无以成方圆”，执规持矩是规天矩地之意，女娲炼石补天，伏羲始画八卦、教民渔猎、初制礼仪等神话，代表着创造万物及人类的过程。

第 249 窟与第 285 窟的窟顶均用来表现天界。而在四披下部画出山水与树木，以地上的山水景物来衬托天界的浩瀚辽阔。整个空间云气飘动，天仙来往，下部山峦与树木间，野兽出没，正是中国山水画所追求的大自然意境。为了渲染山林气氛，往往还要画出狩猎图。骑马者回身向后张弓射箭的表现形式，源于古代西亚艺术，即历史上被称为“帕提亚式射箭”的样式。如第 249 窟窟顶北披下部山林之间，画面左方，猎人跃马深山，反身张弓，箭射猛虎；右方猎人跨马疾驰，手举标枪，追逐奔逃的一群黄羊。这是敦煌莫高窟最生动的狩猎图之一（图 21）。

19

20

21

图 19：九色鹿本生，敦煌第 257 窟西壁，北魏时期，敦煌莫高窟；图 20：伏羲女娲执规矩，第 285 窟窟顶东披上部正中，西魏时期，敦煌莫高窟；图 21：狩猎图，第 249 窟窟顶北披，西魏时期，敦煌莫高窟

图 22：维摩诘像，第 103 窟东门南壁；文殊菩萨，莫高窟第 103 窟东门北壁，初唐，敦煌莫高窟；
图 23：都督夫人礼佛图（段文杰复原临摹），第 130 窟，盛唐，敦煌莫高窟；图 24：供养人，
第 275 窟北壁，北凉时期，敦煌莫高窟；图 25：山水，第 217 窟南壁，盛唐，敦煌莫高窟

人物表情在细节上的生动刻画，敦煌壁画中也不乏经典之作。如第 103 窟东门南壁和北壁上，画有维摩诘坐于帐内，身体前倾，手持麈尾，目光炯炯，嘴唇微启，仿佛正与文殊辩论的样子。与维摩诘相对的文殊菩萨则神情安详，右手持如意，左手伸出二指，表现出对谈的姿势。这种以线描造型的人物画，似有吴道子的画风（图 22）。

3. 供养人画像

供养人画像，就是出资造窟者的画像。从盛唐到中唐、晚唐，从供养人的形象上看，以盛唐莫高窟第 130 窟晋昌郡都督一家的供养人为代表的画法，对后世影响很大。这幅《都督夫人礼佛图》（图 23）是由段文杰复原临摹而成的，显示了当时雍容华贵的贵族风韵。可比较唐代周昉《簪花仕女图》、张萱《虢国夫人游春图》与《捣练图》。

第 275 窟北壁的供养人（图 24）着胡装，双手合十奉莲花，仪态恭谨。从供养人画像中，我们能够清晰地看到当时世俗人物的形象。若在这些供养人行列中发现书有文字榜题，则能为我们提供所在洞窟的重要历史信息。

4. 山水以及佛教史迹画

盛唐莫高窟第 217 窟南壁的经变画（图 25），其背景山水将山峦有机地联系在一起。画面的顺序大体是上部从右至左，再从左至右。右上角是危崖耸立，有二人骑马一远一近行进。透过山崖，可见远方曲折流淌的河流，境界辽远。中部两座高峰之间，一道飞瀑涌泻而下，山下的旅人被这大自然的奇景所吸引而驻马观赏。马匹半掩在山后。左部也是一条曲折的河流，在近处被山崖遮断。下面的山峰，悬崖突出，青藤蔓草悬垂。有三人仿佛是长途跋涉而疲惫不堪，一人牵马，一人躺倒在地，一人在水边，欲饮山泉。中间靠右是旅人向一座西域城堡走去，路旁桃李花开，春光明媚。画家渲染了一派曲径通幽、草木葱茏的秀丽景致，使之成为"可居""可游"的游春图景。这幅山水画，主要表现了四组山峦。左侧一组山峰刻画颇细，以石绿和浅赭相间染出，峰峦上的树形除了沿用过去那种装饰性的树形外，又相应地描绘了树的枝叶细部，还画了许多悬垂的藤蔓。右侧是潺潺的流水。中部是一组平缓的山丘，与左侧的山崖相映成趣，画家用很单纯的笔法勾描，平涂石绿色并刻画了不同的树木，花开烂漫，一片春色。右上一组山最引人注目，飞流而下的瀑布，虽已变色，但仍使人感到充满生意，仿佛点睛之笔，是画面中最传神之处。左上部的远景，尽管不如前面几组富有特色，但在画面的构图上是必不可少的，它把左侧近景山崖与右侧一组山峦有机地联系在一起，在两组山崖之间还画出一行大雁飞向远方，使山水显得较有纵深感。

这样的山水画面还出现在其他洞窟中，明显表露出创作者对山水的创作趋于独立与主体突出的思考。可比较李思训、李昭道之青绿山水。

五代时期，佛教史迹画有了新的发展。最令人瞩目的就是在第 61 窟出现了通壁巨制五台山（图 26），成为该时代最具创意的作品。据考古学家宿白和其他专家考证，此图是根据唐代五台山的真实地理位置和现实生活所绘制的，全图长 13.4 米，高 3.4 米。规模宏大，气势雄伟，是莫高窟最大的佛教史迹画，整幅画详细描绘了从山西太原途经五台山到河北镇州（今河北正定县）方圆 250 千米的地理形势、山川景色以及风土人情，图中的大小城郭、寺院、塔、草庵、建筑共一百多处，榜题 195 条，其间又有高僧说法、信徒巡礼、著名史迹以及各种灵异观象。图 27 中的"大佛光之寺"创建于北魏孝文帝时，但在会昌灭佛时被毁。唐大中十年（856）重建，现在的佛光寺还保存有北魏的祖师塔，唐代大殿一座。1937 年，建筑学家梁思成与林徽因等，据此到五台山实地考察，在佛光寺现存的大殿中发现了唐大中十一年（857）重建的题记，殿内还有重建的壁画、塑像等。

图 26：五台山佛教史迹画局部以及五台山图之大佛光之寺，第 61 窟西壁，五代时期，敦煌莫高窟；图 27：山水以及唐僧与孙悟空（局部），第 3 窟，西夏，榆林窟

西夏统治敦煌达 200 年，在敦煌莫高窟与榆林窟都有营建。西夏时期的壁画除了传统的说法图形式外，较为引人注目的是水月观音像。榆林窟第 2 窟描画了在巨大的透明光环中，悠然自在地坐于岩石上的观音菩萨。画面（图 27）右下部的海岸边，一位汉族僧人，身披袈裟，虔诚地遥礼观音。僧人身后还有一位猴脸的男子牵马侍立，表现的是唐僧与孙悟空的形象。

榆林窟第 3 窟的文殊菩萨与普贤菩萨赴会图，其中水墨山水占了三分之一的画面，山势雄奇，水波浩渺。在山水总构图中可看到范宽一派雄奇壮阔的风格，在表现近景的树石中又反映出南宋小景山水的一些特色，说明两宋绘画对西夏的影响。传世的古代水墨山水画多为纸本，像这样的大幅山水壁画可以说是世所罕见。唐僧与孙悟空的形象也在此图中赫然出现。值得注意的是，唐僧与孙悟空的形象要比《西游记》的问世早两百余年。

5. 装饰图案

装饰图案主要包括窟顶的藻井、佛背光、头光以及各种边饰，多为忍冬纹、火焰纹、莲花纹，也有少量的几何纹、三角形垂帐纹等（图 28）。由于受到窟型和开窟限制等因素，敦煌石窟藻井平面化了古代建筑的构造特点。而在装饰纹样上，则主要是以绘画为主。在敦煌莫高窟藻井图案中，补色对比、对比色对比使用得最多，也是最具有美感价值的配色模式。又如明度对比，在敦煌莫高窟藻井图案中，明度对比也是十分常见的色彩配置手段，色彩的明暗变化，不仅可以反映颜色的层次和空间，而且能表达出色彩所代表的情感色彩的强弱。再如纯度对比，敦煌藻井不同于木质结构中的藻井，更类似于石窟中的壁画，因此，敦煌

图 28：左图：佛光图案；右图：窟顶藻井，第 272 窟，北凉时期，敦煌莫高窟

的艺术家们在设计制作藻井时，采用了纯度对比的手法，弥补了光线不足的缺陷。藻井图案中，构图是体现藻井图案繁多纹样完整而不凌乱的关键。不同时期藻井的井心虽然各有特点，但边饰和井心的图案却显得十分规整。边饰上往往使用简单的几何纹来装饰，从而达到增加藻井层次感的目的。

五代以后，是敦煌艺术发展的最后阶段。虽然曹氏归义军时期与中原的交流较少，缺少外来的影响是敦煌艺术走向样式化的道路，但由于曹氏政权把开凿石窟作为一件大事，并设立画院，培养了一批批从事开凿、绘画的工匠，使这一时期的石窟艺术能保持一定的水准，并出现了一些创新的成果。

元代是从分裂走向统一的时代，对敦煌艺术来说，也是吸收融合各地艺术的契机。尽管元代的洞窟很少，但其表现出较高的艺术水平和较新的风格特征，为敦煌石窟艺术发展史画上了完满的句号。

海上丝路的探索与发现

最早提出海上丝绸之路的是法国汉学家沙畹（Emmanuel-èdouard Chavannes，1865—1918）。海上丝绸之路的发展过程大致可分为五个历史阶段：形成期——秦汉；发展期——魏晋；繁盛期——隋唐；鼎盛时期——宋元；由盛及衰期——明清。

海上丝绸之路的形成也是从汉代开始。海上丝绸之路的雏形在秦汉时期便已存在，目前已知有关中外海路交流的最早史载来自《汉书·地理志》，当时中国就与南海诸国接触，而且有遗迹出土实物表明，中外交流可能更早于汉代。海洋虽然隔开了各国，但当人们掌握了造船技术和航海技术以后，便成为无远不至的通途。从汉代丝绸之路输出的货源来看，蚕丝和丝绸均产于沿海的江南，吴、越和齐、鲁一带，这些地方自古也是造船基地。这些地方既能给对外输出提供货源，又能提供海外运输的运载工具。此二者是汉代开辟海上丝绸之路的社会条件和物质基础。

唐代开始，我国东南沿海有一条叫作“广州通海夷道”的海上航路，这便是我国海上丝绸之路的最早叫法。在隋唐以前，即公元 6—7 世纪，它只是陆上丝绸之路的一种补充形式。但到隋唐时期，由于西域战火不断，陆上丝绸之路被战争所阻断，代之而兴的便是海上丝绸之路。到唐代，伴随着我国造船、航海技术的发展，我国通往东南亚、马六甲海峡、印度洋、红海，及至非洲大陆的航路的纷纷开通与延伸，海上丝绸之路终于替代了陆上丝绸之路，成为我国对外交往的主要通道。通过这条通道往外输出的商品主要有丝绸、瓷器、茶叶和铜铁器四大宗；往回输入的主要是香料、花草、硬木材等家具木材。到宋元达到鼎盛时期，成了范围覆盖大半个地球的人类历史活动和东西方文化经济交流的重要载体。

在开通丝绸之路的历史时期中，中国成为技术输出的中心，向欧亚大陆输送了众多发明，如印刷术、造纸术、火药、罗盘、舵、铸铁、瓷器、链、轮式磨谷机、水力研磨机、鼓风箱、风选机、拉式纺纱机、手摇纺丝机、独轮车、航海运输、胸带挽具、轭、石弓、风筝、螺旋桨、深钻孔法、悬架、拱桥、铁索桥、运河船闸、航海制图法等。

英国哲学家弗兰西斯·培根（Francis Bacon，1561—1626）曾说：“我们应该注意到这些发明的力量、功效和结果。印刷术、火药、指南针这三大发明在文学、战争、航海方面改变了整个世界的许多事物的面貌和状态，并由此引起了无数变化，以至似乎没有任何帝国、任何派别、任何星球，能比这些技术发明对人类事务产生更大的动力和影响。”[1] 欧洲农业革命的两大技术创新：一是采用重犁深耕。重犁配有铁铧，安装在轮子上，由八头犍牛牵引，从深处翻起土壤。

1 培根．新工具 [M]. 许宝骙，译．北京：商务印书馆，1984.

二是用马代替牛作为挽畜，马拉得更快，更有耐力。欧洲传统用牛，其颈上挽具只适合牛的短颈，不适合马。中国人发明的颈圈挽具比欧洲人足足早一千年。

中国人制造的胸带挽具传入欧洲，这种像项圈一样的挽具将着力点移到马的肩部，不会压迫气管，使马的牵引力增加四五倍。欧洲从此改用马作畜力，重犁于是获得普遍推广，由二田轮作改进为三田轮作，提高了生产力。马替代牛，提高了效率，扩大了人的活动范围，使社会活动更加丰富多彩。关于胸带挽具的发明，中国科技史专家李约瑟（Joseph Needham，1900—1995）认为有两个原因：首先，住在戈壁沙漠的汉人或游牧民族，他们经常陷入沙中，使用“喉—肚带挽具”的马匹不能把他们拉出来，这强迫他们改进马的拉力；其次，人类拖曳的经验令他们意识到应该由胸骨和锁骨来负重拉车，这就是说，胸挽带的发明受到了人工拖曳的启发。

技术促成中世纪欧洲崛起的不止是农业。中国制造的马镫改变了欧洲的军事技术，它没有运动部件，简单，却可以让骑手稳坐马背，作战时不会摔下来。一位骑手配备了马镫，就构成一个稳固整体，可快速驰骋，产生强大冲力，形成所谓的“骑兵冲刺”。

近年来，丝绸之路考古特别是南亚丝绸之路和海上丝绸之路考古的新进展、新发现以及研究成果说明：丝绸之路源远流长、连绵不断，丝绸之路陆海相连互为补充，它们共同构成了东西方文化交流的“丝绸之路”。中国海域发现的沉船时代以宋、元、明、清为主，与海上丝绸之路兴盛过程一致。如泉州古船发现的大量香料，韩国新安沉船发现的大量瓷器、紫檀木、铜钱等，而以探讨这些货物产地、技术、流通、贸易为主的环节，成为研究海上丝绸之路贸易的主要内容。

元至治三年（1323）后不久，一艘中国古代商船出发前往日本的博多港（今福冈），途中遭遇不测，沉没在韩国的新安外海域。1975 年，一位韩国渔民意外发现了它，之后从 1976—1984 年的 9 年间，考古工作者共进行了 10 次考古发掘和 1 次调查，沉船发掘出水大量文物。出水的龙泉窑瓷器，数量约有 12000 件，占全部瓷器的 60% 以上，足以说明龙泉青瓷在元代对外贸易中的重要地位和惊人数量。

中国海域成功开展了多项水下考古。海上丝路的考古发现，主要是在广东、海南和福建古代沉船、货船和丝路相关遗迹的发现发掘，“南海一号”上不仅有大量瓷器、陶器、漆器、金银器，还有船员生活所需的物品。这些更加丰富了我们对海上丝绸之路的认知。

有学者将瓷器说成是中国古代的第五大发明，而在今天的人们看来，最好的瓷器出于宋代。20世纪末的十到二十年间，随着水下考古的进行，沉睡在海底近千年的宋代瓷器被唤醒了。“南海一号”是南宋初期一艘在海上丝绸之路向外运送瓷器时失事沉没的木质古沉船，从泉州港驶出，沉没地点位于中国广东省（台山市海域），1987年在阳江海域被发现，是国内发现的第一个沉船遗址，距今800多年，是属于南宋中晚期一艘“福船”类型的古船。截至2019年8月6日，“南海一号”宋代沉船船舱内货物已清理完毕，出水文物总数超过18万件，堪称中国水下考古之最，其中尤以铁器、瓷器为大宗。出水的钧窑瓷釉色丰富，色彩绚丽，被选为宫廷用的定窑白瓷造型优美，还有一摞摞汝瓷和龙泉青瓷等，令人惊叹不已。

“南海一号”告诉我们：南宋科技和工商业确是当时世界上的巅峰。从“南海一号”的科技、造船技术和领航技术来看，均领先世界。即便是300年后发现美洲哥伦布的船，也只有“南海一号”一半大小。单说水密隔舱的技术，即便船底触礁进水，几个舱体进水，船也沉不了。这早于西方600年。从船上的阿拉伯风格的玻璃器和金银器推断，当时这艘船的主人和今天的中东关系及其密切。再从船上大量的福建瓷器来估计，这艘船应该是从泉州开往海外的。这也证明了当时福建泉州是世界海航商贸中心。海上丝绸之路的考古，用事实证明了宋代是我国瓷业发展史上的一个繁荣时期，瓷窑遍布全国各地。五大名窑是指官窑、哥窑、汝窑、定窑和钧窑。八大窑系是指定窑系、磁州窑系、耀州窑系、钧窑系、龙泉窑系、景德镇窑系、建窑系和越窑系。宋代瓷器集前代之大成，创造出丰富多彩的造型，有唐八百、宋三千之说，并不夸张。

2009年9月30日，在联合国教科文组织保护非物质文化遗产政府间委员会第四次会议上，浙江龙泉青瓷传统烧制技艺被正式列入《人类非物质文化遗产代表作名录》。

“宝历风物”展是上海博物馆新冠疫情恢复开放之后推出的第一个国际合作展览。展览名称中的“宝历”，取自“黑石号”沉船出水的一件长沙窑青釉褐彩纪年碗外壁的一行阴刻文字“宝历二年七月十六日”。宝历，是唐敬宗李湛（809—827）的年号。宝历二年，即公元826年。由于外销瓷一般会在制作出来后尽快出售，因而船上货物的制作大致就在宝历前后。1998年，一艘在海底沉寂了千年之久的沉船在印度尼西亚勿里洞岛海域的一块黑色礁石旁被发现，并因此被命名为“黑石号”。种种迹象显示这是一艘阿拉伯人建造的商船。船上满载着中国唐代制造的各地风物，说明“黑石号”是一艘往来于中国与阿拉伯世界的商船。“黑石号”沉船出水了陶瓷器、金银器、铜器、铁器、钱币、玻璃器、各类香料以及生活用具等大量文物六万多件，堪称一个巨大的宝藏。“黑石号”装载的货物涵盖了越窑青瓷、北方白瓷、长沙窑彩绘瓷以及广东青瓷。而这些种类的陶瓷器，是唐代销往西亚地区的陶瓷器中最为常见的品种，被称为贸易陶瓷“四组合”，经常相伴出土于唐代海上丝绸之路沿线国家的港口、城市遗址中。

广东地区生产的青瓷，有七百多件，其中质量上乘的为梅县水车窑的产品。其他还有浙江越窑青瓷两百多件，河北邢窑白瓷三百多件，河南巩义窑产品两百多件，包括三件完整的唐青花瓷盘，进一步证实了中国的青花瓷器早在唐代便已远销海外。另有近两百件绿釉和白釉绿彩器，格外引人注目。

“黑石号”船体的底部还发现了一批金银器、铜镜和玻璃器。出水的金银器制作工艺极为精湛，八棱金杯、金盘及鎏金银盒的精美程度可与陕西何家村窖藏的金银器相媲美。

出水的江心镜，伏兽钮。镜心图像为左青龙、右白虎、上朱雀、下玄武，除四神外搭配坤、巽、乾、坎、震、艮、兑、离卦象，最外圈为楷书铭文“唐乾元元年戊戌十一月廿九日（759 年 1 月 3 日）于扬州扬子江心百炼造成”。镜缘素面微微凸起。江心镜为唐代贡镜，其记载曾见于《太平广记 · 李守泰》：“唐天宝三载五月十五日，扬州进水心镜一面。纵横九寸，青莹耀日。……以五月五日午时，乃于扬子江铸之。”说明扬州是唐代重要的铸镜中心之一。“黑石号”沉船出水江心镜是目前所见唯一有明确纪年并能与文献记载吻合的实物证据。

千百年来，不同文化在古丝绸之路上交相辉映、浑然融合，积淀形成了基础深厚、内涵丰富、价值巨大的丝绸之路精神。习近平总书记在 2013 年提出了建设“新丝绸之路经济带”和“21 世纪海上丝绸之路”的畅想，推进“一带一路”倡议，是传承和弘扬丝绸之路精神的创举，对推动人类经济发展和文明进步具有独特价值和意义。习近平总书记引用了“驰命走驿，不绝于时月；商胡贩客，日款于塞下”这一典故，旨在通过描述古代丝绸之路繁荣昌盛的景象，启示大家只有秉持互通有无、互利互惠，平等相待、相互尊重，文明交流、彼此认同的精神内核，“继续奉行与邻为善、以邻为伴的周边外交方针和睦邻、安邻、富邻的周边外交政策，贯彻亲诚惠容的周边外交理念，通过共建‘一带一路’推动区域合作”，各个国家和民族才能互利共赢、和谐相处，才会给相关国家和人民带来更大福气，才能真正构建人类命运共同体。

第六讲

中华美育经典：人民的艺术

文　王荔

同济大学艺术与传媒学院教授

中国近现代美术史概述

随着我国社会的变化和发展，我国美术和其他文艺一样，逐渐发生了变化。五四运动所提出的革新，主要从学习西方入手，一方面派留学生出国学习艺术，另一方面在国内采用西方的教学方法创办美术学校。从 20 世纪初至抗日战争爆发前夕，派往日本与欧洲留学的学生共有 50 余人，这是我国历史上从未有过的。其中如徐悲鸿、常书鸿、林风眠、颜文梁、刘海粟等学成回国后，在继承我国优秀绘画传统的基础上进行了革新与创造，在历史文化的保护与传承等诸多方面发挥了重要作用。随着新民主主义革命的爆发，美术的根本性质也发生了变化，即把过去为统治阶级服务的美术，改变成为人民大众的美术。这种为革命斗争服务、为劳苦大众呐喊的美术可以上溯到清末为辛亥革命所作的宣传、揭露清朝腐败黑暗统治而见于报刊的漫画、五四运动期间见于游行队伍和工人运动中的漫画与宣传画。还包括“打倒列强、除军阀”的革命画，红色苏区“打土豪、分田地”的漫画、标语画。到了 20 世纪 30 年代，白区左翼文化运动时期，革命美术活动则是有领导、有计划展开的。其中，木刻、漫画始终居于主导的地位，并在鲁迅的助推下，革命美术的活动以上海为中心展开，得到了很大的发展，为后来全国规模抗战美术活动的开展，打下了坚实的基础。

抗战以后，来到抗日民主根据地的新兴木刻家和青年美术工作者，使解放区以木刻为主的美术活动达到了高潮，产生了足以代表革命木刻最高水平的作者与作品。毛泽东《在延安文艺座谈会上的讲话》（以下简称《讲话》）既是对包括木刻在内的革命文艺的总结，又是指导木刻和其他文艺向更高目标迈进的指针。延安鲁迅艺术文学院的创办，为我国美术教育开辟了与革命实际相结合的道路。因此，在《讲话》精神的指引下，在抗战与解放战争中，革命美术作为武器，在团结人民、教育人民、打击敌人、消灭敌人的斗争中起到了更大的作用，也为后来的社会主义文艺建设奠定了思想、理论的基础。

其他类型的美术，在条件许可的情况下也有相当程度的发展。由于它的历史悠久，作者进行技巧磨炼的时间与条件都比从事革命美术的作者更为优越，所显示的传统笔墨语言深厚质朴，如齐白石、黄宾虹等，在艰苦的环境中坚持创作，体现了中国传统文人志高清廉的品格。

我国近现代美术主要在以下几个方面的发展体现了其时代特点。

（一）艺术社团

清末至民国期间，艺术社团大规模涌现并呈现出较为集中的地域分布，经济因素在其中起到了至关重要的作用。绝大多数艺术社团集中分布在经济发达、商贾云集的上海、苏州、杭州、南京、广州等大中城市。其中上海一地的美术社团数量占据近代美术社团总量的三分之一还要多。而抗战爆发前，西南、西北等经济欠发达地区则少有绘画社团的组织与活动。

美术社团的大量涌现，是近代中西文化全面冲撞融合的产物。近代中国文化发展的复杂性，也决定了文化因素对美术社团产生与发展的影响是多方面的。首先，20 世纪之后，封建帝制土崩瓦解，国势颓败，国粹沉沦，一向被人们视为国粹的传统美术却在西方文化和西方艺术的冲击下节节败退，这深深刺痛着书画家们的民族自尊心，同时也激发了他们重振书画艺术、以文化救国的决心和勇气。他们认识到，团结起来、奋起直追才是唯一出路。其次，近代学校美术教育的兴起与发展，为绘画社团的大量涌现提供了坚实的人才保证。再次，报刊等近代传媒的发展为绘画社团的发展提供了必要的舆论影响和传播途径。为实现保存国粹、发扬国光的宗旨，各个美术社团开展览、办刊物、兴演讲、派留学，竞相开展多种多样的艺术活动，为民国美术的繁荣与发展做出了卓越贡献。在动荡不安的时局之下，美术社团组织及其成员以高度的社会责任感和关怀社会民生的大爱之心，积极投身于社会公益事业，在保存古书画文物、赈济灾荒和宣传抗战等方面都做出了突出贡献，表现出真挚的爱国主义情感，为我们留下了一份闪光的人道主义记录，共同推进了全国绘画艺术的发展，同时也共同构筑了民国时期美术发展的总体格局。

（二）版画

民国时期的版画可分为两个时期。第一个时期，1912—1929 年，是由传统的版画过渡到新兴版画的时期。第二个时期，1930—1949 年，这是中国版画的新兴时期，也有人称它为“新版画运动时期”。这个时期，版画——木刻，总是以战斗的姿态出现，具有进步意义与革命性。新版画以革命思想为指导，面对社会现实，向旧势力、逆时代潮流的反动派展开了斗争。同时，新兴的版画向旧的、“为艺术而艺术”的绘画提出了挑战。

中国版画的新兴时期，是经历了三个历史阶段而发展起来的，一是左翼美术家联盟时期，二是抗日战争时期，三是解放战争时期。在此期间，造就了一大批优秀的版画家。他们以木刻刀为武器，投入民主革命的洪流中，也投入了神圣的民族救亡战斗中。解放战争时期，解放区的版画家们与国统区的进步木刻家们运用木刻版画，一面宣传中国共产党的政策，一面揭露国统区的黑暗面。

在新兴版画运动时期，木刻在鲁迅先生的倡导下，吸取了西方木刻版画的精髓。与传统的雕版刻线的形式不同，近代木刻的艺术形式也随之改变。这正如鲁迅给青年木刻家的信中所说："刻出明暗，刻得明快，保持我们这时代的特点。"此外，近代木刻的最大发展还体现在对版画的创作，绘、刻、印三者都由版画家一人担当，不再如古代那样，绘、刻、印三者分工操作。抗日战争时期，物资供应困难，有的版画家甚至还担负起打制木刻用刀的任务。与历史上的传统版画相比较，我国 20 世纪上半叶版画的发展可谓波澜壮阔，产生了根本性的变化，这在中国版画史上是具有重要意义的。

随着革命形势的发展，大革命时期提出了艺术要走向十字街头为民众服务的主张，人们从抽象的谈"美育"发展为从事普及图画的宣传，与此同时，大革命也激发了美术家投身革命的积极性。第二次国内革命战争时期，在中国共产党的领导下，左翼文艺运动诞生。"左联"明确提出，文艺大众化是无产阶级文艺运动的中心内容。在左翼美术运动推动下，青年美术工作者投身于新兴版画运动。鲁迅引导美术工作者走向同情劳苦大众、为劳苦大众服务的道路。

（三）宣传画

抗日战争爆发后，爱国美术家热情要求宣传抗战。美术家揭露敌人的侵略暴行，歌颂全民抗战的巨大力量。美术家纷纷奔向抗日民主根据地。延安成为抗日民主根据地的中心，指引着中国革命的根本方向。随着中国革命高潮的到来，广大艺术家创作了反映解放战争的历史画卷，为中国人民的解放事业立下了功劳。其中突出的是木刻和漫画。在这个基础上又发展了年画、连环图画和宣传画。

《点石斋画报》为中国最早的旬刊画报，由上海《申报》附送，每期画页 8 幅。光绪十年（1884）创刊，光绪二十四年（1898）停刊，共发表了 4000 余幅作品，反映了 19 世纪末帝国主义列强的侵略行径和中国人民抵抗外侮的英勇斗争，揭露了清廷的腐败丑恶现象，也有大量时事和社会新闻内容。当时参与创作的画家除吴友如和王钊外，还有金蟾香、张志瀛、周慕桥等 17 人。这些画家多参用西方透视画法，构图严谨，线条流畅，简洁优美。

《戊申全年画报》为上海时事报馆画集。清宣统元年（1909）时事报馆将去岁戊申年日出一份之二十四开石印画报汇编成册，分列十二目，计有《罗敷怨》《偶像奇闻》《初等毛笔画》《钢笔画》《寓意画》《工界伟人》《小说合璧》《高等画苑》《图画新闻》等，共四十册。以“专绘各省可惊、可喜、可讽、可劝之时事”为主要内容，寓“劝善惩恶”之深意。

近代美术随着辛亥革命的胜利、美育和新文化的倡导而日益发展。《对内对外的两种面孔》刊登在当时的石印画报《戊申全年画报》上，首次开辟了表现宣传革命的讽刺画栏目，刊登嘲讽清王朝腐败黑暗的讽刺画，讽刺清政府对外屈辱投降，对内镇压群众。

鲁迅与木刻版画

鲁迅（1881—1936）是一位伟大的文学家，也与版画有着不解之缘，他不遗余力地倡导中国新兴版画运动，为此倾注了大量心血，被誉为“中国新兴版画之父”。鲁迅留学日本，一开始是去学习开矿的，有志于科学救国，挖掘中国丰富的矿藏资源，来增强国力、富强民众。但中国由于落后，被帝国主义列强们凭借坚船利炮、先进科技瓜分了土地和资源。鲁迅认为，学好开矿毕业，无异于成为帝国主义瓜分中国的帮凶。因此转而学医，为民众解除病痛。但当鲁迅看到一群中国留学生成为麻木的看客，又使得他感到治疗国人的精神麻木症，比治疗他们身体上的疾病更为紧要，而医治国民精神的手段首推文艺。鲁迅终于弃医从文走上了“治文学和美术”的道路，用文艺为武器进行启蒙宣传、疗救国人的灵魂。文学是思想的演绎，美术是文学启蒙的桥梁。鲁迅在文学活动中，始终将文学和美术相结合来增强传播效果，实践文艺启蒙的理想。

鲁迅弃医从文后的 1907 年，在日本东京筹办平生第一份杂志《新生》时，就开始将文学和美术紧紧联系在一起，第一期《新生》封面上，选定英国 19 世纪画家乔治 · 弗雷德里克 · 瓦茨（George Frederick Watts，1817—1904）的油画《希望》作为插图。

鲁迅用美术配合文学创作的实践从未停止，其于 1928 年创办的《奔流》杂志就充分体现了这一点。《奔流》是一份文学刊物，宗旨是翻译、介绍外国的文艺理论和文学主张，但编法却与众不同。许广平在谈到鲁迅编辑《奔流》时说：“他编书的脾气是很特殊的，不但封面欢喜更换，使得和书的内容配合，如托尔斯泰专号，那封面就不但有书名，而且还加上照片。内容方面，也爱多加插图。”[1] 据不完全统计，鲁迅一生收藏外国版画有4000余幅之多。鲁迅在提高了文学的传播力和影响力的同时，客观上起到文艺启蒙作用。通过长期的文学实践和对中外美术史的考察，他认为，中国的艺术“惟汉人石刻，气魄深沉雄大，唐人线画，流动如生”，后期却被脱离社会生活的宫廷文人画所遮蔽；西洋绘画以油画为主，“虽属新奇”，而为中国“民众所不了解”，且费时耗资。由此，鲁迅将目光转向木刻版画。

中国是木刻版画的故乡，由画家在木版上描线作画，雕工按照画的线条雕刻，再由印工印刷，三者各司其职，这是中国古代版画制作的传统工艺，比欧洲最早出现的版画还要早了500多年。据考，此法约在14世纪传入欧洲，但到19世纪经欧洲版画家改进发展成为画、刻、印一人的创作版画，能突出表现作者的创作意识，摆脱了原来创作与作品脱节的弊病。鲁迅以其独到的艺术战略眼光，洞察到创作木刻版画艺术的强大生命力，他认为木刻本来就是大众的艺术，尽管也曾远离大众（如明清文人的诗笺），但是欧洲新兴的创作版画，正可以拿来为我所用，尤其是当时苏联的木刻艺术正大放异彩，介绍和借鉴他们的艺术成就，不但可以使木刻青年获得学习的典范，还可以激发和鼓舞我国人民争取解放和追求理想的热情和斗志。

“回归和复兴”后的中国木刻版画被称为中国新兴木刻版画，其中“新兴”区别于中国的古代木刻。鲁迅之所以要提倡新兴版画，原因有二：其一是“当革命之时，版画之用最广，虽极匆忙，顷刻能办”；其二是“正合于现代中国的一种艺术”。鲁迅早在1928年年底创办朝花社时就开始有意识地将国外优秀的木刻作品介绍到中国来。为了给在黑暗中摸索的木刻青年帮助，鲁迅始终在考虑为青年们进行一次创作木刻版画基础的培训，尽管欧洲的创作版画已经发展了较长一段历史，并且已达到很高水平，但国内美术界对此却一无所知，美术学校里根本没有教版画的老师。在一次偶然的机会中，鲁迅终于找到一位版画基础培训老师，他就是当时上海四川北路的内山书店老板内山完造的胞弟内山嘉吉先生，那时他正在日本成城学园任美术老师，教授版画。1931年夏天，利用内山嘉吉来沪度暑假的机会，从8月17日到22日，在长春路319号，举办暑期木刻讲习会。

1　上海鲁迅纪念馆 . 回忆鲁迅在上海 [M]. 上海：上海书店出版社，2017.

经过鲁迅挑选过的13位学员（图1），在这6天时间里，认真听课，无一缺席，鲁迅每天冒着酷暑，从当时居住的拉摩斯公寓夹着自己珍藏的、作为教材的国外创作版画原拓作品，路过内山书店，叫上内山嘉吉一起走到离家一千米多的教室，并亲自担任讲课翻译。从此拉开中国新兴版画运动的序幕，因此有人认为，此年应作为中国新兴版画运动的元年。

1931年，鲁迅等人在上海开办“木刻讲习所”，介绍并出版了包括丢勒（Albrecht Dürer，1471—1528，德国版画家）、珂勒惠支（Käthe Kollwitz，1867—1945，德国女版画家）、麦绥莱勒（Frans Masereel，1889—1972，比利时版画家）、蕗谷虹儿（1898—？，日本画家）、比亚兹莱（Aubrey Beardsley，1872—1898，英国插画家）以及一些苏俄版画家等在内的西方版画艺术，为青年版画艺术家提供了学习、借鉴的样本。

随着抗日战争的爆发，新兴木刻在工具和传播手段方面的优势立即显示出来。复制性和形制规格较小，这本是木刻艺术的局限所在，但在战争年代，恰恰成了一种传播上的优势。油画、国画、宣传画等艺术形式虽也可以用于抗战宣传，但单幅绘画传播面有限，印刷传播虽可大量复制，但需要印刷所专门制版印刷，周期长。而一把刀，一块板，一瓶墨，几张纸，就可以构成一个小型的印刷所。在艰苦的战争条件下，木刻艺术不仅成本低，而且传播迅捷。

梅斐尔德（C.Meffe-rt）是一位德国现代木刻家。1903年3月26日，他出生于德国科布伦茨。他10岁的时候，被父亲送到了教会开办的感化院。然而，所谓的感化教育给予他的只有棍棒殴打，给军工厂充当临时工，以及经常性的禁闭惩罚。正规教育起初只有每天3个小时，之后便越来越少。他经常逃跑，但这些尝试最终都以失败告终。鲁迅在《梅斐尔德木刻士敏土之图》的序言里写道：“关于梅斐尔德的事情，我知道得极少。仅听说他在德国是一个革命的画家，今年才二十七岁，而消磨在牢狱里的光阴倒有八年。他最爱刻印含有革命内容的版画连作，我所见过的有《汉堡》《抚育的门徒》《你的姊妹》，但都还隐约可以看见悲悯的心情，惟这《士敏土》[1]之图（图1），则因为背景不同，却很示人以粗豪和组织的力量。”

江丰（1910—1982），现代版画家、美术评论家和美术教育家。原名周介福，版画署名C.H，出身于上海工人家庭。1931年参加上海左翼美术活动，筹

1 士敏土是水泥（cement）的译音。

图 1：梅斐尔德（C.Meffe-rt, 德国版画家）为小说《士敏土》所作的插图，共十幅，鲁迅自费影印，用三闲书屋名义出版；图 2：江丰，《码头工人》，木刻版画，1932 年，25 厘米 ×32.3 厘米，中国美术馆藏

建上海“一八艺社”研究所，同年参加鲁迅举办的木刻讲习班。1938 年赴延安，曾任鲁迅艺术学院美术部主任。之后历任华北联大文艺学院美术系主任、中国美协主席、中央美院院长等职。他的这幅《码头工人》（图 2）作于中国新木刻运动襁褓时期。作者不满于画坛状况，同情失业工人、行乞老人、捡破烂儿儿童、贫民等社会底层人民，试图去表现他们。在无人指导的情况下，作者模仿梅斐尔德的表现手法，以较为绵密的刀法，刻出了这幅描写码头工人的作品。这件作品虽然有模仿的痕迹，却不难看出作者的创作冲动与激情，使我们仿佛听到画中人沉重的脚步声和压抑的心声。在中国新木刻的诞生之初，由于鲁迅的精神指导和艺术扶植，一开始便从它的意识形态到艺术表现，掀开了中国美术史中最具现代意识和姿态“最前卫”的一页，参与并构成了第一次世界大战之后日益高涨的世界左翼文艺运动的一部分。

1935 年，华北事变使中日民族矛盾上升到主导地位，中华民族面临亡国灭种的危机，全国各阶层人民掀起抗日救亡高潮。中国新民主主义革命进程中的美术活动是分两条战线进行的：一条是在中国共产党领导的工农革命武装斗争地区；另一条是在国民党政府统治区由中共领导开展的左翼文艺运动中的美术活动。左翼文艺运动中的美术活动一般以美术社团的独立形式灵活多样地开展活动。“现代版画会” 就是美术社团之一，于 1934 年 6 月创立于广州市立美术学校，发起人为该校教师、版画家李桦（1907—1994）。“现代版画会” 的活动直至 1937 年中华全民族抗日战争爆发才结束，前后历时三年。李桦的这幅《怒吼吧！中国》（图 3）作品，以入木三分的遒劲刀法和线条，刻画出中华民族这位巨人已经猛醒，正挣脱帝国主义与一切反动势力强捆在身上的绳索，怒吼而起，要拿起武器为民族前途进行战斗。作品极富震撼人的感染力，为当时许多报刊所转载。

3

图 3：李桦：《怒吼吧！中国》，木刻版画，
1935 年，20 厘米 ×15 厘米，中国美术馆藏

李桦 1947 年创作的作品《怒潮》（纸本木刻版画，组画四张）分别为“挣扎”“抓丁”“抗粮”“起来”，也曾多次出现在 20 世纪 70 年代至今的重要版画论述与艺术史著中。

1931 年夏，青年版画家胡一川把杭州“一八艺社”的木刻作品带到上海，由内山完造介绍在上海虹口“每日新闻社”楼上开习作展览会。展出期间，鲁迅先生曾来观看并向展览会捐了十块大洋。早在 1926 年，胡一川在厦门集美学校念书闹风潮时就曾听过鲁迅先生的演说，受到很大启发、教育与鼓舞。所以，当鲁迅介绍外国木刻《士敏土之图》《新俄木刻选》，倡导中国新兴木刻以表现工农形象时，他认识到木刻工具价格不贵，可以大量印发等优越条件，是符合革命需要的有力武器，就大胆地刻起了木刻。1932 年冬，鲁迅抱上一大堆法国多米埃等人的画册到“野风画会”的楼上，给上海美术工作者演讲如何深入生活、提高技巧和革命美术创作的问题，逃亡上海的胡一川再次倾听了演讲，受到很大启发，先后创作了《到前线去》（图 4）、《拾垃圾》等作品，发表在《现代木刻选》《上海美术新闻》上。1933 年春，鲁迅参观了“援助东北义勇军木刻展览会”，并且购买了不少胡一川等人的木刻作品，与展览会所卖的钱款一并寄去援助义勇军。

林夫（1911—1942），原名林裕，字宽如，号一钵大师，出生于浙江省平阳县江南镇林家塔（今属苍南县钱库镇林家塔村）一个贫寒的农民家庭。他自幼喜爱绘画，1931 年，17 岁的林夫从家乡来到上海，半工半读，考入上海美术专门学校西画系。上海，这个光怪陆离的十里洋场，一边是荒淫与无耻，一边是饥饿与抗争。正当他苦闷彷徨的时候，鲁迅先生倡导的新兴木刻运动，像一道黑暗里的闪电，照亮了他的前进道路。他积极参加革命，不幸被国民党反动派抓捕，关押在上饶集中营，于“赤石暴动”中牺牲。林夫牺牲时，年仅 32 岁。

1932 年，18 岁的林夫参加了“左翼作家联盟”下属的由一些青年木刻爱好者组织的 MK 木刻研究社，不久他又秘密参加了中国共产主义青年团。1935 年，他毕业于上海美专，同年加入中国共产党，走上了一条全新的道路，刻出了许多幅反映劳动人民苦难与抗争的作品（图 5）。1936 年 7 月 5 日，第二回全国木刻流动展览在广州开幕，展出 590 幅林夫等青年木刻家的作品，受到社会各阶层的热烈欢迎。10 月初展览到了上海，10 月 8 日是展览最后一天，强烈的责任感驱使卧病 6 个月的鲁迅先生拒绝了家人的劝阻，无视白色恐怖，以大无畏的精神毅然抱病走进上海八仙桥青年会。他戴了一顶旧礼帽，把帽檐压得很低，遮住脸部，来到青年人中间，仔细观看了展出的作品，又与林夫等几个木刻家畅谈了整整 3 个小时，并摄影留念。不幸的是，这次会见竟是鲁迅先生与他所关爱的青年们的最后一次见面，11 天以后，鲁迅先生就与世长辞了。10 月 19 日，林夫与木刻团体人员高唱《义勇军进行曲》参加了殡葬礼仪活动。11 月，林夫即和上海的木刻人员共同签名发起成立“上海木刻者协会”，发表宣言，号召大家紧密团结起来，实践鲁迅先生的遗志，努力推进木刻运动，坚决与黑暗势力和强暴者做斗争。

罗清桢（1905—1942）是中国新兴木刻运动的先驱之一（图 6），也是鲁迅最为欣赏的版画家之一。鲁迅对罗清桢的木刻一直给予充分肯定，除了致信罗清桢本人予以指导以外，还经常在致别的友人书信中给予赞誉，在致金肇野的信

4

5

6

图 4：胡一川：《到前线去》，木刻版画，1932 年，20.5 厘米 ×27 厘米，中国革命博物馆藏；图 5：林夫：《全国抗战》，1938 年，木刻版画，14.1 厘米 ×18 厘米，中国美术馆藏；图 6：罗清桢：《逆水行舟》，木刻版画，1935 年，20.5 厘米 ×27 厘米，中国革命博物馆藏

中他称赞罗清桢："擅长木刻的，广东较多，我认为最好的是李桦和罗清桢……"又说："罗、李二人，其技术在中国是很好的。"[1] 为了进一步提高罗清桢的木刻技巧，鲁迅曾一幅一幅地认真点评他的作品。罗清桢在他短暂的艺术人生中，幸运地与鲁迅相识，与鲁迅多次交谈并有二三十封书信来往，得到了鲁迅极大的鼓舞和教诲，进一步明确了自己选择的道路。他在给松口中学学生的一封公开信中写道："艺术是时代的产物，是推动时代向前发展的有力工具，尤其是在这动荡不安的时代中，正需要人们对社会的认识，通过艺术形式去渲染大众，去改造社会。如果只是为了个人的生活安逸，为了供少数人欣赏的艺术，这正是艺人的奇耻大辱。"罗清桢是一个真正的艺术家和一个有信仰、有革命情怀的人。

1941 年罗清桢不幸身患重病，只好回家乡治疗，临终前穷到竟把自己心爱的木刻原版拿去烧火做饭的地步。1942 年 11 月 25 日，这位年轻有为的艺术家在贫病中去世，年仅 38 岁。罗清桢的一生，正是那个时代人民艺术家所走过的曲折、坎坷道路的一个缩影。在他短暂的一生中，不仅仅给我们留下了 220 多幅木刻作品（图 7），更重要的是他给我们展示了一个正直的艺术家所具有的可贵品格。

陈铁耕（1908—1969？），原名陈耀唐，广东兴宁人。1928年入杭州艺专学习。1938 年到延安，同年底赴晋东南，在《新华日报》华北版工作。1942 年在延安鲁迅艺术学院美术系任教。中华人民共和国成立后曾在广州美术学院任教。

这幅《母与子》版画（图 8）创作于 1933 年，当时作者经常深入上海打浦桥一带的穷人家中画速写，并和他们交朋友，对于城市下层劳动人民的苦难生活和处境有着深刻体会。此画便是在这样的基础上创作的。作品刻画母亲默默地面对着儿子，焦急地期待着丈夫给家里带食物回来。呆坐在竹椅上的母亲，手撑着头，显得疲惫不堪；儿子则蓬头赤脚，无力地靠在门边。屋里空荡荡的，连墙角上那只竹篮也是空的。从人物的神态和人物所处的环境可知，母子已长时间处于饥饿中。画家把母亲所凝望的门外，处理成一片空白，给人一种茫然之感，看来对丈夫能否给家里带回食物并没有把握。门外的这片空白处理，不仅与屋内的色调形成黑白对比，而且可以引起观者对给劳苦大众带来饥饿的种种社会原因产生更多联想。1934 年，鲁迅先生曾将这幅画送到法国展出，受到国际上的好评。鲁迅先生还将此画收进他亲自编选的第一本新兴木刻集《木刻纪程》。

---

1 鲁迅 . 鲁迅书信集 [M]. 北京：人民文学出版社，1976: 830,894.

张望（1916—1992），广东大埔人。1934 年毕业于上海美专西画系，成为 MK 木刻研究会的负责人之一，并参加了左翼美术家联盟。曾经在重庆《新华日报》、育才学校、延安鲁艺、华北联大工作，历任鲁迅美术学院院长、《版画》杂志编委、中国美协辽宁省分会副主席等。

图 9 的这幅不大的木刻，雕刻了一个受伤的工人像。额头和一只眼睛被打伤了，没有受伤的眼睛发出仇恨的光芒。一腔悲愤、一身力量、一种勇往直前的神态，跃然纸上。这件肖像用锐利的三角刀，紧密、粗犷的排线，充分描绘出受伤者面部肌肉的紧张和内心的状态。再次印证了鲁迅所认为的：黑白木刻最适宜表现强烈的情感，而运刀的速度、力量与方式，也最易于强烈地抒发艺术家的内心情绪。1934 年，这件作品受到了鲁迅先生的高度赞许。

力群（1912—2012），山西灵石人。他 1931 年入国立杭州艺专，1933 年跟曹白等组织木铃木刻研究会，并加入左联美联。1940 年到延安任鲁艺美术系教师。中华人民共和国成立后，历任中国美协书记处书记、《美术》杂志副主编、《版画》杂志主编、中国版画家协会副主席等，出版《力群美术论文集》《力群木刻选》。

木刻作品《饮》（图 10），刻画了强烈的阳光照射着大地，天旱无雨，连绵的山岭也显得那么干枯、燥热。一个干活的农民正抱起罐子喝水。他头上的白毛巾翻着，身穿一件土布背心。他肌肉强健，身材魁伟，在土地上辛劳地劳作着……木刻家力群是 1940 年在延安创作这一作品的，他描绘的农民是边区已经初步获得了解放的劳动者。从此作可以看出早期木刻受外国影响的痕迹：强调光影，强调素描效果。由于强调了这些，人物的立体感、浑厚如雕塑的感觉被突出了。一

7

8

9

10

图 7：罗清桢，《号角》，黑白木刻，1938 年；图 8：陈铁耕，《母与子》，黑白木刻，1933 年；图 9：张望，《负伤的头》，黑白木刻，1933 年，16.1 厘米 ×31 厘米，中国美术馆藏；图 10：力群，《饮》，黑白木刻，1941 年，19.1 厘米 ×14.1 厘米，中国美术馆藏

个普通的农民像纪念碑式地站立在黄土高原上，这本身就已有了不平凡的意义。

王琦（1918—2016），1937 年毕业于上海美专，1938 年在延安鲁艺美术系学习。中国版画艺术奠基人之一、最后一位中国新兴木刻运动参与者。他创作了一批表现大众生活、民间疾苦的木刻作品，《采石工》（图 11）是其中之一。作品表现采石工辛苦劳作之后生火做饭的场景。该作品已具有中国作风，有限的阴影在石工的帽檐下，让人感受到烈日直射石板的灼热。

沃渣（1905—1973）也是在鲁迅倡导的新兴木刻运动中成长起来的一位红色版画家。他以刻刀作为战斗武器，描绘下层人民的痛苦生活，为被侮辱与受损害者呐喊抗争。他创作的许多作品都得到了鲁迅的赞扬和鼓励。据沃渣回忆，鲁迅曾赠《珂勒惠支版画选集》给他，并鼓励他要善于刻画人物，不要像有些木刻，只是张着嘴巴、举着拳头而缺乏内在的感情。1936 年 10 月，鲁迅与世长辞，沃渣为先生描绘遗容，作为最后的留念。

陈烟桥（1911—1970）也是亲炙鲁迅教诲和器重的新兴版画家。1930 年 10 月，鲁迅在上海四川北路举办“西洋木刻展览会”，陈烟桥前去参观，开始了与鲁迅的交往（图 12）。在鲁迅的鼓励与支持下，陈烟桥开始从事新木刻运动，并加入左翼美术家联盟，成为 MK 木刻研究会、野穗木刻社、涛空画会等青年木刻团体的骨干成员，并经常向鲁迅请教。1933 年至 1936 年，他与鲁迅书信往来多达 20 多次，现存有鲁迅的信札 12 封被收入《鲁迅全集》。鲁迅从木刻的技法、构图到创作思想等方面，都给予了陈烟桥具体中肯的指导。陈烟桥既是鲁迅最得意的弟子，也是最得力的助手和上海木刻界的重要联络人。

1936 年 10 月，鲁迅先生因积劳成疾在上海施高塔路（今山阴路）大陆新村 9 号寓所离世。鲁迅逝世后的第二年，即 1937 年春夏之间，陈烟桥接连创作了

11

12

13

图 11：王琦，《采石工》，黑白木刻，1947 年，15.9 厘米 ×21.4 厘米，中国美术馆藏；图 12：鲁迅在中华全国木刻第二回流动展览会，左起：鲁迅、林夫、曹白、白危、陈烟桥，1936 年 10 月 8 日上海八仙桥青年会；图 13：陈烟桥，《鲁迅与高尔基》，木刻，1937 年，9.5 厘米 ×27 厘米，广东美术馆藏

塑造鲁迅形象的木刻版画《光明的指导》《鲁迅与青年运动》《鲁迅提倡木刻》《鲁迅与高尔基》（图 13）四幅作品。其中《鲁迅与高尔基》的情节虽是虚构的，却是合乎情理的虚构。这幅作品用粗放简约却深含情感的刀法，表现鲁迅和高尔基这两位文化巨人倾心交谈的情景。中苏两位文化巨人都逝于 1936 年，未曾谋面。尽管如此，二位思想上息息相通，精神上早就彼此神游互访了。这幅作品的独特构思和艺术表现，令人佩服。

郑野夫（1909—1973），浙江乐清人，是我国新兴木刻运动的领导人之一，20 世纪 30 年代初在上海参加了一八艺社、春地画会、野风画会、铁马版画会、上海绘画研究会、上海木刻工作者协会、中国美术家联盟等组织，结识鲁迅并参加了鲁迅举办的木刻讲习班，创作了不少富有政治战斗性的作品。他的版画作品《搏斗》由鲁迅与宋庆龄介绍到在法国巴黎举办的“中国革命艺术展览会”展出。当时，尽管遭遇强敌的入侵，社会现实悲惨，但我们的民族并未绝望。因此，“抗争”也是贯穿 20 世纪三四十年代的社会主题（图 14）。艺术家不仅拿起武器亲身参与战斗，而且用手中的画笔表现同胞们不屈不挠的抗争。这一时期的绘画艺术，绘画的宣传功用性较强，而且背负时代的责任，绘画的语言表现出与内容的高度统一，极具表现的张力。

苏区由于当时很少有拍摄的照片，所以，除标语外，很大一部分是用漫画的形式来解读文字，帮助苏区群众理解党的路线、方针、政策和红军的主张。于是漫画就成为当时特殊的宣传手段。笔法稚拙、主题鲜明、寓意明确是这一时期漫画的显著特色。

1927 年 9 月，毛泽东率部向井冈山进军途中，在江西永新三湾村领导部队进行了著名的三湾改编，实行“支部建在连上”的重大措施，奠定了中国共产党

图 14：郑野夫：《反饥饿斗争组画》，黑白木刻三幅，1947 年，曾刊于《中国版画集》

组织建设的基础，让党支部这个“火车头”充分发挥“战斗堡垒”作用。古田会议以党内制度形式确立了“支部建在连上”的原则，对红军如何开展支部建设提出了明确要求，规定“每连建设一个支部，每班建设一个小组”，开创了探索党的基层组织建设的先河。古田会议以后，红军总政治部出版的《红星画报》上经常刊载加强支部工作的报道组画（图 15）。红军战士创作的这幅宣传画，形象地体现出“党支部是游击队的火车头”的重要思想。

“苏区的创作完全是为了工农劳苦大众。在那里，倘若工农兵看不懂作品，该作品就没有用。要画出地主剥削农民的丑态，表现农民反抗地主压迫、举行暴动的革命精神和斗争力量的美，画出农民分土地、斗地主时高涨的革命斗志，群众就喜欢。发土地证的通知单上印着画，农民很珍爱，和土地证一同包起来保存。分得了土地的农民，把印发的马克思、列宁的画像，代替灶王爷张贴起来。实际生活中有许多可画的材料，要画出群众认为应该提倡的和想要做的事情，画群众赞成和一心向往的事情，群众就欢迎。”[1]（图 16、图 17）（黄亚光回忆）

抗战爆发不久，上海漫画家便成立了上海漫画界救亡协会，接着创办《救亡漫画》五日刊和建立上海漫画宣传队。领队为叶浅予，成员有张乐平、特伟和胡考等八人。他们的任务除了使各地民众明了抗战救亡的意义，调动前线将士杀敌情绪之外，就是要唤起并组织各地漫画界负起同样使命。抗战时期国统区也涌现出一批才华横溢，有理想、有信念、有抱负的艺术家。他们的许多作品借古喻今、启发民众，振奋抗日救国的民族精神，深刻地反映了那个时代的社会生活，自觉起来冲破封建伦理道德束缚，追求自由民主，积极投身抗战大业。张乐平的这幅画（图 18），据考呈现出德国表现主义的画风，画在布上是为了便于巡回各地

图 15：红军战士创作，《支部应成为游击队中的火车头》，木刻宣传版画，1934 年；图 16：胡烈，《选举运动》，木刻宣传版画，1933 年；图 17：红军战士创作，《红军的壮大》，木刻宣传版画

1 王伯敏 . 中国美术通史 · 第 7 册 [M]. 济南：山东美术出版社，1988: 41–42.

18

19

20

图 18：张乐平，《号角吹响了》（又名：《拿起枪来去战斗》），布画，1938 年，原稿收藏地不详；图 19：卢鸿基，《朗诵诗》，木刻版画，1938 年，载于《抗战八年木刻选集——1937—1945》，中华全国木刻协会编选，一九四六年九月由上海开明书店出版；图 20：彦涵，《当敌人搜山的时候》，黑白木刻，1943 年，22 厘米 ×19 厘米，中国美术馆藏

展览的运输，曾先后送往苏联及西欧展览。

七七事变以后，原来分散在各地的木刻工作者先后到达武汉，1938 年 4 月 16 日成立木刻联谊会，并推选出马达、立群、刘建庵、黄铸夫、陈九、安林、卢鸿基、罗工柳等着手建立全国性木刻团体的工作。同年 6 月 12 日中华全国木刻界抗敌协会在武汉成立，进一步积极发挥了用版画进行抗敌斗争的作用（图 19）。

抗日战争中，中日双方的武器装备有着极大的悬殊。彦涵（1916—2011）《当敌人搜山的时候》（图 20）展现了抗日战争中一个真实的战斗场景。画面上，战壕里六名游击队员只有两支步枪，有四个完全农民打扮的人正努力托举一人对敌射击，而另一位持枪者正在奋力攀出战壕。在他们身下，一个年幼的小孩一手支撑半躺在地，另一手高举一枚手榴弹，准备向上方的游击队员传递。通过画家的描绘，显示了抗日军民在艰苦卓绝的条件下，众志成城、同仇敌忾、誓死杀敌的顽强信念。整幅作品呈三角形构图，但最底部的小孩通过握手榴弹上举的手，和另一底部托举的满脸胡须的老农向上的目光，将观者的视线引向了顶部射击的游击队队员。在技法处理上，作品采用黑白对比的版画造型方法，同时人物简化了西画明暗造型的阴线雕刻的方法，运用了以阳线为主的表现手段。作品显示了十足的中国风格以及史诗般的庄重感。

彦涵还善于发现生活中的典型事件和形象。在河北涿鹿县贾家村体验“土改”的生活中捕捉到“豆选”这个题材，深刻而生动地表现出中国农村的巨大变革和千百万农民民主意识的觉醒。作品中的许多细节耐人寻味：文盲的农民背靠背地进行原始选举，村民慎重地在候选人的碗中丢下自己的一颗豆子，一个妇女俯身去捡掉落在地上的豆子。这种瞬间细节，表达出原始选举的公正性以及村民对自己民主权利的珍惜之情。《豆选》（图 21）《诉苦》、《审问》、《法网难逃》、《向封建壁垒进军》，这一系列反映农村社会转型的作品，彰显出作者敏锐的洞察力及准扣时代脉搏的创作主张。

古元（1919—1996），广东人，擅水粉、水彩、版画。1938 年赴延安，先后在陕北公学、鲁迅艺术学院学习。1940 年，古元在延安碾庄乡乡政府担任文书工作，这份工作让他和乡亲们有了深入的接触。作品（图 22）展示了革命圣地延安日常的一天。典型的窑洞——区政府办公室，格子窗、柴木门，窗格上的裱纸已有破裂，屋门敞开，阳光倾泻而入，和煦的阳光让室内充满光亮，与背阴的窗格形成鲜明的对比。工作人员正在认真地忙碌着。屋内放置五张简陋的木桌，近处的桌上，一张展开的《解放日报》似乎刚被人翻阅过，随手斜放在桌上。右边一张桌上堆放一摞文件，桌前坐着一位头戴军帽、面部留须的中年干部，正在认真地倾听一位“婆姨”的诉说。这位妇女头挽发髻，身着传统陕北衣装：斜襟衫袄、大裆裤，神情焦急而沮丧，双手比画着，似乎在描述着什么。前面两张桌前，两位办公人员正伏案俯首读写。靠着窗边一张横桌，对坐二人，那位头裹毛巾、身披棉衣的干部正执笔疾书，对面一人，头戴瓜皮帽，上身着黑色棉马夹，下身穿宽腰长裆裤，双腿朝前坐在凳子上，右腿别在凳腿后，斜扭着身子，双臂盘倚桌上，抻起的马夹露出腰间缠绕的裤腰带，样态欢愉自如，正期待地盯着登记簿，地上放着一卷行李，似乎经过了一路长途跋涉、风餐露宿来到此地。此时，门外一人正走进来，后面跟着一只欢快的黑狗，似乎很早出去处理完事务，刚刚

21

22

23

图 21：彦涵，《豆选》，黑白木刻，1948 年，28 厘米 ×37 厘米，广东美术馆藏；图 22：古元，《区政府办公室》，黑白木刻，1942 年，13.3 厘米 ×10.1 厘米，中国美术馆藏；图 23：蔡迪支，《桂林紧急疏散》，木刻，23 厘米 ×32.3 厘米，1945 年，中国美术馆藏

归来。在窑洞办公室的时空之中，生动鲜活的一幕幕场景呼之欲出。这幅黑白木刻版画是古元的代表作之一。尽管画面的场景是逆光的窑洞室内，但是并没有处理成西方版画的光影效果，点画之间传达出人物的神韵，颇有写意传神的意味，符合人民群众欣赏习惯，显示出典型的时代气氛与民族艺术风格。

蔡迪支（1918—），1944 年 9 月，日本侵略军进攻广西桂林，国民党当局下令全体市民立即疏散，顿时满城风雨，人心惶惶。蔡迪支目睹桂林北站人头涌动、水泄不通、缺水少食的混乱景况持续两月，成为震撼人们心弦的历史惨剧。作者在创作中（图 23）出于对悲剧性气氛的考虑，有意在纵深的场面中加强表现人心惶惶、一片混乱的情景，并着重刻画妇孺老弱的人物动态。作品印成之时正好传来日本投降的消息，作者欢快喜悦、百感交集。此作也以其历史真实感产生了广泛的影响。

赵延年（1924—2014），浙江湖州人。1938 年进上海美专学习，1939 年起学刻木刻，1941 年毕业于广东省立战时艺术馆美术系，并于同年参加中华全国木刻界抗敌协会。当时的国统区，通货膨胀、物价高涨，“米蛀虫”们囤积居奇，为了生计的民众愤而砸开店门抢米。作者目睹了这样激愤的场面，就用刻刀记录下来（图 24），以精严的写实造型、阴刻与阳刻的交互运用和富有动感的节奏，描绘了这惊心动魄的一幕。这件作品完成后不久，即被李桦推荐给一家刊物发表在封面上，后来此作品多次被展出、发表，产生了广泛的反响。

张漾兮（1912—1964），四川成都人。《人市》（图 25）是他的代表作之一。“创作《人市》这幅木刻时，前后曾酝酿了半年多时间。最后有一个多月，我经常到成都的两个人市去观察了解，才认识到这里并非如表面所看见的为没有工作的劳动妇女介绍工作的场所，而是在暗地买卖、拐骗妇女，勾引贫苦老实的青年

24

25

图 24：赵延年，《抢米》，黑白木刻，1947 年，27.4 厘米 ×23.2 厘米，中国美术馆藏；图 25：张漾兮，《人市》，黑白木刻，27.4 厘米 ×23.2 厘米，1947 年，载于张漾兮作《漾兮木刻选集》

妇女，以做家庭佣人或奶妈为名，使其落入圈套，使其侮辱，尤其是农村来的青年妇女，更难逃脱这吃人的虎口。”[1]《人市》这张作品就是为了揭露这吃人的社会制度而创作的。画面的背景是许多人讨价还价的热闹景象，深刻地揭露了旧社会的黑暗与丑恶，而不仅仅是一般地再现社会现象。画家经过了深思熟虑的提炼、加工和概括，充分表明了其立场、态度和爱憎，从而使作品更具典型性。

张漾兮从《延安文艺座谈会上的讲话》和鲁迅的作品中获得启迪，深刻理解艺术表现应比生活更高、更集中、更概括、更生动、更典型，因此也更具普遍性。当时他所在的川西地区，有许多设备落后，几乎是以原始方式开采小煤矿。张漾兮到这些煤矿生活了一段时间，目睹了几乎全裸着身体的矿工把一筐筐煤从矿洞深处拖出来，然后挥着满头的汗水去领取计酬的竹签。那里没有任何医疗条件，却开了不少烟馆供工人们抽鸦片。为了榨取工人的血汗，还特别允许赊账抽大烟，然后在每月的工资里扣还。职工十之八九都染上了烟瘾，同时也背上了可怕的烟债。老板们就是用这种方法把工人们的辛苦所得都挖了回去。这些矿工都是贫苦农民，因活不下去才来当“煤黑子”，可是不久后他们都成了“鸦片鬼”，被老板的鸦片夺去了生命。张漾兮就地画了很多素描，原打算用 8~10 幅木刻组画来表现。后来因遭当局的迫害，计划未能实现，只刻出一幅题为《煤矿工人》的作品（图 26），却成为批判现实的有力武器和唤醒民众的经典之作。

黄新波（1916—1980），原名黄裕祥，1916 年出生于广东台山一个华侨工人家庭，读中学时受到革命影响。1933 年来到上海，参加“反帝大同盟”活动时，

26

27

28

图 26：张漾兮，《煤矿工人》，黑白木刻，1948 年；图 27：黄新波，《卖血后》，黑白木刻，1948 年，33.5 厘米 ×21.9 厘米，中国美术馆藏；图 28：杨可扬，《教授》，黑白木刻，1947 年，22 厘米 ×16.6 厘米，收藏地不详

1 张漾兮 . 漾兮木刻选集 [M]. 上海：上海人民美术出版社 ,1960.

受到鲁迅先生倡导的新兴木刻运动的感召，开始学习版画。1936 年为上海木刻作者协会发起人之一，后担任中华全国木刻界抗敌协会理事。同时在上海参与举办第二届全国木刻流动展览并第一次出版木刻集《路牌》。解放战争时期赴香港，任《华商报》记者，并参与组织人间画会。作品《卖血后》（图 27）正创作于此时。他善于发挥黑白木刻的特长，以洗练的形象概括丰富的内容，并有文学气质。他从版面的局限性中探索言简意赅的造型语言，多采用寓意和象征的手法，富有诗意和独创性，刀法则多装饰性。这些特点在这幅作品中得到很好的体现。

杨可扬（1914—2010），浙江遂昌人。20 世纪 30 年代师从马达开始版画创作。20 世纪 40 年代成为浙江、福建沿海新兴版画运动的骨干之一。曾经参加中华全国木刻协会，筹组战时木刻研究社，出版《木刻半月刊》和《木刻丛集》，办木刻训练班与函授班，与郑野夫、金逢孙主办木刻用品社，生产木刻刀及其他版画材料，为版画事业在抗战时期的继续发展提供了物质保证。1946 年秋到上海参与抗战八年木刻展的筹备与展出工作。在中华全国木刻协会改组成立时，当选为理事并专职驻会办公。

《教授》（图 28）这件作品创作于抗战刚结束的时候。当时物价飞涨，民不聊生，学生上街游行，教师因欠薪而集体请愿，知识分子或卖旧书，或去当铺典当……如此种种情况，激起作者的强烈悲愤，于是创作了一批有关知识分子困苦生活的木刻作品，《教授》就是其中之一。由于这个特别瞬间的聚焦，作品具有一种特别的感染力。

以上所列举的作者与作品，只是鲁迅所推动的新兴版画运动之后的部分代表案例。鲁迅曾这样预言："……我们已经确切的相信，将来的光明，必将证明我们不但是文艺遗产的保存者，而且也是开拓和建设者。"[1] 事实证明，鲁迅是有远见的。从此，更多的版画作者与他们的作品如雨后春笋般涌现在当时中国革命斗争的前沿阵地。他们以无比崇高而有力、简洁而又独特的艺术语言和精神感召力，反映并鼓舞着广大人民的革命斗志，为中国革命事业奉献了巨大的力量。因此，无论从思想价值还是艺术成就方面来说，其都不愧为 20 世纪中国美术史乃至世界美术史上的瑰宝。

---

1 《中国新兴版画（1931—1945）》编委会成员 . 中国新兴版画（1931—1945）[M]. 郑州：河南大学出版社，2019.

第二篇

艺术鉴赏提升

第七讲

美术时尚鉴赏：绘画之美

文 陈东杰

华东师范大学美术学院副教授，硕士生导师

本讲将从三个部分探讨绘画之美：第一部分介绍什么是美；第二部分介绍欣赏美的角度与层次；第三部分则从一个艺术实践者的角度讲述如何欣赏绘画之美。

美的含义

“什么是美？”这是一个宏大的主题，因为不同民族、不同文化背景的人，对美的认识标准完全不同。例如，中国和西方的结婚场景，便存在着巨大的差异。

中国人的婚礼上几乎全是红色，追求满堂红，而欧洲的婚礼则以黑白两色为主，造成这两种截然不同的结婚场景的原因则是不同的文脉源流。在中国人的眼中，西方以黑白为主色调的结婚场景过于肃穆；而在西方人的眼中，红色象征着鲜血，所以中国婚礼现场的满堂红也并不是祥和的景象。这样的差异来自不同文化对色彩的解读。西方人认为白色象征着圣洁，所以会赋予圣洁的新娘白色的婚纱。而中国人之所以选择以红色装饰婚礼，则和一种东方特有的物产有关——天然大漆。

由于漆树无法在欧洲土地存活，所以某种意义上漆这种材料是东方文明独有的一种材料。中国的漆是天然的，是树上割出来的汁液，正如“漆”的古字没有三点水的偏旁，恰到好处地说明了漆的来源：一棵树上割了人字形的一刀流出来的水就是漆。中国人住木结构的房子，木质结构的房子上漆就不怕风吹雨淋。中国大多木构的伟大建筑都得益于漆的帮助；而西方没有漆，所以他们的伟大建筑大多都是石头房子。

天然的生漆是黑色的，但是经过日晒后会变透明，呈现出类似琥珀的颜色，这时可以加入矿物质颜料。最初加入漆的矿物质是朱砂，所以古代漆器的主要颜色只有两种：黑色和红色。

在古代，巫、医、相、卜四行并不分。当时，如果一个人生病了，会先占卜问问吉凶。通过跳神舞，驱魔驱疫；然后相面，相看气色如何；接下来还会用一些丹药，也就是说巫、医、相、卜本来是一行。朱砂在化学上的学名是硫化汞，现代医学指出其具有消炎、安神等功效，因而在巫、医、相、卜四行是一行的中国古代，其确切的药用价值就演绎出了辟邪、安神的作用。中国古代常常在需要辟邪的地方刷朱砂，朱砂是大红色的，因此我们就呈现了满堂红的氛围。

综上，不同文化的源流会产生对美的认识的巨大差异，形成截然不同的美的标准。因此，当谈到“什么是美”这个话题时，就必须了解：美的标准是多重的，不同的文化源流形成了不同的美的标准。我们一方面要尊重和了解其他文脉中的美的标准，另一方面也要建立属于我们自己的美的标准，坚定对本民族文化的自信，了解和认同本民族文化的特点。

蔡元培先生曾说“以美育代宗教”，意为建立共同的对美学的认识，让美学发挥教育的功能，它便于统一思想、建立共同的信仰。建立本民族的文化自信，也是树立共同信仰的一部分，所以一定要树立属于东方特有的关于美的认识，建构属于东方特有的典型的美学形式。但是，在树立共同的美的认识的同时，不能限定美的形式，因为一旦限定了美的形式，美的标准就会出现问题。古今中外，艺术家对人类文明的贡献就是创新，如果制定了一个固定的框架、刻板的标准、既定的形式，就会有碍于艺术的创新，艺术领域既是创新最活跃的孵化地，也是创新最安稳的试验场。一旦艺术的创新被妨碍，就一定会影响整个文明创新精神的养成。

讲述至此，“美是什么”的最终答案依然没有明示，这是因为美的形式和美的表象是丰富多样的，如果想要明白美是什么，需要站在更高的维度，才能总结对美的感受的普遍认知。有一点可以肯定，即美是永恒的，美是抽象的。

图 1 是一件放在蓬皮杜艺术中心的抽象作品。它是用麻袋片和几根绳子缠绕在一起做出一个造型，再翻制成青铜材料。作为观者，第一次看到这件作品时，也许会疑惑：是什么原因让其有资格放入世界著名美术馆中呢？如果我们了解西方的文化场域，就可以了解。欧洲的教堂在大门背后，往往都有一系列耶稣受难故事的木板雕像，观者可以从这些具象的作品中深刻地体会到一种悲悯感。这时我们会发现这种悲悯的感受让观者又想起了那件抽象作品。就是说这个抽象作品扬弃了具象的形式，而将其中抽象的、受苦受难的感觉提炼了出来，并以一种抽象的方式固化在作品中。观者也许不能够读懂耶稣受难的故事的具体内容，但是可从这件作品中体会到作品传递出来的悲悯。伟大的作品一定能够穿越古今、跨越文化而传达一种精神感受，这种精神感受就是抽象的。所以，美是抽象的，这种抽象并不只是限于它的抽象形式，即使在具象的作品中，也会给大家传达一种抽象的精神感受。

永恒的美是基于人性的一种共同的感受。中国的文化更善于用通感的形式来表达美。汉字“美”用字形很直白地传递了一个通感：什么是美？羊大就是美。当看到一只长得肥壮的羊，心里的感受就是美。

图 1: 蓬皮杜艺术中心的抽象作品; 图 2: 皮埃尔·蒙德里安:《红蓝黄构图》（*Compositon with Red, Blue and Yellow*），1930 年，布面油画，50.8 厘米 ×50.8 厘米，私人收藏

中国也更善于用诗学的通感，来传达各种抽象的感觉。比如: 什么是“逍遥”? “天高任鸟飞，海阔凭鱼跃”就是逍遥。在庄子的《逍遥游》中，除了题目中的“逍遥”，通篇再无“逍遥”二字，但是当读者读了全文，会产生一种感受，这种感受就是逍遥。庄子的《逍遥游》是一篇论文，一篇阐释什么是逍遥的论文。它不同于西式的用一点深入层层铺开的注重逻辑性阐释的方式建构的论文，而是一篇以东方通感方式传达抽象感受的文章。

中国东方文明以诗学精神见长，而西方文明以理性精神见长，各有文脉、各不相同，在了解了这些文脉线索后可以更好地体会美是什么。

接下来，本讲将通过梳理东西方文明间不同文脉指向之下的美学形式发展，帮助大家了解基于不同文脉如何通过作品鉴赏美、欣赏美。

西方美学经典是可以用数字来表达的，例如，黄金分割比 1:1.618，古希腊时期的《阿芙洛狄忒》完全符合黄金分割比的规律，即完全符合西方美学经典的要求；而当艺术家进一步归纳总结美的规律并把这些理性的标准化为一个作品，那么这个作品中就只剩下红、黄、蓝基础三色，加上黑白代表明度以及相互的比例与构成。最终把这些阐释美的基本元素平铺直叙地罗列到一个画面时，就出现了西方美术史上一个著名的作品——蒙德里安（Piet Mondrian）的《红蓝黄构图》（图 2）。当把《阿芙洛狄忒》和蒙德里安的作品并置欣赏时，会发现二者在形式上存在巨大的差异，但实际上他们却源自同样的文脉。

而东方的脉络与线索是什么呢? 东方人对美的认识，并不是以光影、色彩、比例作为审美核心，当然我们也有一套形式规律，而且与西方的规律很相似。因为人类的基本感受是一样的。但是我们的审美重点不是永恒与不变，而是变化。

例如太极图就是阴阳二气的不断变化生成。从中国历代作品中，都能体会到气韵生动这一重要线索。而将“气韵”不断提炼，就会形成对书法的审美。欣赏中国的书法目的不在于识字、认字，赏析文章内容并不重要，更重要的是感受它形式中气韵、气格的表达。中国抽象之美的总结就是书法艺术。

东西方文化各有源流，从文脉中去寻找线索，追寻各个文化的原点，又在原点中去重新生发，就能创造出当代的艺术作品，这也是艺术创新非常重要的方式之一。在了解了东西方不同的美学的形式，以及它们所彰显的西方理性精神与中国诗性精神的基础上，第二部分的内容就来讨论“审美的角度与审美的层次”这个问题。

审美的角度与审美的层次

东西方有不同的审美的角度，在艺术作品的鉴赏中也彰显出理性精神与诗性精神的差异。在理性精神指引之下，艺术鉴赏以分析研究的方式开展，分析是一种以工业化时代为背景的研究方式，讲究的是分段研究，分类细化，一点深入，层层铺开。在最初的分类中，一幅绘画作品主要从素描和色彩两个角度来鉴赏，这个分类的依据与人的视觉神经的分类相关。人的视觉神经主要分为两大类，一类用来感知明暗，一类用来感知色彩。随着研究的不断深入，分类也变得更为细化与具体。近年的一些鉴赏书籍从线条、形状、颜色、明暗、形体、空间与机理七个方面来欣赏画面。一方面，这样的分析有它的研究价值；另一方面，这是一个鉴赏后成果的阐释，并不是鉴赏最初的介入角度。如果我们在鉴赏之初就以理性分析的角度介入，其实是鉴赏的误区。正确的鉴赏过程，应该是感性介入，理性输出。因为，一切感知总是从“我爱它”的一见钟情式的感性关注开始，再进入“我为什么爱它”的理性分析。如果在鉴赏之初，就以理性的眼光逐条分析作品的特色，那只是一种研究，并非欣赏。当你欣赏一幅作品时，从“我为什么爱它”的角度开始，只能说明你并不欣赏它。

从感性的角度介入，因个人学养、地域文化等综合原因层次并不相同，对于从感性介入的分析与指导，东方文明更为精深。从东方的角度阐释“看”这个行为有不同的层次。东方传统中的审美更多的是从感性入手，再从理性输出。从“看”的角度出发，在欣赏美术作品时分为识别、感受和体悟三个层次。其中，“识别”是最原初的观看方式，看图说话就是识别。观赏者渐渐地会从中获得某些感受，比如欢喜、悲伤、慈爱，当不同感受产生时，欣赏的程度就进了一步；而通过视觉去感受美的最高境界则是“体悟”，是超脱于表象，用心光去看世界。在这一点上，东方的文明比西方文明更为深刻。举个例子来阐释这三个层次。当看到一粒沙，能够知道这是沙子，这个层次属于“识别”；进一步，如果从沙子中发现其中的美，体会到沧桑，万物皆归于尘土，这个层次属于“感受”；而东方文明在此基础上，还能从一粒沙子里看到什么呢？看到一座山，此所谓“一花一世界，一叶一菩提”—— 一粒沙子或一颗芥菜籽即是一座须弥山，这种体会并不是视觉能够看到的，而是心光目力去体悟到的，因此属于“体悟”。

从绘画的功能性角度来分类绘画

分类可以很好地厘清问题，不同的分类方式，可以梳理出不同答案。例如，从题材的角度，可以把绘画作品分成人物画、山水画、花鸟画；从材质媒介的角度，可以分成油画、中国水墨画、水彩、水粉等。本部分则从建构画面的方式，即创作方法论的角度，将绘画分成院体画、道释画、民间绘画和文人画四类，这便于读者欣赏、了解、体会绘画的内容。

首先，谈谈院体画。先来介绍一个人，这个人就是宋徽宗赵佶。作为皇帝的他多为人诟病，但他却是一位伟大的画家。宋徽宗在艺术史上的伟大贡献在于对院体画的倡导。虽然皇家办的为贵族服务的画院在唐代就已经出现，但是院体画是在宋徽宗的倡导下形成独具特色的一派的。

南宋画家李迪创作的《枫鹰雉鸡图》是一幅院体画的代表作，现藏于故宫博物院（图 3）。当观者第一眼直视此画时，看到的是这棵枯藤老树，是这棵老松的枝干，因为它的颜色最深，明暗对比最大；接着，便会顺着树干看到树的枝丫，再发现站在枝丫上的一只老鹰；又继续顺着老鹰的目光，找到草丛中的一只雉鸡，雉鸡正在落荒而逃。这个过程叫视觉移动。观者看画的顺序是由艺术家引导的。

再看这只老鹰低俯的身姿，老鹰在捉小鸡之前，一定会向下俯冲，而小鸡若想逃，需要钻到草丛、灌木丛中躲藏。画面中老鹰与雉鸡的身姿说明这幅画定格了一幕戏剧中的最高潮，当发未发之际，应中未中之时。老鹰是否可以捉到小鸡？而小鸡又能否逃脱？皆在两可之间。如果画面描绘的是：老鹰捉住了小鸡，摁住小鸡，一地鸡毛，这属于一出戏的尾声，因为它让观者知道了结果；如果画面描绘的是：老鹰和小鸡还没有互相发现，这就是一出戏的序曲。而这幅画恰恰定格

图 3：李迪（南宋），《枫鹰雉鸡图》（局部），绢本，设色，189 厘米 ×209.5 厘米，故宫博物院藏

在箭在弦上的时刻，“似发待发”的状态拨动着观者的心弦，为即将爆发的戏剧冲突蓄满能量，这幅画面定格了这出戏的最高潮。

正如上文所提的画面视觉引导——因为画家的构图和色彩等安排，观者先看到老树，再看到老鹰，最后看到雉鸡。事实上，在欣赏绘画时，观者的视觉走向并不是由观众自己决定的，而是由画家在创作时安排的，且又可以不被观者察觉。这是一个属于艺术家的秘密。正如化妆过程，一定以彰显优点，掩饰缺点为目的来对自己进行装扮。好的妆容左右观者的目光，好的绘画会引导观者的视觉。

观者在艺术家的引导下，有步骤地、循序渐进地看完整个画面，这是有时间感的一个过程，进而纵览画面又感受到最拨动心弦的一刻，这是非常了不起的。除此之外，仔细观察画面还可以发现，在画面左下角有棵枯草，这是为了平衡画面而放上去的。除此之外，画面上除呈现了一幕戏剧的最紧张的一刻外，没有任何无关紧要的元素。作为一幅成熟完整的院体画的代表作，《枫鹰雉鸡图》体现了院体画的特点：戏剧性的场景、技术精湛、格调高雅等。但是，这幅画的题材就是老鹰捉小鸡，并没有传达任何复杂的、雄浑的、伟大的观念。因此，在欣赏这类作品时，观者只需欣赏它的技术、画面形式，不必做过多的深入解读。院体画画得非常好，技术精湛，意境高雅，但是缺乏并不追求高尚的情怀，也不热衷表达作者的观念。

其次，谈一谈道释画。什么是道释画？“道”指的是道家，“释”指的是释迦牟尼，即佛家。道释画也可称为宗教绘画。

宗教绘画不同于院体画，宗教绘画一定有内容的支撑，而且内容依托于其背后所要传达的理念。不同的教派秉承不同的理念，宗教绘画的功能便是通过图像的方式来阐释相关的理念，最终达到教育人、感化人，使人信服的目的。秉持着这样的创作目的所创作的美术作品都有共同的特点：宗教绘画的特点之一在于其艺术形式是追求恢宏。通过作品恢宏的形式产生震撼的艺术效果，让面前的观者产生渺小感，从而信服作品阐释的理念。因此，宗教绘画的美术作品常采用体量巨大、阵列式的构图来达到庄严、雄伟的效果。虽然也存在小幅的宗教绘画作品，但是小幅作品中的形象往往被塑造成九头身的比例，让人产生仰视感。并且宗教绘画会被悬挂在高于观者平视视线的位置，促使观者仰视，因此哪怕画面本身尺幅不大，因为仰视的视角，依然能够给观者传达一种高大的视觉感受。

同时，由于宗教绘画的作用是通过图示来帮助诠释宗教经典的内容、教义，即看图说话，可读解性强是道释画的另一典型特点，所以宗教绘画一定是写实的、可读解的。

再次，介绍民间绘画。民间绘画最具代表性的题材是年画。几乎每家每户都会在过年时张贴年画，这是中国非常重要的一个民俗，一方面用来渲染节日的气氛，另一方面有祈福辟邪的目的。

过年期间最常见的题材是“福”字，这是中国人最常见的一道灵符，被认为具有祈福辟邪的功能；而中国人最常见的“咒语”便是春联上的内容，例如“生意兴隆通四海，财源广进达三江”等，每个家庭都会把祈愿写成春联，贴在门上。这些内容可以视为一道“咒语”，大家希望这些咒语灵验。所以，春联和福字是中国古代以符咒的形式祈福纳祥的行为的缩影；这种方式在汉代的时候是“插桃标”，即在桃树木片上画上“神荼、郁垒”，因为有传说：神荼和郁垒这对兄弟是两位神人，他们把守在鬼门关前的两棵大桃树下，防止邪魔邪祟出来。因此，渐渐地，老百姓认为桃树具有辟邪纳祥的功能，老百姓就将桃木削成木标，上面还画有“神荼、郁垒”的形象，然后插在门上，后来直接在纸上画两人的形象，甚至直接用书法的形式在纸上写上两人的名字然后贴在门上；到了唐代，此类的门神爷形象又演变成了秦叔宝、尉迟恭两人的形象。再往后到了抗日战争时期，还出现了军人的形象，以上就是年画中门神形象的演变过程。

除了门神形象的年画，另外一些常见的年画种类还有杨柳青年画里的“连年有余”、苏州桃花坞的“一团和气图”等典型题材，这些脍炙人口的、广为流传的年画的形象，都具备共同的规律。第一，画中的形象是一个符号化的形象，不随意变动。例如娃娃抱鱼这一类型的所有年画都是胖娃娃的形象。因为年画需要表达一个特定的吉祥寓意：连年有余、一团和气、四季发财、连升三级等。所以只有通过一种符号化的形象，让观者可以一目了然并且确切地体会到画中的吉祥寓意，才能避免会错意等情况的发生。第二，年画色彩鲜艳。这符合年画张贴的时令，一来可以渲染节日气氛，二来这些鲜艳色彩都来自雄黄、朱砂。这些矿物质原料本身都有药效，有消炎的功能，故而有驱邪避疫的附会意义。上文提过，在中国古代“巫、医、相、卜”四行本是一行，民间有种俗例：小孩子头上长瘌痢、长癞疮，老人家就会给出一道偏方——撕一片年画贴上可以治好，人们认为年画是避邪气的、驱疫的、驱瘟的。事实上，过去的年画所用的黄色是藤黄、雄黄，所用的红色是朱砂，这些矿物质颜料有天然的药效，剂量也适合新生儿的用药量。治疗孩子的症状，所以歪打正着就起到相应的治疗作用，十分有趣。

综上，通过符号性的形象和鲜艳的色彩传达吉祥寓意，令人过目不忘，这就是年画的特色。在当代，这种手段也被很多艺术家使用，如波普艺术，正是利用了与年画相似的方式建构它的画面。

最后，介绍文人画。中国文人画自明末开始一直被推崇至较高的地位，其原因在于，它表达了作者的心声。某种意义上，文人画就是作者为表达自己的心声而创作的，所以文人画的自觉性最高。文人画最主要的特点就是：通过诗、书、画、印四位一体来传达作者的观念。例如郑板桥画的竹子旁还有题诗一首：“咬定青山不放松，立根原在破岩中。千磨万击还坚劲，任尔东西南北风。”最后再加上临钤印，以诗、书、画、印表达了他作为文人抱定与坚守的精神与风骨。所以，诗、书、画、印四位一体，充分传达作者的理念，表现出人文精神的自觉。

回顾这四个种类的画作会发现：为了表达不同的理念，完成不同的绘画任务，每一位艺术家都会根据不同的情况，使用不同的建构画面的方式；不同的时代有不同主题，也有不同的时代精神。笔墨当随时代，每一位艺术创作者都会随着时代精神运用不同的建构作品的方法创作出不同相应类型的作品。

回顾中国近现代绘画发展历程，可以划分为以下几个阶段。新中国时期的绘画，经历了一个建立统一的思想、塑造统一的认识的时期，创作了许多充满相应时代美学精神的经典作品；在 20 世纪 80 年代，改革开放之后，整个文化场域都在向世界展示中国特色，相应时期的影视作品，例如《红高粱》，用鲜红的色彩向世界展示了典型的西北风情；再后来又涌现了一批非常符合波普主义精神的作品，在世界对中国不够了解而渴望更多元了解中国历史的时代背景下，用符号化的形象和类似于民间绘画的直白方式，从艺术家个人的角度，折射出社会的某个方面成了一个时期作品的代表形式；接下来，随着文明的不断交融，中国国力的不断强大，中国典型的材料“大漆”、中国典型的绘画“水墨”、中国典型的艺术形式“文人画”，都慢慢作为主角走上世界的舞台，将中国更为典型的、更为深邃的理念和认识传达给世界。

“为天地立心，为生民立命，为往圣续绝学，为万世开太平。”作为一个艺术创作者，在创作时，不应仅仅以一个工匠的身份，更应将更宏大的目标作为自己的抱负，作为新时代的艺术创作者，最伟大最重要的使命便是在立足本民族文脉的基础上建构属于中国自己的当代艺术。

在介绍了四种不同的建构画面的形式后，本讲最后为中西美术作品搭建一座桥梁，为读者提供一个新的比对鉴赏的审美的角度。

简单回顾，当我们将所有的绘画分为院体画、道释画、民间绘画、文人画四种类型的时候，其实名字本身并不重要。如果我们另唤作宫廷绘画、宗教绘画、年画、文人画也是没问题的。另外，我们也给这些类型圈定了一些定义。但是当我们遇到具体作品时，并不都是典型例子，甚至有反面个案。院体画中也有寄托作者深刻思想的作品，比如李嵩的《骷髅幻戏图》。宗教绘画中也不乏诙谐生动的作品，大部分佛本生故事都是场景小故事。那么，这样看似并不严谨的分类又有什么意义呢？它的意义在于，这是一个从观众角度的分类，对于鉴赏的意义大于指导专业技能练就的意义。同时，对于艺术的创作者来说，从这个角度进行的思考也是非常重要的。因为，当一个艺术的创作者掌握了相关的专业技能，解决了艺术之内的问题时，必须要考虑的一个问题就是“艺术是为谁服务的”。创作者必须要搞清作品的受众，才能有的放矢，以对应的建构方式创作相应的作品。每种类型作品的建构方式都是成体系的，是前辈总结的经验，是符合相关天时、地利、人和的具体情况的，一但搞错，作品就会不被接受。这个道理可以用于一切艺术形式，例如，“二人转”这种曲艺形式必然产生于东北，因为百姓往往是在冬日农闲、逢年过节的时候观赏，当时天气寒冷，观众是坐在热炕上看戏的，演员的表演场地就是炕下的三尺地，在这样的条件下，就形成了一种演员人数少、大运动量、服色喜庆、内容热闹火爆的表演形式。同样，昆曲一定生于江南，在园林之中，隔着一池春水，悠悠地听着慢板，讲述才子佳人的故事。如果形式错付了受众，昆曲在东北的原生场域演出，不出十分钟演员就冻僵了。二人转搬到十里秦淮的画舫之上，实在是有翻船落水之忧。也就是说，所有艺术的具体建构方式与它的实现场域必须是对应的，这是创作者要了解的基本常识，也是观众要了解的欣赏点。不要抱怨二人转不安静，要懂得欣赏它的热闹喜庆。也不要愿昆曲太慢，一个字哼哼半天，要懂得欣赏它的悠然雅致。将绘画分作院体画、道释画、民间绘画、文人画四种类型，也是指明了不同的欣赏角度，不同的类型有不同的着眼点。接下来我们就从这四个角度，融汇古今中外的比较鉴赏。

我们说院体画的特色是精湛的技术，有意境，有格调，平易近人。一般彰显的不是作者的观念，甚至可以说没有观念，没有思想性。大家可以简单地记住一点：画得好。当然，这样的措辞有些激烈。因为一件作品不可能完全没有观念，至于另一方面，“完全不传达观念”，反倒是一种非常当代的创作理念，如偶发艺术。所以，有时宏观地理解作品，放到文化场域中去解读作品是非常重要的。对于一张院体画类型的作品来说，绿牡丹就是绿牡丹，美妇人就是美妇人，无论中西都是如此简单。《枫鹰雉鸡图》虽有极高的艺术修养，表达的不过是老鹰捉小鸡，过多的观念解读容易牵强附会。观者不同留在表面的图像识别，能读解出多少专业层次，是水平所在。

宗教绘画彰显的不是作者的观念，但是也有观念，这种画就是为了传播某种观念而存在的。 其特色是：可读解性，叙述性，丰碑感，仪式性的形式。能打动人震撼人。这样的建构方法，可以用在任何的甲方身上。旧时的艺人多有无奈，谁是强霸就为谁吟唱歌颂。这样的作品都有奴气。为什么梅兰芳先生是大师？抗日战争时期梅先生蓄须明志，这就是风骨。为什么列宾是大师，他用行板的节奏，阵列的构图，营造一种丰碑感，彰显的是最穷苦者身上不屈不挠的人性光华。他用歌颂神的方式歌颂最穷苦的人。

以年画为代表的民间绘画传达的是老百姓对生活的美好愿望，通脱直白，按照惯例往往四个字就能表达清楚，比如“连年有余”“四季平安”，同时为了让连这四个字都看不懂的全文盲也能理解，附之以画。古人给年画的定位是“稚子之戏耳，养正之一端”，意思是年画是小孩玩意儿，但可以传达正能量。这种作品与文人画相比，它不具备深邃的思想性，与庙堂道释画相比，它不具有宏大说教性，与院体画相比，又不具备复杂的技术性。多是吉祥图案、时事新闻、道德教育，可以说是民间版的院体画和道释画的杂糅体，观念浅显，手段直接，传达明了，一看就懂，过目不忘。形式上表现为夺目的、直白的、符号性的形象，并不是复杂的、口号性的观念。让人十分容易理解，迅速让人记住。从另外一个角度揣摩，具备以上特点的绘画形式，是非常现代的，因为它非常符合当代的观看方式。当代的观看方式是什么呢？是广告美学。我们设想一下，当代社会的中坚力量，一个很重要的欣赏时间和场域很可能是坐在车里等红灯时看广告牌。因为在其他时间，往往有其他信息需要接受。只有在等红灯的几十秒钟是一个存粹观看的时间段。这时大家就应该理解为什么红灯背后的那个巨型广告牌“形式上表现为夺目的、直白的、符号性的形象，并不是复杂的口号性的观念。让人十分容易理解，迅速让人记住”的建构形式了，因为欣赏方式很远而且短暂。因此，同一类型作品的建构方式，无论中西古今，都是一样的。另外，观者观看方式影响作品建构方式。院体画是居家观看方式，《清明上河图》对应的就是这种观看方式。有些古代宗教绘画，其中主尊是垂目的形象，在今时的展览上观者平视欣赏效果不好，其实这种画是需要仰面看的，信徒跪在地上，一抬眼，看到了神的注视，让人非常震撼。

文人画表达作者的观念，并且运用了多元素并置的综合手段来表达，这一点得到了当代艺术的借鉴。中国文人画中的观念更为隐喻，多山水寄情，以诗言志。

在绘画鉴赏的过程中，将作品放到它的原生时代和场域中去读解，将中西古今的作品比对欣赏，建立一个有机的、立体的、相互关联的知识框架，有利于我们通过前人留下的文化遗产陶冶情操，增长智慧。

（路璐、庄清、陈怡参与了本讲内容撰写工作。）

第八讲

美术时尚鉴赏：时尚之美

文　万芳

东华大学服装与艺术设计学院副教授，硕士生导师本讲主要通过分享和探讨有关时尚与美的话题，来对美术时尚进行理解，总体分为三个部分。首先通过“什么是时尚”展开问答，了解时尚的形成以及传播；然后在此基础上理解时尚中美的来源和创造的方式；最后在前两部分的理论基础上，通过结合三个优秀的设计案例，来讨论时尚与美的再创造的过程以及方法。

时尚的形成以及传播

（一）什么是时尚?

要了解时尚的形成和传播方式，首先需要理解什么是时尚，时尚有哪些关键要素，它们是通过什么逻辑构成时尚的。

1. 时尚的关键要素

什么是时尚？这个问题比较陌生，但我们在生活中常常会问：“最近有什么时髦的事物？”答案有时是一杯时髦的奶茶，有时是一场时髦的电影，有时是一个时髦的博主。如果要用一句简单的话来概括什么是时尚，不同的人群对时尚有不同的理解，有人认为时尚就是新的、流行的、美的或是个性的事物，也有人认为时尚是一种生活方式，是一种艺术和形象。这些关键词可以被称为“时尚的DNA”，也可以说它们都是构成时尚的重要元素。如果理解了这些元素是通过什么逻辑最终去形成时尚的，那么就可以解答什么是时尚这一问题。

2. 时尚的构成逻辑和形成原因

通过总结不同人群对时尚的理解的逻辑，可以得到一个有关时尚的公式：时尚是“流行的”加“美的”形成的“生活方式”。

首先，“流行的”，可以简单地理解为流行的事物，或者说是时尚的物质载体，比如流行的衣服、流行的妆容，也可以是流行的奶茶、流行的汽车。其次，“美的”，美的事物是指，流行的物质载体构成了被大家认可的形象，因此这些事物被认为是美的。而流行的内容和流行的形象，最终反映出来的是一种具有风格、具有个性的生活方式，这种生活方式被大家认知且认可，所以它成了时尚。

除此之外，也可以说时尚是一种艺术，但是它不同于我们在博物馆里面看到的“过去时的 fashion art”，而是一种当下生活中的艺术。

（二）时尚的形成以及传播模式

1. 时尚的形成

简单来说，时尚的形成分为三个阶段。第一个阶段，是新的生活方式的出现和形成；第二个阶段，就是把新的生活方式转换成一种流行的物质载体，例如服装、妆容等，但是在这一阶段，它还很难成为一种广而告之的时尚；第三个阶段，是物质载体的传播，物质载体必须通过各种媒体渠道进行传播，让大众认知、认可，最终才能形成大家所知道的时尚。所以严格意义上来说，时尚并不是最新的事物，而是一种已经知道的事物。

20 世纪 60 年代，在全世界掀起了一场空前的“年轻风暴”，20 世纪前半叶出现了两次世界大战，第二次世界大战后在欧美各国都兴起前所未有的生育高潮，统称为“婴儿潮”。“婴儿潮”出生的婴儿在 20 世纪 60 年代初均达到青春期，战后成长起来的这批年轻人，他们的生活方式与父辈截然不同。因为种种原因，他们很早进入了工作的场所，很快就具有了消费能力，成了 20 世纪六七十年代的主要消费群体，而他们的生活方式被众多设计师所关注。这个时候的年轻人，他们会在工作之余聚集在一起聊天，去聊他们所看到的电影，听到的新的歌曲。这是时尚的形成的第一个阶段：生活方式的出现和形成。

在这样的一种生活形式的引导下，形成了一种新的潮流，这个时候的新锐设计师们，为一群年轻的消费群体设计了很多时尚的服装。其中非常有代表性的一位设计师，即被认为是 20 世纪 60 年代的新锐设计师、“年轻样式”的领导者玛丽 · 奎恩特（Marry Quennt），她以伦敦街头的年轻人为对象推出了富有革命性的迷你装，使 20 世纪 60 年代初伦敦服装界以年轻服饰领导了世界的时装潮流。如图 1 所示，设计师在和模特儿以及她的工作人员交流，怎么为年轻的生活方式去打造一个非常时髦的服装。这是时尚的形成的第二个阶段：将生活方式转换为物质载体。

当然，只是在服装的生成阶段，它还不能完全成为时尚，它还必须通过传播形成最终的流行。如图 2 所示，玛丽 · 奎恩特非常有代表性的模特儿，也是 20 世纪 60 年代的时尚偶像崔姬（Twiggy），她在《服饰与美容》（*VOGUE*）和《时尚芭莎》（*BAZAAR*）等很多时尚杂志里展示了奎恩特为她所设计的迷你裙、迷你套装、迷你裤，从而使得整个 20 世纪 60 年代，伦敦乃至欧洲的很多年轻人，都非常热衷于追逐迷你风格，最终奎恩特创造的迷你裙成为一个时代的时尚象征。

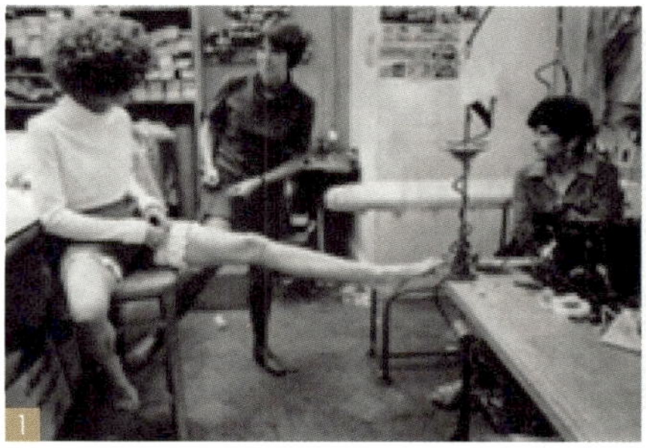

图 1：设计师与模特儿交流；图 2：20 世纪 60 年代时尚偶像崔姬

这是时尚的形成的第三个阶段：传播物质载体形成流行。

综上所述，我们可以对时尚进行简要概括，时尚是一种表达生活方式和个性的艺术，是当下的艺术，时尚所创造的是一种流行的视觉形象，而这些视觉形象是与人们的生活方式，以及个性需求紧密相关的，也可以说是新兴的生活方式和个性需求，决定了时尚的变迁和时尚的丰富程度。所以，时尚具有一定的流行性和普遍性，而信息的传播是时尚形成的最终原因，也是主要原因之一。

2. 时尚的传播模式

不同的时代、不同的生活方式、不同的传播渠道以及不同的传播载体最终会形成时尚的多样化。从古至今，时尚的传播模式可以简单分为三种，最初是自上而下的传播模式，然后是自下而上的传播模式，到今天形成了一种平行共存的传播模式。

（1）自上而下的传播模式

“自上而下”的传播模式中，“上”是指所谓的上层阶级，“下”是指所谓的平民阶级，这种传播模式是在阶级社会非常明确的时期里形成的。当时信息相对封闭，王室贵族所崇尚的生活方式和服饰形象，成为一种时尚的象征，并经过较长的时间缓慢地自上而下向平民阶级传播。在这样的模式中，时尚的传播载体或者说时尚偶像多数来自王公贵族，比如，历史上非常有名的都铎王朝的亨利八世（Henry Ⅷ）、伊丽莎白女王（Elizabeth Ⅰ），还有法国的玛丽王后（Marie Antoinette），以及后来日不落帝国的维多利亚女王及其丈夫，他们都先后成为这个传播模式里面的时尚偶像。

（2）自下而上的传播模式

在 20 世纪之前，整个时尚传播的模式几乎都是自上而下的，而这样的传播模式非常缓慢，可能几百年才会出现一些时尚的风格或者特点。历史性的转变是在 20 世纪初，电影、电台等这些新型信息传播工具的出现完全改变了时尚传播的模式。随着美国电影的全面发展，在第一次世界大战之后的 20 世纪 20 年代，非常多的明星成为时尚传播模式中的一个载体，比如 20 世纪 20 年代非常流行的一种风格“boylish look”，也就是“男孩风貌”。“男孩风貌”的特点首先是从发型开始的，如图 3 所示，20 世纪 20 年代美国电影明星露易丝 · 布鲁克斯（Louise Brooks）的一种形象代表，她的特点就是齐刘海儿、短发，发型之外，是一种叫中型帽的帽式，形成了这一时期“boylish look”的一个核心象征。

随着整个电影业的发展，至第二次世界大战后的 20 世纪 60 年代，出现了非常多不同类型的明星，比如优雅的代表格雷（David Gray）、奥黛丽 · 赫本（Audrey Hepburn）；也有性感的代表，如玛丽莲 · 梦露（Marilyn Monroe）以及索菲亚（Sophia Loren）；还有名媛的代表，比如肯尼迪夫人（Jacqueline Lee Bouvier Kennedy Onassis）；也有乡村音乐的代表猫王（Elvis Presley）。随着“婴儿潮”这批年轻人生活方式的多样化，以及电影等传播形式的丰富，与曾经不同的生活方式逐渐被大家认知和认可，在信息技术发展的前提下，时尚也逐渐出现了多元化，以“自下而上”的传播模式引领着这个时期的流行与时尚。

（3）平行共存的传播模式

随着电影、电视等信息传播方式的发展，直到今天出现了一个更大的变革，我们来到了一个信息爆炸的网络时代。随着网络时代的推进，人们的生活变得更

图 3：露易丝 · 布鲁克斯波波头（bobbed hair）造型

加多元化，与此同时，信息的传播让更多不同的生活方式呈现在大家眼前。每个群体在自己的生活模式下，会去寻找适合自己或者自己认可的时尚偶像和时尚元素，比如喜爱健身的人，可能会喜欢肯达尔·詹娜（Kendall Jenner）；喜欢复古搭配的人可能会喜欢章凝；喜欢二次元或者在游戏的生活方式中成长的一代会更加喜欢现在各样的虚拟偶像。无论如何，在不同的信息传播模式下，以及不同生活方式的呈现，逐渐形成了不同类型的时尚风格。

时尚中美的来源与创造

在对时尚的形成和传播方式有了基本的了解之后，那么如何去创造时尚呢？在什么地方可以找到创造的灵感呢？基于上一个部分的内容，我们可以总结出两个寻找创新灵感的思路，一个思路是从历史生活形成的艺术形象中去寻找创新灵感，另一个思路就是从当下新兴的生活和趋势中去寻找创新灵感。

（一）过去的生活和形象

通过分析“古典主义风格”在各个时期的不同表现这个典型案例，我们可以理解什么是过去的生活和形象，以及如何从历史风格中去汲取灵感。

1. 古典主义风格时期

古典主义风格时期是欧洲文明里面非常重要的一个文化和艺术时期，具体所指是以古希腊和古罗马文化为代表的一个艺术时期。就服装而言，今天所能看到的古典主义的服装风格或者时尚风格都来自历史遗存的雕像，或者是陶罐等其他的一些艺术品。

图 4 是希腊帕特农神庙的东面檐壁，其中人物穿着的服装是古典主义非常经典的一种服装样式，叫作“希顿（Chiton）”，“希顿”相当于我们今天的连衣裙，是最基础的衣服，它具有优雅修长的特点。古希腊的艺术非常注重展现人体自然的曲线，而因为在这个时候并没有过多的裁剪，人们直接将布进行折叠再在人体上固定、缠绕、打结，形成一种立体的服装。在这样的服装生成的方式里，服装的整体廓形呈现出 H 形、高腰 H 形。除此之外，服装上还有很多垂荡的线条，从而显得整体质感柔和，这些要素可以说是古典主义服装风格中的典型特点。

图 4：帕特农神庙的东面檐壁。约公元前 440 年。大理石，高 109.3 厘米。伦敦大英博物馆藏

2. 新古典主义时期

古典主义距离我们已经非常遥远，但是古典主义风格却并没有因此消失，可以说在整个服装发展的历史中，古典主义风格经常会回到大家的视野中，但是它可能会有一些不同程度的变化。

比如法国大革命之后的一段时间被叫作“新古典主义时期”，也是历史上第一次集体的、大规模的、时代性的复古行为，革命后的男女服装最显著的变化是简朴志向和古典风尚，人们以健康、自然的古希腊服装为典范，追求古典的、自然的人的标志。也就是说，法国大革命之后的一段时间里人们非常向往和崇敬古典主义古希腊时期的生活状态，甚至服装上都完全回归古希腊时期服装的一些审美和样式，同样去强调修长的自然线条和廓形。

3. 近现代时期

到了 20 世纪 30 年代，有很多设计师，比如格蕾夫人（Madame Grès），她开始作为一个古典主义的再现者出现在整个时尚的舞台。整个时尚界一直把格蕾夫人叫作服装界的雕塑家，因为她的服装犹如古希腊的雕塑，但是她也在原有的风格中注入了新的元素。格蕾夫人用当时新兴的一些针织面料，进行手工褶裥的处理，既完成了古典主义的审美，又具有时代的特征。

像这样的案例数不胜数，离我们最近的也是最具有代表性的，当数 2016 年纪梵希在巴黎整体发布的一次高定的秀场。与古希腊的雕塑对比，会感到非常相似，但是也有所不同，相似性可能在于它整体的廓形、色彩、线条以及女性所呈现出来的一种优雅的状态。但是它似乎也有很多的不同，因为进入了一个新的时期，能看到一些不同于古希腊、不同于新古典，也不同于格蕾夫人的东西。纪梵希在这一次应用了直接定型的方式，去完成褶皱的和线条的流畅造型，同时也注意到了时代的变化，加入了诸如领带、珠式等时尚的元素，从而在新的时代重新演绎了古典主义的优雅风格。

（二）现在的生活和形象

除了从历史风格中去吸取灵感之外，更多的设计师会从当下的生活中展开设计创作。我们通过对 20 世纪 60 年代的案例分析来进行理解。

回到 20 世纪 60 年代，60 年代的一些变化和当下有很多的相似之处。比如，如图 5 所示，60 年代出现了信用卡，好比今天的“支付宝”；如图 6 所示，60 年代出现了麦当劳，好比今天社会里面的“饿了么”，都是因为不同人群的一些生活特质，形成了不同的时尚流行。

其中，20 世纪 60 年代一个非常典型的时尚潮流，叫波普（POP Art）。波普的首字是 POP，也就是 popular（流行）的前缀，波普艺术创始人是安迪·沃霍尔（Andrew Warhol）。安迪·沃霍尔在早期的艺术创作里面形成了自己的艺术风格，创作出了丝网印这一新的艺术形式。在这个时代，人们对过去非常严谨的绘画方式产生了不同的想法，沃霍尔认为严肃的艺术可以存在于一个时期，不同的时期可以有不同的表达，所以他用丝网印的方式印刷了人物头像，如图 7 的玛丽莲·梦露和伊丽莎白的招贴画。当时很多人不能接受这种艺术形式，但是

图 5：20 世纪 60 年代 UNI · CARD 的 LOGO 贴纸；图 6：McDonald's 60 年代 LOGO；图 7：安迪 · 沃霍尔，《金色的玛丽莲 · 梦露》，1962 年，人工聚合颜料、丝网、布面油画，2.11 米 ×1.40 米，纽约现代艺术博物馆藏

在这样的艺术背景下，时尚的传播方式完全不同，紧接着艺术形式和生活方式发生改变。

通过 20 世纪 60 年代的案例，可以深刻地理解，生活的改变带来了艺术形式的多样化，进而影响了人们对时尚的接受程度和表现程度。时尚创造的源泉是过去的生活和当下的生活，换言之，今天的人们希望去创造新的事物、创造流行的事物、创造美的事物，应该更多地关注生活、关注生活的本身、关注人的需求和变化，这才是真正意义上的灵感来源。

创新设计案例分析

在前两部分的理论基础上，第三部分将通过对设计案例的分析，进一步理解应该从哪里去搜索时尚的灵感，如何去解读流行的因素，如何把时尚的元素带给更多的人去认知和接受。

（一）创新设计案例一

第一个设计案例非常有趣，设计师将生活作为切入点进行创作（图 8）。

或许有一些人认为时尚是高高在上的，对日常的生活不以为然，但是不难看出这个设计师的整个创作的灵感和开始，是从今天社会中的一个非常普遍的生活形式——“广场舞”去切入的。

设计师看到了很多参与广场舞的人的状态，以及人与人之间的关联和交往，由此开始去记录街头的人们的行为关系，并且把这种行为关系所形成的服装的变化进行描绘。设计师会在人的动作过程中记录服装的一些轮廓线条和再组合的变化，在这样的过程中去发现服装的再结构和构成，也可能会发现人与人之间相互关系的差异。

以这些为出发点，设计师更多地了解了一些服装结构，或者是一些超现实主义艺术的元素以及一些超现实主义艺术家的构成方式。比如胡安 · 米罗（Joan Miró）成为设计师再继续调研的对象，他在艺术家的一些构成方式中，吸取了更多的手段和灵感再把二者结合起来。最终用人们的生活方式形成的肢体接触形式去完成服装的再重构。此外，它又从超现实主义艺术里面吸取了图案以及色彩，再将图案以及结构进行了一定程度的融合，这也就是整体的草图阶段和补样的阶段，然后就形成了第一次的服装样，在此基础上，进一步地进行了完善。

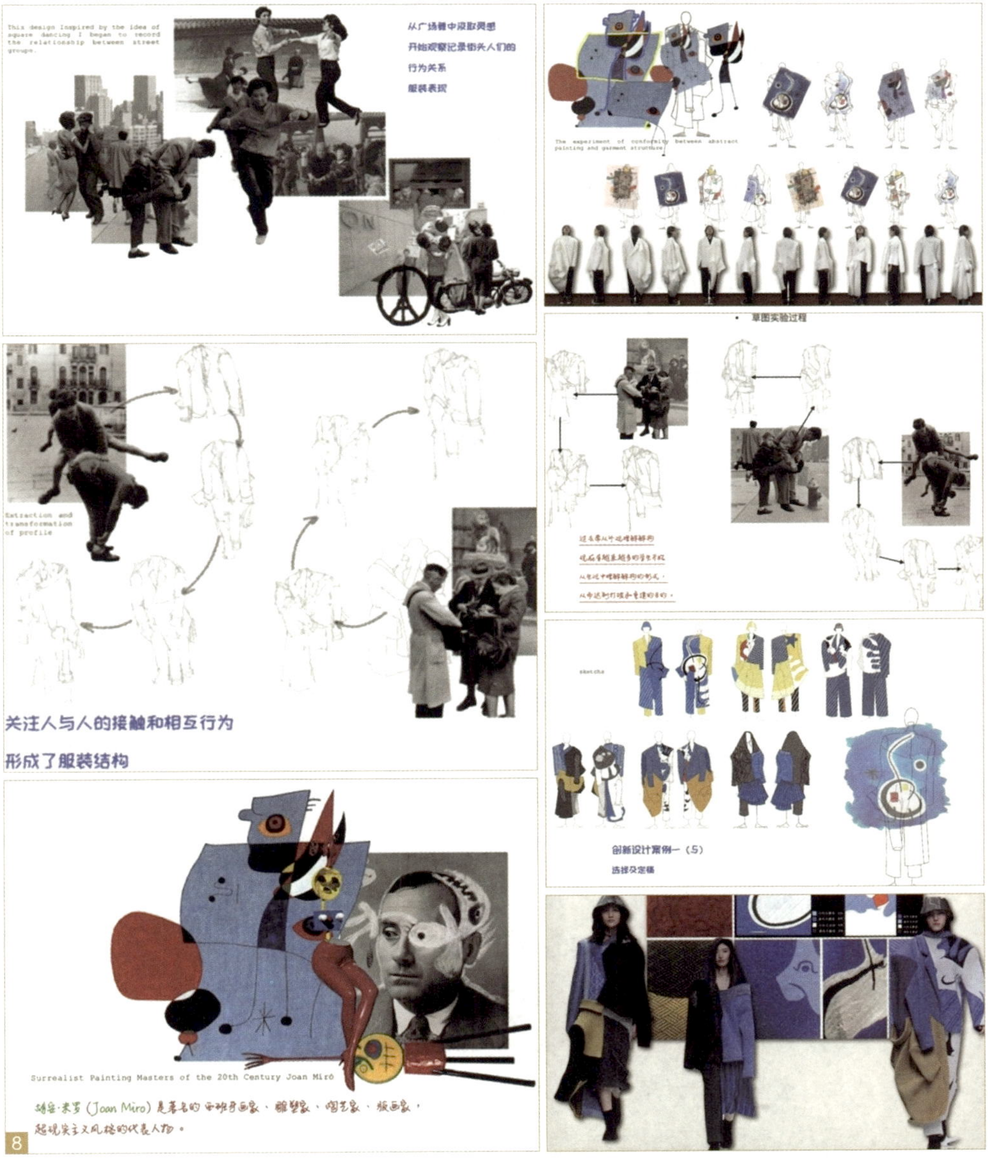
This design Inspired by the idea of square dancing I began to record the relationship between street groups.
从广场舞中汲取灵感
开始观察记录街头人们的
行为关系
服装表现
The experiment of conformity between abstract painting and garment structure
草图实验过程
Extraction and transformation of profile
关注人与人的接触和相互行为
形成了服装结构
sketchs
创新设计案例一（5）
选择及定稿
Surrealist Painting Masters of the 20th Century Joan Miró
胡安·米罗（Joan Miro）是著名的西班牙画家、雕塑家、陶艺家、版画家，
超现实主义风格的代表人物。
8

图 8：创新设计案例（一）

整个设计创作过程中会有大量的草图，在草图的不断制作和筛选的过程中会形成一个系列，在系列较为稳定的情况下会进行一些实物样的制作。设计师在整个系列里面采用的面料不是普通的已经生成的面料，而是采用痕迹完成了一个针织的图案组织机理，在打样和制作中形成了机理色彩组合的变化。图 10 中可以看到它部分的实物小样，以及模特儿上身的成衣图。

从整个设计过程来看，设计师从一个可能你也见到过，他也见到过的广场舞开始，最终通过不断的观察学习和不断的制作实验，完成了一个非常时尚的系列设计。这样的时尚设计中肯定有当下生活的影子，我们可能不能第一时间识别出这些元素，但是我们会在情感上、情绪上、体验上去接受它，在一个时间段里，它的流行被认知和被认可后，也就成为一种时尚的风格。

（二）创新设计案例二

第二个设计案例（图 9）的趣味性来自设计师观察生活的独特视角。

与第一个案例相似的地方是，作为时尚的一个创造者，设计师能感知生活的变化，不同的是，他能发觉到不太受人注意或者不太被了解的一些生活方式。

这个作品的名字叫作《老奶奶的时尚美学》。在作品集的开始，设计师给大家展现的是沙滩上很多年长的女性非常独立地、自然地享受阳光海滩的场景，这种享受的状态会打动很多人对生活的情绪和理念。在此基础上设计师抽取了很多元素，比如老奶奶们放松时候的形态，还有她们所穿着的泳衣的花色图案。除此之外，他对潜水服、游泳相关的专业性服装的结构和材料进行了大量的研究。整个作品就是以老奶奶享受阳光的生活状态出发，关联了与游泳专业性相关的服装制作的知识，紧接着设计者进行了大量的草图以及配布样的制作。

创作的过程并非所谓灵感一现，虽然灵感一现确实存在，但是灵感的后面是大量、严谨、严肃的设计和开发的过程。这些过程确实都非常考验设计者和创新者的耐力和毅力，设计师经过大量的对不同面料、不同结构、不同细节的实验之后，才能逐步确定自己关于面料图案以及结构构成的想法。

图 9 是设计作品在整个秀场的展示方式。今天所有对时尚的表达，除了对生活方式的再现之外，也会非常强调视觉形象，也就是在所有时尚的表述上，除了人物的载体，也需要关注整个拍摄场景是否能让人联想到生活和未来。只有通过这样完整的塑造和表达，最终才能打动人群，才能被认知、被认可，最终形成时尚。

图 9：创新设计案例（二）

（三）创新设计案例三

最后一个案例更多的是关注历史生活，是在历史风格和艺术的基础上形成的设计案例（图 10）。

这个作品的名字叫作《未完成》，是因为设计师在各个博物馆的学习过程中，发现很多艺术作品都呈现出一种未完成的状态，比如知名雕塑家奥古斯特·罗丹（Auguste Rodin），他的很多雕塑作品是未完成状态。还有一些艺术作品因为历史的原因有了一些残缺，不管是主动的未完成还是被动的残缺，最终都导致一个完整艺术品的部分缺失或者是空白。

这样的表现艺术成为这位作者的设计灵感，也成为他创造整个服装的出发点和目标。他运用了一些新的技术去实现旧的图像的未完成形态，比如成衣定位和局部缺损等，最终形成了一组非常完整的系列。这一组系列得到了多方的认可，因为在这样的艺术背景下，大家能够感知到、体会到，能够被触动到，这些都是历史生活留给我们的记忆和遗产。

结语

通过以上理论和具体案例的阐述，可以得出有关时尚与美的四点重要结论。

第一，对于时尚的理解，时尚创造的物质内容是一种流行的视觉形象；第二，这样的一种视觉形象表达了人们的生活方式和个性需求，不同人群的生活方式以

图 10：创新设计案例（三）

及个性需求是决定时尚不断变迁和丰富程度的主要原因；第三，正因为时尚具有一定的流行性和普遍性，所以信息的传播与时尚的形成有密不可分的关系；第四，在这样的基础上想要去寻找创造时尚的灵感，更多地在于关注生活，无论是过去历史生活所形成的艺术风格，还是当下新兴生活所带来的个性需求，都可能是创造时尚、创造美的灵感来源。

第九讲

文学书法鉴赏：“唐音”与“宋调”

文　崔铭

同济大学人文学院副教授，硕士生导师

中国是一个诗的国度，从远古直到宋代，诗歌都是我们最重要的文学样式。这一源远流长的诗歌传统，经过至少两千多年的发展，在唐宋时期达到鼎盛，形成了“唐音”与“宋调”两种不同的诗歌审美范式。

宋词、宋诗还是宋文更能代表宋代文学？

说到“唐音”“宋调”，我们会联想到什么呢？是“唐诗”“宋词”吗？

将“唐诗”与“宋词”相提并论，这一观念，最初来自近代著名学者王国维[1]。在《宋元戏曲史·自序》中，王国维曾说：“凡一代有一代之文学：楚之骚，汉之赋，六代之骈语，唐之诗，宋之词，元之曲，皆所谓一代之文学，而后世莫能继焉者也。”[2]这段脍炙人口的文字，表明宋词是宋代文学中最有代表性的文体，足以与楚骚、汉赋、六朝骈文、唐诗、元曲并驾齐驱。这一观点影响十分深远。以至当我们提到宋代文学时，人们就会想到宋词，并且自然而然地认为宋词是宋代文学中最繁盛、成就最高的文体。

但是，如果回到千年前的文学现场，实际的情况是怎样的呢？

首先，从现存作品总量来看，宋文和宋诗大大超过了宋词。《全宋词》及《全宋词补辑》总共收录词人 1400 多人，作品约 2 万首；《全宋文》收录作者逾万人，作品约 10 万篇，达 5000 万字，为《全唐文》的 5 倍；《全宋诗》收录作者逾万人，为《全唐诗》的 4 倍，作品 20 余万首。

其次，从单个作家诗、词数量来看，宋代诗作数量也往往成倍地超过词作。如：欧阳修现存词 170 多首，诗 850 多首；苏轼现存词 362 首，诗 2700 多首；陆游现存词 140 余首，诗近万首（陆游自称“六十年间万首诗”）。只有极少数作家例外，如辛弃疾现存词 629 首，诗 120 余首。

而从文学观念来看，在宋代作者们的心目中，排在首位的是文，其次是诗，最后才是词。自古以来，“文章作为人格的直接象征，在中国人的生活中，至少在已往的生活中，占有着极其重要的位置”[3]，作文从来就是比吟诗填词更为重要的事情。至于诗、词作品数量的多寡悬殊，则清楚地表明了宋代的作者们对诗歌创作的投入和专注程度远远超过了对词的创作。

---

1 王国维（1877—1927），字静安，号观堂，浙江海宁人，近现代著名学者，在文、史、哲各个领域均取得杰出成就。文学领域的代表作品有《人间词》《人间词话》等。

2 王国维；叶长海导读．宋元戏曲史 [M]. 上海：上海古籍出版社，1998.

3 王水照，吴鸿春．日本学者中国文章学论著选 [M]. 上海：上海古籍出版社，1994.

再从文学成就来看，宋词与宋诗、宋文也难分高下。宋文（包括散文、赋、骈文）体裁完备，技巧成熟，名家名作辈出，特别是散文，成就极为突出，著名的“唐宋八大家”，宋代占六位，可见一时之盛。清代李渔曾说：“历朝文字之盛，其名有所归，汉史、唐诗、宋文、元曲，此世人口头语也。《汉书》《史记》，千古不磨，尚矣，唐则诗人济济，宋有文士跄跄，宜其鼎足文坛，为三代后之‘三代’也。”[1]可见，在王国维的著名论断之前，古人习惯拿来与唐诗相提并论的并非宋词，而是宋文。至于对宋诗艺术质量的评判，则是中国近千年来诗歌史上一个聚讼纷纭的话题。唐诗无疑是中国古代诗歌发展的高峰。当宋人步入诗坛之际，“天地之精英，风月之态度，山川之气象，物类之神致，俱已为唐贤占尽”[2]，面对如此辉煌的诗歌遗产，既是“宋人的大幸，也是宋人的大不幸”[3]。虽然“宋人生唐后，开辟真难为”[4]，但宋人仍以可贵的创新精神，在“学唐”的基础上“变唐”，形成了有别于唐诗并足以与之抗衡的具有某种独立性的新的审美范式。

不过，从文体发展的角度来看，可与宋文相媲美的不仅有唐文，还有先秦两汉文；宋诗在与唐诗的争胜中，仍难免落于第二；唯有宋词是处于词体发展顶峰的文学精品，流派众多，名作如林，为我国词体文学之冠，其创造性与开拓性既超越晚唐五代，也为元、明、清三代所不及。

因此，从以上的论述中，我们可以得出如下结论：就文学独创性而言，宋词无疑是宋代文学的代表；若就繁荣发达程度而言，宋诗、宋文总量却大大超过宋词；就文学成就而言，宋诗、宋文与宋词也难分高下。

“唐音”与“宋调”的不同审美特征

如前所述，在中国诗歌史上，宋诗是继唐诗之后的又一发展高峰，是与唐诗相抗衡的具有某种独立性的艺术系统。前人将盛唐李白、王维等诗人所代表的审美范式称为“唐音”，而将宋代苏轼、黄庭坚等诗人所代表的审美范式称为“宋调”。因此，“唐音”“宋调”不是指“唐诗”“宋词”，而是指“唐诗”“宋诗”。

---

1 李渔；江巨荣，卢寿荣，校注．闲情偶寄 [M]. 上海：上海古籍出版社，2000.
2 翁方纲；陈迩冬校点．石洲诗话 [M]. 北京：人民文学出版社，1981.
3 钱锺书．宋诗选注 [M]. 北京：人民文学出版社，1989.
4 蒋士铨；邵海清，校；李梦生，笺．忠雅堂集校笺 [M]. 上海：上海古籍出版社，1993.

"唐音"与"宋调"在审美上的区别，钱锺书先生[1]和缪钺先生[2]各有一段著名的概括。钱先生说：

唐诗多以丰神情韵擅长，宋诗多以筋骨思理见胜。[3]（《谈艺录》）

缪先生说：

唐诗以韵胜，故浑雅，而贵酝藉空灵；宋诗以意胜，故精能，而贵深折透辟。唐诗之美在情辞，故丰腴；宋诗之美在气骨，故瘦劲。[4]（《诗词散论》）

现在，我们就通过几组作品的对比阅读，来领略这两种趣味迥异的诗歌之美。

（一）两首庐山诗

唐·李白《望庐山瀑布》

日照香炉生紫烟，遥看瀑布挂前川。飞流直下三千尺，疑是银河落九天。

宋·苏轼《题西林壁》

横看成岭侧成峰，远近高低各不同。不识庐山真面目，只缘身在此山中。

这是两首脍炙人口的诗作。先看题目就已不一样，李白之诗，从题目中就能了解诗歌的主要内容；苏轼之诗，题目并不揭示全诗内容。这种标题方式，在宋人诗作中非常多见，所折射的正是由"唐音"到"宋调"诗歌题材内容风貌的显著转变。"唐音"的题材内容多单纯、明晰，如边塞、田园山水、闺怨、思乡等，其内涵可以用简短的语词或语句加以概括；"宋调"的题材内容则更为复合、多重，多种内容渗透融合在同一首诗歌中，很难加以简要概括。因此，"宋调"最常见的诗歌题目，或者是如《题西林壁》一样笼统；或者是文字繁复如一篇小序，如苏轼《岁晚相与馈问为"馈岁"，酒食相邀呼为"别岁"，至除夜达旦不眠为"守岁"，蜀之风俗如是。余官于岐下，岁暮思归而不可得，故为此三诗寄子由》《七

1 钱锺书（1910—1998），字默存，号槐聚，江苏无锡人，现当代著名学者，著有《谈艺录》《管锥编》《钱锺书手稿集》等学术著作，长篇小说《围城》为现代文学经典作品。普及性诗歌选本《宋诗选注》以其材料的丰赡、鉴赏的精妙以及对宋诗独具只眼的全面观察，被公认为最有价值的选本。

2 缪钺（1904—1995），字彦威，江苏溧阳人，著名历史学家、文学家、教育家。《诗词散论》《灵溪词说》（与叶嘉莹合著）等，均为古代文学研究的经典论著。

3 钱锺书．谈艺录 [M]. 北京：中华书局，1984.

4 缪钺．诗词散论 [M]. 西安：陕西师范大学出版社，2008.

月二十四日，以久不雨出祷磻溪，是日宿虢县。二十五日晚自虢县渡渭，宿于僧舍曾阁。阁，故曾氏所建也。夜久不寐，见壁有前县令赵荐留名，有怀其人》。

其次，李白之诗主要在于写景，首先从香炉峰上云蒸霞蔚的美丽景象侧面着笔，接着以想象、夸张的手法正面描写，写出庐山瀑布的宏伟壮观、动人心魄。面对大自然，诗人感受到的震惊、错愕，以及所发出的礼赞，全都融合在景物描写之中。而苏轼之诗呢，有没有景物描写？没有，没有描写任何一处具体景物。他只是说，庐山的风景正面看像岭，侧面看像峰，在远处看，在近处看，在高处看，在低处看都不一样。这是什么语言呢？这是综合、分析式的语言。这种语言通常只用在论文写作中，诗歌往往都是描写、抒情。但苏轼却用综合、分析式的语言来写诗，将自己游山多日以来对庐山的印象加以总结概括，发现自己对庐山的各种认识不仅片面，而且互相矛盾，由此引发思考，得出一个极富人生哲理的结论。可见，“唐音”重在写景抒情，“宋调”长于说理议论。

最后，从语言结构来看，李白的诗中，表现抒情主体的动作（“看”）和判断（“疑”）的诗句，都排列在描写景物的诗句之后，景是先导，情随其后，触景生情，情在景中，呈现的是感性、自然的思维方式。苏轼的诗中，抒情主体的“看”与“（不）识”，才是全篇的主导，呈现的是理性、反省的思维方式。李白仿佛是猝不及防地与庐山瀑布相遇而被深深震撼，苏轼则似乎是带着某种探索的愿望来与庐山相会。

（二）两首登高诗

唐·王之涣《登鹳雀楼》

白日依山尽，黄河入海流。欲穷千里目，更上一层楼。

宋·王安石《登飞来峰》

飞来山上千寻塔，闻说鸡鸣见日升。不畏浮云遮望眼，自缘身在最高层。

和前面两首诗一样，这两首也是妇孺皆知的作品。他们的标题方式完全一样，其中警句也都极富人生哲理，但写法却迥然不同。

和李白《望庐山瀑布》一样，王之涣《登鹳雀楼》开篇，即在我们面前展现出一幅高山远水的壮丽图景，登高望远的诗人直到第三句才正式登场。“欲穷千里目”是抒情主体面对辉煌美景时的思维活动，而“更上一层楼”则是他采取的行动。我们通常习惯于将“欲穷千里目，更上一层楼”这两句诗视为议论说理，但撇开这种先入之见细读全诗，你会明白其实它就是诗人对登鹳雀楼这一具体过程与情境的叙述和描写：我想看得更远，于是又登上了更高一层。诗句并不是单纯地、刻意地以议论来说理，而是借眼前之景、当下之境自然而然地呈现了某种哲理。

王安石的诗，开篇第一句可以说是写眼前之景，“千寻”一词使这眼前之景带有一定的夸张意味。但是，紧接着第二句，便从眼前之景宕开去，转向“闻说”之景——它不是诗人当下亲眼所见，而是从书本上或别人的讲述中得知，因此“鸡鸣见日升”的景色，少了一份感性直观，而多了几许理性思索。同时，从“闻说”二字，我们也可以推知，诗人并没有登上千寻塔的最高层，也没有听到鸡鸣、见到日出。因此，后面两句显然是由第二句推理而来，是纯粹的议论说理，而不是对诗人登飞来峰的具体过程与情境的描写。

由此可见，“唐音”往往“思与境偕”，哲理的揭示与情境的描写融为一体，感性直观。所以前人多以“浑雅”“浑厚”来形容“唐音”；“宋调”则思路清晰，运用推理、议论的方式揭示哲理，理性客观，因此前人多以“深透”“尽致”来形容“宋调”。

（三）两首怀人诗

唐·孟浩然《夏日南亭怀辛大》

山光忽西落，池月渐东上。散发乘夕凉，开轩卧闲敞。荷风送香气，竹露滴清响。欲取鸣琴弹，恨无知音赏。感此怀故人，中宵劳梦想。

宋·黄庭坚《过平舆，怀李子先，时在并州》

前日幽人佐吏曹，我行堤草认青袍。心随汝水春波动，兴与并门夜月高。世上岂无千里马，人中难得九方皋。酒船鱼网归来是，花落故溪深一篙。

先来看孟浩然的诗。诗歌从夏日黄昏的景色着笔，融情于景，抒发对朋友的无限思念。好像只是一眨眼的工夫，夕阳就隐没到了西边山峦的背后，而东边水池上，一轮明月正缓缓升起。诗人披散着头发，悠闲自在地躺在临水的轩廊乘凉。中国古代，男子十五束发，二十而冠，衣着举止均有严格的礼仪规范。古代诗歌中常以“散发”表现卸除一切外在约束、自由自在的状态，如：“人生在世不称意，明朝散发弄扁舟。”（李白《宣州谢朓楼饯别校书叔云》）“楚国有狂夫，茫然无心想。散发不冠带，行歌南陌上。”（王维《偶然作六首》其一）孟浩然诗“散发乘夕凉”，即蕴含了这一层意思。微风阵阵，带着荷叶的清香。四周静谧安详，可以听到竹叶上露珠滴落的声响。此情此景特别适合演奏清幽古雅的琴曲。诗人正要起身取琴，一丝淡淡的惆怅却在心头生起。良夜迢迢，古琴依旧，好友却远在天涯！对友人的思念打破了他内心的平静，直到夜深入睡，聚散依依的怅惘仍在梦中萦绕。全诗共十句，六句写景，四句抒情，触景生情，情景交融，完美地诠释了所谓“良辰、美景、赏心、乐事四者难并”的千古浩叹。

黄庭坚《过平舆，怀李子先，时在并州》的写法就与孟浩然诗很不一样。

第一，孟浩然诗不用典故，黄庭坚诗则用了很多典故。如，开篇两句“前日幽人佐吏曹，我行堤草认青袍”，是说好友李子先在并州（治所在今山西太原）做小官，诗人十分想念他。但他并不像孟浩然那样直接说“感此怀故人”，而是拐了一个弯：我在堤上行走，看着青青的小草，不禁想起了身着青袍的你。青袍是低级官员的服装，古代诗文作品中常常用青草比青袍，如“青袍如草”（庾信《哀江南赋》）、“汀草乱青袍”（杜甫《渡江》），黄庭坚的诗句就化用了这个典故。幽人，在古诗中常常指隐士，如：“纷纷战国，漠漠衰周。凤隐于林，幽人在丘。”（陶渊明《命子》）“岩扉松径长寂寥，惟有幽人自来去。”（孟浩然《夜归鹿门山歌》）李子先并不是隐士，黄庭坚用这个词，意思是说他像隐士一样淡泊名利、品行高洁。又如：“世上岂无千里马，人中难得九方皋。”九方皋，是古代一个善于相马的人。《列子·说符》[1]记载：伯乐退休前，推荐九方皋为秦穆公求千里马。九方皋受命之后，三月而返，报告说：“已经找到了，在沙丘。”穆公问：“什么样的马？”九方皋回答道：“是一匹黄色的母马。”穆公派人去取，结果却是一匹黑色的雄马。穆公很不高兴，对伯乐说：“你推荐的这个人不行啊，连颜色雄雌都分不清，哪里懂什么马！”伯乐说：“真的这样吗？那他可比我强太多了！这说明九方皋相马，看的是马的天性、本质。所以，得其精忘其粗，在其内而忘其外。见其所当见，不见其所不当见。视其所必视，而遗其所不必视。这才是真正懂马的人啊！”九方皋找到马送来后，大家一看，果然是天下难得一见的千里马。黄庭坚用这个典故，为朋友，也为自己怀才不遇、屈居下僚抒发愤懑不平，感叹“世有伯乐，然后有千里马。千里马常有，而伯乐

1 张湛．列子[M]. 上海：上海古籍出版社，1986.

不常有”（韩愈《马说》）。

第二，孟浩然诗重在写景抒情，黄庭坚诗则重意轻景。黄庭坚虽然写到“堤草”“春波”“夜月”，但诗人的用意却并不在于描写这些景物，而是借这些景物引出对朋友的思念。因此，一遍读完之后，相信大多数人印象最深刻的恐怕都是“世上岂无千里马，人中难得九方皋”这两句议论。孟浩然所写之景是“无我之境”——“无我之境，以物观物，故不知何者为我，何者为物”[1]。那个“散发乘夕凉，开轩卧闲敞”的“我”，和西落的山光、东上的池月、淡淡的荷香、清响的竹露一样，是景物的一部分，物我合一，物我两忘。而黄庭坚所写之景是“有我之境”——“有我之境，以我观物，故物皆着我之色彩”[1]。“堤草”在“我”的凝视下幻化成友人的青袍，“春波”在“我”的观照下搅动了“我”的情怀，“夜月”在“我”的想象中激发了友人的诗兴，“我”不仅无所不在，而且始终外在于这些景物。

第三，孟浩然的诗先写景，后抒情，由此即彼，触景生情，感性自然，结构简单。黄庭坚的诗第一句写友人，第二句写自己，第三句写自己，第四句又写友人，最后四句合写友人与自己：同为失意之人，应该一同归隐田园，渔船载酒，同游同醉。整首诗章法曲折错综，跌宕跳跃，明显经过刻意的思索安排。

第四，两首诗都使用了对偶句式。黄庭坚诗是七言律诗[2]，按照规则，中间四句（两联）必须对仗：“心随汝水春波动，兴与并门夜月高。世上岂无千里马，人中难得九方皋。”孟浩然诗是五言古体诗，对于是否对仗、对仗句式的位置都没有要求，因此，诗歌一、二句和五、六句对仗：“山光忽西落，池月渐东上。”“荷风送香气，竹露滴清响。”孟浩然的两组对仗句都是写景，黄庭坚的两组对仗句则是写情和表意。孟浩然的两组对仗都是正对，上下两句各自构成一个完整的内容，两两相对，相辅相成。黄庭坚则用了一组正对，一组流水对。流水对的特点是，出句和对句一个意思连贯下来，像流水一样不可分割，在诗中造成一种散文化的气势，灵动而富于变化。

从这两首诗的对比中，我们可以看出，“唐音”更为天然，“宋调”更重人工锤炼，技巧上也更加精细、讲究。

---

1 王国维；徐调孚，注；王幼安，校订．人间词话[M]. 北京：人民文学出版社，1984.

2 律诗：诗歌体裁的一种，属于格律诗（近体诗）的范围，在声韵格律上有特定的严格要求。每首限定八句，第一、二句称为“首联”，第三、四句称为“颔联”，第五、六句称为“颈联”，第七、八句称为“尾联”，其中颔联和颈联必须对仗。根据每句的字数，律诗可分为五言律诗和七言律诗两种。

（四）两组咏花诗

唐·李白《清平调》（其二）

一枝红艳露凝香，云雨巫山枉断肠。借问汉宫谁得似，可怜飞燕倚新妆。

唐·李正封《牡丹诗》

国色朝酣酒，天香夜染衣。丹景春醉容，明月问归期。

唐·刘禹锡《赏牡丹》

庭前芍药妖无格，池上芙蓉净少情。惟有牡丹真国色，花开时节动京城。

宋·王安石《梅花》

墙角数枝梅，凌寒独自开。遥知不是雪，为有暗香来。

宋·陆游《梅花绝句六首》（其一）

闻道梅花坼晓风，雪堆遍满四山中。何方可化身千亿，一树梅前一放翁。

宋·萧德藻《古梅二绝》

湘妃危立冻蛟背，海月冷挂珊瑚枝。丑怪惊人能妩媚，断魂只有晓寒知。

这两组诗，第一组是唐人咏牡丹，第二组是宋人咏梅花。当然，并不是说，唐人没有咏梅诗，宋人没有咏牡丹诗。只是唐人咏牡丹更多，宋人咏梅花更多。而牡丹与梅花又恰好能代表“唐音”与“宋调”两种不同的美。

先来看唐人牡丹诗，三首诗歌有三个共同特色：第一，都将笔力集中于对牡丹形色之美的描写；第二，都是正面描写；第三，都将牡丹拟人化，而在拟人手法的运用上各逞其能。李白用了一虚一实两个人物与牡丹相比拟：宋玉笔下耀若白日、皎若明月、令“西施掩面比之无色”（宋玉《神女赋》）的巫山神女，在牡丹的美艳面前自惭形秽，徒然神伤；唯有专宠汉宫的赵飞燕可以与之媲美。李正封直接将牡丹描写成一位冠绝一国的美丽女子，红色的花瓣是她微醺的醉颜，优雅的清香洋溢在她仙袂般飘然的衣裙之上。刘禹锡则以芍药、芙蓉为陪衬，将牡丹描写成一位高雅、端庄、深情款款的绝世美人。

再看宋人咏梅诗，三首诗歌却各有不同写法。王安石赞赏梅花“凌寒独自开”

的精神气质，以及严寒之下依然不会稍减的洁白与清香。在写法上，王安石诗几乎句句都是从前人诗句中化出，却又句句都是对前人诗意的逆反。《古乐府》有诗曰："庭前一树梅，寒多未觉开。只言花似雪，不悟有香来。"看似相同，实则大不相同。《古乐府》中的梅只是一株客观的、自然的植物，王安石则将梅拟人化，并赋予它高贵的人性与高洁的品格；《古乐府》说"花似雪"，王安石说"不是雪"；《古乐府》说"不悟有香来"，王安石则说"为有暗香来"。陆游笔下的梅花不是自己当下所见，而是"闻道"——听别人说。虽然有"梅花坼晓风""雪堆遍满四山中"的描写，突出梅花绽放的盛况，但整首诗的重心并不在梅花的形、色、香、味的描写，而是表达自己对梅花的痴迷，借以反衬梅花之美。萧德藻的诗更是出人意外，"冻蛟背""珊瑚枝"两个意象，凸显出梅枝的瘦硬、刚劲和曲折；"湘妃"[1]"海月"两个意象，写出了梅花的清冷与疏离；再以"危立""冷挂"两个语词将两组意象加以组合，梅花的形色、气质遂得到最为生动形象而又淋漓尽致的刻画与展现。而且这些意象全都远离日常生活经验，新奇、超俗，令人印象深刻。诗人虽然使用了拟人手法，但与唐人趣味迥然不同。第一，他选用的比拟对象"湘妃"，在前代的传说与诗文中，从未留下过美貌的印象，而与水、与竹有着密切的关联性，这无疑非常契合梅花的生物属性。而"湘妃"传说的悲剧性，也会使我们想象中的湘妃呈现出清瘦、纤柔的形象，从而与梅花的外形取得自然的关联。第二，诗人着意突出的，不是梅花的美，而是梅花的"丑怪"。从丑的角度来写美，自是不同寻常。其实，所谓"丑怪之美"，也就是一种不同于传统审美标准的富于个性色彩的美。倘若以牡丹的标准来品评梅花，则难免会得出"丑怪"的结论。然而，梅花自有梅花的美，所以诗人说"丑怪惊人能妩媚"。美、丑本就是一组相对概念，随着时间、地点、环境、对象等因素的变化而有不同的判断。世界如此丰富，美、丑的标准也应该多样。

从以上两组诗的对比可以看出，"唐音"自然精美，"宋调"则更强调求新出奇。

总之，"唐音"是"清水出芙蓉"（李白《经乱离后，天恩流夜郎，忆旧游，书怀赠江夏韦太守良宰》），清新、优美、朝气蓬勃，充满热烈而丰富的情感。"宋调"是"老树着花无丑枝"（梅尧臣《东溪》），典雅、平淡、刚劲、理性、

1 湘妃：古代传说中尧帝的两个女儿娥皇、女英，嫁给舜帝为妻。舜帝晚年巡视南方，久久不归，最后在一个叫苍梧的地方病故。二妃千里寻夫，得知噩耗，伤心痛哭，双双投湘江而死，成为湘水之神。

深刻，富于睿智与哲思。“唐音”以情胜、以韵胜，往往寓情于景、情景交融，境界浑融、含蓄蕴藉。“宋调”以理胜，以意胜，往往直书所感，委曲详尽，立意深隽，精警透辟。“唐音”善于写常景常情，所写皆人人意中所有，妙在体物入微，描写生动。“宋调”善于从深处立意，所写绝非人人意中所有，妙在生新曲折，出人意表。

“唐音”“宋调”是审美概念，不是时代概念

最后需要说明的一点是，“唐音”“宋调”是审美概念，不是时代概念。尽管我们这里列举的“唐音”经典之作都是唐人诗，“宋调”经典之作都是宋人诗。但实际上，“唐音”并不完全等于唐人写的诗；“宋调”也并不完全等于宋人写的诗。“唐音”“宋调”非朝代之别，“乃体格性分之殊”[1]。

事实上，“宋调”的开创者是诗圣杜甫。他融汇古今，兼备众体，总结和继承先秦以来全部诗歌艺术成就，代表盛唐诗歌创作的最高水平，同时又具有称雄百代的开创精神，在诗歌艺术上联结“唐音”与“宋调”，开启了一个新的诗歌时代。例如，《自京赴奉先县咏怀五百字》《北征》等长篇五言古诗，融写景、叙事、抒情、议论于一体，表达极为广阔的社会生活与诗人复杂的内心世界，带有明显的散文特色。此后中唐及宋代诗歌多有“以文为诗”的倾向，即受到杜甫这类诗歌的影响。“以文为诗”亦成为“宋调”的典型特征之一。又如，在《白帝城最高楼》[2]一诗中，杜甫有意识地将古体诗[3]的句式、音调融入律诗，打破律诗固有的平衡、和谐，形成节奏上的反常规与声韵上的拗折，借以表达自己内心的忧愤不平，使内容与形式达到完美的统一。这种借声调和句法的拗折来表达情感情绪的手段，此后亦为“宋调”的代表诗人黄庭坚等发扬光大，构成“宋调”瘦硬、老成的另一典型特征。再如，杜甫作诗“语不惊人死不休”（《江上值水如海势聊短述》），讲究炼句、炼字；像“青惜峰峦过，黄知橘柚来”（《放船》），

---

1 钱锺书 . 谈艺录 [M]. 北京：中华书局，1984.

2 杜甫《白帝城最高楼》：“城尖径昃旌旆愁，独立缥缈之飞楼。峡坼云霾龙虎卧，江清日抱鼋鼍游。扶桑西枝对断石，弱水东影随长流。杖藜叹世者谁子，泣血迸空回白头。”

3 古体诗：诗歌体裁的一种。中国古代诗歌主要分为古体诗和近体诗（即格律诗）两大类。主要不同点在于，古体诗除了须押韵外，不受格律限制，写作时比较自由；而近体诗则须受严格的格律约束。古体诗一般按诗句的字数分类，四字一句的称为四言古诗，简称“四言”；五字一句的称为五言古诗，简称“五古”；七字一句的称为七言古诗，简称“七古”；句子字数不整齐的古诗称杂言古诗，由于杂言古诗中有七字一句的，所以习惯上把杂言古诗也算在“七古”一类。

“碧知湖外草，红见海东云”（《晴》），“绿垂风折笋，红绽雨肥梅”（《陪郑广文游何将军山林》）等，打乱惯常的语序，将表示色彩的字放在句子的开头，既真实地再现了瞬间的视觉心理感受，也造成了新鲜独特的语感。如前所述，字锤句炼，造语精工，正是“宋调”有别于“唐音”的突出特色。杜甫之后，中唐韩愈、白居易、孟郊等诗人最具独创性的诗歌，在审美属性上也多为“宋调”。而宋代张耒[1]、姜夔[2]、赵师秀[3]等诗人的创作，在审美属性上则大多为“唐音”。

所以，钱锺书先生指出：

“天下有两种人，斯分两种诗。……夫人禀性，各有偏至。发为声诗，高明者近唐，沉潜者近宋，有不期而然者。……且又一集之内，一生之中，少年才气发扬，遂为唐体，晚节思虑深沉，乃染宋调。”[4]

个性、年龄都会影响人的审美倾向。热情爽朗的人往往偏爱“唐音”，深沉内敛的人则更容易接近“宋调”；青年时代激扬奋发，所作诗歌通常情感丰富、生动形象；年岁渐老之后理性多思，所作诗歌一般也更为深刻透辟、自然平淡。

正因如此，宋代以后，元、明、清各代，诗人辈出，但在审美倾向上无非就是“尊唐”与“崇宋”两大流派。“尊唐”者以“唐音”为典范，“崇宋”者以“宋调”为标准。两派互相论争，聚讼纷纭，唐宋优劣，难成定论。

但是，对于我们今天的诗歌读者来说，“唐音”“宋调”都是值得珍视的诗坛瑰宝，它们共同构成丰富、多元的古代诗歌世界。拥有如此厚重而美好的诗歌遗产，是每一位中国人的骄傲！感情热烈、情韵悠悠的“唐音”固然会令我们一见钟情，而冷静客观、理性深思的“宋调”同样会让我们日久生情。对“唐音”“宋调”两种不同诗歌之美的欣赏和接纳，也是学习和发扬优秀传统文化的一门必修课。

---

1 张耒（1054—1114），字文潜，号柯山，人称宛丘先生，楚州淮阴（今属江苏）人，北宋著名诗人。早年以文章受知于苏辙，因得从学于苏轼，为“苏门四学士”之一。张耒诗歌的突出特色是平易自然。他很少用典，不作奥语，仿佛毫不用力，却意趣天成，富有韵味。如，《初见嵩山》：“年来鞍马困尘埃，赖有青山豁我怀。日暮北风吹雨去，数峰清瘦出云来。”晁补之《题文潜诗册后》说：“君诗容易不着意，忽似春风开百花。”杨万里《读张文潜诗》也说：“晚爱肥仙诗自然，何曾绣绘更雕镌。”北宋中后期正是“宋调”定型与成熟时期，而张耒之作“自然有唐风”（方回《送罗寿可诗序》），故能自成一家。

2 姜夔（约1155—1209），字尧章，鄱阳（今属江西）人。他是著名词人，同时也长于写诗，当时诗名仅次于杨万里、范成大、陆游。他作诗主张“吟咏情性”，追求“自然高妙”。他的诗以绝句写得最好。例如，《过垂虹》：“自作新词韵最娇，小红低唱我吹箫。曲终过尽松陵路，回首烟波十四桥。”

3 赵师秀（1170—1219），字紫芝，号天乐，又号灵秀，永嘉（今浙江温州）人，南宋后期诗人，与徐照（字灵晖）、徐玑（号灵渊）、翁卷（字灵舒）并称为“永嘉四灵”。他最有名的诗歌是《约客》：“黄梅时节家家雨，青草池塘处处蛙。有约不来过夜半，闲敲棋子落灯花。”

4 钱锺书．谈艺录[M]. 北京：中华书局，1984.

第十讲

文学书法鉴赏：中国古代书法漫说

文　刘一闻

上海博物馆副研究员，书法家·

本讲的主要内容是中国历代书法艺术体系。

甲骨文是商代的产物，是迄今为止发现的中国最早的文字系统。为什么叫甲骨文？因为当时的这些文字，或者是写或者是刻，都是表现在牛甲骨上或者龟甲上，所以叫甲骨文。甲骨文比较难释，当时人们有些在文字上的交往，就是通过这种形式进行的。甲骨文有五期说，因为它分五期，每一期的甲骨文字乍一看差不多，但是仔细看看还是有不同的，这个不同主要表现在结体上。

甲骨文另外还有几个名称，它又叫“契文”“卜辞”“龟甲文字”，或者叫“殷墟文字”，这些名称其实都是说甲骨文。甲骨文的具体内容是什么？现在通过出土文物大家可以进一步得以了解。

甲骨文再发展就到了铜器文字的时代，这个时代包含了夏、商、周。这个时代的文字，后人能见到的相对较多，因为可以从出土的大量青铜器上看到。《毛公鼎》上的文字是目前所见最多的，这个鼎体量很大，鼎的腹部有近 500 字的记事性文字，这些文字多数都是当初统治阶级所记录的一些事件。铜器文字分夏、商、周三期，各个时期的文字皆因其时代性而风格独到。

春秋晚期，长江黄河中下游地区诸国经济开发、文化昌盛，适用于各种器用的文字和书体相继出现，同时出现了简书、鸟虫书、金文奇字、玺印文字、刀布文字等，在书体上出现了各种各样的表现形式，它们是一个历史时期最真实的文字表现形式的记录。

小篆时代出现在秦始皇统一六国以后。秦统一六国后，文字也跟着统一，即“文同书”。秦始皇时代著名的《泰山刻石》，其文字是小篆文字，因为是李斯书写的，所以又称作“斯篆”。

隶书时代是中国文字发展史上的一个重要阶段，我国书法由此进入了书意时代。隶书最早出现于战国末年，历经秦、西汉、东汉后，逐步成熟。隶书又叫汉书，至东汉发展成熟起来。在书写上，隶书具有蚕头燕尾的特征。所谓“蚕头”，指的是起笔的形状；燕尾像是翘起来的。为什么到了隶书时代就称有书意了？因为从书写形态上来看，它变得更加丰富了。甲骨文、大小篆书的线条，原本就是直线或弧线，而隶书变化就大了，比如蚕头燕尾即是隶书表现的最富有特征的笔画之一。文字在整个发展过程中有多种多样的表现，隶书之后，又出现了一种书体叫“章草”，“章草”其实就是快写的隶书。“章草”后来也被学习、描摹并表现，比如元代的赵孟頫在高举复古旗帜时便将“章草”作为一个主要的表现内容。

我国文字系统是很复杂的，蔡伦改进造纸术之后，才将文字书写在纸帛上，此前的文字写在竹简上，所以被称为“竹简文字”。上海博物馆在 1996 年对外开放的时候陈列有竹简，但竹简很难保存，尤其是在气候湿润的江南地区。而在西北地区因为气候干燥，所以当地博物馆保存了很多的竹简和木简。在相当长的一个时间内，上海博物馆曾向甘肃省博物馆借展了西汉的简牍。上海博物馆的展品中还有一件东汉的《熹平石经》，此刻石文字相传是蔡文姬的父亲蔡邕书写的。事实上，隶书一体在每一个历史时段都没有间断过。

书法史上有“二王”，即王羲之（303—361）和王献之（344—386），他们开创了唐代以后中国书法的完整书写体系。可以说，隋唐书法出于“二王”的体系，它是妍美、流变和法度兼备的。从唐代始，逐步出现了智永、欧阳询、虞世南、褚遂良、张旭、颜真卿、怀素、柳公权和以苏轼为代表的“宋四家”及赵孟頫、文徵明、董其昌等历代书法大家。

研究书法、研究“二王”，首先就要了解王羲之。图 1 所示《上虞帖卷》，是王羲之在浙江上虞时写的一封信，内容为：“得书知问。吾夜来腹痛，不堪见卿，甚恨！想行复来。修龄来经日，今在上虞。月末当去。重熙旦便西，与别，不可言。不知安所在。未审时意云何，甚令人耿耿。”这是上海博物馆所藏唯一的一件王羲之书迹的唐代摹本。

如今可见的王羲之作品，除了《兰亭序》以外，几乎都是他的信札之作。尽管是信札，但是从书法角度看仍然非常珍贵。《上虞帖卷》经过了谢稚柳先生的鉴定，书迹的角边有南唐官家印章，这件作品也在刻帖中可见。

“二王”的另一个人就是王羲之的儿子王献之。图 2 所示为王献之的《鸭头丸帖》，董其昌曾为此作品题跋道：“烜赫有名之迹。”可见其在历史上的声名之大。

王献之一生只活了 43 年，他主要传承了他父亲的书风，但是在用笔上具有独特之处。沈尹默先生曾说，“二王”的用笔是“内擫”和“外拓”之别。“内擫”是中锋居多，王羲之采用的是标准的“内擫”用笔方法，大体上是以中锋来表达线条的运行特征。“外拓”是指在中锋用笔的基础上，间或也会运用侧锋手法，这样就会更加灵动多姿。如果说“内擫”是法度森严入神的话，那么“外拓”则是使整体精神散朗入妙。《鸭头丸帖》的内容是：“鸭头丸，故不佳。明当必集，当与君相见。”这两行字，成就了书法史上的不朽之作。

图 3 是张旭的《郎官石记序碑册》拓本，原石已经没有了，这是传世的唯一一件张旭的楷书作品原拓，号称孤本，所以非常珍贵。当然，除了楷书，张旭

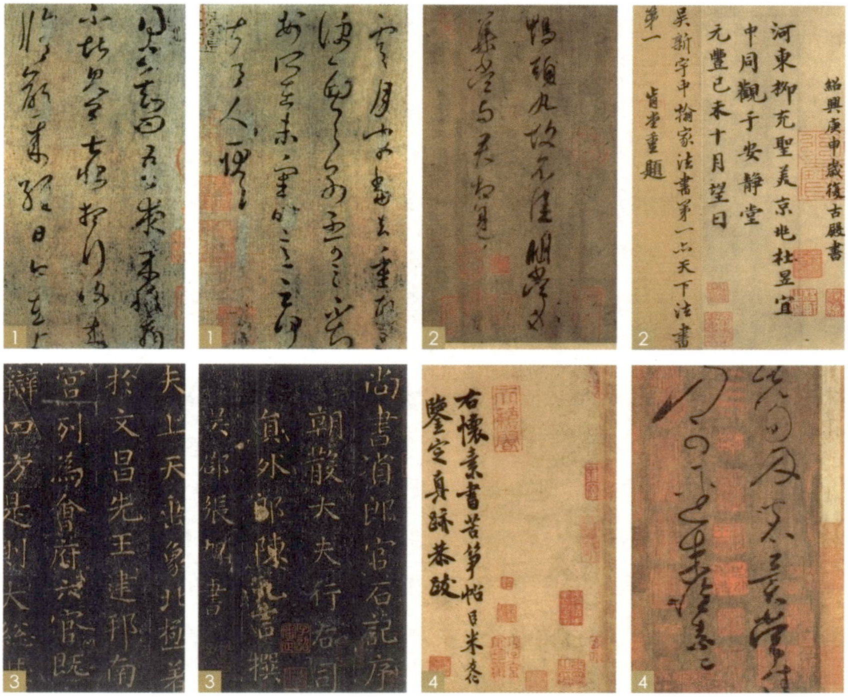

图 1：东晋，王羲之，《上虞帖卷》；图 2：东晋，王献之，《鸭头丸帖》；图 3：唐，张旭，《郎官石记序碑册》；图 4：唐，怀素，《苦笋帖》

草书的名气更大。辽宁省博物馆藏的张旭《草书古诗四帖》是一件十四行的草书之作，谢稚柳先生鉴定为真迹，但是清朝内府当时把它列为赝品，这个话题一直在讨论中，谢老的观点最终得到了业界多数人的认同。当时刻帖成风，尤其张旭、“二王”的书作都被刻到帖里。而唐代张旭的地位很高，人们把李白的诗歌、裴旻的剑舞和张旭的草书视为三绝。迄今为止，张旭的草书仍然是后人学习的范本。值得一说的是，张旭草书的逆折运笔，是“如锥画沙、无往不收”的独到方法，但在精神状态上跟“二王”依然紧密相连。

图 4 为上海博物馆收藏的唐代怀素（737—799）草书作品《苦笋帖》。《苦笋帖》是至今为止怀素所有传世之作中最无争议的一件，虽然只是两行文字：“苦笋及茗异常佳，乃可迳来。怀素上。”这两行字写在绢本上，从题跋和印鉴看，可谓流传有序。从笔道结体看，写得非常生动。怀素在草书创作上也传承自张旭，当然两个人风格各有差异，主要表现在用笔上的不同。当下可见传世的怀素书迹仅有数件而已。一是中国台北故宫博物院所藏的名件《自叙帖》，二是辽宁省博

物馆所藏的《论书帖》，这两件都是字数不少的书卷，尤其是《自叙帖》。但是在这两件作品的真伪辨别上，学界往往各执一词。其三是青岛博物馆所藏的《食鱼帖》，对这件作品学界也多有不同见解。当然还有几十个版本之多的《小草千字文》，在怀素的遗墨中，唯独上海博物馆收藏的这一件《苦笋帖》大家一致认为是真迹无疑，虽只有两行字，但它的珍贵性却不言而喻。

怀素是王羲之的第七代孙，历史上有“秃笔成冢”的典故，反映出他的用功之深。在书法史上向有“颠张醉素”的说法，“颠张”即张旭，“醉素”即怀素，他们都好喝酒、都擅写草书。还有一个说法是“以狂继颠”，指的便是怀素和张旭草书创作的彼此关系。因此在书法史上，这两家的存在意义非同寻常。所以学习草书，一定要认清张旭和怀素的书写特质和风格。

北宋有“苏黄米蔡”宋四家的说法，指的就是苏东坡（1037—1101）、黄庭坚（1045—1105）、米芾（1052—1108）和蔡襄（1012—1067）四位，此中苏东坡影响最大。黄庭坚在宋四家当中有很高的地位，他的行书通常楷意比较多。图5《松风阁诗帖》楷书意味就多一点，取法了颜真卿的书体，字写得比较大，而之前如“二王”的字都不大，其中一个原因是它们是手札形式，手札等于现在的书信，所以字不会很大。从“宋四家”开始，在用笔上和前代人相比有很大不同，前代人用笔是以实转为主，不提肘、腕，但是到了宋四家，他们的用笔方式开始改变了，从实转变成了提按，这是个很大的改变。除了行书以外，黄庭坚的草书也很出名，他的草书介于张旭和怀素之间，可见张旭、怀素对后人的影响。黄庭坚的草书有《诸上座帖》等传世名作。“宋四家”对后人的影响也很大，比如明代书坛的盟主文徵明晚年的行书，几乎传承了黄庭坚一脉。

接下来是米芾。上文说到，因为用笔方式的不同，渐渐出现了一些大字创作。现已知的米芾的大字之作有三件：《研山铭》《虹县诗》《多景楼诗册》。米芾的作品对后人的影响也很大，可以说自米芾的面貌树立以后，后人多有取法皆自米芾者。米芾的作品运笔俊朗，可谓“风樯阵马，沉着痛快”。总体而言，米芾是以势取胜的，与前朝书法家李北海、颜真卿和杨凝式皆有传承因缘。

图6是米芾的《行书参政帖》，也是上海博物馆所藏名品。这一件作品较小，左右上角和下部都有印章，上面的“乾隆御览之宝”是作品曾经入宫的标志。米芾在创作理论上也比较丰富，他曾说：“做大字要像小字，做小字要像大字。”关于这一点，有书法实践的人都会有体会。为什么写小字的时候要像大字？说的是写小字的时候要有大字的气度、大字风范。写大字要像小字，指的是大字中的

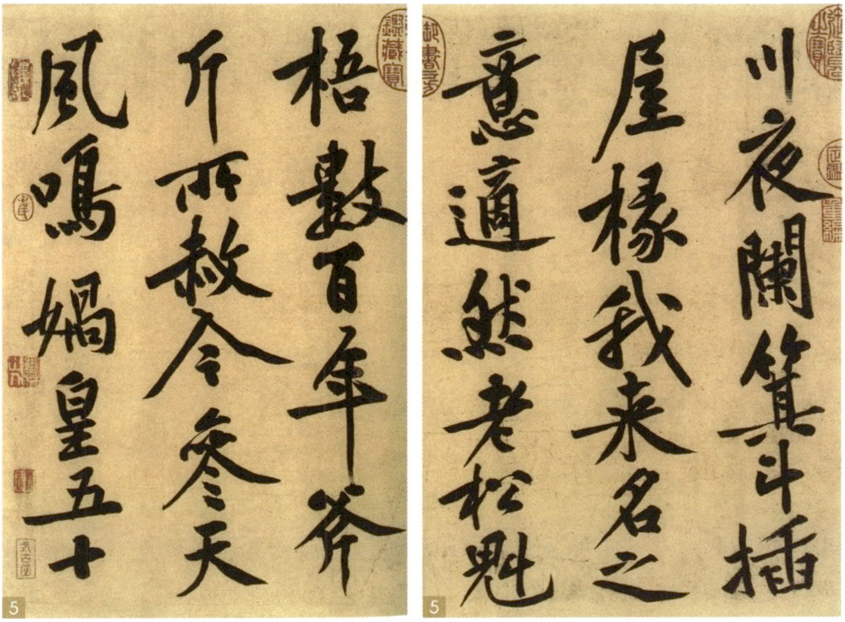

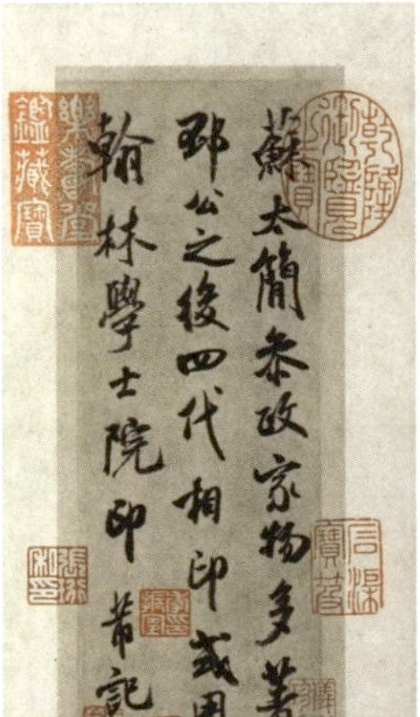

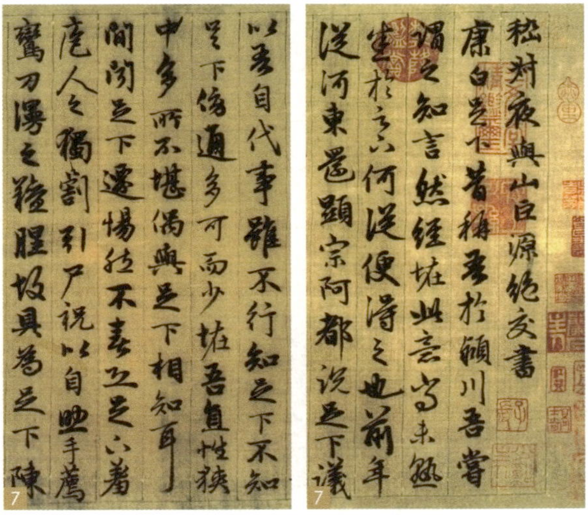

图 5：北宋，黄庭坚，《松风阁诗帖》；图 6：北宋，米芾，《行书参政帖》；图 7：元，赵孟頫，《与山巨源绝交书》

精微之处要像小字一样体现出来，这些都是学习书法的至理之言。黄庭坚很推崇米芾，他曾说：“本朝善书者，米芾为第一，数百年后必有知余此论者。”

元代书法家，则首推赵孟頫。赵孟頫（1254—1322）是元代书坛的盟主，官位也很高，官至一品。他是复古、领古的先行者，所谓复古，就是临摹晋人书法如“二王”以及“二王”之前人，他认为晋唐的书法是最正宗的，只有把握住晋唐书法的内蕴，书法艺术才会有高度，这是赵孟頫的一贯看法。赵孟頫众体皆善，篆隶虽然少但是可以见到，楷书好，行草书名声都大（图7）。赵孟頫还有一句名言，即“用笔千古不易，结字因时相传”，这说明他理解晋唐笔体的独到之处。而到了北宋的时候用笔又发生变化，但是其灵魂没变，依然主张中锋运笔的基本法则。“结字因时相传”通常指其时代属性，比如说很多人学沈尹默先生，但是即便把沈字写得一模一样，气息还是不同的。要理解书法的气息并不易，气息看不见摸不着，靠的是个人的体会，气息有着时代的风貌。所以说赵孟頫的这番话太耐人寻味。

除了赵孟頫，元代书法家中的另一位大家是鲜于枢（1246—1302），书法史上对鲜于枢的评价是作草书“愈大愈壮”（图8）。鲜于枢在书法创作上，首先是用唐法，从执笔到写字都是唐代的方法；另外他善悬腕，这是受到了北宋的影响。鲜于枢比赵孟頫大八岁，但是二人互相尊重、友善终生。鲜于枢在书法史上的另一个重要意义是，他帮助赵孟頫积极推行晋唐书风。

赵孟頫和鲜于枢，以及邓文原这三位书法家，开启了元代书法回归传统的潮流。创作上，每一个时代都有一种艺术主张，在赵孟頫的时代，他们认为南宋之

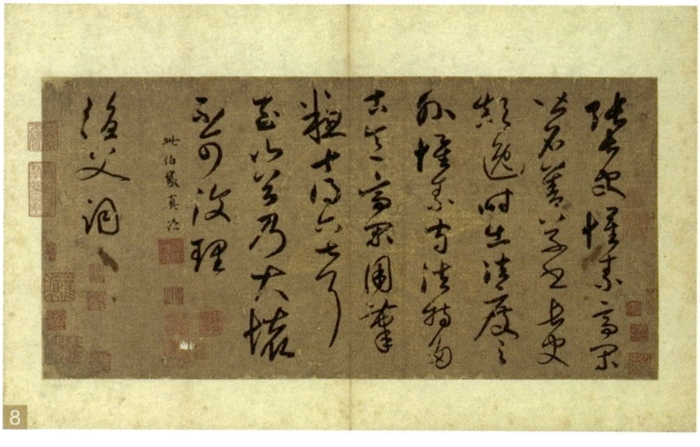
8

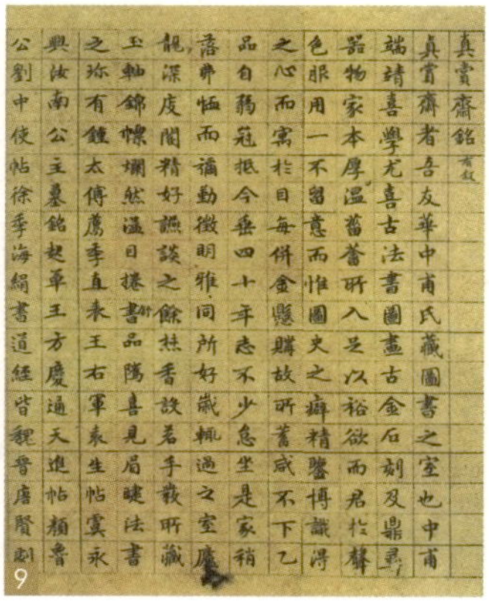
9

图8：元，鲜于枢，《鲜于枢赵孟頫墨迹合册》；图9：明，文徵明，《真赏斋铭》

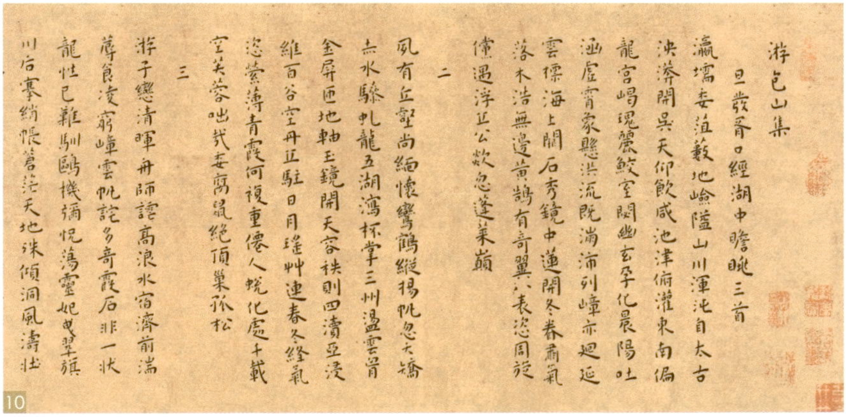

图 10：明，王宠，《小楷游包山诗卷》

后的书法已经背离古法了，所以他们继续高举晋唐书法的大旗。

元代书法是由赵孟頫等人所提倡的复古思想带动起来的，赵孟頫的传人有邓文原、康里巎巎，而另辟蹊径的书法家则有杨维桢等人，这些书法家都为元代书法的稳步发展和确立做出了贡献。

接下来是明代。明代的书坛盟主是文徵明（1470—1559），拥戴文徵明的人很多，他的追随者遍布江南甚至到朝鲜、日本。他晚年学黄庭坚的行楷大字，他执牛耳 32 年，55 岁辞官后成为一名职业画家。上海博物馆藏有很多文徵明的作品，有一件作品（图 9）是他 88 岁写的蝇头小楷，其功力之深令人惊讶。

明代王宠（1494—1533）的书法，与文徵明可说是旗鼓相当，虽然他一生只活了 40 岁。后人对他的评价是精于小楷。王宠虽然与文徵明是同代人，但是他在书法创作上有自己的主张，他学晋代的钟繇，也学“二王”、智永和虞世南，30 岁出头便已有了自己的创作风格。王宠的用笔习惯是经常用秃笔，是锋芒不外露的类似裹锋的一种笔法，因为受到钟繇的影响，他用笔很厚实，如图 10 所示。

明代的另一位重要书法家是董其昌（1555—1636）。董其昌曾任礼部尚书，官至二品。他书、画皆能，还善于鉴定。所以现在看到的一些古代名迹多有董其昌的题跋，比如上文提到的《鸭头丸帖》。现在做鉴定工作的时候，经常把董其昌的题跋作为一个重要的依据。董其昌 17 岁的时候学颜真卿的《多宝塔碑》；18 岁的时候学莫如忠，莫如忠对“二王”的研究很深；然后再学虞世南，虞世南的楷书《夫子庙堂碑》是学楷书者绕不开的一件作品；然后再到“二王”，最

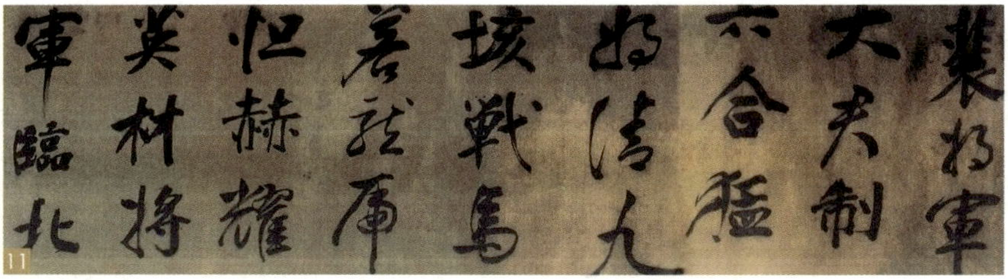

图 11：明，董其昌，《行书临颜真卿裴将军诗卷》

终又接触了米芾；这是董其昌的书学轨迹。董其昌的妙处在于举重若轻，如图 11 所示，他的书、画，都是看上去很淡然，似乎没有重笔，却入木三分。书法创作中所说的入木三分、力透纸背都是很有道理的，有的字写得很肥很壮，但是骨力不行，更谈不上入木三分。所以字写得好不好，与字的大小、粗细都没关系，而是要在用笔上有过人的地方，这才是书法学习中需要关注的。从这件董其昌的临颜作品中，可以见到他的深厚功力所在。

明代书法传承自元代赵孟頫一派，正是因为赵孟頫提倡书法要回归晋唐，才有了后代人对晋唐书法的膜拜。明代书坛的文徵明、王宠、董其昌的创造主调是一脉相承的。然而，因着时代变迁，明代后期也出现了一些与众不同的书法家，如张瑞图（1570—1641），他的行草比较多，楷书较少。张瑞图、董其昌、邢侗、米万钟合称为“明末四大书”，同时张瑞图又与倪元璐、黄道周、王铎、傅山共称为明末清初“奇崛派书家”。传统书法中的典雅安静到了奇崛书派发生了很大变化。有史料形容张瑞图的书法是“笔体独特，书风奔逸，运笔变圆转为纵折”，就是说原先圆润的用笔方式变成了纵折的方式，如图 12 所示。张瑞图的用笔是方的、折角多、用了大量的侧锋。侧锋常与偏锋合用，二者并不相悖。侧锋用了行笔当中的一种侧势，照样可以使笔练浑厚多姿。他的这种用笔，与王献之的用笔有些不谋而合，但形态上肯定是大相径庭的。帖学书法从“二王”一脉开始就没断过，到了明代晚期，书风开始发生变化，这是源自前代各种书写形态的启示，尤其明中后期，也许受到西方审美观念和社会环境的影响，出现了一批更加性情、更加不顾传统表现方式的书家，此中代表人物如徐渭等。

晚明的奇崛派书家中还有黄道周（1585—1646）也值得一提。黄道周官位很高，是礼部尚书、武英殿大学士；他的学问好且一生正直，是“东林党五擘”

之一，但是清初期被清兵杀害了。黄道周的字（图 13）和他的人一样，刚正、不落凡俗、劲峭方折。他的书风与张瑞图有暗合的地方，但是与后者有所不同的是，他在方折、刚劲当中还透出了秀逸之气。通过黄道周的传世小楷可以看到，他早期学钟繇，敦厚见笔力，结构与常见的稳稳当当的风格不同。黄道周的行草书学自“二王”，可见“二王”这一脉的影响深远。

接下来是王铎（1592—1652）。书法史上对他的认识，就是他一生临池不辍（图 14），也就是说从来没有脱离过临摹日课，这对一个已经具有明显书风的书家来讲是非常难能可贵的。据文献记载，王铎的创作习惯是一天创作、一天临池，这在任何一个朝代都是非常了不得的事。后世对他临帖的功夫的评价是，“如灯取影，不失毫发”。王铎虽然只是活到了 61 岁，然而 50 岁以后的创作便是有顺手拈来的风情，功力不到者一定显现不出这种状态，所以王铎在晚明五家当中是一个非常突出的人物。王铎最初是从《圣教序》起家的，草书最出名，楷书功夫也非常好。

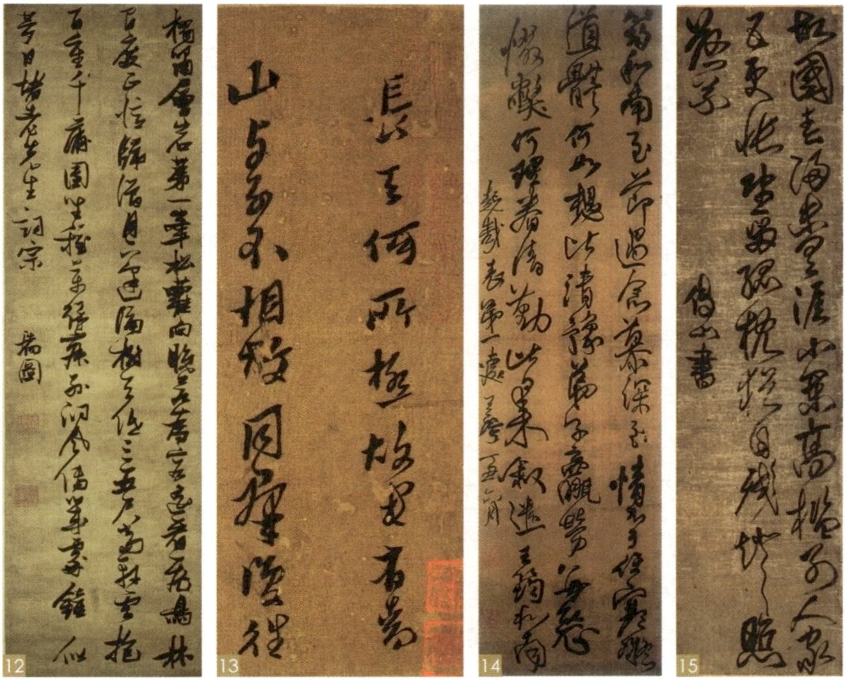

图 12：明，张瑞图，《行书杜甫五律诗轴》；图 13：明，黄道周，《黄道周自书诗卷》；图 14：明，王铎，《临王筠寒凝帖轴》；图 15：清，傅山，《草书诗轴》

在谈及晚明诸家的时候，往往会把清代初期的傅山（1607—1684）归入，因为傅山、王铎都生活在明末清初，且主要活动在清代。

《文汇报》曾有一篇文章提及傅山，文中说此人学问之大、懂医、为人仗义、坚持正义。傅山留下的书法作品，都会证明他在书法上不一般的积淀，他的的确确是很突出的一位书法家。傅山早年学黄庭坚，也学王羲之。

《傅山集》中有他早年写的小楷，笔笔精到，都证明了他的书写功力。傅山是个性情中人，以他的性情，他临摹别人只是一个阶梯，最后他都会很倔强地表现自己的一家之风。图 15 是上海博物馆收藏的傅山草书作品，这件作品中已经呈现出他自己的别样的风调了。

傅山的书法理论中有几句话，创作界尤其是书法界几乎人人皆知，他说："宁拙毋巧，宁丑毋媚，宁支离毋轻滑，宁率真毋安排。"也就是说，不要巧安排，宁毋巧安排，这个艺术观念一定是他作品的旁注。傅山比较长寿，他活到了 78 岁，而那个时代，五十多岁、六十多岁去世是普遍的。到了晚年，傅山更加不拘一格，并从心所欲。但是从书法本身来说，傅山到了晚年已经陷入了完全自我的境地，由于过度性情不可自拔，虽有娴熟的用笔，但在结体上出现了任笔为体的怪异倾向，同时显出了习气之弊。由此可见创作的合辙与不失榘度的重要性。

从时序上看，清代书家中具有个人风格的应首推金农。金农（1687—1763）是"扬州八怪"中的一家，他的学问最高、艺术水准也高，位居"扬州八怪"之首。虽然郑板桥的知名度也高，但是从总体创作和从学识上说，郑板桥都不如金农。郑板桥的作品中有竹子、兰花，固然很美，但是有很大的通俗成分。这似乎有点矛盾，作品既要雅，又要令人识，这一点是很难做到的。

金农书法成就最高的是隶书，隶书又叫汉碑，隶书的大量出现是在清代中期。这个原因是清代中期出土文物日多，其中就有大量碑版。此外还有一个间接原因就是清代中期有"文字狱"。当时的学者常常抒发自己对政局的不满、对各种社会现象的不满，这引发了朝廷的危机感，因此采取措施压制人们对时政的不满，为了避免株连九族的后果，致使很多学者纷纷把自己的兴趣所在和研究重点转到了与政治不相关的音韵学、小学、训诂学等纯粹学问中。与"小学"相关就是与文字相关，这些学者从文字本身中发现美，于是开始尝试将汉碑上和各类器物上的文字，描摹到纸帛上，长期临写，以一点一点地积累起自己的一家之风。

金农的隶书风格很像《夏承碑》，但是金农毕竟是清代前期的人，那时候所见汉碑十分稀少，更无碑字体系可谈。这个现象更可说明金农对事物的敏悟，从

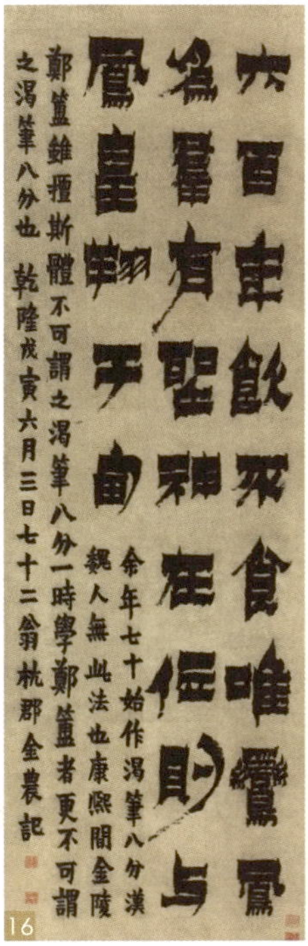
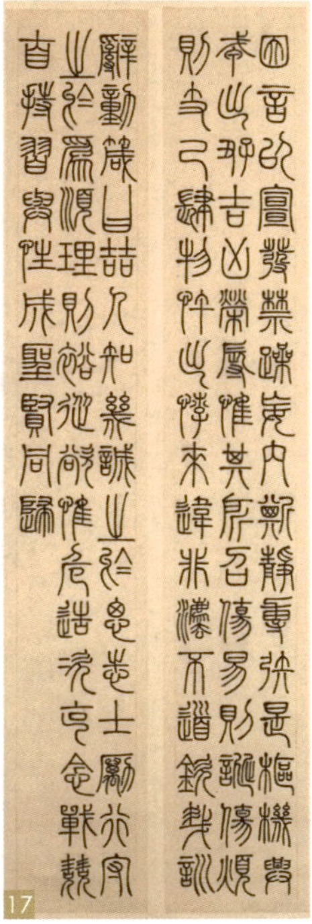

图16：清，金农，《隶书联》；图17：清，邓石如，《篆书条屏》

至今可见的他临摹的有限汉碑的书作看，已经证实他在艺术上的早熟。金农截毫而立，写书风格前无古人、个性鲜明。图16是一件具有浓重汉碑意味，犹如漆刷书写的字的独创作品，号称“漆书”，很是耐人寻味。虽然说那时候出土文物不多，但我认为他一定见到过东汉的碑版，不然不会出现这一类书写样式。像金农这样悟性极高、眼力极其敏锐的人，他只要看一眼就知道自己要什么了。

在书法史上，金农树立了一面旗帜，对“扬州八怪”的群体创作都有影响。“扬州八怪”中好几位是金农的学生，但是他们的艺术成就与金农相比却差了很多。当代也有很多人学金农，但是金农很难学得像，他自身的资源是无穷无尽的，别人学他只是学皮毛，所以金农真正了不起。为什么他对传统文字这么熟悉？还有一个原因，就是他与流派印章的奠基人物丁敬是邻居，他们二人时常探讨金石文字，所以说金农身上的确有一般的书家所不具备的艺术特质。

中国的传统书法到了清代中期，涌现了一大批热衷于碑学书法的书家，其中邓石如（1743—1805）是非常重要的一位。他与金农的不同之处，在于他见到了更多的出土文字，所以邓石如能写各种书体（图17），而金农却没见到他所

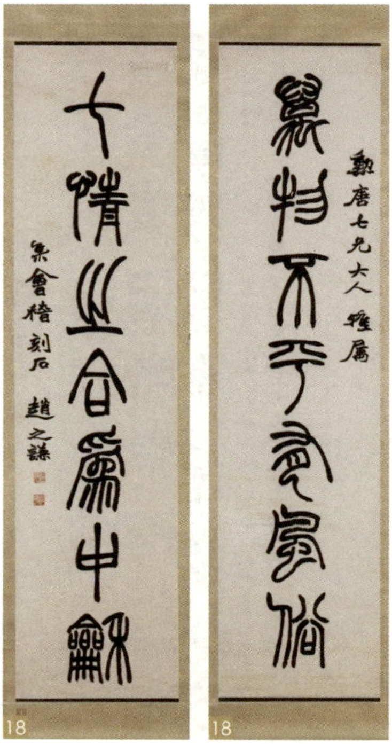

图 18：清，赵之谦，《篆隶书屏》

能见到的篆体文字。有清一代，朝野间对邓石如的称许是“四体书海内第一”。他能写楷书、篆书、隶书和草书，换句话说，邓石如的意义在当时和此后都是非凡的，他是不倒的一面旗帜，因为邓石如的存在，开启了清代碑学的研究和创作的大门。

话说邓石如也是异常用功的人，他在壮年时已经完成了十分丰富的创作积累。这一积累主要来自当时江宁（今江苏南京）的大藏家梅镠，邓石如在梅镠的家里住了一年的时间，看到了很多的拓本，于是日夜临摹。文献记载，当时邓石如所临摹的古代文字拓本是以“百本”作为一个常数的，这听起来有些令人吃惊，因为一般临摹几十遍已经不算少了。所以邓石如的创作经历，是有深厚的临摹为基础，他下笔自然就不同了，所以“四体书海内第一”并不是一个虚夸。此外，在印章上邓石如也是一位开家立派的大家。

从邓石如起，他所提倡的“印从书出”打破了以前刻印人依据字书的常态。所谓“印从书出”，是指把自己对书法的感受运用到印章的创作上，邓石如是第一人。所以在中国书法史上、印章史上，邓石如都是非常重要的人物，他是能够开启清代碑学研究和创作大门的人物，后来他的学生都沿着他的路径走。当然，再伟大的书家也有不够的地方，如果要说邓石如不够的地方，那就是邓石如读书有限，所以后人评论说他的作品当中总是少了一点书卷气。在讨论书法的时候经常会说到书卷气、金石气，这就是贯通学问的结果，一件艺术样本能够具有高度和深度的表现。

最后一位是赵之谦（1829—1884），他所处的时代是清代的中后期。赵之谦的不同凡响，在于他从吴让之手中接过了邓石如的衣钵（图18），把“印从书出”的观念进一步打开，并且提出了“印外求印”的观念。“印外求印”的观念与当时的时代有关系，清代中期以后有大量的出土文物，人们见到的东西越来越多，于是就把一些艺术元素、一些原先陌生的东西挪到了自己的创作中，赵之谦正是这么一位在挪用方法上很出色的代表性人物，只可惜他50多岁就去世了。赵之谦是一致公认的才分高的艺术家，在篆刻史方面，他30岁左右刻的印章就已经被称作经典，可以作为被效法的对象了。对于这一点他也很自负。

赵之谦在一段有关秉性天赋的文字中说到了邓石如、邓石如的学生包世臣、包世臣的学生吴让之。他说做艺术用功固然重要，但是才情似乎更重要，如果才情与功力的满分是十分的话，那么邓石如的用功是6分或者7分，才情是3分或4分；吴让之是才情2分，用功8分；而他自己是2分用功，8分才华。在这一点上他并不谦虚，他身后留下的有限的篆刻作品都可以作为学习范本，当时有个说法即“所出皆美”，这在历史上不多见。如果说做艺术的人以才华、禀赋来区分的话，历史上的赵之谦无疑是非凡之辈。

清代中期之后，一旦谈及篆隶书创作，都绕不开邓石如、吴让之、赵之谦。随着出土文物增多，创作除了篆隶书以外，人们还见到了北魏书写经体等别的文字样式，创作的天地也就更加广泛。到了清代晚期、民国前中期，书法创作迎来了一个百花齐放、更加繁荣的时代。

第十一讲

音乐舞蹈鉴赏：从“音”到“乐”的人为艺术

文 秦川

同济大学艺术与传媒学院音乐与表演系副教授，硕士生导师我们学习音乐是为了理解音乐，更好地欣赏音乐的美。从中国文化的角度来解释，由于“音乐”包含“音”和“乐”两个字，也就存在“音”和“乐”的双重内涵，因此理解音乐客观上就是既要理解音，也要理解乐，而终极目标是理解音乐中能打动我们的艺术之美。对这种美的感知首先是整体性的，不论好听还是不好听，人人都能表达对一首音乐作品的整体印象，哪怕没印象（听过就忘）也是一种整体感受。所以要理解音乐，我们就先从理解音入手，再去探求理解乐，以期理解美。

理解音

对于音乐艺术来说，乐由音组成，而音符作为声音的符号代表，不像文字符号具有易于理解的固定内涵，因此音乐的完形过程可以概括为“X+Y=Z”的表达式，即由部分组合为整体，由音组成乐。在音乐分析中，音 + 音 = 音组，而音组 + 音组 = 更大的音组，因此在 X+Y=Z 的完形过程中，Z 就是音趋向于乐的一种符号代称，也是音乐整体性的代表符号。音与音可以构成有组织联系的结构体，如成为动机（motive）、乐汇（phrase）或音程（interval）似的音组；音组与音组也可以进一步构成乐句（sentence）一类更大的结构，形成具有相互联系的结构层次，如乐句的上下句、起承转合等关系。

通过音组形成的乐句还可以进一步构成乐段（passage）等更长的结构，于是不同的音组结构在不同的关系层次上形成横与纵两个方向的结合，一个方向是不断走向整体性结构的整体 Z，另一个方向是存在时间先后次序的不断构成整体性的个体 X+Y（图 1）。而决定着音能否组合为音组，成为乐汇、乐句、乐段乃至完整的乐，都与人相关，并为人为之力。

在这些关系的层次递进中，看似单一的旋律其实是包含立体的多声关系层次，在这种立体的角度下，对单个音响的细腻表达能力显然让位于对各层关系的协调控制能力，其最终的整合仍然是“1”个整体，即能否将所有的音、音组、关系与层次协调统一为“1”个美好的整体。这一纵横相生结构就是在人为引导与主观判断中，不断将局部进行组合，并协调个体关系的轻重缓急，有意识地组建一个更为复杂、立体的整体结构。因此，在这一纵横相生的立体结构中，人为引导为依次呈现的音建构起一个立体化的关系网，它注重培养将不同的音响融合为一个整体的能力，这是一种宏观的协调控制能力，一种类似驾驭多声音响的综合能

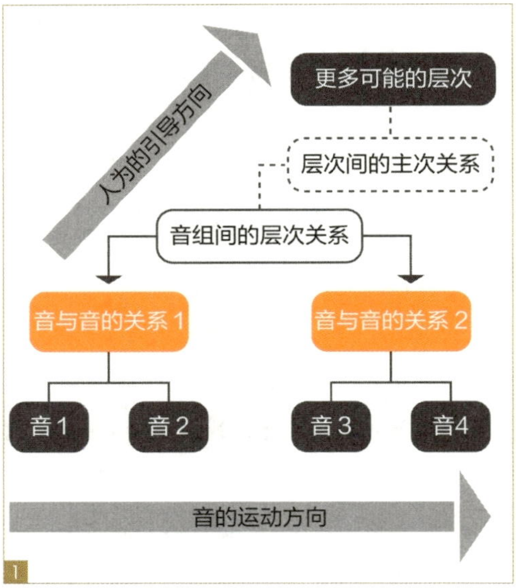

图 1：音的关系与层次的立体结构

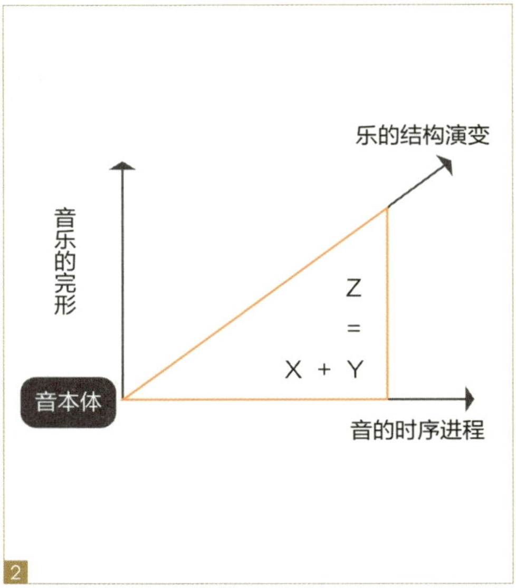

图 2：音乐的客观完形

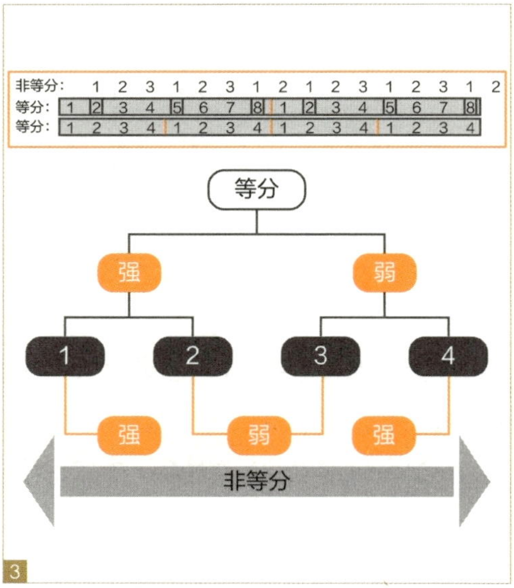

图 3：不同层次的节奏组合

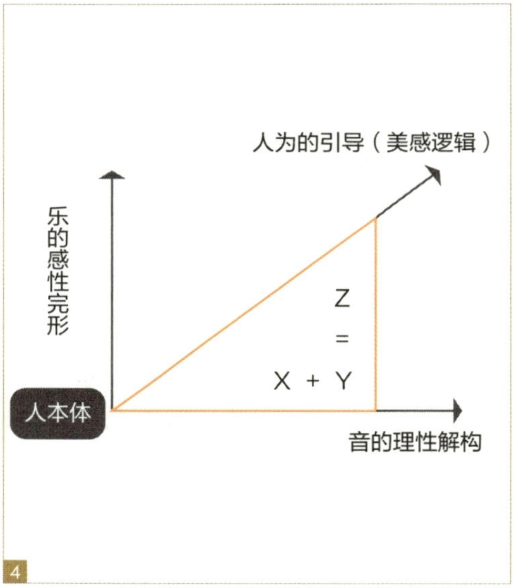

图 4：人为的美感逻辑合成图示

力，这种能力离不开对音响细腻表达能力的依赖。可以说，对单个音的控制能力越强，则纵横相生的多声性才会层次越丰富。正因为有了音的相互关系的介入，而音的数量增加又使得音的相互关系复杂化，因此个体数量的增加可以扩大关系层次的空间，也为以强调音的相互关系为主的人为表达方式带来了便利。这一关系网的组建虽说是以客观的音为建筑原料，却依赖人为关系理解从而成为非客观的乐，于是这无形的关系铸就了乐的多样和美的多变。

在 X+Y=Z 的声音合成过程中，X+Y 能否合成为 Z，既存在 X 与 Y 的关系比较，还存在 X+Y 与 Z 之间的关系比较，但两组比较关系却不是处于同一层面。从音呈现的时序先后角度而言，X+Y 与 Z 之间的关系严格意义上来说有别于 X 与 Y 之间的先后次序，因为 Z 与 Y 几乎是同时呈现的，从另一维度看是从 X 演变为 Z，其表现过程和形式可表达为图 2：从音本体的客观出发，坐标纵轴代表音乐从局部走向整体的完形方向，横轴代表音乐在时间中的进行方向，音乐的完形正是音在时间进程中的一种乐的结构演变与合成。于是 X+Y=Z 的表达式存在一种三角形的立体结构，是音乐具有多声与多层的一种客观必然，其乐的结构演变恰恰就是三角的斜边，是不同于音的时序进程的另一个音乐完形方向。

显然，音的时序进程与乐的结构演变虽发端于同一客观起点，却构建起音与乐纵横相生的立体结构，这是音乐具有多声结构的一种客观必然。其中，人为的主观引导对乐的结构演变起到了决定性作用。纵横相生构成的多声结构正是这种人为艺术（有意为之）的体现，在音 + 音的关系组合中，其纵向可体现为和弦构成音的主次关系，其横向可体现为旋律音的强弱关系。作曲家通过人为引导音的主次关系，指明音乐材料运动的方向，强调作品蕴含的核心音调或是期望凸显的音响材料；正是由于音组织关系网的复杂性与立体化，演奏家可以通过轻重缓急的音响处理手段，再次对音关系进行深入细致的表现，形成二度创作，这两种创作都是围绕音关系而有意为之的人为艺术。因此，纵横相生是音乐创作的一种重要技术手段，也是理解音关系的重要法宝。进而我们可以理解，巴赫之于复调（polyphony）的贡献，以及复调之于西方音乐的奠基作用，巴赫（Johann Sebastian Bach）“西方音乐之父”的英名也正基于纵横相生之于音乐的重要意义。

以巴赫《平均律第一集前奏曲 No.1》的等分节奏为例，如果以数字化的方式将每小节的 16 个音符分组，巴赫 C 大调前奏曲中每小节的 16 个音可以形成如图 3 所示的结构，把数字中的每个 1 当作强，它就是每组的开始，强之后的其余音符都具有弱的特征。这是一对多的强弱结构，但分组不同会产生多样化的强弱组合，进而产生非等分，就如 4=2+2，4=3+1，4=1+1+2 等多种组合一样。

这种非等分就带来一种强弱易位的新型节奏感，它更为后世的爵士乐带来一针强心剂，使其在节奏的动感上成为古典与流行的重要分水岭。而对于音高而言，节奏推动音乐发展的能力也日益凸显，并在流行音乐中成为更具青春活力的发展手段和音乐材料。

理解乐

音乐中的音关系存在纵横相生，其中的人为引导对客观的音乐完形具有主导意义。如果将音本体换作人本体为原点进行思考，则人的感性完形与理性解构同样具有不同维度的进行方向，感性是直接观照音乐的整体性感受，是为乐的结构完形而服务，美由此诞生；而理性则趋从于将乐分解为音，将整体分解为部分，以解构的分析姿态厘清音与音之间的逻辑关系。于是以人为中心的感性完形与理性解构间，也可以形成与音合为乐同构的一种形态：从人本位的原点出发，人对音的解构认识活动趋向理性的逻辑梳理，它构成理性解构的横轴；人对乐的整体完形认识依赖感性的整体建构，它构成感性完形的纵轴。感性与理性之间的纵横关系，同样是人为引导作用下将感性与理性的思考活动整合为一个立体性的人为合成形式——美感逻辑[1]的纵横相生，这是音乐艺术在审美活动中的独特“感性+理性”合成形式（图 4）。美就一个字，它如同乐所包含的音一样，其整体性是凌驾于个体之上的至高之境，是一种人为塑美的结果。恰如古诗云：“欲穷千里目，更上一层楼。”

任何人对一部音乐作品的感知首先出自整体性，因此在 X+Y=Z 的声音合成过程中，X+Y 能否合成为 Z，既有 X 不同于 Y 的差异，还存在 X+Y 与 Z 之间的互补比较，而从不同演化为互补正是基于整体性，是基于 Z 具有整体前提的 X 与 Y 的互补，它是不同维度的人为视角，互补体现出的音乐完形正是在时间进程中

1 美感逻辑是艺术创作、表演、欣赏等人为活动中，人在基于美的感性经验趋向整体完形的前提下，创作、表演与欣赏主体在艺术作品由部分建构成整体过程中的一种逻辑关系体现。这是艺术审美的感性认知过程中所存在的人的主观意志与不以人的主观意志为转移的客观规律并存的特殊现象，可以说是感性完形 + 理性逻辑的合成认识形式。

的一种人为合成。是音的组织关系中存在明显的人为引导和判断行为的体现，也使“人为”成为音组织关系的核心，是从音到乐的主角。与音关系的纵横相生对应，人为引导的美感逻辑同样应存在感性与理性关系间的纵横相生，这是感性完形对于个体关系的逻辑建构，这种纵横相生不同于自然学科注重客观角度的学科属性，并赋予了艺术学科更多以人为本的独特性。在创作、表演、欣赏的不同阶段，人为的主体不同，对个体的解构不同，对关系的感性认识更不同，也就存在不同的人为引导、不同的关系网建构和不同的纵横相生形态，这种不同赋予艺术成品多样与多解的理解空间，从一定程度上也难以通过实验和实证的单一途径去科学解析艺术多样性的人为因素，因而在关系网的纵横相生建构中形成的多样性也正是美感逻辑的重要特征，是艺术生命力的体现。就如科学是让人理解世界运行的合理有序，而艺术则赋予人理解世界的多姿多彩。

关于美的人为塑造

关于艺术的人为塑造和塑造自我集中在中国文人的“琴棋书画”培养目标中得以体现，因此这就需要从中国文化的层面去谈理解艺术的美。先从美字的来源来说，如果用字（词）源学的方法来研究，较为流行的说法是“羊大为美”。美来自好吃，美味，它强调了一种客观的美。李泽厚认为这种传统的说法还有欠缺，他比较同意一个说法，即主张“羊人为美”，即戴着羊头的人领导大家一起进行集体的歌舞。这是一种有组织的集体娱乐或仪式行为，可以说具有社会学的基础。

谈“美”的字源学问题，我想再引申一点。笔者在南京艺术学院工作了六年，刚到南京艺术学院的时候，我的宿舍对面有一位室友，他从事的是设计艺术。我因为人生地不熟，就时不时跟他聊天，交流艺术的看法，他从绘画的角度来谈对美的认识。这个朋友给了我“美”字的另外一种解释，他说美是什么呢？美字中间有一个人字，而围绕这个人字的修饰就成为“美”，比如女同志头发需要盘一盘，然后挂点耳环，穿点漂亮的衣服，把“人”字从头到脚装饰一下，也就是说，人是美的核心。我想这种围绕人的设计修饰观点应该与他从事设计工作的思路相关，在他看来，美的核心就是围绕人的主动创造，简要来说就是“人为”。

若进一步思考：创造什么呢？是为自己创造，还是为别人创造呢？所以这又牵扯出一个“为人”的概念，也就是为人所接受的艺术创造。假如说艺术的美是围绕“人”这一核心，它就集中体现为一种“人为”的艺术和“为人”的艺术，不论是“人为”还是“为人”，都可以形成对创造者和被创造者的重新塑造，简要来说也是一种塑造人的艺术活动。我想从教育的角度来说，这种“人为”和“为人”的塑造人或许也是素质教育追求的核心内容。

所以总体来说，“美”的内涵包含客观“羊”，也有主观的“人”，有微观的细节“修饰”，也有宏观的音关系“组织”。因此，音乐也同样存在音的客观、乐的主观、音响的细节与音乐的组织多个层面。那么，我们也可以从音到乐逐步展开对音乐的理解。音乐从中国文化层面理解，首先来自对汉语文字音与乐及其组合的字词关系的一种人文逻辑理解，看似从音到乐，而音之前还可以有声，乐（音乐）之余还可关联有乐（欢乐），所以音乐艺术之美包含有中国人对“声—音—乐（yuè）—乐（lè）”的一种环环相生的逻辑认识之理，以及字词组合所形成的关系变化的一种人文理解内涵。人所能展现的音关系之和，远胜孤立的音，所以，理解音乐在从音到乐的组合过程中，展现的既是一种艺术的学习，也是一种人为和为人的塑造，是每个人塑造自我认知的一种素养和修为的学习与提升。

进一步结合美感逻辑的人为引导作用，音乐艺术的创造是人为的创造，美与审美在艺术原料纵横相生的关系层次中浮现，正是美感以整体性的姿态在人脑海中的出现，才印证了“人为”对这层层关系的方向性引向。而每一个审美者才会对自己喜爱的作品有一个印象深刻的主题或音乐材料记忆，这个能随时唤起记忆的音乐片段——记住是音乐片段而不是完整的音乐作品，它能唤醒我们的审美记忆，也是艺术具有多样性和人为引导的佐证。我们都能感知音乐触动人心的美感，这是感性的整体性，是人为表达出对一首音乐作品的整体印象的高度概括。这是美感逻辑的研究起点，只有这个整体性的起点确立，才能有后续的客观解构的研究跟进。而分析与研究的逻辑起步需要首先掌握解构的手段，好在我们不是零起点，有不少巨人的肩膀可以倚靠。不过，不论是音乐本体的申克尔分析还是曲式结构分析，既然是寻求逻辑规律的解构，溯源式的核心材料凝练或者换成音乐专业的说法，寻找作品的动机主题就是首选项。而这又无疑会把音乐一开始所呈现的材料暴露在比较突出的位置上，因为核心材料的原点往往都会在作品一开始露出端倪。这其实不难理解，逻辑的决定论和统一力量肯定需要在作品中进行贯穿，不论是西方的“ABA'[1]”还是中国的“散慢中快散”结构，呼应都是典型而常见

---

1 ABA'，即三段体结构，结构 A 与 A' 间构成呼应关系。

的创作手法。所以，逻辑论主导下的解构通过溯源自然应该在音乐作品的开始处就能找到作品的重要材料，也就是逻辑的起点，之后就是去寻找这些材料的逻辑贯穿形态，从而分析出整部作品所具有的整体统一性和内在凝聚力。

对整体性的解构会形成音乐形式的物质基础，它以客观的段落、材料等形式形成对美感整体性构成的映射，从而为建立客观材料间的逻辑联系和形式美奠定基础，通过解构分析建立逻辑统一性和凝聚力的重要基础就是求同，寻求相同或相似的材料组成，也就能帮助我们找到规律，形成逻辑联系，这是理解音乐形式美的研究手段。因此对于音乐来说，相同或相似的音响就是一把隐含着其发展规律的解锁钥匙，而辨识相同或相似的音响自然就成为每一个渴望提高音乐素养的人应该首先注重培养的听觉能力。所以，从音乐的感性体验入手，在自己喜欢的音乐作品中逐步增加对音响相似结构的听辨也就迈开了探索音乐艺术之旅的第一步，也是迈向塑造自我的人生修养之途的第一步。

结语：人为塑美

音乐虽说是先出现音，但音的前面还有声，而声的前面还有无声。而乐（yuè）的后面还有乐（lè），还有审美，可见从中国文化层面理解的艺术美还包含大量的艺术与人文内涵。所以，理解音乐就是梳理和学习从无声到有声，从噪音到乐音，从乐音到音乐，从悦耳到愉悦，从动听到生情，从审美到树人的人为艺术，这既是一种艺术的学习，也是一种人为和为人的塑造，是每个人塑造自我的一种修养学习。在不断叠加的从音到乐的建筑过程中，作曲家以音高组织或者节奏组织的相似性建立联系，并以此为重要的组织手段形成主题、段落、结构，从而在纵横两个维度将音的高低与长短融入时间的进程，创造出“音乐是流动的建筑”这样的立体化音响。正如乐音存在周期性的振动频率，音乐结构的三段体中存在呼应关系一样，音乐的理解就包含着对重复形态的辨别与认识，尽量辨识音乐中的相同或相似的音组、乐句、段落等不同的结构关系，人为主动地“听辨”可以成为揭开音乐“美”的奥秘的一把钥匙。可以说，音乐的纵横相生是多样性产生的多维合成之美，人为的美感逻辑建构则赋予纵横相生这一立体结构整体性与多样性的合二为一之美，是一种人为塑美的艺术育人与树人。

第十二讲

音乐舞蹈鉴赏：二胡艺术之美

文 马晓辉

上海民族乐团国家一级演员

二胡：源远流长的中华传统民族艺术

二胡，已有千年历史，历经沧桑，凝结着古老中国的文化艺术之精华。

只有两根琴弦的二胡，在民族乐器家族中，如同西方的小提琴，有着举足轻重的作用。不仅在独奏中特色鲜明，在器乐合奏中也独领风骚。二胡作为家喻户晓的一件民族乐器。以其精神文化的灵性和无穷无尽的魅力，成为中华民族传统文化宝库中的一件珍品，也成为深受喜爱的一朵艺术奇葩。

关于二胡的源头存在很多种说法。胡琴最早发源于我国古代北部地区的一个少数民族，从北方传过来的琴，二胡的前身被称为奚琴或嵇琴。二胡之所以称为"胡"，是因为当时的北方游牧民族都被称为胡人。二胡是胡文化影响中原文化的标志之一，在盛唐时，二胡就已经盛行中国了，元代文献中也称之为胡琴。在二胡不断变迁的过程中，其以独有的艺术魅力，成为一种深受人们喜爱的乐器。

二胡是一个大家族，有几十种，胡琴更是有上百种。在近代，二胡是胡琴中非常受百姓喜爱的乐器。二胡在风格特色上，具有多元之美，江南的二胡、海派的二胡、北方的二胡等，都富有独特的韵味。一弓一弦、一曲一调都蕴含着艺术之美。

二胡的艺术之美：文化的厚重

二胡的内涵丰富，传承着厚重的民族文化理念。二胡的两根琴弦代表了天地，代表了阴阳，代表着东方和西方，代表着逻辑和感性。两弦间的宇宙蕴藏着大千世界的美好，诉说着心灵的篇章，放射着斑斓的色彩，充满着四季的祝福，在我们心间共鸣激荡，在山川大河中本流回响，在四季田野中绽放美丽芬芳。有流水潺潺，有意境悠悠，穿越昨天、今天和未来，在人们的心灵间演绎着世间的喜怒哀乐，深情传播着一段段爱意情殇，讲述着一个个动人美好的故事。

提起二胡，很容易令人联想到凄美的《二泉映月》和奔腾的《赛马》。笔者曾多次演奏二胡《赛马》，特别是在新中国成立 70 周年和建党 100 周年重大的历史时刻，改编了《赛马》旋律连奏的方式，把草原长调、骏马奔驰以及其他技巧融入《万马奔腾》当中，使二胡的艺术表现力得到更好的发挥。

二胡构建了一个瑰丽的文化和审美世界，二胡的文化厚重之美也让听众震撼。

一曲《万马奔腾》在耳边响起，眼前顿时展开一幅千里草原的画卷，以及一马当先、万马奔腾的热烈壮观的场景。好似看到一匹枣红色的骏马，在茫茫的草原深处飞奔，扑面而来，骏马昂首朝天狂嘶，摇动身上的铜铃，英勇无畏的骑手坐在马背上高声呐喊，扬鞭策马朝终点冲刺。

笔者演奏的《良宵》也激起了观众的共鸣：

我更爱在秋色中听一曲《良宵》，品尝秋天的内涵，品味秋天丰收的喜悦，品尝《良宵》曲调中那份独特秋夜的意境和韵味，一丝丝渗入心头，独自体悟秋的况味。天凉好个秋，宁静的夜晚对着一盏灯，一杯茶，静静地梳理纷乱的思绪，让那颗躁动的心渐渐地沉静。

二胡的轻吟浅唱、二胡的雄浑厚重，建构了演奏者和听众之间文化的沟通和联结，超越了时空的界限。很难用语言来表述二胡的这份内敛、张扬、多彩、美丽和迷人。透过二胡，我们可以感受到中国文化的简约深刻，感受到中国人低调而内在的智慧，二胡的两根弦再加上弓，真是风情万种。

最好是在夜晚，人间万籁俱寂，万物舒缓地呼吸，仿佛一缕缕天籁之音，像山间轻吟浅唱的小溪，如怨如慕，如泣如诉，令人怦然心动……

笔者从观众的这些评论中发现，二胡作为中华传统文化融合的载体，以其创造性的转化和创新性体现，成为中华文明继承和传播的有力载体。音乐无国界，音乐也能穿越时间，在当下中华文明传播的重大议题下，显现其多元文化融合和共通的意义。刘天华先生古为今用、洋为中用，为二胡创作了 10 首二胡艺术经典作品，包括《良宵》《空山鸟语》《月夜》《光明行》等。刘天华先生为二胡创作的这 10 首作品成就了二胡的地位，也让二胡成为民族器乐当中最重要的领衔乐器。

二胡的艺术之美：音色的婉转

二胡琴声的拟人化是二胡独有的魅力，它让无数人为之倾倒，为之动容。二胡的琴声，可湿润婉转，悠扬动听；可洒脱奔腾，安静如梦。琴声中让人好像忽然看到了“秋水伊人”下的江南，看到了烟雨迷蒙里的“小桥流水”，又或让你慢慢品茶倾听，回忆、感受生命的“真善美”。二胡的琴声悠长，空灵而长远，它让空间显得无限深远，表达着演奏家最细腻的真情实感，而那琴声在水面泛起记忆的波纹，如梦一般轻盈地滑动着。下面这段对二胡声音的描述，把二胡的声音之美表达得非常精准。二胡的声音世界非常丰富，它的多元化声音基因就像钻石一样，每一面都闪烁着艺术的光芒。

“锦瑟无端五十弦，一弦一柱思华年。庄生晓梦迷蝴蝶，望帝春心托杜鹃。沧海月明珠有泪，蓝田日暖玉生烟。此情可待成追忆，只是当时已惘然。”

在宁静的秋夜聆听二胡的旋律响起，窗外繁星点点，院里绽放的花朵，悄悄地随那一缕若有若无的夜风，送入人的心底。二胡带给我一份深邃、思索、矜持、畅想、思念和感悟，以及对历史的问询。我想为二胡注入四季、斑斓，我想为二胡绽放，把我对二胡的理解、这份美，注入我的生命中。我想与二胡成为知己，不分彼此。二胡就是我的手臂，发出的声音就是我心灵外化的声音。

我对全球 300 多件乐器进行了调研，二胡是所有乐器当中最接近人声的。二胡有两根琴弦，人的声带也有两根声带，所以二胡有语气感。而且二胡是自下而上的乐器，特别擅长表达人性的喜怒哀乐，特别接地气。也是因为二胡的声音能够进入人心，有一种治愈的能力，如何让音乐与心灵疗愈结合起来，来温暖、激发我们的心灵，也是值得探讨的。

二胡的艺术之美：演奏形态的灵动

二胡演奏的形态之美，已经成为二胡艺术的华美之装，成为欣赏二胡艺术的重要内容。二胡演奏的左手在琴弦上的灵动，犹如在钢丝上芭蕾起舞，又如飞鸟点水般灵巧轻盈。二胡演奏的右手之弓，有如挥毫写意般动感洒脱，有如太极云手般舒展飘逸，有如长袖善舞般优美怡人（图 1）。在长期的舞台演奏实践过程中，改进创新舞台演奏形式和风格，逐渐形成独特的灵动优美的舞台演奏之风。一位大提琴家跟我这样讲：“你演奏的时候，你所有的动作、表情都是音乐表演的一部分，要融入音乐当中。”他想传达的是，再夸张的动作只要是发自内心的，

图 1：在祖国家园演出

就不夸张，再不夸张的表情只要不是内在的，都会和音乐格格不入，我对此深有共鸣。

演奏的形态之美，也是二胡整体演奏的一部分，演奏者不仅要通过二胡的演奏技巧和情感传递，使观众能够感受到二胡演奏的魅力，二胡的演奏形态，是和整体演奏浑融一体的，借助演奏者的表情、肢体的动作、琴弦的拉动，把情绪、情感、感悟、思考融入其中，建构一个演奏的灵境，让每个观众借着文化的共鸣、声音的吸引和表演的状态，真正走入二胡的世界，感受到二胡之美，体会到音乐带给人的余音绕梁的隽永和悠长。

二胡与世界握手：二胡之美的传播

二胡的两根琴弦，交错于东方和西方。其源于西域，成就于中国。它好似天地，又好似阴阳，低调而又丰富，富有逻辑而又感性。弓弦连接着彼此，是一个地地道道的具有多元文化基因的乐器。虽然二胡有一千多年的历史，但它非常有亲和力，特别是近百年来，二胡艺术得到了迅猛的发展和美丽的绽放。可以说，百年二胡见证了中国共产党的百年伟业，而党的百年辉煌又为二胡的发展提供了一片沃土，造就了今天二胡的傲人成绩。笔者想用个人的经验，发起二胡与世界的握手与对话，并阐释它的意义。

用传奇二胡开启周游世界之旅，用二胡寻访探索调研世界文化的旅程。

那是1996年的秋天，我在上海音乐厅演奏了一首中国风格的《河南小曲》，感动了台下的一位德国钢琴家提姆·欧文斯（Tim Owens），他来自汉诺威。他听了我的二胡演奏后，刷新了他对二胡的认识。他到音乐厅后台来找我，说他是来自汉诺威的钢琴家，非常热爱钢琴，但是他遇到了创作瓶颈。

钢琴有那么多的乐谱、那么多的作曲家、那么多的琴弦、那么多的琴键，怎么会遇到瓶颈呢？他说，他觉得钢琴是由点连成线，来抒发内心的情感。他非常热爱东方的文化并且觉得我的二胡拉得活灵活现，既幽默，又生动，且具有角色感，并且二胡对情感表达的语气感和抒情性就像一个东方的天使一样，非常具有美感。

钢琴可是被誉为“西方乐器之王”的呀，恰巧二胡也是“中国乐器之后”，不妨尝试一下二胡和钢琴的对话。随后，我们在接下来的几日里废寝忘食，邀请了著名的作曲家创作了两首“二胡与钢琴对话”的作品。实际上，二胡与钢琴合作的形式很久前以就已经存在了，当初的创作形式是：小提琴独奏，钢琴伴奏。

但是，我们此次的合作是平等的对话。我们选择了两首作品，一首是阿炳（华彦钧）的《听松》，另外一首是由周维创作的新疆风格的《葡萄熟了》。在我们的合作过程当中，因为《葡萄熟了》带有新疆风情，类似于中亚、东欧的风格，因此，合作过程非常顺利。

二胡和钢琴的对话，乐器和配器之间的合作完美至极（图2）。而这位钢琴

图2：卡内基独奏音乐会上二胡与钢琴对话

家也非常兴奋，甚至认为，二胡、钢琴的合作胜似和其他西洋弦乐队的合作。之后，我们开始演奏《听松》。《听松》不是用二胡，而是用小中胡，它比普通的二胡要低5度。这次的合作难度较大，因为《听松》是一个充满着道家风范，蕴含宋代气息的作品。在演奏中，需要“紧打慢唱”，适度留白。它的声调渐弱渐轻渐慢，像水墨画般有着中国人的精神和气质，它的节奏感并不像巴赫十二平均律以及西方的十二音阶，只能意会，不能言传。《听松》的休止符并不规范，众所周知，德国人是追求精准的，这位德国钢琴家也是这种风格。

这是乐器的冲突，也是文化的冲突。合作的过程非常痛苦，几乎快要放弃，但是我们还是坚守到了最后。

现在这首作品已经问津了很多国际上的艺术节，而《听松》也成了我们“二胡与钢琴对话”的保留曲目。后来，他很兴奋能把这样一种新颖的“二胡与钢琴对话”的合作方式带回北德汉诺威的主流乐评和主流音乐圈，让大众鉴赏、分享和评判这个形式。

他说，他的钢琴终于有了东方的旋律，东方的天使般的旋律为他的钢琴注入了一份美妙的细腻的色彩。于我而言，我觉得只有两根弦的二胡总是有点单调。因此，我花了很多时间处理音色，去探寻如何用最丰富的音色、最丰富的音响把两根琴弦变成一个四季、一个宇宙。如今，有了钢琴作为我对话的乐器伙伴，非常好。

这次合作在汉诺威引起了轰动，并在德国首次举办了“二胡与钢琴对话”的沙龙专场音乐会。此次音乐会持续了三个小时，获得巨大成功。如此一来，二胡与钢琴的对话便一发不可收了。此后，我和德国钢琴家提姆·欧文斯参访了很多的艺术节、音乐厅和沙龙，也认识了很多的德国的音乐家和观众。此间，二胡不但和钢琴、大提琴对话，还和西方的室内乐 交响乐队等有过合作。当他们听到二胡的时候，他们给出的形容是温暖、敏感、浪漫、迷人、不可思议、有力量等。

二胡是我了解世界文化宝库的桥梁，在和不同音乐家、演奏家、艺术大师对话的过程中，我也更加深刻地体会到了只有两根琴弦的二胡的魅力。“二胡与世界握手”第一个阶段持续了七年，这七年让我不仅增长了见识，还充满了信心。在2003年，我们正式发起了“二胡与世界握手”的全球巡演，以丰富多样的形式演遍全球。上海世博会——让“二胡与世界握手，回家圆梦，再次出发”，是二胡与世界握手的高峰，它在不同的层面激发了二胡的多元基因。因为和不同的乐器合作，二胡所呈现出来的感受也是不一样的。基于与各种音乐跨界，我的二胡演奏碰撞出了许多火花。一首首由我创作和改编的作品也出现了不少，一场场由二胡和西方乐器合作跨界的音乐会频频出现，钢琴、竖琴、大提琴、小提琴、中提琴、大贝斯、管风琴、竖琴、各类打击乐、爵士乐、合唱、手风琴、风笛、木笛、电子乐器、古钢琴、各类吉他、萨克斯风、非洲大鼓等都成了我最佳的音乐伙伴和好朋友。

当二胡与大提琴对话合作演绎时，它们就好似音乐上的灵魂伴侣（图 3）；当二胡与吉他相遇，它们就好似家人、好友甚至是恋人（图 4）；当二胡和交响乐队对话的时候，二胡一下子成了一朵东方的出水芙蓉（图 5）；当二胡和西方弦乐对话的时候，二胡又成了东方的丝路公主和东方皇后。二胡所呈现的美感是华夏文化的奇妙神韵，这种跨界对话，不仅拓展了二胡的音域，更拓展了我的生命格局和视野。与风格迥异的音乐家合作，由于每个人的个性都不一样，他手持的乐器也激发了二胡的潜能，让二胡在更广阔的范围内传播，让更多的外国朋友了解了中国的艺术。

3

4

5

6

图 3：作为首位中国民乐演奏家，在卡内基音乐厅举办独奏音乐会；图 4：二胡与吉他相遇；图 5：作为第一位民乐演奏家与南非开普敦交响乐团合作；图 6：在法国音乐节演出

其实在全球还有许多角落是没有书写文字的，但是没有一个角落是没有音乐的，可见音乐先于语言，而二胡这件乐器更是音乐当中的亲善大使。每个国家的文化差异之大是不可思议的，他们的饮食习惯、交流习惯、着装习惯、顺序规律真的让人叹为观止。但是对人性美善的渴望和追求是有着共鸣的，以人性的喜怒哀乐的角度作为切入点，因为二胡本来就擅长表达人性的喜怒哀乐，尤其是我们东方人的细腻的情感。因而，二胡就是乐器界富有多元文化、亲和力的文化大使（图 6）。

作为二胡表演艺术家，我非常希望人们能够通过“二胡与世界握手”的音乐形式，来感受、体会和平与爱，同时把自己的信息传递给更多的年轻人。生命是多彩和美丽的，在“二胡与世界握手”的系列演奏中，音乐演奏内容包罗万象，演奏形式丰富多样，古为今用，以今为主；洋为中用，以中为主。“二胡与世界握手”的精髓所在是坚持民族文化之魂与“真善美”的音乐个性，而跨界的目的是为了彼此学习、换位思考、共同成长，从而达到无界的高尚境界。我希望用音乐与琴弦去融化每一个人的心弦，做好一名国际文化使者，讲好中国故事。

引领当下国潮活力的“新风范”

我们常常这么说，民族的就是世界的，但是民族文化真正要被世界接受是没有那么容易的，而是需要去践行的。此外，对世界文化产生影响也不是一件容易的事，我们当代的文艺工作者任重而道远。

首先我们必须要知己知彼、百战百胜，要有广阔的胸怀，对多元文化有深刻的了解。同时我们还要对自己的文化有浓厚的爱意，对自己的音乐和手中的乐器有一个准确的定位，这样才能够做到彼此相惜、相印。正是因为我们存在差异，我们才会相互吸引，也正是因为我们彼此达成共识，我们才能够共赢。我们要进行持续性的交流和不断升华的对话，这样才可以达到真正的共鸣。当我背着二胡踏上周游世界的旅程时，世界多元文化的碰撞激发了我的创造力，提升了我的审美观。在不同艺术形式的跨界和交融中，二胡绽放出了熠熠生辉的迷人色彩，也丰富、升华了我的内心。

琴者无疆，音乐无界。这是一个难以复制的历程。在琴者无疆的过程当中，学会微笑、坚守和谦和，学会尊重文化之间的异同，同时也表达了自身对真、善、美的渴望，感慨着世界文化宝库的无穷魅力。这段路程让人变得比以前更加温和，对中华文化艺术更加自信，对二胡的魅力更加痴迷。

立足海派艺术，背靠中国文化，放眼世界，让世界透过二胡艺术的魅力倾听中国，爱上中国文化，传递高于二胡的中国人文智慧和精神，从而讲好中国故事，这一直都是二胡演奏者的追求和虔诚的使命。

第十三讲

音乐舞蹈鉴赏：肢体语言的魅力

文　刘世宁

同济大学艺术与传媒学院教授

肢体语言综述

肢体动作之于人类，可谓与生俱来。在语言尚未产生时，动作交流在人类生活中的地位便十分突出。心理学与人类学揭示了人体动作对心理发展、知识积累、情感表达乃至整个人类生活的重要意义。研究证明，通常人们的认知与交流，仅 7% 借助于语言，38% 借助于声音，借助于动作表情的却达 55%。正因肢体语言在传递信息之中的重要意义，英国哲学家 R.G. 科林伍德（Robin George Collingwood）称舞蹈“不仅是一切艺术之母，而且是一切语言之母”。

动作的表情、表意，在原始先民时期已经非常发达。动作表达倾向有序化、节律化，似乎是人的生命灵性的一种天然本能。古人云：“言之不足，故嗟叹之；嗟叹之不足，故咏歌之；咏歌之不足，不知手之舞之，足之蹈之也”。中国诗人闻一多称：“舞是生命情调最直接、最实质、最强烈、最尖锐、最单纯而又最充足的表现。”

早期舞蹈，不分民族、肤色、宗教、语言，人们都能从左摇右摆、左旋右转、腾空而起、跺地为节等动作中，自得其乐，发泄剩余精力。当人们朦胧地意识到，宇宙间的万事万物莫不以运动为其主要存在和发展方式，便衍生出用舞蹈驱邪除疫、祈求平安、保证风调雨顺、迎接五谷丰登的观念和仪式。猎人出发前跳舞，勇士出征前跳舞，瘟疫横行时跳舞，旱涝无常时跳舞，春播秋收时跳舞，出生成年时跳舞，婚丧喜庆时跳舞。可见，舞蹈在先民的生活中可谓无处不在，更可谓神通广大。我国最早的肢体动作形象的资料是 1973 年秋天在青海省大通县上孙家寨墓地出土的一个舞蹈纹陶盆。据考证，这个陶盆大约是五千年前新石器时代的物件，绘有五人踏歌起舞图案。

从肢体动作到舞蹈艺术的生发历程，有着众多假说。

巫术论提出原始人的思维分不清主客观的界线，认为一切自然物都和自己一样是有灵魂的，因而产生了图腾崇拜、原始宗教、魔法巫术、祭祀礼仪等活动。如我国古籍《吕氏春秋 · 古乐篇》中所载的《葛天氏之乐》：“三人操牛尾，投足以歌八阕：一曰载民，二曰玄鸟，三曰遂草木，四曰奋五谷，五曰敬天常，六曰达帝功，七曰依地德，八曰总禽兽之极。”它主要表现了人们祝愿人丁兴旺、草木茂盛、五谷丰登，向祖先、天帝和大地所给予人的恩惠致敬。

表情论认为，艺术起源于表现人的情感和人与人之间的情感交流的理论；起源于人试图把自己体验过的感情传达给别人，在自己心里重新唤起这种感情，并用某种外在标志——动作、线条、色彩、声音以及言词所表达的形象来传达这种感情，使别人也能体验到同样的感情。

劳动论指出，劳动使人脱离了动物界，由于劳动创造了人类社会，创造了艺术赖以产生的物质基础，创造了舞蹈艺术的物质载体——人的灵活自如的、健美的、有着丰富表情功能的身体。从原始舞蹈的现代遗存中许多反映狩猎和种植生活内容的舞蹈中，都可以看到舞蹈起源和劳动的亲密关系。

正是因为有肢体作为独一无二的艺术表达的工具，舞蹈逐渐衍化成以视觉为主的综合性艺术，形成了众多与众不同的特点。这些特点表现在动作性、动觉性、抒情性、节奏性和造型性方面。

动作性是舞蹈的主要艺术特点。舞蹈通过经过提炼、美化的人体动作来塑造形象、描绘人物的思想感情，表现情节事件和矛盾冲突。我们说舞蹈是一种人体肢体动作的艺术。舞蹈动作一般可大致分为表现性动作、说明性动作和装饰性动作三类。表现性动作，是描绘物的感情、思想和性格特征的动作。说明性动作，是展示人物行动的目的和具体内容的动作，如芭蕾舞中的哑剧、手势等。装饰性动作没有明显的含义，在舞蹈中起装饰和衬托的作用，有时也用它作为表现性动作和说明性动作相互转换和连接的过渡动作，如芭蕾舞中的 Pas de bourree 等即属此类。

舞蹈具动觉性的特征。所谓“动觉”的概念与肢体动作关联，是一种神经——肌肉系统的感觉，凭借这种系统“感受—反应”的本能，建立起人自我生存发展的能力。因为有内在感受的动觉性，舞蹈家才能日积月累训练出令人惊叹的肢体动作技巧。

抒情性是舞蹈的特长所在。法国舞蹈家诺维尔说，人类的感情达到了语言不足以表达的程度，情节舞蹈就会大大奏效……要描绘的感情越强烈，就越难用语言来表达它，作为人类感情顶峰的喊叫，也已显得不够，于是喊叫就被动作所取代。可见，抒情性是舞蹈的重要特质。当我们用语言和文字难以传达或不能透彻表现某一个人物的思想和感情时，往往用人体的动作和姿态来表达。舞蹈艺术内在的本质属性是一种抒情性的艺术。

节奏是舞蹈艺术构成的基本要素。任何舞蹈都有节奏，并不是人在生活中所有的动作都是舞蹈。把动作节奏化，使它能够符合一定的运动的规律，才能成为舞蹈的动作，任何舞蹈的构成都离不开节奏性这个基本要素。学者在研究了原始民族的舞蹈后，认为跳舞的特质是动作节奏的调整。没有一种跳舞是能脱离节奏的。在舞蹈中，节奏一般表现为舞踏动作力度的强弱、速度的快慢和能量的大小等。

舞蹈动作大都是生活动作经过提炼、加工和美化而来的。这里所谓的提炼、加工和美化，除舞蹈动作要具有节奏性，使它符合动的规律外，还必须使它具有造型性。这是使舞蹈动作具有美感形式的最基本的条件和主要因素，因为造型性要求动作的构成具有美感的形象，必须是经过提炼和美化了的最生动、最有表现力以及具典型性的动作。造型性包括两方面的内容：一是人体动作姿态的造型；二是舞蹈队形、画面的造型。舞蹈画面一般可分为方形、三角形、圆弧形、梯形、菱形等基本图形。一般来说，方形给人以稳定感觉，三角形给人以力量感，圆弧形则带有柔和流畅之感，菱形、梯形一般给人带来开阔的概念。舞蹈应该是动的绘画和活的雕塑。

现如今，我们说到的舞蹈，通常包含古典舞、民间舞、现代舞等。

古典舞是指在民族民间传统舞蹈的基础上，经过历代专业工作者提炼、整理、加工、创造，并经过较长时期艺术实践的检验流传下来的，被认为具有一定典范意义的和古典风格特点的舞蹈。古典舞都具有严谨的程式、规范性的动作和比较高超的技巧。世界上许多国家和民族都有各具独特风格的古典舞蹈。如我国古典舞流传下来的舞蹈动作，大多保存在戏曲舞蹈中；部分舞蹈姿态和造型，保存在石窟、壁画、雕塑、画像石、画像砖、陶俑以及各种出土文物上的绘画、纹饰舞蹈形象的造型中。当代舞蹈家从 20 世纪 50 年代开始进行对中国古典舞的研究、复现和发展的工作，并编写了一套中国古典舞教材，创作出一大批具有中国古典舞蹈风格的舞蹈和舞剧作品。再如，印度的古典舞，由婆罗多、卡塔克、卡达卡利、曼尼普利、奥迪西和库契普迪六大传统舞系组成。其主要艺术特征是舞蹈动作的节奏、韵律鲜明，造型性强，具有丰富内涵的多姿多彩的舞蹈哑语手式和细腻的面部表情。西方的古典舞则是我们课程即将叙述的芭蕾。

民间舞和人民的生活有着最密切的联系。各民族、各地区人民的生活劳动方式、历史文化心态、风俗习惯以及自然环境的差异，形成了不同的民族风格和地区特色。世界上各个国家、各个民族都有各自不同风格特色的民间舞蹈。我国历史悠久、民族众多、幅员辽阔，因此民间舞蹈特别丰富多彩，如汉族、藏族、蒙古族、傣族、回族、白族等的民间舞蹈。

现代舞是 19 世纪末和 20 世纪初在欧美兴起的一种舞蹈流派。其主要美学观点是反对古典芭蕾的因循守旧、脱离现实生活和单纯追求技巧的形式主义倾向；主张摆脱古典芭蕾过于僵化的动作程式的束缚，自由地抒发人的真实情感，强调舞蹈艺术要反映现代社会生活。美国舞蹈家伊莎多拉·邓肯（Isadora Duncan）被认为是现代舞开创先驱。她向往原始的纯朴和自然的纯真，主张“舞蹈家必须使肉体与灵魂结合，肉体动作必须发展为灵魂的自然语言”。而系统地为现代舞派建立起一套较为完整的理论和训练体系的，是匈牙利人鲁道夫·拉班（Rodolf Laban）。他创造了一种被称为自然法则的训练方法。

肢体语言既简单又复杂，既纯粹又多变。在舞蹈色彩斑斓的世界之中，有一块瑰宝，被称为“西方艺术皇冠上的明珠”，这一世界闻名的艺术门类便是拥有长达四百多年历史的舞蹈——芭蕾。

芭蕾舞

（一）芭蕾舞简史

1. 芭蕾舞的起源

芭蕾舞的历史，最早可以追溯到早期的欧洲文艺复兴鼎盛时期的意大利宫廷，以及法国南部的贝根弟处所的宫廷。宫廷婚礼、接待国家元首，或者跨年等各种庆祝的时候，都会有芭蕾舞的助兴演出。相传某个冬天，有一个漂亮女孩子站在湖面上翩翩起舞。人们从远处看到她的脚尖屹立在湖面上，借着湖面的倒影，看起来就是一个女孩足尖立起来在跳舞。后来通过这个传说，就有了芭蕾舞立足尖这个代表形象。芭蕾舞成长史上第一部完整的舞剧《皇后喜剧芭蕾》上演于1581年，这场芭蕾舞的音乐曲谱迄今仍保留，可算是最古老的芭蕾音乐。

2. 芭蕾舞的兴盛与发展

在法国路易十四皇朝时期，即1643—1715年期间，路易十四把芭蕾舞带到了法国的宫庭。路易十四本人从小接受芭蕾舞的训练，在他15岁那年就出演了《夜芭蕾》中的太阳神阿波罗角色，这部芭蕾舞剧也让他赢得了“太阳神”的称号。当时，他组织了一大批的法国艺术家，于1661年成立了世界上第一所芭蕾舞学校，当时叫“法国皇家芭蕾舞学校”，也就是现在的“法国巴黎歌剧院芭蕾舞学校”，并创立了世界上第一部芭蕾舞的教学法。现在我们所用的芭蕾术语，例如Battement tendu，Demi-plié，等等，都是在那个时候编创而成的。这个教学法集中了当时大量的艺术家的心血，是由他们共同编创出来的第一部教学法。在法国大革命之后，很多艺术家逃亡去了俄罗斯后投靠沙皇，大批艺术家包括音乐家，舞蹈家，流入俄罗斯。这些艺术家创立了很多新的芭蕾舞剧，如《天鹅湖》《睡美人》等，都是那个时期在俄罗斯创作出来的。

（二）芭蕾舞的五个发展时期

1. 浪漫主义芭蕾

浪漫主义芭蕾（图 1）起源于 18 世纪末和 19 世纪初，受浪漫主义影响，这个学派的艺术家们创作出了大量的不朽之作，主要特征是表现神秘莫测的自然境界，如忠于传达人们在世俗空间中难以如愿的理想，有浓重的抒情色彩和想象成分。浪漫主义芭蕾时期，代表作有《仙女》《吉赛尔》（1841 年）和《葛蓓莉娅》。

2. 古典芭蕾

古典芭蕾是指 1877—1898 年间的芭蕾舞，古典芭蕾的鼎盛时期开创于俄罗斯。这一时期的芭蕾舞还创立了多种舞蹈样式：独舞、双人舞、多人舞和群舞以及性格舞。在舞蹈中也比较注重舞者的高难度技艺的发挥以及男女舞者之间完美的配合。古典芭蕾时期的代表作有《天鹅湖》《胡桃夹子》《睡美人》，这是俄罗斯伟大的作曲家柴可夫斯基（Пётр Ильич Чайковский）的几大作品。

图 1：浪漫主义芭蕾

3. 新古典芭蕾

新古典芭蕾是20世纪30年代在古典芭蕾基础上进行革新而形成的舞蹈流派，主要代表人物是俄罗斯著名芭蕾舞编导乔治·巴兰钦（George Balanchine）。他将俄罗斯古典芭蕾的精华与美国现代舞蹈中部分新的手法相结合，创作出大量优秀的作品，逐步形成了一套新的创作风格和方法，被称之为“新古典主义芭蕾大师”。代表作有交响芭蕾《小夜曲》《珠宝》等。

4. 现代芭蕾

现代芭蕾是现今一种非常流行的舞蹈形式，它以古典芭蕾为基础，充分借鉴和吸收现代舞的元素，从而形成新的芭蕾舞蹈形式。以20世纪初发生的现代艺术潮流对芭蕾的影响为分界线的，比如《红色娘子军》，描写的是中国20世纪30年代的故事，反映的是现代生活的舞剧，所以就标示为“现代芭蕾舞剧”。现代芭蕾代表作有《红色娘子军》等。

5. 当代芭蕾

当代芭蕾是指从1977年一直到现在仍在发展着的芭蕾。当代芭蕾是集前四个时期辉煌成就之大成的硕果，在审美原则、创作过程和训练方法等方面，积极借鉴和吸收现代舞的一些经验，融合现代舞训练体系，因而形成了具有现代意识和当代精神的新芭蕾风格。它弱化了审美性，甚至完全摈弃了戏剧般的情节性，在其中可以看到很多现代舞的影子，使芭蕾俨然成了竞技型舞蹈。代表作有《多少悬在半空中》等。

（三）芭蕾基本位置

1661年，世界上第一所芭蕾舞学校“法国皇家芭蕾舞学校”成立，其集合了当时一大批非常有名的艺术家，编创了世界上第一部芭蕾舞教学法并沿用至今。这部教学法也确定了现在芭蕾舞的手位、脚位，以及所有芭蕾舞固定的舞姿和动作。

1. 芭蕾舞基本手位

准备位（Bras bas）：手自然下垂，胳膊肘和手腕处稍圆一些。手臂与手成椭圆形，放在身体的前面，手的中指相对，并留有一拳的距离。

一位（1st position）：手保持椭圆形，抬到横膈膜的高度（上半身的中部，腰以上，胸以下的位置）。但在动作过程中，要注意保持胳膊肘和手指这两个支撑点的稳定。

二位（2nd position）：保持弧线，手在身体两侧伸长，手依次略低，有环抱的感觉，手好像有一滴水能从肩上顺着肘流到指尖。

三位（3rd position）：一只手在一位，另一只手在二位。

四位（4th position）：一只手在二位，另一只手保持弧线在头顶上方，不用抬头，用眼睛余光就可看到手心的位置。

五位（5th position）：双手呈椭圆形放在头顶上方，手心对着自己，手的高度是不用抬头，用眼睛余光就可看到手心的位置。

2. 芭蕾舞基本脚位

一位（1st position）：双脚脚后跟并拢，双脚脚尖向外打开，形成大写的“一”字。

二位（2nd position）：在一位脚的位置上一只脚向旁边打开，保持双脚脚尖向外打开的位置，连个脚跟之间间距位一脚宽。

三位（3rd position）：双脚脚尖向外打开，一只脚的脚后跟放在另一只脚的脚心位置。

四位（4th position）：双脚脚尖向外打开，双脚成前后打开位置，脚尖对着另一只脚的脚跟，双脚前后间距位一脚宽。

五位（5th position）：以四位脚为基准，双脚前后并拢站立，形成脚尖对脚跟位置。

（四）经典芭蕾舞剧的赏析与哑剧片段的解析

1.《天鹅湖》

编导：彼季帕（Мариус Иванович Петипа）；作曲：柴可夫斯基；首演于 1877 年 2 月 20 日。《天鹅湖》创作于 1876 年，故事取材于俄罗斯古老的童话，由别吉切夫和盖里采尔编剧，是柴可夫斯基最著名的代表作之一（图 2）。原编导在创作上的平庸以及乐队指挥缺乏经验，致使首演失败。直到 1895 年，在彼得堡的演出才获得惊人的成功，从此成为世界芭蕾舞的经典名著。

图 2：《天鹅湖》剧照

《天鹅湖》一共有四幕，第一幕讲述的是齐格费里德王子成人礼宴上，他的母后出场并告知他成人之后必须从王公贵族中挑选一位未来的王后。然而王子却很悲伤，因为他渴望找到真正的爱情。第二幕王子出去打猎，在天鹅湖畔遇到了被魔王施咒的奥吉塔公主，她白天是天鹅，晚上却会化身为少女。王子对她一见钟情，并邀请奥吉塔公主参加舞会，并且会向母后表示愿意取她为妻。但是这个消息让魔王知道了，魔王不允许白天鹅去参加舞会。结果在第三幕的时候，魔王带着他的女儿黑天鹅以奥吉塔的形象来参加舞会。王子被迷惑并与黑天鹅缔结了婚约，白天鹅伤心地离开。王子发现真相后，后悔不已，立即追到天鹅湖畔寻找白天鹅请求宽恕，而白天鹅也原谅了他。两个人的爱情最终战胜了邪恶魔王，解除了诅咒。

在《天鹅湖》里最有代表性的哑剧部分，是第二幕王子打猎偶遇白天鹅的部分。在舞剧的片段里，王子遇见白天鹅，非常惊讶地问：“你在这里干什么？”白天鹅回答：“我是一个天鹅公主。”王子立马说道：“原来你是一个公主，失敬了！”并向白天鹅行了一个礼，白天鹅继续说：“请你跟我去那边看一下，那里有一片湖水，那片湖水是我母亲的眼泪化成的湖水。”公主接着说道：“在远方有一位强大的魔王，将我变成了天鹅，但是，如果有一位真心爱我、愿意跟我结婚，并发誓永远爱我的人出现的话，我的天鹅翅膀将不再存在。”

图 3：《关不住的女儿》剧照

2.《关不住的女儿》

《关不住的女儿》又名《园丁的女儿》或《女大不中留》，是两幕芭蕾，也是最古老的芭蕾剧目之一（图 3）。其音乐采用法国民间歌曲和乐曲，编导是多贝瓦尔，1789 年 7 月 1 日首演于法国波尔多大剧院。剧情描写少女丽莎和母亲住在幽静的庄园里，母亲为丽莎选中了地主的儿子，但丽莎却爱着在他们家做长工的柯连。母亲严防丽莎和柯连见面，把女儿锁在屋里，谁知反而成全了一对恋人。这部舞剧是第一部讲述平民生活和现实生活——冲破了古希腊神话、罗马神话题材占据芭蕾舞坛的陈规——的现实主义题材芭蕾舞剧。

在《关不住的女儿》舞剧里，最经典的一段哑剧片段，是母亲把女儿锁在家里，女儿对未来生活憧憬的一个内心独白片段。被锁在屋子里的丽莎突发奇想：想到了她和柯连的未来；想到了自己跟柯连举行婚礼，柯连把结婚戒指戴在了自己手上，自己穿着漂亮的婚纱，与柯连来了个定情之吻；然后结婚后怀孕，生几个可爱的宝宝。正当丽莎想象自己抱着宝宝放在麦子堆的时候，柯连从麦子堆里跳了出来。原来他一直藏在麦子堆里，并且看到了刚才丽莎所有的独白戏，丽莎非常害羞，但是这也促使他们俩正式在一起了。

图 4：《睡美人》剧照

3.《睡美人》

改编自经典童话故事的芭蕾舞剧《睡美人》，1829 年 4 月首演于法国巴黎歌剧院，之后的 1889 年在俄罗斯被彼季帕重新唤醒（图 4）。1890 年 1 月 15 日，《睡美人》在圣彼得堡的马林斯基剧院首场公演，沙皇和一批显贵出席观看，从此这部芭蕾舞剧一跃成为俄国芭蕾的经典之作，再也没有离开过世界芭蕾舞坛。《睡美人》是俄罗斯的伟大音乐家柴可夫斯基作曲的第二部芭蕾舞剧，与《天鹅湖》《胡桃夹子》并称为“柴可夫斯基三大芭蕾舞剧”，共同定义了古典芭蕾舞剧的巅峰，象征着俄罗斯帝国芭蕾时代的崇高艺术成就。古典芭蕾舞剧《睡美人》被誉为“19 世纪古典芭蕾的百科全书”，主要讲述的是阿芙罗拉公主诞生的那一天，王国举行了庆祝她满月的宴会，邀请了很多显贵和仙女，唯独忘记邀请魔女卡里波斯。卡里波斯非常生气，来到了宴会现场，诅咒阿芙罗拉公主长大后只要一不小心被针扎到手，她就会死去。这个时候阿芙罗拉的教母紫丁香仙子出现，告诉大家公主被针扎了是不会死的，只会睡一觉。一百年后，杰齐林王子爱上了熟睡的阿芙罗拉公主，他亲吻了公主，诅咒被破解了，公主苏醒过来，然后跟王子幸福地生活在一起。

《睡美人》里有很多经典的哑剧片段，其中在序幕里卡里波斯没有被邀请，而是不请自来出现在宴会里，卡里波斯先向国王和王后行了一个礼，说道：“你听我说。”并指着婴儿阿芙罗拉说：“她会慢慢长大成一个美貌的、皮肤又很好的公主……但是她一旦被针扎了，她就会死去！”

结语

自从有了人类就有了舞蹈，舞蹈与人类一样古老。以肢体动作为艺术媒介的舞蹈，是人类最早的艺术形式之一。在多姿多彩、风姿流韵的舞蹈世界，孕育出了一颗闪耀的艺术明珠：芭蕾。

一部芭蕾史，上下五百年。这门精致高贵的艺术起源于意大利宫廷，成熟于法兰西，全盛于俄罗斯，随后走向世界各地。以1581年第一部完整的芭蕾舞剧《皇后喜剧芭蕾》为标志，芭蕾先后经历了浪漫主义芭蕾、古典芭蕾、新古典芭蕾、现代芭蕾、当代芭蕾五个时期。为人类的精神世界，留下了众多脍炙人口的传世经典作品，如《吉赛尔》《天鹅湖》《睡美人》《红色娘子军》《多少悬在半空中》等。

芭蕾优美典雅的美学基础建立在精准、规范动作的基础之上。1661年“法国皇家芭蕾舞学校”成立，梳理规范了众多舞蹈姿态，其中不少沿用至今。我们分别介绍了五种经典的芭蕾手位与脚位的变化。这些经典姿态是芭蕾舞“开、绷、直、立”规范的体现，也是组成芭蕾艺术之美的基石。

本讲导赏的经典艺术作品《关不住的女儿》以舞剧的“情节性”与题材的“现实性”著称，是第一部讲述平民生活和现实生活的芭蕾舞剧。而古典芭蕾时期诞生的舞剧《天鹅湖》和《睡美人》则是两部经久不衰的芭蕾传世经典，在世界范围内产生了巨大影响。

第十四讲

戏剧影视鉴赏：戏剧艺术之美

文 钱正

同济大学艺术与传媒学院音乐与表演系副主任，表演专业主任，副教授，硕士生导师

戏剧在一个时代的整体美学中的地位

（一）文学、音乐、戏剧、美术在一个时代的整体美学中的地位

首先我们来回答这样一个问题：假如以“先锋性”和“超前性”为标准，把一个时代中音乐、美术、戏剧、文学这四个主要的艺术门类进行排序，结果怎样？这里的“先锋性”和“超前性”指的就是在这个时代中，以上这四种艺术形式，哪一种可以走在时代的最前列，最超前于这个时代的审美？而哪一种又是排在最后的？我相信如果只从个人的直觉出发，不同的人会给出不同的排序结果。其实在美学理论里，这个问题是有唯一答案的——第一是美术，第二是音乐，第三是文学，第四是戏剧。

很多人可能对这个答案会心存疑问，那么我们就需要从艺术专业的角度分析：为什么同一个时代美术总是走在最前列、最超前，而戏剧是走在最后的。首先来分析一下各种艺术形式的创作流程。一般而言，美术家作为个体创作的艺术家，一般都是一个人在画室里用纸、笔、颜料、刻刀等工具进行单人创作。而美术家创作的作品又通过画布、画纸、颜料等载体直接以视觉形象的形式呈现出来。在创作过程中创作者并不存在与其他人或媒介的沟通与“二度创作”的转译过程。因此，美术家个体的思想、愿望、精神、观点等，容易非常直观地体现在他的作品里。正是由于这种绝对个人的思想意志的直观视觉表达带来了超前性——许多非常著名的美术家的作品，在其本人在世时，实际上并不一定被世人所认可，而是在很多年之后变成传世之作。

至于排名第二的音乐，许多人也许会问：音乐同样是音乐家的个体创作，为什么要排在美术之后呢？这其中的原因是——音乐存在二度创作。什么是二度创作？二度创作指的是在一位艺术家把艺术作品用文本、书面的形式创作出来以后，由别的艺术家以其他形态进行再创作的过程。的确，音乐由作曲家在创作成曲谱之后，需要演奏家、指挥家，甚至是演唱家进行二度创作进而呈现出来。至此我们就理解了，音乐从作曲家手中创作出来以后，必须经过二度创作，才能够进入普通听众的耳朵。基于这个原理，二度创作的创作者们是不是认同一度创作者的作品，有多少二度创作是基于其自身的禀赋与理解对其进行了改变，这就显得非常重要。因此，音乐同美术相比，由于二度创作的存在，显然不可能完全直观表达个体的思想、愿望、精神、观点等，它的“先锋性”和“超前性”，与美术相比，自然位居第二。

在我们理解了美术和音乐的排序关系之后，再来谈文学。文学和美术一样，同样是由文学家个体进行创作，并不需要二度创作。但是它同美术的显著区别在于，美术创作的专业技术要求与文学相比较高。美术家必须在线条、构图、色彩等方面有比较好的天赋，并且需要接受高强度的绘画训练。而文学的创作手段是文字，与美术相比，无论是天赋要求还是后天训练的要求都大大降低。即使是在基础教育未普及的古代，理论上只要达到识字的要求，也可以进行文学创作。因此文学相较于美术，由于创作手段的普及性，更接近大众的审美，它就不像美术那样能够领先、超前于时代了。

接下来，我们就要谈到戏剧——也是本讲的主题。为什么戏剧从“超前性”和“先锋性”来看，在时代美学中排名最后？戏剧存在着一度的戏剧文学创作，也就是剧本。此外，戏剧也有二度创作，需要导演、演员在舞台上以表演来呈现。戏剧的二度创作与音乐相比是一个更为复杂的过程，除了导演和演员外，还存在舞台美术设计、舞台灯光设计、服装设计、化妆设计等，共同组成一个人员众多的集体二度创作部门，从而将戏剧从剧本这一文学作品形式不断打磨、锤炼，并“转译”成一个直观的表演艺术作品。除此之外，我们常听说戏剧还存在所谓的“三度创作”。其实，“三度创作”的说法在学术角度并不严谨，它实际上指的是戏剧的制作过程。具体来说，舞美设计要从设计图纸过渡到舞台上的呈现，需要制作成布景；服装设计也要通过裁剪制作呈现在舞台上……所以，戏剧与美术、音乐、文学相比，创作和制作流程更为复杂，最终又是以当场的、活生生的表演艺术的形式呈现。同时戏剧也是四种艺术形式中最为综合的一种，它起步于文学艺术，糅杂了听觉艺术（音乐）和视觉艺术（美术）。另外，戏剧表演艺术的创作手段相较于美术、音乐和文学又更为简单——它使用的就是生活中的语言和形体动作。有一个明显的例子就是，旧社会有不少戏曲表演艺术家的文化程度很低，但也能够直接从事戏剧表演工作。可见，戏剧艺术从创作到传播，所有流程都更为接近大众生活，它自然不可能在审美上过于超前于时代。

（二）戏剧艺术作为表演艺术的本体特征

戏剧与美术、音乐、文学相比，具有独特的先天本体特征，这也是所有表演艺术的本体特征——表演艺术，是一种“三位一体”的艺术，它是表演者集创作者、创作的工具与材料及创作对象于一体的一种“三位一体”的艺术。美术、音乐、文学都不是这样。

既然戏剧如此特殊，那么戏剧究竟是什么？这是一个即使在专业戏剧领域也困扰了大家很多年的话题——戏剧的三重本体论。也就是说，有三种不同的答案来回答戏剧本质上到底是什么。

戏剧艺术的三重本体论

（一）矛盾冲突论——戏剧的文学之美

从文学角度来看，戏剧的本体是矛盾冲突。戏剧文学家们认为，矛盾冲突的存在是戏剧剧本不同于其他文学形式的本质特征。因此，我们也称之为“戏剧的文学之美”。

戏剧剧本同小说、散文、诗歌等一样，也是一种文学形式。如果大家回忆一下在中学阶段语文课本中收录的《雷雨》《茶馆》这样的剧本片段，一定会对阅读剧本时“晦涩枯燥”的感受记忆犹新。这是因为戏剧剧本有别于散文、诗歌等，我们可以将它理解为戏剧最终演出形式的初期文学草稿，它是为最终的演出服务的，而其核心就是人物与人物、人物与情境之间的矛盾冲突。因此，戏剧的文学之美体现为矛盾冲突。

（二）舞台行动论——戏剧的表演之美

关于戏剧的第二重本体，我们称为舞台行动论。2000 多年前，古希腊著名的哲人、艺术家、文学家、思想家亚里士多德在他的《诗学》当中就提出了这样一个观点——戏剧是对人类生活的模仿。

戏剧模仿的对象是什么？是人的样貌、表情，还是人的情感、语言？亚里士多德给出的答案是——这种模仿，其实是对行动的模仿。何谓行动？行动，是表演艺术上的一个术语，指的是人为了实现某种欲求，努力克服障碍的过程。在戏剧舞台上，有大量戏剧行动的存在，例如完成一场阴谋、追求爱情、亲人的团圆等。简言之，我们所经历的生离死别、爱恨情仇，其背后都是人物所实施的舞台行动。人们欣赏戏剧表演艺术的过程，实际上就是追随着人物实施舞台行动的过程。从这个意义上来讲，舞台行动论就是戏剧的第二重定义，是戏剧艺术的表演之美。

（三）观演关系论——戏剧的时空之美

最后是戏剧的第三重定义，那就是从剧场空间出发的本体论，即观演关系论。

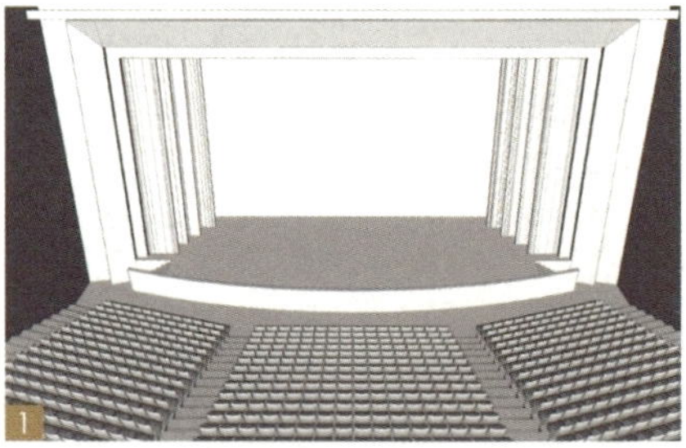

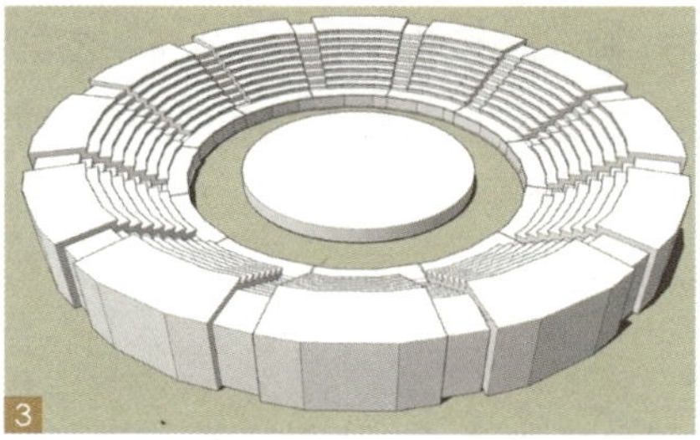

图 1：镜框式舞台；图 2：伸出式舞台；图 3：中心式舞台

世界各地有许多各不相同的剧场，每天上演着不同戏剧。

大多数传统剧场被称为镜框式舞台（图 1）。镜框式舞台的大幕前两侧与上方有台柱和台框，形成了一个类似画框、镜框一样的结构。这种仿佛存在于镜框里一般的、基于二维审美的舞台形式，人们称之为镜框式舞台。

还有一种伸出式舞台，或称为延伸式舞台（图 2）。这种舞台类似于模特儿走秀的 T 台，一直向前延伸到观众席中。

除了上述两种舞台样式之外，还存在其他多种多样的舞台形式，如中心式舞台（图 3）、环绕式舞台等。

舞台形式虽然多样，但是万变不离其宗，都体现了在剧场空间中观众与演员的不同空间关系。创作者通过对剧场观演关系的创意设计，构建了一种观众和演员之间同步审美的时空。观演关系作为戏剧艺术的第三种本体，是一种空间艺术，体现了戏剧的时空之美。

综上所述，戏剧艺术是一个综合了一度创作、二度创作与“三度”制作复杂整体流程的艺术形式，具有多层次的审美特征。

戏剧的历史概览

（一）西方的戏剧

整个西方的戏剧发展历史，经历了古希腊时期、古罗马时期、中世纪时期、文艺复兴时期、古典主义时期、启蒙主义时期、浪漫主义时期，以及后来的现实主义时期。

首先，追溯西方戏剧的起源，它由古希腊时期的宗教祭祀仪式开始。据说，在古希腊宗教神话里有一个酒神——狄俄尼索斯（Dionysus）。相传，最早的古希腊时期的戏剧活动就是从对酒神狄俄尼索斯的祭祀活动演变而来的，而后诞生了非常发达的古希腊戏剧。

古希腊戏剧出现过三个著名的悲剧家以及三个著名的喜剧家。喜剧家的传世作品不多，我们最终所熟知的只有阿里斯托芬（Aristophanes）。三位著名的悲剧家分别是埃斯库罗斯（Aeschylus）、索福克勒斯（Sophocles）和欧里庇得斯（Euripides）。其中，埃斯库罗斯被称为“悲剧之父”；索福克勒斯被称为“戏剧艺术的荷马”；而欧里庇得斯被后人称为“心理戏剧的鼻祖”。

在古希腊时期之后是古罗马时期，它是古希腊戏剧的延续，却不如古希腊时期那么辉煌。

在古罗马时期之后，欧洲历史迎来了漫长的中世纪时期，普通戏剧也被禁止了。不过，在近千年的时间中，仍存在着较为单一的戏剧种类——宗教的奇迹剧、神秘剧，以及宗教道德剧。这部分戏剧主要在法国及其周边地区存在。

在中世纪之后，随着整个欧洲大陆的政治气候变暖以及商业文明与资本主义的萌芽，一些意大利的沿海城市——那不勒斯、威尼斯等，诞生了早期的手工业者。这批商人们在长期的宗教压迫和统治中，积聚起了一种人性的反抗的要求，并体现在文艺作品上。这就是大家非常熟悉的文艺复兴时期。所谓的文艺复兴是指复兴什么呢？艺术家们提出文艺复兴，就是要复兴古希腊和古罗马时期对人性的尊重和艺术的定律。 文艺复兴时期，欧洲的美术、音乐、文学都是非常引人注目的，而戏剧作为时代美学当中的重要艺术形式，也同样走入了文艺复兴的行列。

谈及文艺复兴时期的戏剧，绝对无法回避一个名字——威廉·莎士比亚。莎士比亚是英国著名的戏剧家，其作品对从事戏剧艺术的人来说，一直存在着深远的影响。莎士比亚的作品浩如烟海，莎士比亚的著名悲剧作品有《麦克白》《罗密欧与朱丽叶》《哈姆雷特》等；他的喜剧作品《第十二夜》《仲夏夜之梦》《威尼斯商人》也非常著名。莎士比亚还写过很多历史剧，如《亨利四世》《亨利五世》《亨利六世》《亨利八世》等。直至现在，对于所有学习戏剧的人来说，莎士比亚的作品都是必读内容。

自文艺复兴以后，整个西方戏剧开始慢慢地回归对于古希腊和古罗马时期的一些艺术创作规律的尊崇，也就走向了古典主义时期。

古典主义时期的戏剧以法国为中心，主张向“三一律”看齐。什么是“三一律”呢？“三一律”实际上是古希腊和古罗马时期就提出的一个戏剧创作的重要的时空原则，即在同一段时间、同一个空间、发生同一个故事。在这一时期，虽然创作原则比较教条，但也涌现出大量优秀作家与作品。非常值得一提的是法国的莫里哀（Molière），本名让 - 巴蒂斯特·波克兰（Jean Baptiste Poquelin），他创作了很多有名的喜剧，如《吝啬鬼》《伪君子》等。人们通常称古典主义时期的戏剧作家们是“带着镣铐在跳舞”，他们受到非常强的古典教条的约束，但又不停地想要超越教条。

随着整个西方资产阶级革命运动的发展，启蒙派的人物登上了历史舞台。大家所熟悉的历史人物——弗朗索瓦 - 马利·阿鲁埃（François-Marie Arouet），笔名伏尔泰（Voltaire），也是启蒙主义时期著名的戏剧作家。

在此之后，西方戏剧进入了浪漫主义的时代。所谓的浪漫主义，指的就是艺术家们更加强烈地突破古典主义教条，甚至完全反对古典主义教条的一种创作冲动。戏剧艺术家们试图突出个体和灵感在创作过程中的重要作用。在浪漫主义时期，留下了许多巨匠。今天不论是在美国百老汇还是在中国的戏剧舞台上都为观众所熟知的音乐剧《悲惨世界》，就是改编自浪漫主义时期的大师维克多·雨果的作品。

而后，19 世纪的欧洲进入自然主义、浪漫主义、现实主义并存的时期。现实主义的诞生对所有的艺术形式来说都非常重要。在现实主义戏剧艺术诞生初期，与之相伴的还有自然主义的文学创作。自然主义戏剧代表性人物有法国著名作家左拉（Émile Édouard Charles Antoine Zola），现实主义戏剧的代表人物则有挪威的易卜生（Henrik Ibsen）、爱尔兰的萧伯纳（George Bernard Shaw）和俄国的契诃夫（Антон Павлович Чехов）。

其中，契诃夫创作了很多著名的现实主义小说，而现实主义戏剧也是他为人类文学史留下的瑰宝。从契诃夫开始，开创了一个导向，就是关注那些平凡人生活当中非常质朴的细节，关注人的心理，不再追求古典主义那样在舞台上矫揉造作的表演，而是更加关注真实的人的情感。与契诃夫长期合作的俄国著名现实主义戏剧家——康斯坦丁·斯坦尼斯拉夫斯基（Пётр Ильич Чайковский），创立了迄今为止人类唯一一套科学的现实主义表演创作体系。在今天，全世界的戏剧学院、电影学院中，所有戏剧影视表演专业的学生们都遵循着斯坦尼斯拉夫斯基体系来进行现实主义的表演教学与创作。因此，现实主义的戏剧、影视表演创作直至今日乃至未来很长一段时间，都将是舞台与银幕的绝对主流。

（二）中国的戏剧

中国戏曲同西方的戏剧一样，最早起源于巫术、祭祀。如今，在安徽池州以及贵州一些偏远地区的少数民族聚居区，还可以看到大量傩戏和傩具（傩戏使用的面具，图 4）。这是中国古代巫术祭祀活动转向戏剧活动的活化石式的证明。

中国戏曲最重要的一段历史是从南宋时的南戏到元代的元曲，再到清代末年的京剧改革。

图 4：傩戏面具（钱正 摄影）

众所周知，宋朝以宋词闻名。宋词都有词牌，而与词牌相对应的还有曲牌。南戏，如果用当代通俗的话语来阐释，可以理解为一种将相应词牌的宋词贴上曲牌演唱出来的戏曲形式，甚至可以说是一种中国古代的“音乐剧”。大家如果查阅南宋首都临安的地图，一定可以看到大大小小数十处被称为“瓦”的建筑。瓦，指的就是当时的剧场，南宋时期南戏的发达程度可见一斑。

在元代统治逐渐取代宋代的过程中，有一个南北并存时期。这也就不难理解，为什么在元代，许多文人从事戏剧创作时，流露出了相当强的民族感情。

元曲，从某种意上来说，其实是宋词的延续；而曲牌，是南曲的北化，故元曲又称为北曲。在元代，中国的戏曲进入杂剧的时代。谈到元杂剧，不得不提元曲四大家及其代表作——关汉卿创作的《窦娥冤》，白朴创作的《墙头马上》，马致远创作的《汉宫秋》，以及郑光祖创作的《倩女离魂》。

除了元曲四大家，王实甫创作的《西厢记》至今都是我国昆曲的保留剧目。

南曲变革为元杂剧的元代，出现了四大声腔：声腔是基于方言发展出来的唱法，分别是昆山腔、海盐腔、弋阳腔和余姚腔。经过了长期的发展、演变，部分声腔慢慢消失，而昆山腔最终演变为昆剧，以弋阳腔为主的声腔则演变成了中国一部分地方戏。

元朝末年直至清代的这段发展时期，以弋阳腔为主发展出来的地方戏被称为“花部”；而昆曲被称为“雅部”，又被誉为“百戏之祖”。

清朝乾隆年间的“徽班进京”是中国戏曲发展史上重要的里程碑。当时，为给乾隆皇帝祝寿，各地的花部、雅部的戏班纷纷进入北京参加演出。中国戏曲界有这样一则传说——可能由于满族贵族们只熟悉北京地区方言，导致包括昆曲在内的大部分地方戏从语言、节奏、韵律上都不符合北京达官贵人的口味。唯有安徽的地方戏，也就是类似于今天黄梅戏的一些戏班子，因为其当地方言唱出来和北京话类似而留在了北京。这期间，流传下来的不只是徽班进京一则趣闻，还有后来著名的“同光十三绝”。

大量优秀的戏曲艺人留在北京，逐渐根据北方文化、语言与审美的特征，融合吸收了昆曲富有艺术生命力的腔调和表现形式，并博采众长，迎来了具备近代戏剧审美特征的“有话则长，无话则短”的“板腔体”戏曲——京剧的繁盛时期。

20 世纪 20 年代，随着新文化运动的开展，西方文化中的美术、歌剧、话剧等艺术形式都流传到了中国，造就了中国 20 世纪 20 年代到 40 年代间一批著名的现代戏剧家。中国话剧的百年艺术史上，留下了许多杰出创作者，如曹禺、田汉、老舍、郭沫若、丁西林、陈白尘等。

这些大师的作品，在中国话剧舞台上熠熠生辉，也引领长江后浪推前浪，让中国的戏剧事业在 21 世纪走向进一步的璀璨与繁荣。

同济大学的“戏剧之美”

说起同济大学的戏剧，不得不提近年来，在同济大学舞台上接连上演的“同济原创戏剧三部曲”。它们分别是反映同济大学校史的舞台剧《同舟共济》，以老校长李国豪先生的生平故事为脉络的大师剧《国之英豪》，以及讲述同济大学著名校友、左联五烈士之一、红色诗人殷夫革命事迹的红色经典话剧《铸诗成剑》。

（一）校史主题舞台剧《同舟共济》

大型舞台剧《同舟共济》由同济大学教师自编自导、百余名学子参演，生动展示了同济大学 110 余年的办学历程、彰显了同济人的家国情怀（图 5—图 7）。

图 5，图 6：《同舟共济》演出剧照（同济大学 提供）；图 7：《同舟共济》演职人员合影（同济大学 提供）

该剧由序幕“共渡无嫌”和“医工栋梁”“内迁流离”“李庄浓情”“报国泣血”“风云际会”“驱散黑暗”“情牵同舟”“最美风景”“责任永恒”等九个场景片段及终章“奇迹闪光”组成，历时两个多小时，全景式讲述了同济建校、内迁、抗战、李庄办学、新中国成立后院系调整、改革开放中的重大贡献及展望同济未来的可歌可泣的同济 110 年历史。

这是一部展现同济历史的“史实录”，是一部讲述同济人的“英雄谱”，也是一部凝聚同济情怀的“抒情诗”。写下数千字《从军志愿书》的彭垂慈，为同济大学的建设事业立下汗马功劳的校长李国豪，积极响应号召带领数千名师生奔赴祖国最需要的地方的夏坚白校长，舍小家为大家奋战在祖国现代化建设第一线的朱教授伉俪……一个个鲜活的人物从不同侧面勾勒出鲜活的同济人形象。

《同舟共济》自 2017 年 110 周年校庆首演以来连续演出 20 余场，在校内外获得广泛好评。观众一致认为，该剧全面地表现了同舟共济的思想内涵，表达了同济大学扎根中华大地、为实现中华民族伟大复兴的中国梦而努力奋斗的情怀。

（二）大师主题舞台剧《国之英豪》

近年来，同济大学深入挖掘校史资源中的育人元素，持续推出了同济出品的系列校园文化育人产品。继校史舞台剧《同舟共济》之后，再次起用原班创作团队，成功打造出讲述同济大学老校长、我国著名桥梁专家李国豪生平的大师剧《国之英豪》（图 8—图 11）。该剧被纳入上海市教委“名校大师剧创编巡演计划”，

图 8—图 10：《国之英豪》演出现场（同济大学 提供）；图 11：《国之英豪》演员谢幕（同济大学 提供）

图 12—图 14：《铸诗成剑》演出剧照（同济大学 提供）

于 2019 年首演，截至 2023 年，已演出两轮，观演观众共计一万余人，反响热烈。

《国之英豪》以 20 世纪 30 年代在战火中满目狼藉的同济大学吴淞校区拉开序幕，共分为“烽烟寻路”“狂风大浪”“西行东归”“迎接黎明”“逆境求索”“两个转变”“历史作证”七幕，历时 1 小时 50 分钟，生动形象地展现了李国豪老校长的成长奋斗历程，塑造了李国豪老校长在少年、中年及老年时期爱国奋进的人物形象，讲述了其始终将个人前途与国家民族命运紧密相连的光辉一生。

该剧以李国豪老校长的“爱国报国情怀”为主线，着力书写了李国豪老校长从身为同济学子少年立志，到远赴德国留学，而后毅然回归祖国，到壮年时面对困厄依旧牵系祖国桥梁事业，再到高瞻远瞩地倡导并亲自组织实施学校“两个转变”，以及老校长为宝钢二期工程提供科学方案支撑等史诗故事，在舞台上谱写了一首荡气回肠的爱国诗篇。

该大师剧的创编及展演活动与课程思政紧密结合，一大批表演专业的学生及全校高水平艺术团、学生文艺社团的学生在排演、参演过程中，接受了生动的爱国主义教育，并从同济校史的一些英雄人物身上汲取了精神力量，从而激发了学子的报国之志和使命担当。

（三）红色英烈话剧《铸诗成剑》

2021 年是左联五烈士之一、同济大学杰出校友、著名红色诗人殷夫牺牲 90 周年。同济大学以原创话剧《铸诗成剑》作为“同济原创戏剧三部曲”的收官之作，将其隆重推上舞台，深切缅怀、致敬殷夫烈士。这也是同济大学为庆祝建党百年、不断推进党史学习教育走深走实的又一重要主题活动（图 12—图 14）。

《铸诗成剑》生动展现了殷夫以笔为戈、用诗歌坚持战斗的光辉革命历程。该剧由序幕“珠山歌谣”和“孩儿塔下”“五卅血路”“风暴之围”“直面死神”“吴淞晨曦”“微光响箭”“血沃龙华”七幕场景组成，历时约两小时。该剧以同济大学殷夫班学员暑期探访殷夫烈士故乡为引子，将这位无产阶级优秀诗人短暂而壮丽的革命人生一一再现于艺术舞台：从 14 岁时在家乡浙江象山孩儿塔下立下“救中国”的志向，到在五卅运动中目睹帝国主义暴行、决心投身革命，在斗争中成长，再到被捕入狱，被保释出狱后，在同济大学吴淞校园里更加坚定了革命理想，把诗作为战斗武器刺向敌人，用诗鼓舞民众，直至最后为革命献出自己年仅 21 岁的生命。

剧中，通过殷夫与担任国民党高级军官的大哥之间的多次对话和激烈的思想交锋，展现了殷夫坚如磐石的革命信念和忠贞不渝的革命意志。“别了，哥哥，别了，此后各走前途，再见的机会是在，当我们和你隶属着的阶级交了战火。”他在狱中写下一首《别了，哥哥》，与哥哥彻底决裂，坚定地走无产阶级革命道路。

“生命诚可贵，爱情价更高。若为自由故，二者皆可抛！”剧中多次提及殷夫所翻译的匈牙利诗人裴多菲·山陀尔（Petőfi Sándor）的诗作《自由与爱情》。最后一幕，当殷夫与若干共产党人戴着手铐脚镣走向刑场时，他仍高声吟诵着这首诗，回望一笑，英勇就义。此时，画外音响起：“我本名叫徐白。我是一个同济人，是一个共产党人，更是一个中国人。我愿将我的一切，甚至我的生命，奉献给我最热爱的党、最热爱的中华！”这一刻，台下掌声雷动。

同济大学通过原创话剧《铸诗成剑》深切缅怀革命诗人、杰出校友殷夫烈士，追思学习革命先烈的崇高精神；号召师生铭记先烈遗志，坚定理想信念；赓续红色基因，培育时代新人。

结语

除了掌握科学知识，文化艺术的趣味与审美格调也是成才的必备素质。本讲内容为大家开启了一扇通往戏剧艺术的窗户，期待同学们通过学习激发对戏剧艺术的兴趣与热情，能在课余加入各类学生戏剧社团、旁听戏剧艺术类课程，甚至可以参与创作、制作，并亲自投身舞台进行实践。让我们在戏剧的世界里徜徉，在艺术的海洋里遨游。

第十五讲

戏剧影视鉴赏：影视艺术之美

文　杨晓林

同济大学艺术与传媒学院电影研究所所长，教授，编剧，博士生导师

“影视鉴赏”就是鉴别并享受美好的影视作品，领略其中的情感与意趣。就影视鉴赏而言，优秀的作品一般是为大多数观众喜欢的，尽管个别作品“横看成岭侧成峰”，言人人殊，有求全之毁，有不虞之誉。本讲内容主要由两部分组成：一是作品分析，需要谙熟影片的构成元素，能利用专业知识对作品做出恰如其分的解读和评价；二是影评撰写，需要把对影片的分析形成观点明确、条理清晰、逻辑严谨、文理俱惬的评论文章。

影视作品的构成元素

（一）影视作品的主题

影视作品的构成要素首先是主题，此乃影视之魂。商业类型片的主题大都具有理想主义和浪漫色彩，如爱情永恒、善恶有报、正必胜邪、人性救赎、人伦亲情、爱国爱家、团结友谊、励志向上、圆满成功等，表现的是人们美好愿望的实现或梦想成真。艺术电影的主题大都问题意识强烈，比较独到和深刻，充满着对人性、对制度的审思和批判，对历史、对过去的“复盘”与反省，对当下、对未来的诘问和忧思，涉及诸如生态环保、人性阴暗、底层贫困、制度弊端、社会不公、科技异化等主题。电视剧亦然。

以皮克斯动画电影《寻梦环游记》为例（图 1），作为商业电影，影片强调“家人是比梦想更重要的事情”这一主题，表现了女性的坚忍和光辉。高祖母伊梅尔

图 1：《寻梦环游记》海报

图 2：中国艺术动画电影（《大护法》设计：张渔；《妙先生》设计：张渔；《大鱼海棠》设计：虢子楷；《姜子牙》设计：赵力）

达指责高祖父埃克托说：“他一心想唱歌，想去更远的舞台，而我想的是在生活里好好扎根，女儿是比音乐更重要的事。”在丈夫为了音乐而离家出走后，她独立支撑家庭，以做鞋为业，拉扯大了女儿，建立起了整个家族生存的根基。埃克托在为事业打拼的中途思念妻儿，准备归家时被搭档德拉库斯毒杀。而集万千崇拜于一身的歌神德拉库斯被设定为奸邪之徒，终被粉丝抛弃且被大钟压死。这种热衷名利者人性异化、被害或自蹈死地的设定，是对为了事业而置家庭于不顾的男性的严厉忠告和警示。影片表现了女性在家庭日常和家族大事上都承担着更大的责任，呼吁事业心爆棚的男性回归家庭，重视亲情。这在有的人为了事业成功而拼搏，却冷落了爱情、亲情及友情的当下社会颇具现实劝谏意义，可谓深谙社会心理，引发了无数观影者内心震动和共鸣，是一部极具现实主义精神内涵的“超现实作品”。

就中国带有批判色彩的艺术动画电影而言，主题更是强调“深刻”和“思想”，也常让“读书少的人”时时刻刻面临着看不懂、看蒙的苦恼。极具先锋探索性的动画电影如《一万年以后》《青蛙总动员》《大护法》《大世界》《妙先生》等师法日美欧非主流动画（图 2），“讲‘人心惟危’。以暴力、血腥、反常、前卫的主题及表现手法，开‘暗黑动画’一脉”[1]，同声相应，同气相求，这些迥异于合家欢动画电影的作品蕴藏的思想者气质，常常被具有文人知识分子的观众捧为神作。

就近年来现象级的神仙题材“同人动画”电影而言，在光鲜亮丽的商业外壳下面，大都包裹着一个“艺术动画”的内核，不再是简单乐观浪漫的“正义战胜邪恶”“爱情忠贞”“血浓于水的亲情”“团结就是力量”等传统商业类型片中的固有主题，而是更为复杂的“亲情诚可贵，家族价更高。若为爱情故，两者皆可抛”、“爱情至上主义”（《大鱼海棠》）、“女性在男权社会不妥协的战斗”（《白蛇 2：青蛇劫起》，图 3）、“一人是露水，苍生如江海。一人和苍生并无分别”（《姜子牙》）等，可以说，这些商业巨片，大都主题不再单纯易懂，在一个主要主题下，常常兼及其他主题，并且充满着哲学思辨性，强调形而上的思想深度。在某种程度上，观众如果相关的历史学、文化学、哲学、宗教学、社会学、艺术学和美学等人文学科的知识储备不足，就可能看不懂或者看不透彻其深层含义，因此会觉得这些作品晦涩难懂，对部分观众而言，需要经由相关文化学者和电影

图 3：《白蛇 2：青蛇劫起》（设计：黄海、张渔）

1 杨晓林，张语洋 . 新中国动画 70 年叙事策略嬗变论略 [J]. 民族艺术研究，2019, 32 (6): 28-37.

批评学者的解读，才能彻悟其言外之意、味外之旨。也就是说，中国的新国潮动画电影已经开始“内外兼修”，用华美的商业外衣，包裹起一个有趣的“有深度”的灵魂。

如《白蛇 2：青蛇劫起》，就植入了佛家用语“执念”和“修罗”，并对之进行了诘难。电影中，执念是指所有坠入修罗城的人都有自己念念不忘的事物，如花信年华的桃花妖执迷于爱情，汲汲营营的胖书生忘不了功名，锲而不舍的小青要找到镂骨铭心的姐姐，等等。种种执念，犹如枷锁，人人难以解脱，犹如滚滚红尘中的我们。他们因执念来到修罗城，但离开之法，却是必须“放下”。犹如《大话西游》之悖论，“戴上金箍我不能爱你，不戴金箍我不能救你”。修罗城本来为意念之城，是佛家所言的修心之地，“修罗之城，须臾之形”，修炼之法，就是“放下”。人之为人，就是因为有念想，如果舍弃，人将不人，活着就无意义，因此小青和修罗城众生的人生处处充满着无奈和悖论。此外，影片还对当下中国的女性生存困惑进行了影射和阐释，如果对女性主义批评理论一无所知，那么无疑就不能透彻地理解这部动画。

《新神榜：哪吒重生》（图 4）则用热血故事阐释了佛教“流转”的概念。在佛教中，“流转”指因果相续而生起的一切世界现象，包括众生生死在内。人生归宿有两条，其一是随波逐流，陷入无止无休的轮回之中不得解脱，称为“流转”；其二是对“流转”的反动、破坏和变革，使其逆转，称为“还灭”。哪吒和龙王的生死之战，无止无休，从《封神演义》中的商周起，哪吒的一缕魂魄逃脱天罗地网，转世投胎，尽管日月变换，世代更替，但他与东海龙族一次又一次相遇结怨——生死鏖战——抽筋惩恶，然后再生，再战，再抽筋，一直持续了 3000 年，永无“还灭”。尽管每次重生时所历朝代不同、社会身份不同，但是“哪吒闹海抽龙筋”的故事核心始终未变。这种源自佛教的“流转”的意象与软科幻概念“生死循环”极为契合，与世界范围风头正盛的循环叙事结构电影如《土拨鼠之日》《恐怖游戏》《意外空间》《明日边缘》《环形使者》等并肩比美却又自出机杼。影片主要展现的不是“生死循环”的过程，而是东海市这次“反压迫，反垄断”的大战，以此来隐喻“压迫和反抗”贯穿着中国历史的整个进程，打败利益集团并非一蹴而就，一战而止，而是次次艰难，代代凶险，这个寓意可谓发人深省，不落窠臼。

（二）影视作品的内容

影视作品的构成要素其次是内容，也就是作品所讲的“故事”。这个故事依据主题和题材的不同可以分为爱情故事、家庭故事、战争故事、黑帮故事、西部故事、科幻故事、神话故事、历史故事等，这些故事类型分类因侧重点不同，因此“叠床架屋”和“杂糅混搭”在所难免。作为电影，受片长限制，故事情节不能过于复杂，角色不能太多，否则绠短汲深，难以胜任。而电视剧则不然，可以在宏阔的背景下，通过塑造众多人物，讲述复杂的故事。

如爱情片《泰坦尼克号》（图 5），虚构了一场旷世之恋，把历史上的一场灾难搬上银幕，铸就了影史“爱情片和灾难片合体”的典作。1912 年 4 月 15 日，号称“永不沉没的海上保垒”“梦想之船”的“泰坦尼克号”从北大西洋首航就撞上冰山，仅仅两小时便沦为“冰海沉船”，船上 2228 人只生还 705 人，这场海难被认为是 20 世纪人间十大灾难之一。

泰坦尼克号事件已成为西方人意识深处的一次“震惊体验”和“创伤记忆”，成了历史学者、文化学者、考古学者、人文学者以及艺术家们热衷探讨的话题。电影《泰坦尼克号》在讲述一个刻骨铭心的爱情故事的同时，利用最新的电影技术展示了沉船的过程，特别是被影评人反复称赞也反复贬斥的“撞击冰山后的一小时”，成为驰骋全球，狂迷观众的真正撒手锏，成为观察家不屑评论剧情与故事却不得不表示肯定的“高科技奇观”。加之影片中注入的人文主义的思考，使本片成了当年的话题电影、事件电影。

再如动画电影《魁拔》系列（图 6），电影的世界观独立而自足，与现实世界似是实非。影片设定的宇宙境界，一切皆脉，以脉为要素构成的平行存在的天、

图 4：《新神榜：哪吒重生》电影海报（设计：张瑜）；图 5：《泰坦尼克号》电影海报；图 6：《魁拔》电影海报

地、灵三界组成元泱境界。天界天神的使命是守护宇宙的本源元点。地界 11 个不同的种族遵循天神发明的纹耀制度，由神圣联盟统治，这是人类各个民族的缩影和隐喻，与人类历史的演变和朝代的更替兴衰既暗合又迥异。天、地两界虽然通过曲境这个类似黑洞的东西连接着，但基本处于互不往来的状态，直至他们共同的敌人“魁拔”出现，两界才开始了交流和合作——这个玄幻的构想可以与人类各民族的神话中关于天上的神仙、地上的人类、地下的冥界的传说相媲美。一个妖侠功力的高下不在于有多少新奇的打斗招数，而在于打开了多少脉门——这与中国武侠世界中司空见惯的气功内力之说异曲同工却又新鲜有趣。影片还构造了魁拔纪年——使这个架空的故事有了历史感，从而变得深邃厚重。

从哲学层面讲，一种秩序或者说是一种体制，一般总有产生、发展、全盛、衰亡的过程，当其过了全盛时期，它内在的优质潜能可能已释放殆尽，就有可能进入衰亡期，因此需要有外在的力量对它进行挑战，激活它更新的能力。在《魁拔》的世界观设置中，魁拔就扮演着这种看似威胁动摇天界和神圣联盟的统治，实际上促成这种统治更新的角色。影片最初的名字是《魁魃》，“魃”是《山海经》中造成旱灾的鬼怪，“魁魃”即为最厉害的怪物。后来主创把“魃”改成了“拔”，意为“争取第一，拔得头筹”。《魁拔》早期设计的英文名为 Great Bug，刚好魁拔就是宇宙爆炸的同时产生的一个 bug（错误）。魁拔按照每 333 年的周期一次次复活，他具有创造和毁灭曲境的能力，天地两界无不为之胆寒。每一次魁拔在地界的灵山巨石阵诞生前，天界会全力进行元点打击。针对上次的致命打击，新诞生的魁拔将产生抗性和免疫力。魁拔逃脱了打击，就会捣毁地界的纹耀制度系统，动摇天界和神圣联盟的统治。为了消灭魁拔，元泱境界的天神与各路妖侠们就必须团结一致，共同作战，魁拔无疑在此促成了元泱境界的大团结，这就使本片具有了形而上的哲学意味。

（三）影视作品的形式

影视作品的构成要素再次是形式，包括叙事结构、叙事视角、人物、场景、镜头（画面、声音）、剪辑合成等元素。如果说主题和内容是影视作品中较为稳定的元素，那么，形式则是活跃的、变化多端的元素，更能体现影片卓尔不群的个性。不同的作品，既有作为类型或题材的稳定的构成规范，即“规矩”，也有讲故事方式的推陈出新，即叙事创新，但“从心所欲不逾矩”，创新必须在对“规矩”了然于胸的基础上进行。同一个“本事”，一旦被讲述，就成了“故事”。

故事可以有多种讲法，就叙事顺序而言，有顺叙、倒叙、插叙；就主线构成而言，有单线、复线、网状叙事结构。如果一个影片讲几个故事，则还有顺承叙事结构、并列叙事结构、回环叙事结构、互文叙事结构等。此外，根据叙事人的不同，可以有第一人称叙事视角、第三人称叙事视角等。就叙事“成规”而言，古典叙事、现代叙事和后现代叙事之间既有继承与发展，也有颠覆和对立，因而叙事形式千变万化。创新就是对叙事形式的“破中有立”，这是影视作品历久弥新的不二法门。

如漫威电影的迷魅，就是塑造了钢铁侠、美国队长、雷神、绿巨人、黑寡妇和鹰眼侠这类拥有阿凡达（化身）的超级英雄，他们很凡俗，至情至性，个人主义严重，与希腊神话“神人同形同性”的特征一脉相承。在以颠覆、多元、不确定、去中心为特征的后现代叙事中，孰对孰错，孰好孰坏，不再如经典叙事那么能轻易盖棺论定。

就叙事结构创新而言，最具影响力的当推 1941 年的《公民凯恩》（图 8）。该片横空出世，开创了现代电影回环叙事的先河，它摒弃传统线性叙事结构模式，以多重视角和碎片化线索“叠床架屋”，调动起观众的观影参与积极性，只有在观影过程中积极思考，将碎片化的线索拼接，最终才能理顺叙事逻辑，厘清

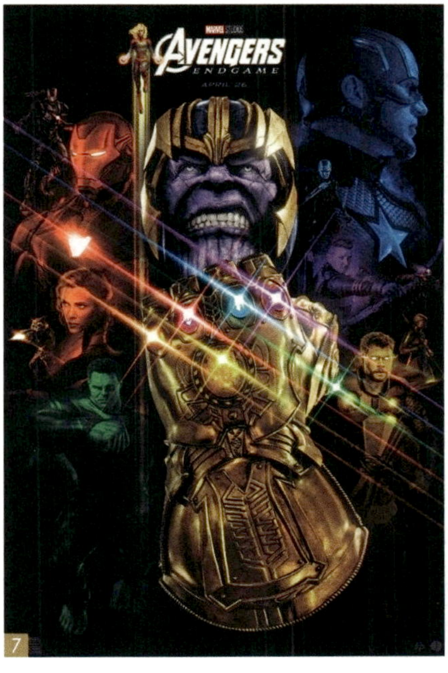

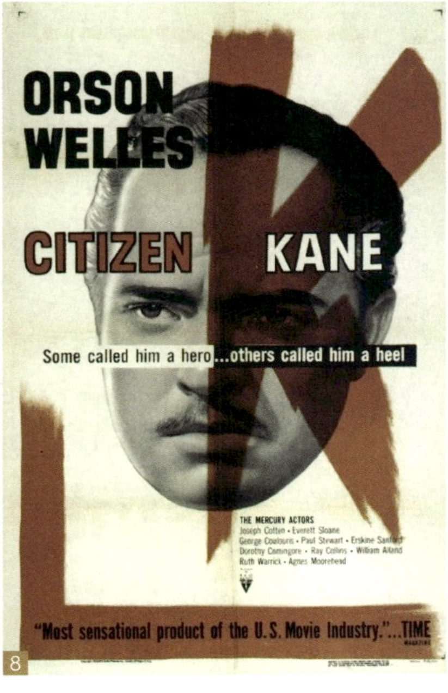

图 7：《复仇者联盟》电影海报；图 8：《公民凯恩》电影海报

故事因果。这一结构的改变提高了观众“智力冲浪”、拼图和重构故事的乐趣，增加了电影的蕴藉性。在此后至今 80 余年的世界电影史发展中，回环式叙事结构以迥异于因果式线性结构的方式，令众多创新意识极强的电影人操奇逐赢，奇思妙想的天才之作灿若星辰，各擅胜场。讲述时间往复的轮回式套层结构的名作有《公民凯恩》（美国，1941）、《土拨鼠之日》（美国，1993）、《大话西游之月光宝盒》（中国香港 / 中国大陆，1995）、《英雄》（中国大陆 / 中国香港，2002）、《蝴蝶效应》（美国，2004）、《穿越时空的少女》（日本，2006）、《刺杀据点》（美国，2008）、《源代码》（法国 / 美国，2011）、《时空恋旅人》（英国，2013）、《明日边缘》（美国 / 加拿大，2014）等。讲述空间往复的共存式叠加结构电影名作有《恐怖游轮》（英国 / 澳大利亚，2009）、《环形使者》（美国 / 中国大陆，2012）、《彗星来的那一夜》（美国 / 英国，2013）、《前目的地》（澳大利亚，2014）、《意外空间》（墨西哥，2014），以及短片《堤》（法国，1962）、长片《12 猴子》（美国，1995）、《星际穿越》（美国 / 英国 / 加拿大 / 冰岛，2014）等。讲述情节往复——链条式衔尾结构的电影名作有《轮舞》（法国，1950）、《发条橙》（英国 / 美国，1971）、《暴雨将至》[马其顿（今北马其顿）/ 法国 / 英国，1994]、《撞车》（美国 / 德国，2004）、《触不到的恋人》（美国 / 澳大利亚，2006）、《大世界》（中国大陆，2017）等。

从结构形式上看，回环式叙事结构是分段式叙事结构的一脉。分段式叙事结构是几个看似独立的故事被同一个核心元素如主题、人物、事件、情节等串接在一起，从不同侧面、不同角度表现相同的主题，是对经典的因果式线性叙事结构的革故鼎新。因果式线性叙事结构依照“本事”发展顺序讲故事，起承转合清晰明了，情节单一，观众不需太费心思就能理顺本事逻辑，甚至能预测出故事的发展趋势及结局。而分段式结构则不然，它的每个分段可以是因果线性结构，但各个分段之间则不是，可以是并列的，也可以是回环的，各自自洽而又相互关联纠缠，叙事结构由此衍化至繁。

分段式叙事结构的两个重要支脉是并列式结构和回环式结构。并列式结构明晰可辨，就国产片而言，如《城南旧事》（1982，图 9）通过小女孩英子在北京生活时的三段故事，来表达“对旧社会的控诉和批判”；《爱情麻辣烫》（1997）以“一对年轻恋人准备结婚的过程”为主线，串起五个不同年龄段的情感故事；《20、30、40》（2004）通过三个处于人生不同阶段的女性情感故事，探讨“对

图 9：《城南旧事》海报

爱情的看法”；《将爱情进行到底》（2010）以男女主角的三段故事，讲述“爱情执着”。近些年名噪一时的《天注定》（2013）、《山河故人》（2015）、《无问》（2018）、《我和我的祖国》（2019）、《我和我的家乡》（2020）等匠心独具之作也是并列分段式叙事结构。这些作品把原可以做成三至五部甚至更多电影的故事删繁就简，构成表达同一主题的短片集，因为各个段落之间形成互文，相互映衬，使得影片整体内涵丰厚，格局宏阔。

在回环式结构中，每个回环也可以看作一个相对独立的段落，段落之间由一个相同属性串接，形成类似“冰糖葫芦”或曰“金线串珠”的分段式结构，而回环式叙事的特别之处，在于它“串珠”的“金线”首尾相接形成环状，由此成为分段式叙事结构中一个特别的形式。概言之，回环式叙事结构就是以多重视角、多线叙事的碎片化分段拼接为主要特征，存在时间上或空间上、情节结构上的回环往复的叙事架构。

最后，除了作品本体构成元素，还有很多相关元素，诸如文学的影视改编、经典翻拍、创意策划、宣传营销、传播接受、衍生品开发等。影视创作既有原创，也有根据经典名著或当下优秀的文学作品，如小说、叙事诗、散文等的改编，或者根据戏剧的改编，以及对经典影视的翻拍。另外，影视具有商品属性，因此必然要在创意策划阶段明确作品的观影人群，而从传播和接受的角度进行宣传营销和衍生品开发，这是扩大作品影响力，使作品盈利的有效手段。

以中国神仙题材的“同人动画”改编为例，21 世纪以来，中国动画的市场化使得动画“好莱坞化”的论调一度盛行，及至“弘扬民族优秀传统文化”被再次叫响，国风再次劲吹，国潮始涨。与国潮桴鼓相应，中国神仙题材的“同人动画”改编也经历了三个阶段。

神仙题材“同人动画”改编的 1.0 版本，始于中国美术片时代，包括长片《铁扇公主》（1941）、《一幅僮锦》（1958）、《大闹天宫》（1961，1964）、《孔雀公主》（1963）、《哪吒闹海》（1979）、《天书奇谈》（1983）、《金猴降妖》（1984）、《西岳奇童》（1984）等，以及短片《神笔》（1956）、《渔童》（1959）、《济公斗蟋蟀》（1959）、《人参娃娃》（1962）、《金色的海螺》（1963）、《崂山道士》（1981）、《九色鹿》（1981）、《人参果》（1981）、《女娲补天》（1985）等，无一不是在保持原作故事情节基本不变的基础上，加入了当时的社会内容和大众情感。由于 20 世纪 80 年代以前中国农业社会的性质没变，故原著演绎较多，人物、情节、场景等相对比较靠近原著，这种由小说、传说、戏曲等到动画的跨媒介改编，除了思想情感改变较大外，故事内容可以说是以“搬演”为主。

直至当下，这种“依样画葫芦”的改编方式依旧存在。如《麋鹿王》（2009）改写和扩写了《佛说九色鹿经》及动画短片《九色鹿》，添加了人鹿互变的爱情故事。还有《江海渔童之巨龟奇缘》（2019）就是一部学习美术片，《渔童》（1959）

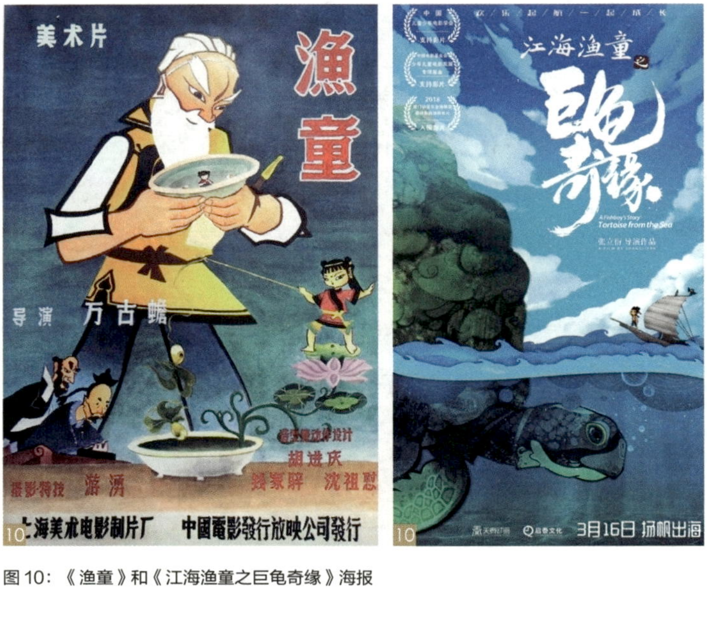

图 10：《渔童》和《江海渔童之巨龟奇缘》海报

可谓兴废继绝的“高仿剪纸片”（图 10）。《渔童》讲述了在有超能力的渔童帮助下，渔夫斗败谲而不正的洋教士和为虎作伥的官老爷的故事。而《江海渔童之巨龟奇缘》则讲述了在巨龟的帮助下，渔民们打败意欲侵吞渔村的无良商人万老板的故事。这种“好人在灵异的帮助下惩治坏人”的叙事模式，也与《人参娃娃》（1961）一脉相承。但这种改编因不能“与时俱进”，对时代话题敏感度不高，有被追求时尚的青年观众“弃如敝屣”的倾向。其他还有《新愚公移山》（2020）、《胡柚娃》（2020）等，虽然加入了很多时尚元素，但“复述”神话传说遗风余韵的“初心未改”。

20 世纪末以来，神仙题材动画改编虽然还有“搬演”大量存在，但“点铁成金”“夺胎换骨”式的改写增多。就主题而言，2.0 版本不再是农业社会中儒释道等传统文化思想的阐释，而是把现代人的诸多困惑和忧虑加入其中，把个性觉醒、女性主义、人性的“正复为奇，反复为妖”复杂多元性、反集权专治、反神性压制、张扬人性解放自由等主题作为思考的重点。其与 1.0 版本一脉相承的是与原作的时空一致性，就故事而言，或者是原故事或原角色的前传、后传、外传、别传，或者是重新创作——有影响的作品几乎都是面目有变的“新创”，就是只取原作人物的名字和关系，对其进行全新改写，创作一个新的故事。事实上，“守旧”的“传统”的改法大都市场反应不佳，但凡有影响的改编，无不是“新作”，同时，动画制作技术的科技含量愈来愈高，特效一部赛过一部，愈发让观者震撼。

纵观 20 世纪末至今的口碑之作，《小倩》（香港，1997）加进了小倩前男友偶像歌星黑山老妖、道士燕赤霞和和尚十方等角色，把聊斋故事改成了无厘头爱情动作喜剧；《宝莲灯》（1999）在原典中加入了向孙悟空拜师学艺和部落首领嘎妹的故事；《梦回金沙城》（2010）讲中学生穿越到古金沙国幻化神迹拯救灾变；《西游记之大圣归来》（2015）可视为“西游前传”，讲“在消沉中振作”的主题；《小门神》（2016）让神话人物来到当下社会，充满着无厘头闹剧色彩；《大鱼海棠》（2016）用庄子“鲲鹏寓言”杜撰了一个爱情故事；《白蛇：缘起》（2019）是《白蛇传》前传，对白素贞与许仙爱情故事进行“毁弃性”的再创作，将叙事视点放置在阿宣对白蛇的拯救上，一反原著中白蛇为了爱情与法海拼死斗争的“女权主义”主题，赋予了阿宣新的性格；《姜子牙》（2020）则“杜撰”了一个“姜子牙忤逆师尊造反”的新故事。

特别是《哪吒之魔童降世》（2019，图 11）类同“哪吒闹海别传”，一改原作宿命论的基调，而变为“我命由我不由天”反命运天定的主题。把哪吒和敖

图 11：《哪吒之魔童降世》电影海报（设计：赵力）

丙正邪分明的敌对关系，改编为一体两生，亦正亦邪。把骄横而外强中干的龙王塑造为命运悲惨的镇守妖兽，申公豹和太乙真人则为当下职场白领阶层的写照。原作中与哪吒如同仇寇的父亲李靖，被改写为爱子心切、不惜以命换命的父亲。影片极具思辨性和接地气的改编，“缔造了 50.01 亿元梦幻般的票房奇迹，成为‘票房怪兽’，它打破了动作大片和喜剧电影霸占票房冠军的历史，作为航母式的巨片树立了新标杆”[1]。

白玉不毁，孰为珪璋？神仙题材“同人动画”的 2.0 版本，既契合了人们对神秘东方文化的探究，也迎合了观众对中国神话故事“陌生化”的期待。

但自 2021 年的《新神榜：哪吒重生》《白蛇 2：青蛇劫起》如期而至，神仙题材的“同人动画”进入了 3.0 时代，主题中加入了人性的异化、科技异化、环保、现实批判等，不但融入了当下的现实生活和场景，而且杂糅了未来科幻元素；不但有传统元素，而且植入大量的外国文化元素与之混搭，通过高科技制作

---

1 杨晓林，周艺佳 . 2018 年国产动画电影创作综论 [J]. 当代动画，2019(2):6.

2 在笔者看来，奇幻即奇异虚幻之意，奇幻电影是超现实灵异电影的总称，应包括魔幻（神魔）、科幻、玄幻（仙幻）、童话等电影，而不应是和科幻电影相对应的一个概念。

手段虚拟仿真，“弄假成真”，作品呈现出一种前所未有的“后现代主义”驳杂的景观，成为“超级奇幻电影”。[2] 中国超级奇幻动画电影《新神榜：哪吒重生》和《白蛇 2：青蛇劫起》横空出世，可谓“奇花初胎，矞矞皇皇”，它以令人诧异的现象级大片之姿，成为中国商业动画电影的领跑者。它是神仙题材“同人动画”第三阶段的“最新成果”，是 70 年神仙题材美术片之踵事增华，也是 21 世纪 20 年代以来神仙题材动画电影的涅槃更生。

超级奇幻电影集大成之作，就是“漫威电影宇宙”，它以史无前例的成功，成为中国超级奇幻动画电影的榜样。“漫威的最大特色就是后现代和奇幻叙事，奇幻的本质就是光怪陆离，奇幻叙事就是怪力和乱神的‘乱炖’和‘杂烩’，就是殚精竭虑地让观众‘中毒’‘迷醉’而不能自拔。在《复仇者联盟 4：终局之战》中，作为‘怪力’的魔法是超能力，未来科技也是。六颗宝石制作成的‘无限手套’，作为‘怪力’很不‘科学’——不仅可以随意扭曲时空，秒杀至尊神灵，甚至打个响指便能抹去半个宇宙的生灵。雷神的锤子、美国队长的盾牌、鹰眼的弓箭、皆为上古神话时代的神兵利器，拥有这些‘古董’的‘乱神’却能与高科技抑或生化变异的绿巨人、蜘蛛侠、蚁人等为伍作伴，也能与宇宙飞船、时空隧道、量子空间、人造生物这类‘未来概念’和光同尘。”[1]“漫威电影宇宙”把奇幻艺术如魔幻、科幻、玄幻和现实“乱炖”，使时间倒错、空间拼接、人物混处，这种古今中外杂糅几乎成了一种时尚和潮流。就此而论，以文明轮回、星际穿越、平行宇宙、量子纠缠、机甲变身、义体合成等思维逻辑，脑洞大开地讲述长江传说、黄河文明、五岳神话等，将会是新新人类的最爱，也可能是让《山海经》、《西游记》、《封神演义》、《镜花缘传奇》、《聊斋》等“老树开花”的一个法门。

《新神榜：哪吒重生》（图 12）设定在哪吒闹海并被四海龙王逼死的 3000 年之后，影片既有传统的魔幻元素，比如哪吒大展神威闹海闹龙宫，杂糅了 20 世纪二三十年代的曼哈顿和中国上海滩的民国废土朋克风，有脏乱拥挤的贫民区、连接富人区的钢铁大桥、仿上海百乐门的夜场万乐坊以及身姿绰约歌声甜美的歌女喀莎等，同时加入了后现代赛博朋克风味的未来海底水世界（龙宫）、张灯结彩的科幻大楼、机车比赛、机甲变身械斗、义体改造——敖丙的机械脊梁（让其

1 杨晓林 .《复仇者联盟 4》：后现代与奇幻叙事 [N]. 新民晚报，2019-05-19.

图 12：《新神榜：哪吒重生》电影海报；图 13：《白蛇 2：青蛇劫起》电影海报

死而复生的新龙筋）、敖广的金属右手、喀莎的机械右腿等科幻元素。用架空的城市东海市来展现中西文化的碰撞，把西方蒸汽朋克元素和中国传统文化相融合，魔幻与现实浑然一体，融合了艺术装饰风格（ART DECO）的设计理念，创造出先进与落后并存的“东方朋克”，即以具东方特色的街头古旧、脏乱烂破和豪华颓废、纸醉金迷对比为外壳，以颠覆叛逆、疯狂荒诞、热血反抗、大肆破坏和无政府主义为内核的奇幻电影风格。

《白蛇 2：青蛇劫起》（图 13）中修罗城融魔幻、现实、科幻于一体，作为意念之城，不设制度，没有王法，独立于三界而超然存在。修罗城“时代不分、古今相容。那里既有古老的村落、山野洞窟、蛮荒生活、原始仪式，又有现代化的高楼大厦、商店超市、交通工具（摩托、汽车）、武器装备（步枪、大炮）”[1]。混杂而居的神、妖、人，皆为不同时空身怀执念、不愿转世投胎的生灵，他们决命争首，称雄斗狠，弱肉强食，还被风火水气四劫循环扫荡。影片中牛头帮利用坚船利炮攻城拔寨，攻打万宜超市的情节，营造出了东方美学与赛博朋克激情碰撞的异托邦。而修罗城危若累卵、天崩地坼的灾难场景，宛若美国科幻灾难片，如《后天》（2004）、《2012》（2009）、《哥斯拉》（年份不详）、《我是传奇》（2007）等常见的世界末日惨象。

总体而言，这两部影片都以魔幻和蒸汽朋克为主体，以赛博朋克为辅，甚至科幻元素似乎若有若无——如同蒸汽朋克元素过满，无意间“溢”出来一般。因

1 盘剑 .《白蛇 2: 青蛇劫起》:“改写”, 建构与突破 [J]. 当代电影 , 2021 (9) :17.

此，称其为“超级魔幻动画电影”似乎更确切点，但无论如何，师法和致敬日美，中国“超级奇幻动画电影”的大门已然开启，随着“封神电影宇宙”等孕育成型，蔚为大观，超级奇幻电影定然会擎天架海，成为“中国制造”的砥柱。

影视评论和影视批评的写作

“影视鉴赏”课就是让学生在观看作品的基础上，享受艺术之美，领略其情趣，进而对其构成元素进行分析和评价，在提高艺术素养的同时，学会撰写较为专业的影评。影评写作是影视鉴赏的深化，因此，“影视鉴赏”之考核应通过影评写作来体现。

影视评论就是在欣赏的基础上，对作品做出分析、判断和评价，揭示电影在思想蕴含和艺术技巧方面的价值，可简称为“影评”或“剧评”。而影视批评可以说是更为深入和专业的影视评论。

影视评论可以分为一般的观众评论和学院派的专业批评。一般的观众评论可以简单到一两个字，如用“好”或者“不好”来概括，也可以复杂到如动辄几千字、上万字的“品评”。这种非专业的评论与专业批评的不同之处就在于，观众常常依据自己的观影经验、艺术素养、人生阅历或者对某个专业领域的认知对作品做出评价，既有随意性、自发性、民间性的特点，同时又是生动活泼的、充满个性的，其中不乏独到而出人意料的洞见。专业批评是依据专业标准，在掌握影视知识的基础上，以影视理论为指导，对影片做出相对客观的、有据可依的评论。专业批评可谓“九鼎大吕”，大都以观点明确、分析深刻、逻辑严谨的学院派论文的形式呈现，也不乏一些掇菁撷华、避烦斗捷、言近旨远的散文式的“短批评”。专业影视批评要大含细入，对作品的得失有比较深入的分析和总结，对普通观众欣赏水平的提高有引导作用，对创作者有诱掖奖劝的指导价值，对作品的影视史地位有“定位”的意义。

1. 专业影视评论（批评）的知识素养

首先，需要掌握一定的影视专业知识，如编剧、导演、表演、摄影、剪辑等。其次，需要一定的艺术素养。影视是综合艺术，不但涉及文学、音乐、美术、摄影、戏剧、舞蹈等艺术门类，还涉及哲学、美学、文化学、历史学、社会学等相关领域的知识，这些人文艺术学科的知识积累决定着批评者思维的深度和广度，是写好影评的“武库”。最后，要有一定的观片量，要多看经典名片，积微成著，这样可以溯流徂源，看出所评作品的“师承”和滥觞，便于通过比较艺术学的方法来分析，把作品置于影视史和同类作品的系统中，从而能给予比较中允而客观的评价和“定位”。

2. 关于专业影视评论（批评）的撰写

需要具有一定的论文写作能力，能提出独到的观点，深入地分析问题，举恰当的例子证明观点，得出合乎逻辑的结论。可以从影片的主题、内容及形式元素，如叙事结构、叙事视角、人物、表演、场景、镜头（画面、声音）、剪辑合成，以及改编、文化特征、宣传营销、传播接受等方面选取一个或几个方面进行分析。简言之，就是需要提出总观点，列出分论点，展开分析，举例证明，得出结论。短则百字、千字，长可万字或更多。

作为课程论文的影评，应该做到以下几点：①标题概括性强，简练，言简义丰；②导入语切题，吸引人；③总论点明确，具有创新性；④分论点能围绕总论点展开，各分论点之间逻辑严谨、相互照应；⑤分论点有分析，思辨性强。能举出充分而有说服力的论据和案例证明论点；⑥结论既有对全文的总结，又具有前瞻性；⑦文理俱惬，合乎规范。

3. 影视评论人甚或影视批评家的素养

专业影视评论人如若取得同行公认的成就，就可称为电影批评家或电视剧批评家，相应的要求就高些。

早在 1926 年，影评人连筱痴就明确地谈到了作为一个电影批评家所要具备的条件：应当具备“高尚的人格”“坚决的意志”“丰富的鉴赏性”。具体来说，有高尚的人格，写出的文章必然高尚，必然能成为民众思想的总汇聚；有坚决的意志，他的主张就一定不是朝三暮四，而是始终一致的，也一定不会为人收买或豢养；有丰富的鉴赏性，也可以说是博学多闻，就能真正了解什么是批评，就能使用一种科学的方法，帮助电影的发展。[1] 在我看来，无论是言辞犀利还是谈言微中，对问题须洞若观火，所言能切中肯綮，多“诛心之论”。让电影创作者能明得失、长见识，以利再战，裨益后作；让爱电影的观众对作品的精妙处恍然有

1 连筱痴 . 电影丛谈（二）[N]. 明星特刊，第 10 期“多情的女伶”号，1926-04.

悟，对存在的问题能知缘由，能领悟到“味外之旨”。

中外影视史上，对影视批评目的的理解和阐释可归纳出以下几点：移风俗、正人伦，为政治服务，让影视创作者反省，让观众深度理解影片的价值。而影视评价的标准则可分为政治标准、道德标准、艺术标准、技术标准、商业标准。具体到批评的操作层面上来，由于电影是综合艺术，需要综合考虑这些标准。

中国影视需要辉煌，百花齐放、百舸争流的盛世图景是国人的理想。我们既要娱乐至上的商业大片为民族电影的繁荣打下坚实的经济基础，也要具有先锋性、探索性的艺术片为前驱，为商业大片在形式上和内容上不断提供新的创意。我们既需要商业娱乐片为我们提供精神的休憩，提供在现实生活中不可见的梦想和人生，也要艺术片去探讨人类生存的困境，让我们回到现实，直面惨淡的人生，获得战胜困难的勇气。

作为影评人，对于曲高和寡的艺术片，应该放下身价，引导观众去消费、思考，去阐明其价值，而不要仰人眉睫，与世偃仰，或者以票房为准绳，对其口诛笔伐，妄下雌黄，或者自封为神，对普通观众的口味冷嘲热讽。对于商业片，既要冷静地分析其在商业上成败的原因，也要阐释其不足，使创作者计过自讼，向叫好又叫座的路子上走。

影视批评需要温柔敦厚的学院派的文字来“平理若衡，照辞如镜”，更需要慷慨激昂的或是愤怒的声音来“当头棒喝”，振聋发聩，还需要睿智的、慧心独运的章句来醍醐灌顶，点化警醒。

如《新神榜：杨戬》（图 14），我们既要看到它的成就，同时也要看到它的不足。影片“东方神话 + 蒸汽朋克”风格的画面浮翠流丹、团花簇锦——蓬莱、方壶、瀛洲恍若梦中，飞船、仙乐坊、飞天舞惊艳万分，就是放到当今世界电影视

图 14：《新神榜：杨戬》

效的金字塔尖也不逊色。与之相对的是简陋得令人揪心的叙事，主题模糊、人物空泛、主线不明、繁冗拖沓、事理不通等，将其归为 21 世纪 20 年代以来故事最“孱弱苍白”的动画之一亦不过分。

首先，故事和当下大众生活不沾边。优秀的神话题材改编作品，总是贯彻着现实主义精神。也就是说，应对当代人的人生困境、社会问题、人性痼疾、精神隐忧等有所影射，使观众有代入感，能得到精神慰藉和情感宣泄，如《哪吒之魔童降世》。本片把原典反压迫追求自由和母爱至上的亲情故事，置换成玉鼎真人为了私心设局害两徒的暗黑故事，这个仙侠片加侦探片的故事老套且无现实意义，不能让观众共情共鸣。

其次，作为动画电影，竟然全程高能，且长达两小时，可谓“张弛无道”，不谙叙事三昧，需拨冗驱繁。神仙神兽逞怪披奇、异域景观峥嵘轩峻皆纷至沓来，致使观众在两个小时中一直处于亢奋状态，很累。场景过多，人物过繁，影片过长，不但使制作成本倍增，且会反噬叙事——因为展示陪衬场景和次要人物导致喧宾夺主，影响故事讲述，使之沦为“景观片”。

再次，叙事拖沓，故事进行快到一半还未讲清杨戬的使命是什么。好的影片开场十分钟就会摆明人物的困局，让观众“急其所急，忧其所忧”，与之结成“命运共同体”。作为赏银猎人，杨戬行径颇似“海贼王”，但他玉树临风，矫矫不群，形象太过“高大上”“伟光正”而“不接地气”，让观众只能仰视，不能与他的喜怒哀乐和爱恨情仇“同‘屏’共振”，这有损故事的吸引力。

最后，对劈山救母是“救苍生”还是“害苍生”这个终极问题的表述矛盾。先言两代母亲主动献身被压山中，是为了压制玄鸟危害人间。又言劈开华山，放出玄鸟，是为了让人世恢复有生有灭的循环。那么，劈开华山，必然导致一场灾难，但在影片中，劈开华山，似乎是救了世界，而母亲也因与玄鸟化为一体而灰飞烟灭。救母实际等于害母，劈山等于制造玄鸟之灾，那劈山的意义何在？以其昏昏，使人昭昭，谬矣！

4. 理想的影视批评家，应坐言起行，知行合一

“千学不如一看，千看不如一练。”坐言起行，知行合一，对一个理想的影视批评家而言，是高标准、严要求。

只有玩过刀枪，中过箭矢，才能更为痛切地评述厮杀的血腥与残忍；只有下过水，在瀑布湍流、大江大河中恣情畅意，被呛、被淹过的弄潮儿，才能更为贴

切地论述“泳者，勇者”的真正含义……艺术理论家和批评家“上上战场”“下下水”，不但必要，而且应该！只有这样，才能不“雾里看花花迷眼，水中望月月朦胧”，所论才能切中肯綮，所述才能振聋发聩，所言才能让创作者恭而敬之，最终引为诤友知己。

“纸上得来终觉浅，绝知此事要躬行。”这种亲力亲为的感性认知和艺术体验是影视批评者的“底气”和基础，在当下中国尤为必要和珍贵。王阳明讲“知行合一”，他认为认识事物的道理与实行其事是密不可分的一回事。理论源于创作实践，应该回到实践得到检验，得到修正完善之后，再回到实践，如此往复，才可以做出能够指导实践的真正有用的理论。理论若止于理论，而不进入实践或无法进入实践，不管批评家自我感觉如何良好，甚至“自我封神”“蝉不知雪”的局限还会存在，言论的正确性和有用性就值得商榷和验证。实践是批评和理论的起点，也是批评和理论的归旨。

此外，批评要勇于“有一说一”，不但要有问题意识，而且要敢于讲出来，要像翻译片演员和导演白景晟一样敢言《丢掉戏剧拐杖》，像电影导演张暖忻一样敢《谈电影语言的现代化》，像批评家钟惦棐一样敢于“敲响”《电影的锣鼓》，像批评家朱大可一样敢于“妄议”《谢晋电影模式的缺陷》……唯如此，方算得豪气干云，侠气冲天，才算得“有血有肉”，铁肩担道义。而且，要“半两人不说千斤语”，不搞“悬丝诊脉”，这既是知识分子的人格底线，也是批评家的道德律令。

第三篇

工程科技美学

第十六讲

城市之美

文　邵甬

同济大学建筑与城市规划学院教授，博士生导师

引言

纵观人类文明的历史长河，在很长一段时间中，城市居民都只占人类整体的一小部分，但经过近两个世纪、前所未有的快速城市化，到 2008 年，世界上已经有一半以上的人居住在城市。我国的第七次人口普查数据显示，截至 2020 年 11 月，已经有 63.89% 的人生活在城镇地区。随着越来越多的人们生活在城市，也随着经济全球化、世界文化趋同，城市也变成了“千城一面，万屋一貌”的“钢筋水泥的森林”。因此，文化的多样性和环境的多样性所造就的城市之美就显得弥足珍贵，其中蕴含的人类智慧也对全球的可持续发展有着重要影响。

城市的出现是一个社会进入“文明”状态的重要标志，英语的 civilization 一词源于拉丁文 civilis，表示的就是“城市化”和“公民化”。城市集中体现了人类在物质和精神两个方面的伟大成就，同时城市也是人们居住生活的场所。由于自然环境、历史因循、人文特征和经济发展的差异，各个城市呈现出不同的形态和不同风格。这些各具特色的、优美的城市景观风貌，是城市中人们的宝贵记忆且世代相传，并成为城市的骄傲和标记。

今天，我们很难想象，我们的祖先曾经创造过多少伟大的城池，这些城池不仅仅像平遥、丽江那样留下了较完整的物质遗存，它们还是大地上平凡而坚强的存在，即便历经千百年风霜，也会留下明显区别于其他事物的痕迹。

城市是文化的容器，是人类文明的结晶。正像社会哲学家刘易斯 · 芒福德所说：“城市是一种特殊的构造，这种构造致密而紧凑，专门用来流传人类文明的成果。”城市兼收并蓄、包罗万象、不断更新的特性，促进了人类社会秩序的完善。

美学大师朱光潜说，有审美的眼睛才能看到美。其实，我们每天生活在其中的城市，也蕴含着各种各样“美的元素”。那么，“城市之美”到底“美在何处”？

城市自然之美

2010 年上海世博会的主题是“城市，让生活更美好”（图 1）。作为世博会总规划师、同济大学的吴志强院士认为，这一主题传递出人、城市与自然和谐共生、良性互动并可持续的城市发展理念。

（一）中国智慧与城市自然之美

在中国，自城市出现的几千年来，先人们不断追求“天人合一、人地和谐”，使中国的城市充分体现了与自然和谐共生的东方智慧和独特的城市自然之美。

春秋战国时期的《管子》一书，曾这样总结我国古代城市选址与自然地形地貌的关系：

“凡立国都者，非于大山之下，必于广川之上，高勿近旱而水用足，下勿近水而沟防省。因天材，就地利，故城廓不必中规矩，道路不必中准绳。”

——《管子·度地》

大意是：城市选址必须注重合理利用地形，既要确保城市水源，又要规避旱涝之灾。因此，中国古代城市往往选址于河流两岸的台地，该处地势高低适中、地面平坦开阔。同时，城市的形态应该因地制宜，既要有利于防守，又要方便交通。

此外，根据长期对自然的观察及来自实际生活的体验，中国古代还产生了一种有关住宅、村镇及城市的基址选择及规划设计的学说，也就是“风水术”或“堪舆学”。这些学说中虽然掺杂着一些迷信色彩，但其实质是在选址方面根据地质、地文、水文、日照、风向、气候、景观等自然地理环境要素做出的评价和选择，并提出相应的规划设计措施，从而创造理想的居住环境。

比如“负阴抱阳，背山面水”，这是风水观念中住宅、村落和城镇基址选择的基本原则和格局，这样得到的理想基址为：背面有主峰，可以挡住冬日里北方来的寒流；朝阳可以争取良好日照；左右有次峰或冈阜，山上要保持植被丰茂，保持水土；前面有弯曲的水流，便于生活和灌溉；水的对面还要有景山，轴线方向最好是坐北朝南；而城市恰好位于山水环抱的中央，地势平坦且具有一定的坡度，可以避免洪涝之灾（图 2）。

（二）典型案例

1. 阆中古城

阆中古城是中国著名的历史文化名城，位于四川盆地北缘、嘉陵江中游，历来为巴蜀重镇，有着 2300 多年的建城史。因其典型的风水格局成为中国城市选址的典范。

2

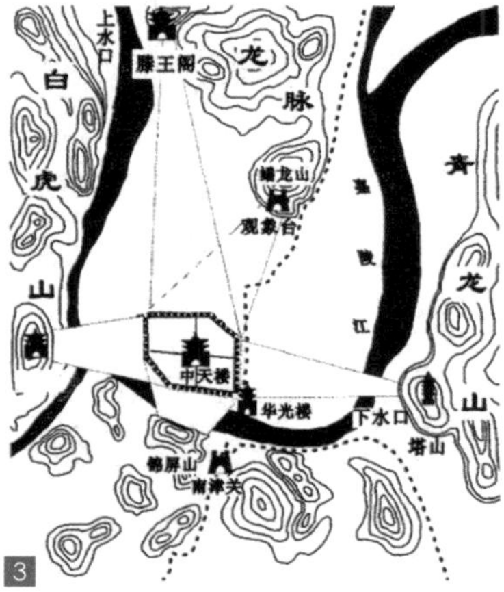

3

图 2：中国古代的“最佳城址选择”，图片来源：王其亨 . 风水理论研究 [M]. 天津 : 天津大学出版社 , 1992.；
图 3：阆中古城的风水格局，图片来源：李小波 , 文绍琼 . 四川阆中风水意象解构及其规划意义 [J]. 规划师 , 2005, 21(8):4.DOI:10.3969/j.issn.1006-0022.2005.08.022.

历史上，古城阆中城址屡次变化。唐宋时期，城址基本固定并沿用至今，受堪舆风水学影响，城市选址特别注重龙、砂、水、穴的细致考察与周密权衡，基本形成了金城环抱的城市基址与山川形胜景观。

明清时期，阆中的城市规模不断扩大，街道走向、城门朝向、公共建筑等也都迎合风水理论和儒家礼制，最终形成了山、水、城融合一体的典型风水意象（图 3）。

今天的阆中古城，其城市格局及自然景观，依然比较完整地保留了唐宋明清时期的风貌，显示出浓郁的传统文化色彩。

2. 丽江古城

丽江古城位于云南省海拔 2400 米的丽江坝子上，从 12 世纪开始，逐步成为川滇藏贸易重要的物资集散地，也是南方丝绸之路与茶马古道的交会点。经过 8 个多世纪的文化交流，丽江形成了融合汉族、白族、藏族等各民族精华，并独具纳西族特色的建筑、艺术、城镇景观。

丽江古城周围群山环抱，山水树木和建筑融为一体，在营造天人合一的人居环境方面，达到了极高境界。丽江古城以北面终年积雪、气势雄浑的玉龙雪山为背景，东面和南面为田园平川，拥有良好的风水关系和生态格局。

自雪山而下的水系呈脉络状分布，穿越村镇与农田，象山西麓的黑龙潭是大研古城的主要水源，潭水与散布的井、泉构成完整的水系，满足生活、生产、消防用水之需。同时水系入墙绕户、穿场走院，形成主街傍河、小巷临水、跨水筑楼的独特景观，构成了人与自然和谐共生的人居环境。

3. 其他城市

我国城市和谐的自然之美无处不在。

在乌鲁木齐，每逢天晴，只要人们向东望去，巍峨的博格达雪山便会映入眼帘，仿佛是东去的天山对人们的深情回望。

在成都平原，世界遗产都江堰，两千多年来一直发挥着防洪灌溉的作用，使成都平原成为水旱从人、沃野千里的“天府之国”。

在古代黄泛区，人们从黄河的一次次泛滥中汲取经验教训，形成了如今商丘、菏泽、曹县等城市河堤嵌套、水环绿绕的格局。

在苏州、绍兴、宁波等江南城市，人们智慧地处理了城市与水网的关系，也刻画出不同的“小桥流水人家”的江南韵味。

在杭州，城市选址不仅处在秀美的自然山水中，还通过千百年来人与自然的互动营造出独特的西湖文化景观，西湖既是城市宝贵的涵养水源，又形成了优美的人文胜景，造就了“上有天堂，下有苏杭”的佳话。

（三）小结

中国古代城市非常注重发展与自然的辩证关系，蕴含着“山水融合、天人合一”的东方智慧。好的城市选址可以形成良好的生态循环，自然也就成为中国人心目中理想的居住场所，展现出独特的自然之美。

城市秩序之美

城市，根植于它的自然环境，在人的规划和建设下，形成了独特的秩序之美。不同的国家与城市，由于文化、地域、气候、意识形态等的不同，采用了不同的规划思想，展现出不同的城市秩序之美。

（一）东方的规划礼制之美

中国古代城市长期处于大一统的制度之下，基本遵循儒家传统思想，布局上讲究“辩方正位”和“中轴对称”，理念上，遵循“天人合一”和“顺天循理”。

成书于战国时期的《周礼·考工记》，记载了 3000 年前西周初制定的城市建设制度：

“匠人营国，方九里，旁三门，国中九经九纬，经涂九轨，左祖右社，前朝后市，市朝一夫。”

——《周礼·考工记》

用今天的话来说，就是匠人营造的王城呈方形，每边九里，每边各开三座城门。城内有九条纵街、九条横街，每街宽都可容九辆车子并行（车轨的 9 倍）；城中央是宫城，左设宗庙，右设社稷坛，前临外朝，后通宫市，宫市外朝的面积各方一百亩（也就是一个农夫一年可耕作的面积）。

从这段话中我们可以看出，以农立国的周朝，在城市的规划建设上，也与井田制的土地制度有密切关系。

比如城中的九经九纬，以及下一层级的经纬道路，就像田中的阡陌纵横一样，把城市划分成不同等级的井字，再相套组合，形成方格网平面。市朝一夫，则采用了井田制的基本单位——夫，也就是一个农夫所受的一百亩耕地，被用来作为城市规划用地的基本单位，这种城市建城思想使城市的形制非常规整，与周朝社会推行的“礼制”也非常契合（图 4）。

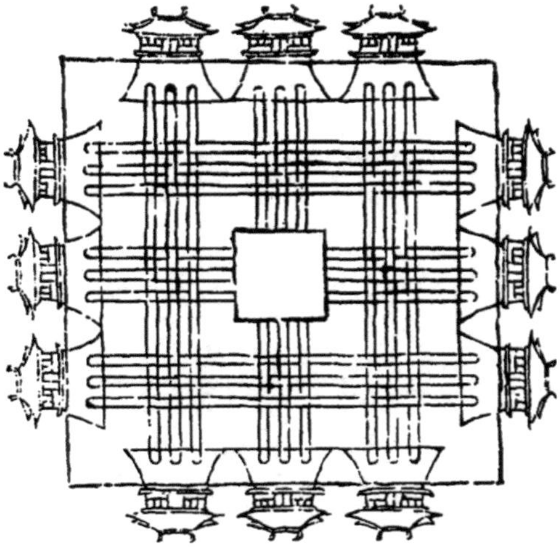

4

图 4:《周礼》中理想王城示意图，图片来源：董鉴泓．中国城市建设史 [M]. 北京：中国建材工业出版社，2004.

同时，儒家提倡的“居中不偏，不正不威”，直接指导城市形成了宫城居中、轴线对称的布局以及严整方正的建筑群。

像唐长安、宋汴梁、元大都、明清北京等宏伟的都城，基本都遵循这样的秩序，平面规整，布局对称。而在一些府州县等地方平原城市，多数也都是方形或者矩形，方位上也多是南北方向。

（二）典型案例

1. 隋唐长安城

隋唐时期，在结束了四百多年的割据分裂和长期战争以后，中国重归大一统，国内各民族进一步融合，经济空前繁荣，文化高速发展，同时也造就了一个空前伟大的都城——长安。

唐长安所在的关中平原，自然、经济条件优越，是中国历史上农业最富庶的地区之一。这里交通便利，四周有山河之险，“形胜甲于天下”，先后有西周的丰京镐京、秦咸阳城、汉长安城等 10 代王朝建都于此，千余年间，一直是中国的政治经济中心。

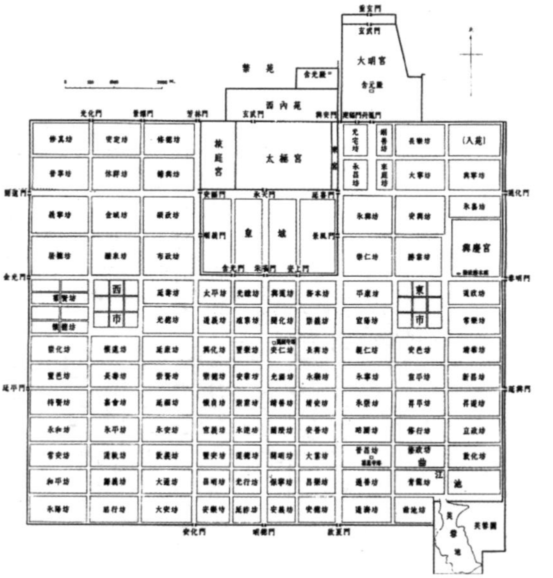

5

图 5：唐长安城复原想象图，图片来源：董鉴泓 . 中国城市建设史 [M]. 北京：中国建材工业出版社 ,2004.

长安作为隋唐两代的首都，由宇文恺规划设计，规模宏大、规划齐整，是当时世界上最大的城市之一，人口接近百万。长安城的规划，在方正对称的原则下，沿着南北轴线朱雀大街将宫城和皇城置于全城的主要地位，并以纵横相交的棋盘形路网，将其余部分划分为 109 个里坊，以及严格对称的“东市”和“西市”，分区明确、街道整齐、秩序井然（图 5）。

后来，唐高宗李治又在城东北的龙首原上，兴建了大明宫，此后，先后有 17 位唐朝皇帝在大明宫处理朝政，历时两百余年。

> 进而仰之，骞龙首而张凤翼；
> 退而瞻之，岌树颠而崪云末。
> 仰观玉座，若在霄汉；
> 倚栏下视，南山如在掌中。
>
> ——李华（唐）《含元殿赋》

这是大唐诗人李华笔下，对大明宫主殿含元殿的描述。站在含元殿上向南眺望，偌大的长安城尽收眼底。这是一个踌躇满志、昂扬向上的时代，大度而不浮华，雄浑而不雕饰。含元殿是这个时代最好的写照，它宛如一轮金光灿烂的太阳，照耀着大唐的天空。

2. 宋汴梁城与《清明上河图》

公元 979 年，北宋结束了五代十国的分裂局面，采取了有利于生产的奖励开荒、兴修水利、讲究耕作等措施，商业与手工业，尤其是纺织、造纸、瓷器、冶炼等产业有了相当的发展，促使城市经济空前繁荣。唐代 10 万户以上的城市只有十几个，而北宋时期则迅猛增加到 40 个。

北宋的城市一方面通过改造扩大面积、加固城墙、改善交通，也强化了城市中轴对称的礼制格局。同时，城市的发展和市民阶层社会地位的提高也影响了城市的布局和面貌：原来严格管理的里坊、集中的市肆，限制居民自由的坊墙被打破了，代之以分布全城、商住混杂、沿街沿河开设各种店铺的商业街，甚至还出现了夜市。

最具有代表性的就是北宋的都城——东京城，也就是今天的开封。北宋画家张择端创作的著名画作《清明上河图》，就描述了东京城内外的风光，春日的郊野，繁忙的汴河码头和热闹的市井生活，生动地记录了 12 世纪中国城市的生活面貌。

3. 明清北京城

辽金之后，中国进入元朝。元朝在原来的金中都附近建立了新的都城——元大都，也就是今天的北京，这个由汉人刘秉忠主持规划建设的都城，规模宏大、规划齐整，成为当时世界上的著名大都市。

明清北京城，利用元大都南半部加以增筑，形成京城、皇城和宫城三重城墙。

明清北京城的中轴线南起永定门，北至钟鼓楼，直线距离长约 7.8 千米。梁思成认为，一条全世界最长，也是最伟大的南北中轴线穿过全城。北京独有的壮美秩序就由这条中轴的建立而产生。

北京城特别强调中轴线的作用：主要的宫殿建筑太和殿建在高台基上，通过适当比例的封闭性广场及两侧建筑物的衬托，显得更加雄伟壮观。中轴线通过多重城门，东西三座门，东西千步廊，以及广场形体、闭合的变化，通过形成直线

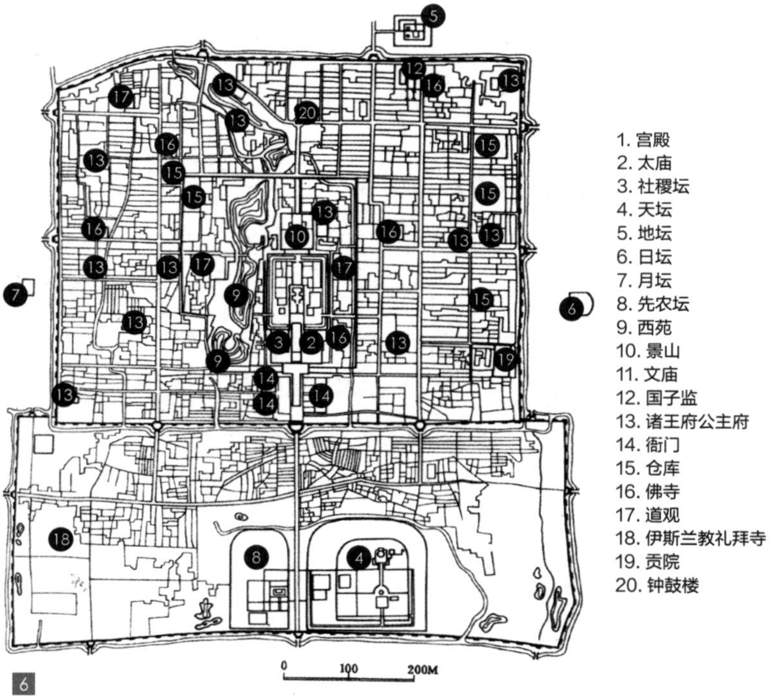

6

图 6：清代北京城平面图，图片来源：董鉴泓 . 中国城市建设史 [M]. 北京：中国建材工业出版社 ,2004.

的宫殿建筑的屋顶，宫后的景山及钟鼓楼，使中轴线既强化了城市总体布局的秩序感，同时又富于变化，达到了很高的艺术水平，成为中国所有古都中规格最高、设计手法最为成熟的轴线。城内的主要功能和重要建筑，都依照这条轴线所强调出的秩序进行布置。

中轴线南北纵贯“六重城”，在近 8 千米的长度上，由山、水、宫、殿、门、阙、楼、台、亭、阁、桥、苑、廊、市、广场等空间构成，不同建筑物高低起伏、错落有致，黄、红、蓝、灰、绿、黑六种颜色和谐镶嵌其中，集中展现了中国都城的秩序之美。

整体上看，明清北京城的布局，较以前任何时代的都城，都更加完整地体现了《周礼 · 考工记》的记述，是我国传统都城规划的典型代表和集大成者，特别是北京城中轴线是中国城市规划设计之美的集中体现（图 6）。

4. 日本平城京奈良城

中国古代的城市建设思想也深刻影响了东亚儒家文化圈的城市建设，唐长安的规划成为当时国内外城市学习的榜样，比如唐代位于东北地区的渤海国上京龙泉府，其布局方式基本与长安相同。日本的古都平城京和平安京，也就是今天的奈良和京都，同样模仿了唐长安进行规划。

以平城京为例，城内街道也是横平竖直的棋盘式布局，把城区分为若干居民坊，宫城置于北部正中，宫城南门名为朱雀门，正对着的朱雀大街将城市分为左京和右京，又称洛阳和长安，其中各有一市，称东市、西市。城市整体布局与唐长安基本一致，只是面积相当于长安城的四分之一，尺度小了很多。

（三）中国古城的轮廓之美

中国古代城市特别强调城市整体景观的塑造。城市中绝大部分建筑为低平的院落式住宅，只有宫殿、庙宇、官府等建筑群体量高大，城楼、钟鼓楼、塔等少数多层建筑分布在城内，构成低缓平和，但又有变化的城市轮廓线。

城门往往是城内主要道路的起点，高大的城门楼成为道路的对景。钟鼓楼一般跨主要干道，或在交叉口上建造，成为城市大空间构图的焦点。塔也是城市景观构成的重要元素，如扬州的文昌阁、苏州的报恩寺塔、南通的天宁寺塔等，均是城市街道的对景。在地形起伏的城市，有的塔建在山顶，如杭州的保俶塔、无锡的惠山塔等，丰富了城市的主体轮廓线。

（四）中国古城的色彩之美

中国古代城市主要建筑的色彩与装饰往往也与一般民居不同。建筑的色彩严格按照礼制的规定，只有宫殿和某些庙宇（如孔庙）可以采用彩色琉璃瓦的屋顶和彩色的墙面。因此，在灰色的城市基调中，有绿色的树木，衬托出特殊建筑的黄色、红色，形成强烈的色彩对比。

（五）西方的规划理性之美

相比于长期大一统的中国，以欧洲城市为代表的西方城市，其规划建设蕴含着另一种秩序之美。

（六）典型案例

1. 古希腊时期的米利都城

古希腊文明是整个西方文明的基石，对于西方的建筑和城市空间发展而言，其地位也是如此。

在实行城邦制的古希腊，为了应对人口的增长，每当城市人口超过城市所能承受的极限时，希腊人便会派出一支队伍到外部世界建立新的定居点。为了使新的城市能够尽快建设完成，棋盘式的方整布局自然成为简单方便的选择。

米利都城是希波战争时期的重要港口，希腊战胜波斯后，由希腊人希波丹姆（Hippodamus）进行规划设计，城市占地 250 英亩（1 英亩 ≈4046.94 平方米）左右，总人口约 4 万～5 万人。城市采用宽度一致的街道和尺寸基本一致的方格构成的城市街区，体现出古希腊时期殖民城市很强的秩序性。

2. 古罗马时期的古罗马城

当古希腊的文明沉浸在民主政体和哲学思想中，跨越伊奥尼亚海，西方世界的另一个伟大文明——古罗马，正在亚平宁半岛上的特韦雷河畔孕育。

在取代希腊成为地中海霸主后，罗马人继承了古希腊文化，并且承袭和发展了古希腊人的建筑形式，从神庙到公共建筑——剧场、竞技场、浴场，罗马人的生活方式和建筑形式无一不带有明显的希腊痕迹。

“罗马并非一日建成。”在城市建设方面，罗马人也是伟大的工程师。罗马人注重城市基础设施建设，在全盛时期，罗马境内共有 14 条输水道，总长超过

2000 千米，每天可以供应百万立方米以上的清水，正是这样的水利设施保证了拥有百万人口的罗马城的正常运转。

古罗马城内更具特点的区域是位于城市中心的、一代代皇帝在这里留下的宏伟建筑广场群。恺撒广场、奥古斯都广场、韦帕香广场、乃尔维广场和图拉真广场。它们各自按设计一次建成，平面为长方形，四周柱廊的一端建造神庙。千年之后，这些广场上还残存着些许古罗马时期重要建筑的废墟，吸引着全世界的人们慕名而来。

3. 文艺复兴时期的佛罗伦萨与帕尔马诺瓦

古罗马帝国灭亡以后，欧洲进入长达近千年的中世纪时期。当教会塑造的社会体系越来越成为社会发展的禁锢，人们试图从古代文明中探求推动社会发展的原动力。相应地，欧洲的一些地方开始星星点点出现了崇尚个性解放、反对神权的文艺复兴的思想火花。

佛罗伦萨（Firenze）是著名的世界艺术之都、欧洲文艺复兴运动的发祥地，在城市的建设中无不传递着文艺复兴运动最本质的精神——对古典的复兴与再创造（图 7）。

佛罗伦萨大教堂高达 107 米的穹顶，被公认为是意大利文艺复兴式建筑的第一个作品，体现了奋力进取的精神，也成为佛罗伦萨城轮廓线的中心。新的大教堂的巨大空间不但用于宗教事务，而且用于各种会谈和社会活动，它同洗礼堂、钟楼以及这群建筑周边经过整治的环境共同构成了佛罗伦萨的宗教中心。

文艺复兴时期，城市的中心逐渐从教堂转向市政厅广场。它既是政府部门的所在地、举行仪式的场所、军械库，同时又是八位执政官的官邸。广场建成以后成为市民活动的重要场所。

可以说，佛罗伦萨历史城市中心是城市规划和建筑艺术的杰作。1982 年就被联合国教科文组织列入《世界遗产名录》。它既是中世纪和文艺复兴时期繁荣的商业重镇的历史见证，又是充满永恒之美的举世闻名的名胜区。

文艺复兴时期，建筑师们还开始了对理想城市模式的探索。他们主张首先应从城市的环境因素（包括防御战略）来合理地考虑城市的选址和造型。理想城市的街道应该从城市中心向外辐射，形成有利于防御的多边形星形平面，在中心地区可设置教堂、宫殿和城堡，整个城市应由不同的几何形态组合而成。为了加强城市内的防御，每座建筑物都要求具备清晰的视野。

图 7：佛罗伦萨（李麟学 摄影）

帕尔马诺瓦城（Palmanova）是意大利东北部一处小镇，因其具有理想城市的平面规划与结构而闻名，被誉为“星之堡垒”。城墙将所有的角连为一体，角与角之间可互相支援，城外挖有护城河，共有三座部署重兵的城门。这个城市的规划被数以万计的军事建筑设计师效仿，用以建设现代军事防御工事，2017 年被列入《世界遗产名录》。

4. 巴洛克时期：从罗马、凡尔赛到巴黎

17 世纪，建筑师多梅尼科 · 方塔纳（Domenico Fontana）在罗马城北端设计建造了波波洛广场（Piazza del Popolo），广场成为三条放射形干道的汇合点，中央有一座方尖碑，周围设有雕像，并布置绿化带，在放射形干道之间建有两座对称的样式相同的教堂。

整齐的街道、严谨的秩序、带有几何透视美感的对景，波波洛广场开阔奔放，一经建成，就吸引欧洲许多国家争相仿效，也成为巴洛克城市基本图案的原型。

为了彰显王权的至高无上，法国王室极力追捧巴洛克城市几何放射状的宏伟气质。17 世纪中期，法国国王路易十四下令在凡尔赛建造一个欧洲最大、最恢宏、最奢华的宫殿与花园。

在超过 6 平方千米的土地上，设计师勒·诺特将融合了文艺复兴透视法的纯几何构图，叠置在广袤的法国原野上，整个方案呈轴线对称，沿着中轴线，布置了不同的星形节点，辐射出像阳光一样发散状的道路，被自封为太阳王的路易十四所钟爱。

和罗马城北入口的波波洛广场类似，凡尔赛宫的东入口就是三条完全对称、笔直宽阔的城市大道，中间的道路直通巴黎城区，体现出路易十四绝对的集中权力。无与伦比的凡尔赛宫，成为全欧洲王室争相效仿的目标。

凡尔赛宫的影响不仅局限于欧洲的宫殿，更重要的是以它为代表的巴洛克形式语言及其体现出来的宏大气势，开始在欧洲城市流行。大规模的人为规划，开始更全面地介入中世纪欧洲城市相对自发演变的城市肌理。

法国人将宫廷园林中的设计手法娴熟地移植到巴黎城区，原先狭窄曲折、光线昏暗的中世纪道路，开始被改造为笔直宽阔、阳光明媚的林荫大道，其中最为著名的就是塞纳河右岸的香榭丽舍大道。法国建筑师在城市街道和皇室公园规划设计中形成的巴洛克风格，深刻地影响了法国人的城市观（图 8）。

到 19 世纪中期，担任巴黎所在的塞纳省行政长官的奥斯曼（Baron Georges-Eugène Haussmann），对工业革命后产生各种城市问题的巴黎进行了大刀阔斧的改建。巴洛克式的广场与轴线遍布巴黎城区，巴黎的城市形象和面貌被彻底改变。

奥斯曼进一步将路网上的重要节点，提升为具有纪念意义的场所。香榭丽舍大道上著名的凯旋门，就是在奥斯曼主持下，改造形成了更具形式感的星形广场，12 条大道汇聚于此，极大地加强了香榭丽舍大道的轴线感和纪念性。在巴黎，人类对城市形式和秩序的追求可以说达到了极致。

巴洛克这种理性结合浪漫、秩序结合狂放的风格，对于人类的城市建设产生了深远影响，从意大利罗马的波波洛广场肇始，到法国的凡尔赛和巴黎达到高潮。后来向东传到俄国的彼得堡，他们在海军部大厦前建造了放射形广场。再后来，俄国人又带着巴黎的图纸，想要在中国大连建设一座“东方巴黎”。

图 8：巴黎城市（李麟学 摄影）

巴洛克手法向西，又传到新大陆，美国人参考巴黎，用放射状 + 方格网的形式规划建设了首都华盛顿，还进一步成为印度新德里等城市规划建设的参考蓝图。

（七）小结

如今，人类依然保持着对秩序之美的追求，创造了许多精美的城市形态。比如，中国城市依然保持着对中轴线的热爱，在新城的建设中，往往都有一条轴线贯穿其中，比如广州的天河 CBD、深圳的福田中心区、成都的天府新区、大连的星海广场等。

其他国家也有着许多形态优美、秩序井然的城市，比如美国萨凡纳历史街区花园式庭院广场、西班牙巴塞罗那有趣的塞尔达网格、拉普拉塔的完整几何构图等。

城市人文之美

每一座城市的形成均受自然、历史等多方面影响和制约，与其他城市产生相异的特征，显露出“千城千面”的丰富内涵。从这点来讲，城市如同人一样，有风格、气质。

（一）多元一体的中华文明

中国是一个多民族的统一国家。汉族的文化由于地域差异及历史的发展演变，也呈现出多彩多姿的地方特色。至今仍能在历史城市中强烈地感受到中原文化、江南文化、闽南文化、巴楚文化等文化分支的差异性。少数民族的文化更保持了其独特个性。文化上的差异性，不仅体现在城市的物质环境中，更重要的是在居民的世界观、审美道德、信仰、行为、家庭组织、生活方式等深层结构及其他物化形式如生活用具、美术作品、文学作品、工艺美术品、食品和功能性建筑等方面的表现。

汉文化地方特色较为显著的城市有体现江南地域文化特色的苏州、绍兴、宁波。“小桥、流水、人家”的环境特色，粉墙黛瓦的建筑，人们从事鱼米、丝绸、刺绣、酿酒、植兰；吴侬软语环境中孕育出评弹、越剧、昆曲，无不体现了“鱼米丰足时，聚散两依依”的江南诗意景观。

体现徽州地域文化特色的历史城市有歙县、黟县，山川秀丽，古朴清幽。徽派建筑的砖木竹石“四雕”精美绝伦；中国历史上著名的“徽商”、著名学术流派如“程朱理学”和艺术流派如新安画派等均发祥于此。

还有体现闽南地域文化的泉州、漳州，体现岭南地域文化的广州、潮州，体现藏民族文化的拉萨与日喀则等，都表现出与众不同的人文之美。

（二）海派与京韵：上海里弄与北京胡同

上海与北京，海派与京韵，是中国的两大中心城市，在里弄和胡同里展现出别样的人文之美。

上海的里弄是西方的围合式、联排式规划与江南的厅堂式住宅建筑的混合。上百个石库门单元组成一排排紧密联体而立的、庞大的房屋群体。沿街道的建筑底层是商店，上面是住宅。由写着某某坊、某某里的入口进入，有纵向的总弄和横向的支弄，逐级串联起每家每户，这样的通道便是上海人所谓的“弄堂”。

北京的胡同，实质上是许许多多、大大小小、一个紧挨一个排列起来的四合院之间的通道。但是，胡同同时也是北京城划分土地的标准单位，也就是以胡同划分为长条形的居住地段，间距约 70 米，中间一般为三进的四合院并联，大多为南进口，庭院内种植树木。整座北京城，如同放大的四合院，东西南北基本对称，布局严谨，气势壮观，高墙圈围，整齐划一。

上海的弄堂夹杂着小布尔乔亚的优雅，透露着讲究情调的精致、实惠、世俗的小市民生活文化。北京的胡同蕴含着浓郁的生活气息，留存着皇城根的规整、板正、通达，体现了普通老百姓的烟火气。

（三）浪漫与理性：巴黎和纽约的建筑、肌理与天际线

巴黎与纽约，一个是老牌欧洲大陆的文化名城，一个是新大陆发展迅速的国际都市。两座城市作为两种不同文化的象征符号，有着各式各样的解读。

巴黎是闻名遐迩的世界文化艺术之都，也是重要的世界遗产城市。完整的遗产保护体系，严控高度的天际线，让整个老城保留了非常完整的历史风貌，处处散发着浪漫气息。卢浮宫、凯旋门、巴黎圣母院、埃菲尔铁塔、香榭丽舍大道散布其中，巴黎是无数的艺术家和文艺青年心中的圣地。

纽约作为资本主义世界金融中心，则是一座名副其实的摩天之城，鳞次栉比的摩天大楼，勾勒出完全不同于巴黎的另一种天际线。自由女神像、时代广场、帝国大厦、布鲁克林大桥、中央公园聚集在此，繁华又多样的纽约，每一天都吸引着无数人想要踏上这片土地，寻找财富。

北京与上海，巴黎与纽约，城市形态的异同，反映着城市独有的性格和精神，展现出城市的人文之美。

城市历史文化的保护传承

城市之美，美在人工与自然的和谐，美在规划与设计的秩序，美在历史的沉淀与文化的传承。

（一）中国历史城市的保护

中国历史城市保护的思想可以追溯至中华人民共和国成立初期以梁思成先生为代表的建筑与城市规划学者对古都北京保护的研究、规划和倡导，但是在那个时候的历史背景下没有成功。

20 世纪 70 年代末的改革开放使中国在进行大规模经济建设的同时，许多城市也进入了大规模的“城市改造”。许多文物古迹和传统街区在建设中被破坏，城墙被拆除。很多江南水乡的城市如绍兴、苏州等的河道被填塞，其目的都是便于交通而修筑大马路。城市的空间特色和文化环境被严重破坏。

1982 年，中国的“历史文化名城”制度建立，公布了北京、苏州、西安等

24 个城市为首批国家历史文化名城；1986 年 12 月公布了第二批 38 个、1994 年 1 月公布了第三批 37 个国家历史文化名城；2000 年至今又陆续公布了一批国家历史文化名城。截至 2022 年，中国有国家历史文化名城 140 个。此外，安徽、湖南、四川、河南、江苏等省随后公布了省级历史文化名城。

（二）同济规划与平遥古城保护

平遥古城，建于 14 世纪，是由古城墙、古街巷、古店铺、古民居、古寺庙等众多文化遗存组成的一个完整的古代城市建筑群体，城池面积 225 公顷。其城镇布局集中反映了 5 个多世纪以来中国汉民族城市建筑和城市规划的发展，特别是 19—20 世纪初期，晋商活跃的平遥古城是整个中国金融业的一个中心，古城内 4000 多处宏伟、造型精良的历史建筑，是平遥长达一个多世纪繁荣的见证。

平遥古城的完整保护过程也是十分曲折的。1981 年初，同济大学建筑系阮仪三教授到山西榆次市（今山西省晋中市榆次区）协助城市规划工作时，平遥县的工程师们将一份《平遥县城市总体规划》给同济大学老师们并听取意见。这份规划要在古城内纵横开拓几条大马路，城墙上要挖开 8 个大口子，还要将古市楼

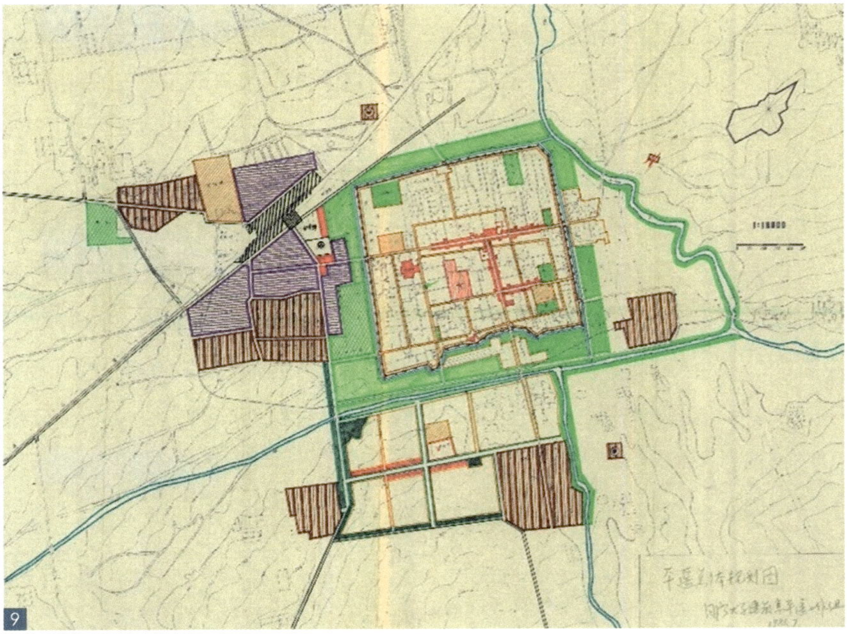

9

图 9：平遥总体规划图，图片来源：UHC 存档

周围的房屋拆掉，做成一个环行的交叉口。如果按这个规划实施，平遥古城将被破坏殆尽。

同济大学的阮仪三先生立即赶到平遥，发现古城东面已经按此规划在城墙上扒开一个口子，正在拓宽马路，拆去了两旁 180 米长的传统民居房屋。他立即呼吁停止这种“建设性的破坏”，并提出由同济大学来协助平遥县重新规划。

同济版规划确定了平遥“保护老城，建设新城，发展旅游，振兴经济”的建设方针，起到了“刀下留城”的作用（图 9）。如今，保存完好的平遥古城为人们展示了一幅明清时期文化、社会、经济及宗教发展的完整画卷，并于 1997 年被列入《世界遗产名录》，成为展示中华传统文化的重要城市。

（三）上海城市遗产的保护与活化

上海作为中西文化交流的窗口，在当代城市更新过程中，对城市遗产的保护与活化利用进行了探索。

思南路历史街区主要形成于 20 世纪 20 年代，除了 51 栋花园洋房，还汇聚了多种建筑样式的上海居住建筑。“溯源”与“创生”，如同硬币的两面，贯穿于思南公馆十数年的保留保护改造之中。

思南公馆更新活化后，与淮海路沿线的百年经典建筑、名人故居交相辉映，成为上海市中心集人文历史和时尚底蕴于一身的最具特色的风景。

除了思南公馆，在上海，还有像田子坊、杨浦滨江、曹杨新村等各类型的城市遗产空间，通过保护与活化利用，成为传承上海人文精神的场所空间。

（四）小结

延续城市之美，城市历史文化遗产的保护是关键。我国也越来越重视对城市文化遗产的保护工作，特别是在 2021 年 9 月，中共中央办公厅、国务院办公厅共同印发了《关于在城乡建设中加强历史文化保护传承的意见》，这是我国第一次从最高层级，全面地、完整地来谈城乡遗产保护问题，也标志着我国的城乡遗产保护事业进入了一个新的阶段。

结语

党的十八届五中全会提出五大发展理念，绿色发展成为推动高质量发展的题中之意；党的十九大明确提出加快生态文明体制改革，建设美丽中国；而美丽城市的建设必然也是美丽中国总体建设目标的重要一环。

当前，中国正处于民族复兴的伟大历史进程中，我们的城市也正处于高质量发展的转型期，站在新时期、新起点，希望同学们在未来都能够参与、保护、传承中华优秀传统文化，参与美丽城市、美丽中国的建设。

第十七讲

建筑之美

文　李翔宁

同济大学建筑与城市规划学院院长，教授，博士生导师

引言：什么是建筑

（一）从建筑体验到城市印象

那么，什么是“建筑”呢？尽管不同的建筑理论家与历史学家对这一建筑学科的关键问题有着诸多著述，又或我们可以在词典中找到最为基本的定义。但不可否认的是，“建筑”并非一个抽象的概念，而与我们的生活经验紧密相关。很多时候，我们对建筑的理解都基于体验。作为我们生活环境必不可分的部分，即便尚未学习建筑，也或多或少对建筑有着一些直观或更为深入的认识。例如，每个人的居住环境便是一种“建筑”，我们如何设想自己的生活方式或是居住方式，在某种程度上便是一种关于“建筑”的思考。又如，近年来在互联网上，伴随如“孤独的图书馆”等一些网红建筑受关注，大众对建筑师和建筑文化也有着越来越多的关注。

从更大的层面出发，建筑不仅是人们衣、食、住、行的重要方面，与人们的生活有着直接而具体的关系，对体验城市和塑造城市形象也非常重要。在全球化、信息化的时代，人们即便没有亲身去过巴黎、悉尼等城市，也对它们具有一定印象。这种现象激发我们思考一个问题：是什么东西构成了对一座城市的印象，其中最重要的要素又是什么呢？

以上海为例，上海市文旅局方世忠局长最近发表了一篇文章，提出上海城市文化形象最大的两个 IP 便是一江一河。这一方面说明黄浦江和苏州河作为两条母亲河，塑造了上海城市的基本结构和形态；另一方面，很多人对上海的认知是以建筑为起点的。比如提到外滩，人们就会想到 19 世纪末 20 世纪初的外滩开埠和万国建筑博览会的形象。谈到浦东，人们首先想到的是东方明珠或是浦东具有标志性的高层建筑——金茂大厦、环球金融中心和上海中心（图 1）。

再如，很多人对悉尼这个城市的印象便来自网络或者书报上的悉尼歌剧院的图片。建筑专业的同学可能了解它是丹麦建筑大师约翰 · 伍重（Jorn Utzon）的作品以及关于它的建造故事。但是即便不太了解，人们也有很多基于直观经验的解读方式，很多人会说它像帆船，或是像贝壳，还有一些人会说像几个乌龟叠在一起。正是这种形象的联想性构成了悉尼歌剧院的印象基础。

另一个案例是巴黎。说起巴黎，人们可能会想到凯旋门、拉德芳斯如巨大书本般的法国国家图书馆或是卢浮宫，但可能最为人所熟知的标志性建筑仍是埃菲尔铁塔（图 2），譬如包括法国著名文学家莫泊桑（Guy de Maupassant）、

图 1：陆家嘴天际线；图 2：法国埃菲尔铁塔（李麟学 摄影）

小仲马（Alexandre Dumas, fils）、左拉等在内的文学、艺术、建筑界人士纷纷签署了《反对修建巴黎铁塔》的抗议书。1889 年，在埃菲尔铁塔完工之初，很多文化界人士认为它破坏了巴黎的城市天际线。但在今天，当时被认为十分“丑陋”的建筑造型，已经成为巴黎这座城市不可或缺的形象或者象征。上海的东方明珠也经历了类似的命运。这说明我们对建筑的认识也是具有时代性的。可以说在时代的变迁中，美的建筑能够留存下来，逐渐地成为一种城市记忆乃至时代记忆。

（二）如何欣赏建筑的美

建筑不仅为我们的生活提供了遮风避雨的基本环境，而且构成了我们生活体验是否愉悦的重要部分。一座建筑，往往会直接影响到我们在建筑中的体验。那么，我们需要追求建筑之“美”吗？我们应该如何欣赏建筑呢？在绘画领域，大家有时候会说“一幅画画得好”或是“我喜欢这幅画”，就会引申为这幅画特别美。但事实上，当我们了解了现代艺术和当代艺术的发展之后，我们会认识到当下的艺术可以跟一种直观的、绝对的“美”没有任何关系。比如极少主义艺术家卢齐欧·丰塔纳（Lucio Fontana）的作品。他在画布上用刀划开一条缝，一个口子，那么这件作品是“美”的吗？或许不同的人会有不同的解答。类似地，建筑也是一样。很多时候，人们说“我喜欢这座建筑”，这种“喜欢”的最初印象往往来自一种视觉经验。传统意义上，有三大视觉艺术门类——建筑、雕塑以及绘画，而建筑之美往往源自雕塑以及绘画对于建筑本身的装饰。文艺复兴时代的建筑师提出了“比例”的概念，认为建筑能够基于“比例”，而获得和谐之美。20 世纪以来，伴随着建筑这门学科的发展，建筑师试图从这种艺术的标准中挣脱出来。譬如，一批现代主义建筑师提出了“空间”的概念，认为一种流动的、自由的空间体验才是建筑之“美”的核心。而在当代，如果我们将结构工程也视为建筑的一个方面——当然这门学科通常研究的是建筑的力学和结构问题，即建筑是否坚固，那么结构之美也是欣赏建筑的一个重要方面。

可以看到，关于什么是“美”，是否存在一种“美”的标准，到了当代成为一个越来越复杂，也越来越多元的问题。或许，在现在，没有一个人能够很准确地表达出美的标准。对于当代建筑与艺术来说，多种多样的可能性，均构成了我们欣赏建筑的出发点。

（三）建筑的功能性与文化性

建筑十分重要的出发点便是功能。建筑缘起于人们遮风避雨的需求，而自古以来的建筑，也往往首先是为了居住的需求，它的文化属性则随后才会发生。在《道德经》中，老子曾经说：“凿户牖以为室，当其无，有室之用。故有之以为利，无之以为用。”这段论述对一间屋子的“空间”与“功能”之间的基本关系给予了十分精确的定义。又如，现代主义建筑有一句非常著名的口号，“形式追随功能”，也表达了 20 世纪以来建筑师们对功能这一基本问题的关注。然而，对功能的过分重视或者说一种仅仅拘泥于功能的认知，却会走向另一个极端。比如，功能主义是 20 世纪以来建筑师提出应该根据建筑物的功能来设计空间与形式的一种理论，但到了 20 世纪 60 年代，另一批建筑师则指出了机械运用功能主义理论带来的弊端，譬如无法满足人们的多元化需求或者考虑到时间变化等。

事实上，我们的生活行为往往具有很强的文化性和社会性。不同时代的经典建筑，或许源自功能，却往往会超越功能。譬如，当我们看到不同的穹顶之时，我们会想到什么呢？它是一种结构形式，构筑起人们生活所必需的穹顶空间。但与此同时，不同形状的穹顶也具有不同的文化意义，比如基督教、东正教教堂的穹顶，或是印度或中国佛寺中的穹顶。在同济大学郑时龄院士的《建筑和艺术》一书中，便提出了这样一个观点，即建筑不仅是艺术的门类，同时也可以与其他艺术门类之间产生通感。比如，建筑能够与色彩结合，令人们身处同一空间中之时，也会产生不同的感觉。又如，建筑能够与壁画相结合，创造出各种视错觉空间。巴洛克时期的著名建筑师贝尔尼尼和博罗米尼便非常擅长同时结合空间与绘画的透视关系，来创造出不同的纵深，在真实的空间中通过虚拟的空间而形成延展。在我们同济大学建筑与城市规划学院一年级基础课程中，同学们也会完成一项色彩采集的课程作业，用不同的色块和构成方式，将关于一座建筑的感受表达出来。另外，建筑与音乐和韵律之间同样有着丰富的联系。德国哲学家黑格尔曾说："音乐是流动的建筑，建筑是凝固的音乐。"

建筑基本问题

（一）建筑的意义

在建筑的功能性和文化性之外，建筑还有哪些基本的问题呢？法国建筑理论家劳吉尔（Marc-Antoine Laugier）曾经通过一段描述，揭示了一种假想中的建筑起源。在《论建筑》中，他写道："让我们设想一下原初状态的人，他没有任何辅助手段，只有本能与需求引导着他的行动。他需要休息的地方。在一条安静的溪流旁，他看到长满青草的河岸；青翠的绿色令他眼睛感到愉悦，河岸和缓的下坡在邀请着他；他来到河岸，在这点缀着花朵的地垫上，闲散地伸展着肢体，他只想在平静中享受自然赐予的礼物。然而，很快，炎热的阳光令他焦灼，他不得不去寻找遮荫处。他决定自己来弥补自然的疏漏。他想要一个居所可以保护他不受太阳曝晒。森林里掉落的树枝为他提供了材料。他从中选择四根最粗壮的，将它们立起形成一个方形。顶端他又用了四根树枝穿插过去，然后再往上使用更多的树枝，倾斜着靠在一起，并分别在两侧各自汇聚在一点：屋顶用树叶覆盖，足够紧密以阻挡阳光和雨水的穿透，我们的原始人就住了进去……这就是自然的简单过程；艺术模仿自然过程而诞生……只有保持最初的简洁才能避免错误，并获得真正的完美。直立的树干让我们想到柱子。其上水平的部分让我们想到檐部。最后，形成屋顶的斜向树枝给了我们山墙。"

显然，这样一段猜测从建造的角度揭示了建筑的起源。而在这段论述中，我们也发现了建筑，或者说建造所关心的一系列基本问题——从功能需求出发，基于材料，而完成一个结构，最终形成它的文化意义。在对材料和结构进行介绍之前，或许我们可以先来讨论一下意义。

说到现代建筑，似乎大家会想起比如"方盒子""白房子"等一系列描述。拿我们现在生活中的建筑与中国传统建筑相比较，似乎它们很不一样。那么，自

20 世纪 60 年代以来，便有很多批评的声音认为现代主义建筑“没有人性”。为什么呢？因为很多人认为现代主义建筑在追求“抽象”、排斥“装饰”的过程中，也排斥了意义的存在，从而令世界各地的建筑变得千篇一律、令人乏味。这批现代主义建筑的批评者提倡了另一种建筑，即所谓的“后现代主义建筑”，他们试图通过一种历史建筑及其语言的援引，重塑意义。它针对现代主义的抽离文化内涵的纯粹功能主义，试图重新寻回文化的元素。譬如后现代主义建筑的代表人物美国建筑师罗伯特 · 文丘里（Robert Venturi），为自己的母亲设计了一座住宅（图 3）。他运用了很多西方经典建筑的元素，如山花一般的双坡屋顶，但又在完整的山花上进行了一个断开的处理。那么这个时候便十分有趣了，它还是一个山花吗；或者说，仍然具有原来的山花的意义吗？这些问题都让人觉得十分值得思考，也通过设计处理令经典元素产生了新的意义。如果说现代建筑追求意义的直白和清晰，那么后现代主义建筑师则告诉我们，人是非常复杂的，相比简单与直白的事物，我们更能够欣赏暧昧的、复杂的甚至是混乱的事物。与一目了然的现代建筑相比，后现代建筑往往是值得“玩味”的。再以文丘里的母亲自宅为例，传统的西方建筑往往是对称的，文丘里却刻意把正立面的小烟囱稍微歪了些许。这些既对称又似是而非的地方，让人觉得非常有趣，愿意去细细地琢磨。当然，在后现代主义之后，西方又出现了解构主义建筑。解构主义的建筑师进一步告诉我们，其实建筑的结构也可以是“混乱”的，因为人类社会的现实事实上无法具有一种清晰性，而只有一个“混乱”的结构，才能在城市中激发出各种混杂的可能性，也因而具有更大的活力。譬如解构主义的代表作品便是法国建筑师伯纳德 · 屈米（Bernard Tschumi）的拉维莱特公园。与传统的“自然”公园想法

图 3：文丘里，母亲之家

不谋而合，屈米在此引入了一个复杂的系统，一个分散的“点”，一系列能够支撑不同文化与休闲活动的红色构筑物，以及与一个线性系统的叠加，从而形成一种关于建筑之意义的回应。

（二）材料

建筑还有哪些基本问题？正如业已提及的，材料是一个十分重要的方面。无论是英国的巨石阵或是中国五台山中的传统寺庙，无论是现代混凝土建筑或是当代大跨度结构，材料构成了建筑之物质性的关键。选取何种材料进行建造，或许是建筑师在设计之初便需要考虑的问题。它决定了一处空间的质感，关系到人们对这个空间的体验，同时也与一处空间的造价、结构、尺度等息息相关。

1. 砖

砖是一种非常古老的建筑砌体材料。在中国，春秋战国时期便陆续有了较为成熟的方形和长形砖，秦汉时期的制砖技术以及生产规模都有了显著的提升，也因而有了如“秦砖汉瓦”的说法。根据不同的材料和烧制工艺，砖有不同的类型和色泽，而不同大小的砖块也发展出了不同的砌筑工艺。在意大利博洛尼亚的教堂中，我们可以发现工匠们通过运用不同色泽和砌筑方式的砖块，而形成了自然而然的装饰效果。即便到了当下，砖仍然是许多建筑师青睐的材料。著名的美国建筑师路易·康（Louis Kahn）便运用砖完成了很多经典作品，比如他的代表作印度管理学院。无数块砖，在此共同支撑着整个结构。它们不仅是形式的呈现，还是功能和结构的完美融合。康曾经说过：“当我说砖，你想成为什么时，其实是在探讨建筑材料如何利用自身特质来创造一种独特的建筑语言和个性。”对于康以及很多运用砖的建筑师来说，砖并非仅仅是一种材料，而是通过一种材料而切入建造，从而创造出独特的建筑语言。

2. 混凝土

虽然混凝土听上去是一种现代材料，但事实上，古罗马人便发明出了一种基于火山灰的混凝土材料。也正因为这种材料，我们今天依然能欣赏到诸如万神庙、哈德良离宫、卡拉卡拉大浴场等混凝土结构的恢宏空间。以万神庙为例，为了实现近 44 米的结构跨度，建筑需求以厚墙承重，也无法大面积开窗。所以，古罗马的工匠创造性地在万神庙穹顶留下了可以采光的圆洞，同时采用网格状方形内凹格，既减轻了穹顶结构的自重，又为穹顶本身增加了进一步的建筑语汇。与砖相比，混凝土是一种更具塑性的材料，这也意味着建筑师能够发挥更大的形式创造性。伴随着现代结构科学的发展以及关于混凝土材料的进一步研究，建筑师得以通过与工程师的通力合作，完成各种看似不可思议的混凝土造型。譬如，我们通常会认为混凝土是“沉重”的，但如达 · 洛查（Da Rocha）等南美建筑师，却创造出了一种极其轻盈的混凝土建筑形象。又如日本建筑师丹下健三在香川县厅舍项目中，通过混凝土构件的排布和运用创造出了一种近似木构建筑的感觉，而当代日本建筑师安藤忠雄则通过材料配方的研究，令原本粗糙的混凝土材料表面能够在阳光之下呈现出一种近似纸一般的脆弱质感。

3. 钢铁与玻璃

伴随工业革命的发生，新的材料应运而生。这其中，得到最为广泛运用，也对建筑产生了根本性影响的便是钢铁和玻璃。1851 年，由帕克斯顿为伦敦世界博览会设计的水晶宫是钢铁与玻璃被广泛运用于建筑领域的象征。这座由钢铁和玻璃构成的巨大而轻盈的建筑，令当时的人们大为惊叹，也使得建筑师开始探索一种基于生铁和钢材的新型结构体系。水晶宫的出现，向人们展示了一种全新的空间可能性——建筑可以越来越轻，越来越透明，越来越开放，而很多建筑历史学者也将钢铁和玻璃赋予了文化解读，它们作为现代社会的象征，象征着一个愈发透明和开放的社会。

（三）比例

当我们谈到建筑之美，或者说欣赏建筑的时候，经常会谈到比例。美术史家或者画家会告诉我们，如果画一个成年人，那么头和身子的比大概是 1:7，如果是画一个小朋友，可能是 1:5，1:3。类似地，自古以来，比例是建筑设计中一个非常重要的形式构成准则。

建筑师要造一座 3 层楼的房子，或是一座 100 层的摩天大楼，建筑是高耸入云的，还是像拥抱大地的，都需要考虑比例。比例中包含了建筑师对自然界的观察，比如说海螺曲线与黄金分割比之间的关系，比如西方古典柱式中基于比例对客观美与主观美之标准的讨论等。在文艺复兴时期，比例往往被认为是建筑获得和谐之美的关键。它是不同的维度之间以及长宽高之间的关系。比如，意大利建筑师阿尔伯蒂（Leon Battista Alberti）便在他的《论建筑》中写道：“美是各部分在整体中，按照一定的数字、轮廓和位置协调一致的形式，受和谐支配，这是自然界绝对的和最基本的原则，这就是建筑艺术的主要目的，也是建筑的庄严、魅力、权威与价值的来源。”对于阿尔伯蒂来说，基于一定的比例，建筑便能够获得美。那么，这种比例又是如何确定的呢？一些建筑师认为建筑之和谐比例与音乐和韵律之间能够形成类比，一些建筑师则认为比例需要以人为本，如著名画家达·芬奇笔下的《维特鲁威人》，便表达出了这样一种观点。事实上，人以自己的身体构成周遭建筑与环境的基本度量，恰恰是文艺复兴以来人文主义精神的一个核心要素。当我们描述一座大教堂十分宏伟之时，我们往往都是从人的视角和尺度出发，来对其进行丈量的。

到了现代建筑时期，建筑师们便试图更进一步地将这种丈量关系科学化。法国建筑师勒·柯布西耶（Le Corbusier）是20世纪最为重要的建筑师之一，也是现代主义建筑运动的重要旗手。他曾经提出了一个模数系统，试图采用想象中的标准西方男性的身体高度，将他的手和身体的比例、上半身到胳膊以及大小腿的比例，都以一套基于黄金比例的模数来予以系统化。这一将人体度量与空间尺度相结合的尝试，建立起了场所与人之间更为紧密的关系。比如说，开启一扇符合人体尺度、基于模数的窗，往往能够带来方便之感，并形成愉悦的视觉效果。在中国，建筑师日常使用的《建筑设计资料集》也包含了大量与模数以及人体尺度相关的资料，以供设计师们随时查阅。

（四）结构

在材料之外，建筑另一个非常重要的基本元素便是结构。什么是结构？当建筑物需要以某种方式克服重力、立于大地上之时，这种“站立”的方式又能以何种姿态呈现？建筑的物质性，材料的重量，又能如何通过某种方法最终传至大地呢？

1. 拱

在东西方古典建筑中，拱是一种常见的结构形式，比如我们熟悉的凯旋门，便是单拱与墙体的结合，又如在中世纪的哥特式教堂中，我们往往可以发现由连续拱组成的天花。作为一种结构形式，拱的出现可以说巧妙地解决了人们对空间跨度的需求，基于单元的拱的组合则进一步令这一空间变得更为灵活。与平屋顶相比，拱通过曲线承载来自屋顶以及风、雪等荷载，又巧妙地将这些压力转化为推力，向两侧传导成为水平推力，从而在材料与建造技术尚不发达的时代，实现人们对大空间的渴求。在此之外，拱的优美曲线也为空间带来几分特别的美感。前面业已提到古罗马时期万神庙中的材料使用，那么拱券结构以及筒拱与十字拱则是古罗马在建造技术方面的另一大贡献。到了哥特时期的教堂，因为一些建造技术的失传，中世纪的工匠们重新摸索出了一套以尖拱为特征的建造体系。它通过将拱券之肋与柱子之形式的结合，以束柱在视觉上营造出一种更为轻盈、向上的体验。德国大文豪歌德曾经在拜访典型的哥特式教堂科隆大教堂之时，感到其为“创造到一半、远未完成就凝固了的宇宙”，无疑可以看出这种尖券结构以及束柱的运用对于空间之升腾趋势的作用。

2. 穹顶

伴随着拱的发展，西方教堂逐渐形成了一套较为成熟的穹顶建造方式，而它的缘起便是被称为“文艺复兴的报春花”的佛罗伦萨圣母百花大教堂穹顶。这个即便在今天仍然令人叹为观止的穹顶由意大利建筑师伯鲁乃列斯基（Filippo Brunelleschi）完成。与达 · 芬奇和米开朗琪罗（Michelangelo Buonarroti）一样，他也是一个典型的“文艺复兴人”，即一位通晓建筑、绘画、雕塑、结构等的全才。在伯鲁乃列斯基之前，佛罗伦萨的工匠们进行了多番尝试，却始终未能成功地将这一直径约 40 米的穹顶树立起来。1418 年，伯鲁乃列斯基赢得了穹顶竞赛。他创造性地提出了一种结构解决思路：通过双层拱的做法，来同时满足结构跨度和外部形状的需求，即通过经线的拱肋来连接较厚的八角形内壳及较薄的外壳，令内壳能够不受外界气候变化的影响，而外壳则可以以更为饱满的形状，塑造佛罗伦萨的天际线。双层穹顶的做法也在一定程度上加强了整体结构的抗力，同时可以利用两层结构之间的空间设置通道与平台，以供人们登上穹顶或是进行一些修缮工作。这种将结构之理性与建筑之美融为一体的做法，被后世认为是整个文艺复兴建筑的起点。

3. 斗拱与榫卯

在中国，工匠们同样需要考虑和解决结构问题。中国古代的工匠们发明出了一套非常智慧的斗拱体系，形成了中国传统建筑中出檐深远、曲线优美的“大屋顶”。斗拱是中国古代建筑体系中非常独特的一种结构，它完成了从立柱到屋顶的层层过渡，从柱子顶端层层探出、形若弓状的承重结构便为“拱”，而拱与拱之间为垫的构件则称为“斗”，二者的组合承托起了中国古代建筑中的屋顶。斗拱根据材质的尺寸大小，可以分为不同等级，并进而与屋顶的挑檐以及建筑本身的等级相吻合。在宋代的《营造法式》中便有记载，“凡构屋之制，皆以材为祖，材有八等，度大小因而用之”。可以看到，这便体现出了一种非常朴素而实用的模数化，也可以说远远早于西方现代建筑的模数概念之提出。在解决结构与材料的实用性需求之外，斗拱体系进而也塑造了一种美的感受。当我们去参观一座中国寺庙之时，在优美的大屋顶之外，或许令人印象最为深刻的便是大屋顶之下的斗拱层。层层进退的构件，塑造出一种强烈的秩序感，而细观每一个构件，它们又各自有着形状、色彩等细节的进一步刻画，可以说是一套非常巧妙地将结构与美学合为一体的结构体系，也正显示出古代中国工匠的高超技艺和智慧。

在斗拱体系中，斗与拱之间的连接则是另一项体现出古代中国工匠智慧的发明创造。与现代木作不同，传统木作既没有用到钉子，也不用到胶水，而是依靠一套“榫卯”的巧妙搭接。榫卯是中国古代建筑、家具及其他器械在两个构件上采用凹凸部位相结合的一种连接方式。“榫”是凸出部分，“卯”便是凹进的部分。最为简单的榫卯结构由两个构件组成，一个构件的榫头插入另一个构件的卯眼中，便完成了两个构件之间的连接和固定。在具体的实践中，工匠根据木作面与面的咬合、边与边的拼合或是面与边的交接，发明出了不同的类型，如“槽口榫”“企口榫”“燕尾榫”“穿带榫”“扎榫”等。若使用恰当，榫卯结构能够保证两个木构件之间如“浑然天成”般“天衣无缝”。与斗拱体系类似，在完成实用性的目的之外，榫卯结构的连接方式也形成了一种独特的拼接之美。

以现代建筑的建构观点来看，无论是斗拱或是榫卯，它们都清晰地表达了自身的结构构成，并且借助结构构件本身而非其他装饰物塑造出了一种蕴使用、结构与美感为一体的效果。这无疑既是中国古代建筑的重要特点，也值得我们今天的建筑师去学习、传承和重新诠释。

4. 钢结构

伴随着工业革命的发生，钢和玻璃逐渐成为最为广泛使用的建筑材料。如果说在 20 世纪初期，人们还很难接受钢结构所塑造的美感，往往仍将钢结构包裹于石材饰面之下时，伴随着现代建筑运动的发生，如密斯（Ludwig Mies van der Rohe）等建筑师的探索，以一种构件化和体系化的方式开拓了钢结构的独特语言。密斯曾经有一句名言，“少即是多”。那么与混凝土、木材、石材等更为古老的材料相比，钢结构最大的优势便是它的可加工性。譬如，密斯曾经设计了非常著名的巴塞罗那椅，椅子的主体由弧状交叉的不锈钢构架支撑，固定于钢构架上的马鞍皮皮带则承托起了两块长方形皮垫构成的坐面与靠垫。整个设计可谓一气呵成，以最少化和最为简单的组成部分满足了一把椅子的功能性和舒适性，而设计中极具美感的 X 形椅脚恰恰依赖于钢结构较好的结构性能以及热轧弯曲加工工艺，使得纤细的结构能够“举重若轻”般承托起上方的重量。这样一种充分运用钢结构构件在视觉尺度与结构性能上的优势的做法，也在密斯的建筑作品中可见一斑，如范斯沃斯住宅、西格拉姆大厦等。可以说，密斯的作品完美地体现出了钢结构的优雅。

20 世纪 70 年代则兴起了另一拨关于钢结构之美的探索。在当时，有一批建筑师致力于通过复杂钢结构的外露，来展现出一种富有未来感的建筑，这批建筑师也由此被称为“高技派”建筑师。其中最为经典的作品便是法国巴黎蓬皮杜国家艺术中心。蓬皮杜中心是由两位“高技派”建筑师伦左 · 皮阿诺（Renzo Piano）和理查德 · 罗杰斯（Ricard Rogers）年轻时共同通过一个设计竞赛赢得的项目。正如埃菲尔铁塔一般，这件作品在当时引发了非常激烈的讨论甚至反对意见。最初，人们很难接受在巴黎老城的核心地带，出现了一座如此庞然大物：它仿佛“开膛破肚”一般，将原先往往被隐藏于建筑内部的结构、机械、辅助构件外翻至建筑表面，通过一种完全的透明性，形成了一种全新的建筑语言。当然，人们一开始觉得它非常地丑，完全破坏了巴黎旧城的历史街区风貌。但到今天，它已经完全成为巴黎城市印象的一部分。在罗杰斯与皮阿诺的设计中，他们也考虑到了巴黎老城的密集肌理，便做出了一个十分大胆的决定，只用一半的地方来建造房子，而将另外一半以广场的形式归还于城市。那么现如今，这块微微起坡的广场，成为巴黎市民和游客愿意逗留、休憩的公共场所。很多时候，市民或许不一定会进入建筑中去参观展览，却乐于在此小憩，享受巴黎的城市生活和乐趣。

无论是埃菲尔铁塔或是蓬皮杜中心，它们都显露出在任何时代，建筑的保守和激进、革命性的创新之间，都是一对矛盾的力量。建筑师如何把握好这样的力量，在任何时代，同样存在着争论。以上海为例，拆掉一座老房子，设计与建造一座新的房子，是否破坏了原来的城市肌理，破坏了上海的历史、人们的记忆？而创新的东西是不是具有足够的力量来替代历史？创新是让城市空间变得更好，还是更差？这些都是建筑师需要不断思考的问题。在蓬皮杜中心这一例子中，我们可以发现建筑之美与建筑所创造的城市生活的公共性，发挥着同等重要的作用。

（五）光与影

曾经有人说过，如果建筑是凝固的音乐，那么光影便构成了律动的篇章。光构成了一座建筑非常重要的元素。当然，光赋予了我们以可视性。由此，建筑师往往需要在设计中推敲窗的大小和位置，往往是为了塑造合适的光线条件。譬如，意大利建筑师卡洛·斯卡帕(Carlo Scarpa)的卡诺瓦雕塑博物馆。在这件作品中，斯卡帕通过非常特别的开窗处理，让转角的建筑往里面微微退进去一些，而形成了长条形的窗。这一窗的处理，使得人们仿佛觉得是光本身穿过了整个建筑。正如斯卡帕这件作品所显示的，光不仅仅保证了可见性和舒适性，更构成了空间塑造的重要手段。在已经提到的万神庙中，透过穹顶圆形开口洒下的光线，为整个空间塑造出了一种神性的氛围。而如路易斯 · 康（ Louis Kahn ）、柯布西耶等建筑大师们，均十分擅长运用光线。柯布西耶曾经说：“建筑是对阳光下的各种体量的精确的、正确的和卓越的处理。”在他的晚期作品朗香教堂中，厚墙上大小不一的开窗，令这座看似朴素的教堂，具有了引人静思的内部空间。当彩色的光线透过小窗投射进来之时，小教堂内部的空间似乎呈现出了一种被净化的效果，而创造出契合宗教建筑的强烈精神体验。

当然，说到光，便也脱离不了影。在光明与黑暗这一对关系中，人们很多时候往往觉得黑暗是不好的，但对于建筑师来说，如果没有“暗”，建筑师便无法运用光。比如在前面提到的朗香教堂中，正是幽暗室内之中星星点点的“光”，才最终共同塑造了它神秘迷人的空间氛围。与西方语境中对较为强烈的光与影之对比的追求相比，在东方美学中，“阴影”构成了更为核心的关注点。日本文学作家谷崎润一郎的《阴翳礼赞》，便探讨了“阴影”及其不同层次，在日本文化和审美趣味中的重要性。设计建筑也是类似，如果能把“暗”做好，才能把“明”做好。建筑学一年级的同学去写生之时，美术老师便会告诉他们，比如说画一个村子，怎么样让这条路显得非常深远。那就需要在这条小路上，通过光影表现出一亮一暗的层次，层次越多，这个小路就更加深远。光和影、明和暗的变化节奏，都构成了这条路的纵深感。这种韵律感也是建筑师运用光线的另一种常用方式。

风格与源流

（一）西方古典建筑

如果说前面提到的概念——结构、材料等，是建筑的物质性要素，那么在谈论建筑之美时，还有一个非常关键的概念，即风格。风格可以说是一个基于西方艺术史和建筑史的独有概念。在他们看来，不同时代的建筑具有不同的风格，彰显着不同的“时代精神”，甚至有历史学家基于这种观念，认为以中国传统建筑为代表的亚洲建筑是“非风格”的，并进而是“非历史”的。显然，今天来看，这种一以论之的观点是错误的，而对于“风格”这一概念本身，今天的史学家也提出了很多质疑与重思。但无论如何，它仍然为我们勾勒西方建筑历史提供了一个基本的框架。

1. 古希腊：雅典卫城

那么西方建筑的源头可以追溯至古希腊。在古希腊雅典卫城中，希腊建筑在数个方面取得了极大的成就，也奠定了西方建筑的根基。首先，它代表了一种早期的、自发性的市民社会的开放和共享。古希腊城市中的诸多建筑类型，如露天原型剧场、城市广场等，构成了西方城市公共空间的雏形。其次，在建筑语言上，它奠定了西方古典柱式的基础，即出现了多立克、柯林斯和爱奥尼三大柱式。尽管后世关于这三大柱式的细节、比例、意义等有了诸多的发展，但均建立在这一框架之上。最后，以雅典卫城为代表的建筑构成了今天我们讨论建筑与自然、空间序列等关系之时的典范。譬如，卫城从山门至胜利神庙，再到帕提农神庙，最后到达伊瑞克先神庙的序列以及建筑与山地和自然的融合，为后世的建筑师提供了极大的灵感（图 4）。

图 4：雅典卫城

2. 古罗马：万神庙、斗兽场

古罗马建筑一方面继承了古希腊建筑在柱式、城市空间等方面的遗产，另一方面也因为在建筑材料、建造技术、建筑理论等方面的探索，系统性地推动了西方古典建筑的发展。正如前面已经提到的，以活性火山灰、碎石和石灰为基料的混凝土以及拱券结构便是古罗马人的伟大发明。正是这些技术革新和材料创新，才出现了古罗马建筑与其帝国之势相合的恢宏空间。在建筑类型方面，古罗马人更进一步地创造出了更为复杂的城市类型——结合市场与集会功能的巴西利卡、城市剧场、斗兽场、公共浴场以及带有天井的独立住宅和早期的集合住宅均在古罗马时期逐渐形成了它们的形制。最后，古罗马时期维特鲁威的《建筑十书》在历史上奠定了西方建筑的基本体系，它系统地总结了古希腊与早期罗马的建造经验，提出了“坚固、实用、美观”的基本原理。维特鲁威关于建筑之“美”的思想结合了以数的和谐为基础的毕达哥拉斯学派和以“人体”的自然美为基础的希腊人文主义思想。可以看到，无论是维特鲁威关于“美”的观点或是“坚固、实用、美观”的基本原理，至今仍然有着极大的影响。

3. 哥特式：法国巴黎圣母院、德国科隆大教堂

伴随着罗马帝国的没落，其建造技术也在一定程度上失传了。早期的基督教建筑改造了罗马墓葬建筑以及巴西利卡，并逐渐形成了基于古罗马的技术与空间组织为基础的罗马风教堂。伴随着基督教的发展，一种基于对物质世界之“美”的新的认识的建筑风格开始出现，即前面业已提到的哥特式。哥特式教堂以骨架券作为拱顶结构构架。由于拱券技术的失传，所以哥特式教堂往往以侧推力较小的双圆心的尖券和尖拱为特征，同时辅以飞扶壁来抵抗侧推力。这也形成了哥特式风格教堂与罗马建筑或是罗马风建筑之极大的不同：与后者的厚重相比，哥特式风格往往是纤细的、林立的，强调着向上的动势。当然，这也与中世纪时期玻璃工艺的发展息息相关。例如，在圣德尼大教堂、兰斯教堂以及夏特尔大教堂中，光线的引入及其变化，塑造了一种全新的空间体验，而对于当时的信众来说，物质的光辉恰恰可以将人们引至精神的世界。

4. 文艺复兴：圣母百花教堂、圣彼得大教堂

在哥特式之后，伴随着透视法的发明和罗马古代遗址的发现，当时的人们开始意识到了一种新的人与世界之间的关系。文艺复兴时期对古代艺术的探索不再

追寻一种中世纪的经验主义的价值，而试图发现一种内在的价值，而认识这种价值的标志即是现实世界，而作为主体的人，也是这一现实的重要部分。所以在文艺复兴时期，“人”成为一个重要的价值判断尺度。无论透视法将现实世界转化为了一种能够被人所认识的客体，或是达·芬奇的《维特鲁威人》，它们均展现出一种全新的世界观的出现。在前面已经提到的佛罗伦萨圣母百花大教堂之外，文艺复兴时期的建筑师们开始追求一种基于人文精神的艺术。如果说哥特风时期以象征性手法和通过宗教故事来描述世界，那么文艺复兴时期则开启了对自然与真实世界的兴趣。与此前工匠基于经验的劳作相比，建筑开始被认为是一种基于智力和理性的创作，由此也在历史上第一次诞生了“建筑师”这一职业。

在文艺复兴建筑中，如阿尔伯蒂、伯鲁乃列斯基、伯拉孟特（Donato Bramante）等建筑师往往借助古典建筑的语言来追求基于数比的和谐之美，在几何秩序、宗教秩序和宇宙秩序的合一之中，追寻理想之美，而历经数位建筑师设计的圣彼得大教堂也是文艺复兴晚期的代表性作品之一。

5. 巴洛克：圣卡罗四喷泉教堂

伴随着文艺复兴建筑的发展，一些建筑师提出了对理想秩序及其和谐之美的质疑，并开始试图在冲突中寻求一种美的可能性。这便出现了手法主义。米开朗琪罗便是一位典型的手法主义建筑师，他在柱式和透视法的运用上体现出了更大的灵活性，并塑造了更具戏剧性的空间效果。手法主义又进一步孕育出了巴洛克。与文艺复兴建筑相比，巴洛克建筑与艺术强调以感染力、想象力和创造力来震撼人的心灵，它不拘于古典规则，突破和妙用几何形式，打破各种要素之间的界限，强调整合与连贯以及建筑、雕塑、绘画等不同门类艺术形式的综合。在巴洛克式的空间中，人们往往能够感受到一种强烈的动态以及戏剧与冲突感。以博罗米尼（Francesco Borromini）的圣卡罗四喷泉为例，建筑师对椭圆平面以及曲线的娴熟运用，创造出了富有动感的内部空间，而面对城市，转角处的处理也使得城市界面变得更为连贯。另一位巴洛克建筑的代表人物则是贝尼尼（Gian Lorenzo Bernini）。他既是一位建筑师，也是一位雕塑家，设计了圣彼得广场的巨大柱廊以及圣彼得大教堂内的华盖。如果说文艺复兴如同极少主义或者是中国古代非常简洁的明代家具一般，那么，巴洛克建筑则更加接近清代的雕花家具。

6. 古典主义与折衷主义：法国凡尔赛宫与巴黎皇家歌剧院

正如繁复到极致往往就变成了累赘，巴洛克建筑也在经历了盛期之后走向了衰败。伴随着以法国为代表的欧洲民族国家的出现以及对建立一种以君权和宫廷为核心的建筑文化的需求的出现，西方古典建筑之风格重心逐渐转移至了法国和巴黎，并基于一套古典语汇系统的确认而逐步地形成了古典主义风格。古典主义风格的确立源自笛卡儿唯理论的影响，即人们开始认为“美”是一种客观而绝对的存在，同时也与当时君权对一种可传播的美学秩序以及纪念性尺度的需求有关。在这一背景下，同时如法国卢浮宫、凡尔赛宫、巴黎皇家广场等均代表了基于这种美学理念的建筑学实践；另一方面，法国皇家建筑学院的创办以及塞利奥（Sebastiano Serlio）在《建筑五书》中对柱式规则的确立，均代表着西方古典建筑传统的逐渐制度化。

在古典主义之后，伴随着欧洲城市化的发展、工业革命的发生、社会生产力的提高等，一方面出现了对于旧有建筑风格的质疑，另一方面新材料以及新的建筑类型的出现也提出了新的挑战，此外，如桥梁、铁塔、铁路等工程技术的进步也对过去的建筑风格形成了极大的冲击。在这样一种充满复杂性与矛盾性的背景下，建筑风格也处于一种不断探索的状态中。一些史学家将这种结合了不同时期风格的式样称为折衷主义。顾名思义，便是对不同风格与语汇的糅合。折衷主义的代表作品之一便是法国巴黎皇家歌剧院。当然，也有一些建筑师虽然无法摆脱过去的风格的影响，但也开始了探索新的材料和结构方式的可能性，如帕克斯顿（Joseph Paxton）的水晶宫、拉布鲁斯特（Henry Labrouste）的圣热内维图书馆、苏夫洛（Jacques-Germain Soufflot）的巴黎万神庙等。这些作品也构成了 20 世纪现代建筑的先声。

7. 现代主义与国际风格：四大师

进入 20 世纪，现代主义运动的发生逐渐孕育了“国际风格”。现代建筑的代表人物之一柯布西耶曾经提出了“新建筑 5 点”。所谓“新建筑”，便是与古典建筑传统，尤其是折衷主义建筑相对立的现代主义建筑。这“新建筑 5 点”是：①底层架空，即主要的使用层离开地面，独立支柱使得一楼能够被更为灵活地使用，甚至成为城市空间的一部分；②屋顶花园，将花园移至视野最广、湿度最少的屋顶；③自由平面，即基于现代框架结构，墙体可以从过去的结构作用中解放出来，而仅仅起到分隔房间的作用，可灵活布置；④横向长窗，与古典建筑的厚重墙体相比，现代框架结构体系使得大面积的横向带状开窗成为可能；⑤自由立面，同样得益于现代框架结构体系，现代建筑的立面也获得了更为灵活和丰富的可能性。

柯布西耶的经典作品萨伏伊别墅则完美地展现了上述 5 点在现代建筑中的可能性。底层纤细的柱子塑造出了面向周边绿地开放的空间，由柱网支撑的三层平面各不相同，根据功能产生着丰富的变化，四个立面均采取了抽象构成的手段，横向长窗为室内提供了充足的光线以及朝向自然的视野，屋顶花园则为居住者提供了一处围合于自然之中的空间。在上述 5 点之外，一段连续的坡道将人们从底层逐渐引至屋顶花园。这种将空间体验与运动相结合起来的做法，也是现代建筑的一大特点。柯布西耶将这种建筑称为“漫步式建筑”。显然，与古典建筑的静态空间相比，现代建筑更加强调运动的重要性。

事实上，以简洁著称的现代建筑刚刚诞生之时，它并不被人们所接受。当时传统的建筑师会告诉你，现代主义只能用来设计马棚厂房、工业建筑等附属建筑。丝毫不讲究比例尺度、线脚装饰、柱头雕刻的现代建筑往往被认为是粗鄙的。但一些建筑师仍通过不懈的努力，借助现代建筑的语汇创造出了一种古典秩序。这其中便包括了前面已经提到的德国建筑师密斯。尽管密斯运用了最为先进的钢结构和玻璃材料，但在建筑平面的布局以及立面设计中，他却逐渐在战后走向一种古典性。以柏林新国家美术馆为例，这一巨大的开放空间以其轴对称的平面、精密的秩序、纯粹的空间感而被视为一座“古典的神庙”。

现代建筑自然也产生了它自身的教育体系。其中最为著名的便是包豪斯学校。建筑师格罗皮乌斯（Walter Gropius）担任了包豪斯的第一任校长，也为其设计了校舍。校舍根据学校的课程设置，分为工作车间区、办公管理区、剧场、餐厅、学生和教工住宿区。格罗皮乌斯根据这些功能的需求，设计了大小高低不同的建筑体块，将其以一种十分自由的方式进行组合，最终完成了整座校舍的设计。与萨伏伊别墅对“新建筑 5 点”的宣示相比，包豪斯学校在更大尺度上展示出一种新的建筑风格的可能性。除校舍之外，其家具和陈设也均由包豪斯学校的师生自己设计。

在包豪斯学校因纳粹执政而被迫关闭之后，格罗皮乌斯、密斯以及其他一些欧洲现代建筑师纷纷迁徙至美国。在美国，现代主义的建筑思想结合了美国郊区生活的理想，发展出了新的可能性。美国现代建筑的代表人物弗兰克·劳埃德·赖特（Frank L.Wright），创造出了一种非常适合美国人生活方式的现代建筑。在

图 5：流水别墅（设计：赖特，李麟学 摄影）

他的作品中，建筑更为讲究与自然环境的结合，以及空间之间的流动感。赖特最为著名的作品便是流水别墅（图 5）。架于一处瀑布之上，简单的体块组合，水平线条的出挑，自然的材料使用，令整座建筑如同从石头中长出来一般，与自然融为一体。当然，这样一种极其舒缓、出挑深远的造型，离不开现代建造技术的支撑，也从根本上符合了现代家庭生活状态。

那么，上述四位建筑师——柯布西耶、密斯、格罗皮乌斯与赖特，便构成了人们所津津乐道的现代建筑四大师。当然，对于专业的建筑史学者或是建筑师来说，现代建筑运动由无数重要人物以及思潮所组成。但出于各种各样的原因，这四位建筑师确实在大众传播层面，构成了现代建筑的独特招牌。

（二）中国传统建筑

回到中国，显然在建筑方面，中国产生了与西方截然不同的传统，并且自20 世纪的现代化进程以来，受到了西方现代建筑的极大影响。在 20 世纪以前，中国并没有现代意义上的建筑师。在中国，大部分建筑往往是由工匠完成的。那么工匠是如何来完成设计和建造的呢？和西方意义上的建筑师及其创造不同，工匠更多依赖于师傅与徒弟的系统传承和知识传递。

前面已经对斗拱和榫卯结构进行了一定的介绍。在过去，这样一套结构与建造体系便在宋代以一本《营造法式》被逐渐地制度化下来，甚至跨越朝代更替而继续流传与实施（图 6）。如同维特鲁威的《建筑十书》，由宋代监丞李诫编写的《营造法式》是中国古代最为完整的建筑技术书籍。作为一位负责建造事务的官员，《营造法式》自然有其官方意义，相当于是北宋政府颁布的一套建筑规范。它对当时的用材用料标准以及建筑的设计、规范和生产管理都进行了相当系统性的论述。另外，它也成为一本工匠执行与操作的参考手册。比如，工匠们可以通过一本《营造法式》来指导施工。它会告诉工匠如何根据房屋的等级，来确立大致的开间、格局，并进而计算各种用料用材的多少。

这样一套体系伴随着中国第一代建筑师自西方学成归来后，得到了重新梳理。其中，梁思成先生与林徽因先生完成了对山西省五台山佛光寺大殿等一系列的唐代建筑的测绘，基于实例，整理出来一整套的中国建筑木构系统，为今天的研究奠定了宝贵的基础。

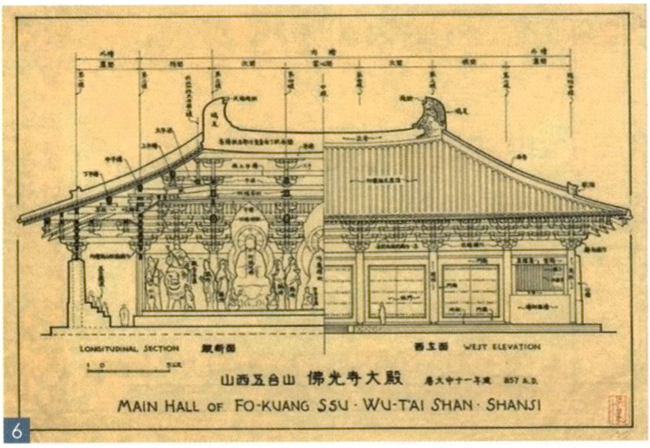

6

图 6：营造法式

建筑学科的发展

（一）现代学科发展

在简短地回顾了中国传统建筑之后，我们便逐渐进入当代中国建筑中。包括梁思成、林徽因、杨廷宝在内的第一代建筑师，于 20 世纪初期开始在美国宾夕法尼亚大学学习建筑。在那时，宾夕法尼亚大学仍然盛行古典主义和折衷主义的建筑风格，它的教学遵循着源自巴黎皇家美术学院的布扎体系，很多中国学生接受了这样的教育，并成为中国现代意义上的第一代现代主义建筑师。但伴随着这批建筑师的实践生涯的展开，他们也逐渐受到了西方现代建筑的影响。

（二）中国建筑与西方建筑的关系

在这里，或许需要对中国建筑与西方建筑的关系展开简短的讨论。诚然，中国传统建筑发展出了庞大的体系和极高的建造智慧，但到了 20 世纪初期，面对工业生产和现代城市的需求，原先的木构体系却很难在短时间内发展、演变以适应当时的需求。所以，伴随着新材料和新技术的引入，西方现代建筑也逐渐在很大程度上取代了中国传统建筑，而占据了现代中国建筑的绝大部分。而我们的第一代现代主义建筑师也将他们在美国所习得的西方建筑体系，包括建筑教育制度引入到中国，打破了原来中国的传统工匠传承，产生了一种现代化的职业，即我们现在所说的建筑师。

可以说，面对社会与生产发展的需求，在当时的条件下，这样一种趋势是一种必然性，也在很多后发国家中经历了类似的过程。但如若快进到今天，当我们在基本层面上已经完成了现代化的建设之后，显然，当代中国建筑师需要重新回望传统，寻找自己的文化根源。

（三）当代中国建筑

今天，当我们谈论当代建筑的时候，经常有人会讨论 CCTV（中央电视台）大楼到底好不好。这种现象说明了什么呢？首先，这座建筑非常重要，它成为一种公共现象。其次，它引发了很多争议。一些建筑师很喜欢这件作品，但也有很多人认为它破坏了北京的风貌。事实上，当代建筑很难简单地用好看或是难看来评价。CCTV 大楼的建筑师库哈斯（Rem Koolhaas）是在当代建筑中一位非常愿意挑战建筑学既有规则和传统的建筑师。通常，在设计高层建筑时，建筑师都会考虑力的传递。然而，库哈斯却试图突破高层建筑的既有模式。那么 CCTV 大楼的结构难度事实上非常高，但是对于建筑学来说仍然具有非常重要的意义。在某种程度上，库哈斯探讨了建筑学的一种边界，即通常我们认为高层建筑应该符合受力结构，而库哈斯则探讨了有没有可能做出一种不符合传统意义上力的结构，这个结构通过一个非常深厚的混凝土地下基座而完成地面之上的悬挑以及近乎奇观的造型。虽然我们很难用美丑来判断它，但无疑，CCTV 大楼已经成为北京新地标之一（图 7）。

与 CCTV 大楼类似，当代建筑也有着非常多的创新，甚至包括异想天开的构思，比如是否可以有漂浮的建筑，没有重力的建筑，可以折叠的建筑，可以移动的建筑。或许可以认为这些是天方夜谭，但没有创新，却很难突破建筑学的既有边界，令其不断发展。那么这种突破传统建筑学和结构的挑战，也是我们理解当代建筑的一种方式。

另一种理解当代建筑的方式则是通过技术途径。比如建筑师袁烽采用机械臂来拼装建筑。他通过计算机相关软件，设计出了一堵如丝绸般波动的墙体，而这种微妙的波动效果则依赖于不同砖块之间的转角实现。因为每一块砖的旋转的角度都是零点几度甚至零点零几度，这些微妙的曲线变化无法通过传统工人进行建造。而机械臂操作则可以非常精确地实现设计师的意图。近年来人工智能的发展，也让我们看到了 AI 介入建筑设计的可能性，比如借助 AI 来读懂建筑法规，完成住宅区的排布和日照条件测算，又如借助 AI 来设计建筑立面，等等。可以说，智能建造将会在未来建造中发挥越来越重要的作用。

图 7：CCTV（中央电视台）大楼

这些或许是更为面向未来的探索。而在当下，建筑师们在历经数十年狂飙式的城市化进程之后，往往试图“慢下来”，以一种改造的态度介入现实。在北京的微胡同项目中，建筑师张轲把一个非常小的四合院改造成了适合于一家人居住的场所。不同房间形成的对望关系，也独具一种非常当代的美。当然由于玻璃都是朝向对方的，所以只适合一家人。建筑师柳亦春的龙美术馆，借助原来运煤码头高架桥的语言，保留了它的结构，并以此为启发形成了龙美术馆的伞拱结构。在金华瓷房中，建筑师王澍则借助一种传统材料的全新探索，创造出独特的表面效果。而在文村，对中国传统建筑的重新诠释，赋予了当代乡村以一种寓古于新的美感。

同济建筑与人物

在当代中国建筑领域，同济大学与同济人发挥了重要的作用。最后，再介绍几位毕业于同济的建筑师。

冯纪忠，在一些中国建筑师的心目中，冯纪忠先生占有着独特的位置。这无疑与他接受的现代建筑教育以及对中国传统园林的认知有着极大关系。虽然由于时代关系，他的建成作品并不多，但他的何陋轩与方塔园却是现代中国建筑历史上的经典。在符号泛滥的后现代建筑思潮中，冯先生在当时便拥有了非常超前的思想，对中国传统建筑的屋顶类型进行了新的解读——将现代主义的建筑样式和中国传统的坡屋顶用竹子以非常自然的形态有机地结合起来。尽管何陋轩面积不大，十分朴素，却可以从中解读出种种当代建筑的思想：对传统和园林的关注，对建构和构建的关注，对几何的巧妙运用。正因为它所蕴含的丰富意味，也使得这件作品在近年来被不断地从各个角度进行解读。

陈从周，园林大师陈从周出生于江南，从小生活在基于非常有文化的江南家族。陈从周先生不仅是一个造园大师，也是一个文学家、散文家。他将中国园林艺术推向了世界。陈从周先生的《说园》一书，在造园的理论、立意、组景、动观、静观、叠山理水、建筑栽植等诸多方面，提出了独到的见解。

王澍，建筑师王澍也是同济校友。他获得了 2012 年的普利兹克建筑奖，也是中国唯一一位获得建筑诺贝尔奖的建筑师。他的作品当中有一种十分粗糙的力量。有人会觉得他做得不太精细，完成度不高，但事实上，他却和陈从周、冯纪忠一样，用非常当代甚至个人化的方法来解读中国的传统，是一种对文化的解读。

普利兹克建筑奖的评语认为王澍的作品是对中国当下快速造城运动中、面对文化与历史记忆被摧毁之时，一种保存记忆的方式。他的作品并非复古或是模仿，而是基于一种当代的方式与过去的文化建立起一种对话。无论对建筑材料的使用，或是建筑形式的重新诠释，王澍均是非常有创造性的。在某种意义上，他不是纯粹的建筑师的做法，而更像是在设计装置或是画画。王澍的作品在某种程度上也可以说是一种现成品艺术。譬如在他的宁波博物馆中，他收集了废弃的旧砖，将它们重新组合、砌筑，完成了新的建筑的立面，同时又令“新”仿佛如“旧”一般。

张永和，同济大学建筑系的教授，也是当代具有代表性的中国建筑师。他曾经担任过麻省理工学院建筑系的系主任。他的代表作品则包括了中国美院良渚校区、吉首美术馆等。张永和与夫人鲁力佳在 1993 年创办了非常建筑，这也是中国独立建筑师制度普及过程中非常具有里程碑意义的一个事件。虽然在张永和的作品中并未出现鲜明的、如王澍作品中的屋顶形象，但类似地，他也致力于建造工艺的革新。

结语

在科技飞速发展的当下，我们经常会思考：在工科大学里，哪些学科依然能够结合文化发展而开展建设呢？麻省理工学院的校长曾在演讲中说，为什么要在麻省理工学院这样一个以工科见长的学校里，设立音乐系、艺术系等，为什么需要在建筑系里研究艺术史，当然还有非常著名的创新机构媒体实验室（Media Lab）。为何要设立这些看似并不科学，甚至可以说“生产效率”不高的专业呢？因为工程技术是一种手段，是解决我们温饱的基本方式。但人们最终的追求却需要回归文化和精神，科技的终极目标是人可以自由地享受思想和文化的熏陶。20 世纪的历史业已清晰地向我们展示了这一点。也正因为此，我们才需要学习建筑，了解建筑，感悟建筑，在建筑之美中获得一种精神的满足。

第十八讲

园林之美

文　朱宇晖

同济大学建筑与城市规划学院建筑系讲师，硕士生导师本讲试图通过“中国传统园林一席谈”一窥“园林之美”。这个话题，可能更像一杯茶或者一杯咖啡，容易入口，但也有丰富的调性。

为了更全面地接近真相，我会试图让大家摒除一些关于中国园林的习惯性见解。比如动辄“小中见大”“步移景异”……我想说咱们不需要过度沉溺在这个已经被说到有些“油腻”的语境当中——其实极限的“小中见大，步移景异”，会导致空间感觉的琐碎，甚至破碎、烦躁。比如，当从连续的四个漏窗之间一路走过去时，第一个漏窗是春、第二个是夏、第三个是秋、第四个是冬。我觉得可能会像拉洋片，会感觉过度纷乱。这种跳跃感其实并不符合我们传统的审美逻辑。假如说真有那么四个窗户，它们密集地排列在旁边，让你去快速地掠过，你看到的就不应该是春夏秋冬的过度快速而破碎的轮换，而应该是同一个春天的不同侧面。

所以我想说，我们寻常意义上那些过度口水化、鸡汤化的理解，可能并不是中国传统园林的完整的全部；或者说这是一种不好的理解趋势，这种趋势会把中国园林过度地狭隘化、神秘化。

再比如，一说起园林就是我们“传统文化的优秀结晶”。事实上，它是中华大地上千百年日常营建活动的成果，在明中晚期到晚清的几百年间，还曾经特别地丰富频繁（在这之前的园林营建还没有那么平民化）——在几百年频繁的营建之后，它注定是良莠不齐的，注定是佳作和庸常之作混杂，非常扎眼甚至毁三观的作品都会迭出的。就像不是所有的建筑都会是成功、漂亮的一样。

所以我们不要去把园林过度神秘化、神圣化，不要把它如同偶像一般供奉在一个高高的圣坛上，供人膜拜，不容置疑。它当然是带着无限调性和层次的；它当然是一个可以被理解、分析和批判的东西；它就像我们隔壁的一个睿智老人，它会有孩童般的天真、圣哲般的明澈，也会有他猥琐、可爱的时刻。

所以我们今天这节课，就用特别简明快捷的方式，跟大家谈谈园林的几个生动真实的面向。

对原始“城市化”进程的空间“反动”：生态化、艺术化与自觉化的探索

它的生成机制是什么样的？

为什么我们看到法国凡尔赛宫花园，或者到英国去看丘吉尔庄园，跟中国园林会完全不同？我们看见丘吉尔（Winston Leonard Spencer Churchill）胖乎

乎地坐在宁静的水塘边，看着面前绵延的草坡、丛树、恬静的水面——那一看就是他肯定能活到 90 多岁是吧，他舍不得过早地离去。或者现在到纽约去看到中央公园，那样一大片三百多公顷很生态、很丰富、很自然的空间。它跟周围密集的高层建筑之间的关系，跟我们是完全不一样的。

那么我们中国传统园林有什么不同？我就说咱们中国传统园林是一个对“城市化”进程的艺术化“反动”。当然这个“城市化”，我们叫它是原始的“城市化”。现代意义上的城市化，可以理解为各种资源，包括人口、金钱、智慧、劳动力……它们向城市充分集中而升华的过程。那么传统意义上的类似过程，我只能说它是原始的“城市化”。而中国传统园林，正是对这个进程的一个艺术化的、空间化的“反动”——我们能够通过对空间的巧妙处理，自觉而优雅地逆行、回归，在繁密城市中创造出一片自然和生态化的平等天地，用来解放我们的心灵。

我们可以试着从空中俯瞰我们熟悉的北京故宫，一大片满铺着璀璨金色的建筑群（图 1）。虽然我常常会忍不住嫌弃故宫的现状：因为在明代初年，北京故宫中轴线的两侧会有绿色琉璃瓦的建筑，或许还为数不少。那条金色的中轴线可能会更加突出，像一条金色的脊梁，南北延伸到整座北京城。可能是在清代之后，金色的琉璃瓦逐渐铺满了整座紫禁城，这片金色变得大饼化了——好在金色大饼的背面有我们郁郁葱葱的景山加以归拢。而画面的左侧，就是一片现代化的楼群了。

这幅画面有什么问题吗？它是两轮“城市化”进程的结果。一轮是元、明两代的，一轮是近几十年的。这两轮城市的发展，某种意义上都注定包含着对大自然的、对居住在这个环境中的自然人的某种束缚，都期待着艺术化的反作用力。

那么这个画面过去曾经是什么样子的？我们可以看一下老照片里头的北京故宫和景山。其实一直到民国的时候，因为只经历了前一轮温和的“城市化”，城市的能量没有充分地爆发出来，所以整个北京城甚至故宫的后半截，都还沉浸在

图 1：北京故宫与景山

一片郁郁葱葱的绿色海洋里。

但即便如此，这个温和“城市化”过程，还是让我们一方面远离了自然，深陷在连绵的四合院里；一方面远离了自由，深陷在社会的网格和等级当中。我们还是会感觉到痛苦，即便是在这样一片郁郁葱葱的中世纪感的城市当中。

所以说我们拥有最迫切的挣脱欲望，从这个君主专制制度定下来的空间轴线、空间网格中挣脱的欲望。生活在这个美丽格子里的某个人，编号也许是 003b，然后你的空间等级也被规定。接着出门一看，周围又全是灰扑扑的建筑。虽然看似掩映在绿色的树丛中，可你终究是深陷在这个温柔而痛苦的空间网格里——中国人之所以能寻求到一种最艺术化的空间解放方式，或许是被这个网格“逼”出来的。所以说中国传统园林的发生机制跟别人不完全一样。我们的等级最森严，所以园林的挣脱最激烈，饱含着中国人曲折尽致的空间艺术和智慧。

当然北京城内这片绿色海洋的消失，和画面左侧楼群的出现，就是这几十年来第二轮城市化的结果了。它让我们更有必要回头看看，前人是如何做，如何“挣脱”的。

咱们就拿北京城的中轴线来说，在故宫后面，从一片金色的宫殿海洋中，挣脱出了一座翠色的景山。但景山本来也还比较规则，还带着宫殿的气质，中间最高，旁边依次减小，它充当的是一个过渡角色。但是沿景山往西侧一走，就到了我们画面里蓝色的北海，“海面倒映着美丽的白塔，四周环绕着绿树红墙”。蓝色的北海是宫殿区当中一个华丽的释放空间，它让森严连片的宫殿区获得了片刻的心灵释放。在这儿我可能规矩稍微轻一点了，在这儿我也不是满眼只看得到人工建筑，我能看见蓝绿交织的山和水了。“未到江南先一笑，岳阳楼上对君山”——从故宫、景山到三海，空间逻辑是逐次放松的，从容、自觉而有层次，至少它曾经是这样的。后期的清中叶，在北海北岸添加了过多建筑，变丑了一点，但也还能够接受。

所以中国传统园林寻求的就是这样一个生态化的、艺术化的、自觉化的“反动”过程，在一个越来越森严的原始“城市化”逻辑当中的“挣脱”。待会儿我们会看到纽约中央公园，那种自觉性就不太强。他是一个直接的生猛碰撞，让自然与人工碰撞对比。而我们的园林则带着鲜明的自觉逻辑，会让两者之间有一个从禁锢到解放的变化趋势，能够充分展现自觉的释放之美。

从空中看下去的北京城，从元、明、清一直到今天，城址都没有特别大的变化，甚至金代的城址也有部分重合。在金王朝，也就是 12 世纪的时候，它就曾经是北中国的首都，名叫金中都，然后元大都、明北京、清北京，几乎一直延续到今天，成为汉唐长安之后的又一中华超级名都。而其他古都，往往不是偏安，就是短命，始终没有这么沉雄阔大。这里头一个重要的原因，似乎也能从空间环境里寻觅到——那么挺拔的一条南北中轴线，旁边又有那么悠长的一条水轴，北海、中海、南海，北海再往北，则是前海、后海、积水潭……从千里江南沿着京杭运河冉冉而上，在通州张家湾朝西，拐进北京城。这条弯曲而遒劲的水轴，仿佛一条“水龙”，和陆上的轴线，也就是陆上之龙穿插互动，提升了整座城市的空间形象和心理感受。“日月光天德，山河壮帝居”——某种意义上，这就是中国传统园林对社会的贡献，它不只让人有心灵的释放、艺术的熏陶和情感的提升，还可以让人对城市、对国家产生更强烈的文化认同和归属感，这是很不容易的事。

那么各国的园林是不是都有类似的生成机制呢？

比如，法国的巴黎城，缤纷地铺展开来，充满了有力的对角线。它和我们这种中轴显著、网格严密的北京城是完全不一样的。其实我们看到的这座巴黎城已经经过了 19 世纪奥斯曼男爵主持的大规模改造了，相当于在我们晚清的时候经历了大规模改造。之前巴黎城的空间活力还要饱满得多。在这样一座巴黎城外，大概相当于我们明末清初的时候，法国国王、“太阳王”路易十四营造了他的凡尔赛宫（图 2）。他要寻求的，是对城市的种种“缤纷”空间的理性矫正。他要

图 2：法国凡尔赛宫

图 3：英国牛津郡伍德斯托克镇丘吉尔庄园

让自己的君王威权像阳光一样，像御花园的道路一样，向四面八方放射普洒——所以我们的园林是对一个规则社会的艺术化的“反动”。而它是对一个缤纷社会的理性和威权的统括，客观上，也成为即将到来的法国启蒙思想运动的空间投射，暗含着饱满的理性精神。

凡尔赛宫花园营造得特别几何化，我经常开玩笑说这就不像是一个造园家干的事，更像是几何老师，或是科学家、工程师干的事。它的园林艺术气质似乎相当欠缺。我们从空中看下去，它朝着远方伸展的三叉戟一样的大路其实是一个“世界中心”的权力幻象，它就是想给君王一个阳光四射、权力四达的幻象。“大道直如发，春日佳气多。”当然我们中国风水家们看了，会有“三箭穿心”之感，恨不得在道路尖尖上，立上一块“泰山石敢当”——而沿着他的宫苑区向深处走，你就会看到拉通娜水池、阿波罗水池、1.6 千米长的人工运河，次第向远方延展，充溢着人工的理性和君王的威权，充溢着征服自然的空间暗示。为什么它会设计成这样？因为它的城市已经非常缤纷活跃了，所以它需要用更多的理性去规范这片苑囿，甚至把奥斯曼男爵规范、整饬巴黎城的手段延伸到苑囿里。

所以它和北京刚好是两个完全相反的叙事。我们是在威权和网格当中寻求突破，而它是在缤纷当中寻求统括。

到后来，凡尔赛宫苑甚至让整个欧洲引为楷模，大家都在按照这个逻辑去盖宫苑、拉轴线，盖着盖着大家也不好意思了——“我看着有点单调？”，“仁兄，我觉得也是”——好在“布朗时代”姗姗到来。英国的天才造园家布朗先生在横扫欧洲的轴线狂潮中幡然觉醒了：我干吗不充分学习我们英国自己的自然地景？那些连绵的草坡、丛树，点点羊群，弥漫的水面，我们英格兰自己的风景（图 3），暗含着大自然和人类生命力的共同释放，暗含着内化的理性力量，它难道不远远地胜过“凡尔赛”系列的威权炫示和几何化表达吗——造园的“布朗时代”，相当于我们的乾隆时代。当我们的造园艺术无可奈何地滑向繁缛造作的“乾隆趣味”时，他们的造园却走向了解放和回归。

到后来 18 世纪的时候，整个欧洲的造园都不一样了，走的都是我现在给大家展现的英国丘吉尔庄园的这种感觉。连绵舒卷的草坡，如同悠然旷达的心绪一样向远方伸展，澄静的水面倒映着富有韵律感的丛树（而不是那种“狗牙啃”一样的杂树），不时漾动着心灵之漪——它仿佛是大自然伟力的渐次苏醒，有着宏大的音律般的逻辑，又暗含着深沉的历史感。“鸟下绿芜秦苑夕，蝉鸣黄叶汉宫秋”——这情绪先是沿着草坡挥洒，然后是丛树、丛树再丛树，微微颤动着，滑向远方。

有时我们会好奇地想：它这逻辑、节奏怎么能把握得这么得体？老实说，有的设计师仿佛天生就会；有的勤恳苦练，练个几十年，技巧也能一样好。而且比天生就会的人心里要更明白，更知其所以然。

所以这个英国自然风景园是 18 世纪的欧洲造园主流。而刚才的法国规则式园林，则是 17 七世纪的欧洲主流。这种造园风格变化的背后，就是从威权和几何化的叙事，回归自由、诗性化叙事的时代流变，这是一个祛魅的过程。

当时的整个欧洲抱有对东方的美好想象，法国的启蒙思想家伏尔泰就是个东方迷、中国迷。因为同样的诗性底色，这个时候的东西方造园是有些相似的，只是中国园林的诗性反倒在乾隆皇帝的审美偏执中渐渐流逝，伴随着整个时代的沦落。

我们退远了看这座丘吉尔庄园，其实在这个远端您能看到拉长的轴线。原本他是想造一座法式的、规则式园林，造着造着突然觉得不对了。那个时候正是伏尔泰、卢梭、孟德斯鸠们活跃的时代。一方面是伏尔泰们迷东方，布朗们营造的园林似东方；另一方面是中国的乾隆皇帝们拼命地在让东方园林琐碎化——好在欧洲不知道，他们还在说，咱们要做东方式的诗意园林。

再举一个小例子。比如伊斯兰园林，西班牙阿尔罕布拉宫的桃金娘院（图 4）。它是相对专制而神性的语境当中的伊斯兰风园林，用澄澈的规则式水庭来暗示天堂中的四条河流，牛奶、蜜、酒和甘泉——天堂的象征就是四条美丽的河流。

桃金娘院中央这条轻盈的柱廊，它庄严而不失轻灵地横掠过院子的远端，尽可能消解着院落的神性，勾勒着如画的梦境。但是如果这个柱廊兜上一圈，包裹起整个院子会是怎样？那个惊鸿一瞥般轻盈而过的身形会不会变得凝滞臃肿？整

图 4：西班牙阿尔罕布拉宫的桃金娘院（李麟学 摄影）

个院落的缥缈神性会不会大打折扣？大家想象一下。再看院子两侧的长墙上也有拱窗，如果这些拱窗外头不拿一个方形装饰套住，不把这些居于两侧的次要拱形收在一个方形里头，它会不会干扰中央那条核心柱廊的表达？大家想象一下。再有，如果中央柱廊的上方，没有一个硕大浑成的方形“堡垒”压在上头，彰显着特殊的庄严和沉重，这条轻掠而过的柱廊，它也不会走得这么轻盈，这么曼妙。

或者再想：如果没有这么一个长方的水池导向画面的中心，导向这条中央柱廊，再穿过柱廊，仿佛沿着方形的“堡垒”升腾向天……假如没有这个纵深向的、有力的运动逻辑，这条横向柱廊是否还会这么富有张力？而且这个纵深向逻辑始终由规整有力的长方形构成，长方的院落、水池、绿化……确保灵魂般飘逸的拱廊几乎不受任何其他弧线干扰。

这个院落仿佛是由数百年时光精雕细琢而成，却又仿佛饱含着斩截的现代性。它和阿尔罕布拉宫的其他院子，比如狮子院，完全不在一个境界——却和下面展示的苏州拙政园西部水廊有很多暗合的地方。“删繁就简三秋树，领异标新二月花”，它们都在一个类似中世纪或者中世纪中晚期的时间段落里，散发出了特殊的、解放般的诗意。

再举一个例子，这个几乎是 19 世纪了，纽约的中央公园（图 5），在那么密集的曼哈顿街区，那么密集的高层楼群，仿佛是真正的城市化高潮中，无数世

图 5：纽约中央公园

俗欲望的恣肆释放。它和中间这三百多公顷的、高度自然、自洽的密林、湖泊各自诉说，各自绽放生命力量，互不妨碍。它们之间的关系，其实某种意义上呈现了我们唐朝王维的“辋川模式”，也就是唐长安城外的名园“辋川别业”中的景象。

在较为可信的园图里，王维的“竹里馆”就是一座内向的四合院落，坐落在一片纯粹的竹林里，那种浑朴的关系处理，仿佛就是把建筑直接扔进去就行了，他不需要去和自然山水环境作那种刻意的、自觉的互动。但是周边自然环境勃发的生命力和这座建筑本身的张力，以及建筑当中独坐的王维的生命力量，他们是一个共振的整体。所谓“独坐幽篁里，弹琴复长啸。深林人不知，明月来相照”。院落的清严、竹林的刚劲、琴声的激越、人格的高扬，宛然如一。

在这当中，您看不到像后来苏州拙政园、艺圃中的人工建筑与自然山水穿插互动的曼妙关系——那是自觉的、超水准的，是我们对世界所做的莫大贡献，是我们卓立于世界的一个重要的自豪点，它的空间艺术价值和人文精神价值在未来还将被不断认知——而在那个时代造园，就是把人工建筑与自然山水扔在一块儿，内化了它们的互动，各自绽放，自然合拍。王维的时代其实和纽约中央公园的时代有些相似。这就是我们古风时代的园林的样子。

我们用这么一个短的时间快速讲解了我们中国传统园林和世界其他园林的风格异同。我们是在规则、“理性”社会中自觉的诗性突破，而人家是在一个缤纷局面中的理性整饬， 然后再慢慢挣脱出来，回归诗性。它们有不同的生成机制和逻辑关系——那么我们怎样去寻求这个诗性突破呢？这个突破当中的一些手法逻辑、艺术特征是怎样的？咱们继续说。

从“家国同构”到“天人合一”：中华的空间逻辑回归

简单地说，中国园林的空间逻辑，走的是一条从“家国同构”向“天人合一”的回归之路。

什么叫家国同构？我们先看看山东曲阜孔庙（图 6）。这是我们中国现存整体格局最佳、艺术水准最高的大型礼仪建筑群，其实远比北京故宫的布局存留状态要好得多——因为故宫从明代初年奠定格局以来，经历了后世的太多改变，把宏大浑成的空间关系消解掉了很多。而曲阜孔庙大致留存着从宋、金到明初所奠定的格局——特别悠长挺劲的一条中轴线，前部仿佛鹤首、鹤项；后方的高潮部位有特别宏阔而纯净的廊院，仿佛鹤身；廊院前方的中轴两侧，历经金、元 、清三代，形成了横向翼展的十三碑亭，仿佛从容展开的鹤翅。整个建筑布局就如晴空一鹤，展翅欲飞。

而屋面的色彩，也由森严礼制分出曼妙层次，予人以云翔鹤翥、匠心独运之感——从同文门、奎文阁到大成殿、寝宫，这六座中轴核心建筑覆盖的是金色琉璃瓦。到了稍稍外圈的核心廊院，改用绿釉琉璃瓦（微微偏蓝，色泽拿捏极佳），但以金色琉璃瓦勾勒屋檐、屋脊，明净秀挺，形成与核心建筑之间教科书般的色彩过渡。然后再两侧的东路、西路建筑，就降为纯粹的绿色琉璃瓦。再外围，出了孔庙，则是满布曲阜全城的、灰色陶瓦覆盖的万家屋海，有力烘托着中央一庙

图 6：曲阜孔庙

的翼翼高矗，仿佛“云里帝城双凤阙，雨中春树万人家”——此时此刻，这生硬的色彩等级，仿佛就是为生动的颜值服务的。

而孔庙的东侧紧接着孔府，作为孔氏后裔使用的、世俗化居住建筑群，它的尺度不一样，色彩不一样，“腔调”也完全不同了。但一样是挺劲的中轴，一样是连续的方形廊院，它和孔庙的空间结构是一样的。假如说某种意义上，孔庙代表着“国”，孔府代表着“家”，这个“家”和“国”，空间结构是一样的，而且能由此反映出，这个社会结构也是这样的。

其实我们从空中俯瞰一座城市，往往就能看出这座城市，乃至这个国家的基本社会结构。你到欧洲去看，你到中东去看，结构都是不一样的。而你在曲阜这样看下去的时候，特别能清晰感觉到这个“家国同构”的概念，不只是建筑空间的结构，而且是你的家庭和你的国家结构关系也是一样的。在家得听父母的；在城市得听市长的，那叫父母官；到了朝廷上，得听皇上的，那叫君父。这三层结构是完全相同的。

那这个结构好不好？肯定有好的一面，中华文明几乎就在这个结构下特别稳定地存续了 2000 年。但它有显著不好的一面，它仿佛是一套精密打造、层层嵌套的限制系统，对人性的自由释放有很大的压制。所以说中国人也在寻求另外的空间逻辑来抚慰自己，比如营造园林，寻觅我刚才所说的“天人合一”之境——不是那种被说滥的天人合一，而是说，在这个缤纷的大自然中拥有平等的感知、共情和释放、创造的力量，是这个意思。绝不是董仲舒版本的天人合一，那个版本说皇上是上苍之子，上天的紫微垣投射到地上就是紫禁城。可我们前面一节就说过，中国园林就是用来逃离这套话语体系，寻求心灵自由的。

我们再从北京城上空俯瞰。高踞内外城中心的故宫建筑群历经数百年挫改，依旧不失堂皇之姿，渊源自明代的内外金水河仿佛银河天汉，从中轴线前端潺潺掠过。但即便如此恢宏的故宫，它和北京城里一个小小四合院的空间结构也还是一样的。先是东南角的头门，然后是中轴线上的垂花门，前后两道门，然后是上房院落。而故宫从大明门算起，也不过是五道门而已。那么以太和殿为首的三大殿殿组不就是四合院里头那个上房的放大吗？以乾清宫为首的整个后宫不就是后罩房吗？它的结构还是一样。所以这个家国同构，是我们中华的一个基本的空间和社会逻辑。

而浙江东阳的卢宅也是这样的，非常帅气的建筑群，推荐大家去。这个空阔纯净、明风洒然的肃雍堂核心院落，在中华院落排行榜中，位置很靠前，要完胜故宫太和殿廊院的现状。

安徽徽州呈坎村的罗东舒先生祠，又叫宝纶阁，在祠堂建筑群里头，是比较精湛的一例，不过和天外飞仙般的东阳卢宅相比，风格就偏晚了，颜值就偏低了，但依然和曲阜孔庙、北京故宫是同构的。

那么在这个处处同构的建筑空间系统当中，中国园林怎么寻求结构的突破和心灵的释放呢？

我们继续从空中俯瞰苏州拙政园（图 7）。拙政园的前半部分，现状是府邸、会馆和住宅的集合体，相互间只有尺度的不同，并无结构的差异。一条条纵轴线相互平行，每条轴线往往有四五进建筑，每一“进”微微横展，绵密交织成较为规则的社会网格。而在西部，贝聿铭先生设计的苏州博物馆区域，原状也是园主张氏的住宅、祠堂、义庄交织成的深邃网格，所谓“侯门一入深似海”。

在这片绵密网格的后半部分，拙政园蓦然绽放了，这是严密规则逻辑中的绽放，是从家国同构的语境向天人合一境界的绽放。如果说，前半部的每个小院都“同构”着京华的故宫，都仿佛直接接收着皇上的指示——只要院落的主人手捧过《论语》《孟子》《大学》《中庸》，不需要是皇上的“微信好友”，不需要跟皇上在朋友圈互动，他们在空间和精神上就跟皇上是同构的——那么后半部的拙政园则同构了中华神仙世界中的“一池三山”，同构着海上的蓬莱仙境。“忽

图 7：苏州拙政园

闻海上有仙山，山在虚无缥缈间”，在一片与京华同构的院落群中，独自回归了“天人合一”的孤境——虽然还使用着来自前半部的建筑元素，只是错落散布，流动勾连，呼应顾盼着，“如释重负”地投入了山水之间。而苏州城中，远远近近，大大小小，影影绰绰，还有众多拙政园的“微信好友”，它并不是一座园在战斗。

再看苏州北半园，它周围的环境改变较多了，但仍然可以感觉到，它怎样在一个规则的网格中腾挪变化出了一个别样的境界。我可以几乎不突破这个城市网格，我就在网格中换个材质，换个透明度，也就是在院子里向下挖一个渊潭，形成纵向而澄静的水面，这样的水面更适合内向而深沉的院落，四周廊舫周绕，老树纷披，令狭小平淡的院落一下子满溢着薄暮空潭的想象，变得深邃而富有哲思了，这跟“乱峰围绕水平铺”“望湖楼下水如天”的杭州西湖是迥然不同的。

再如扬州小盘谷的一道爬山廊，在致密城市中，仿佛一招天外飞仙，打破了月圆之夜、紫禁之巅的森严网格，高扬起慷慨直抒的独立意志、奔腾不羁的侠义精神。

所以这是我所说的第二点，园林的艺术化“反动”之路怎么走，我可以突破网格，我可以置换材质……一切都是为了从“家国同构”的致密语境，回归“天人合一”的曼妙情怀。

书法线条引领的空间气骨逻辑

那么在这个艺术化的“反动”之中，还有什么特殊的艺术逻辑呢？

李泽厚先生说过类似这么一句话，我们中华所有的艺术形态，都带有鲜明的、线条化的属性。咱们可以看一下东晋时王献之的《鸭头丸帖》，王羲之的儿子当中，他是得家学最好的。“大抵南朝皆旷达，可怜东晋最风流。”东晋高士们最喜欢嗑药丸，跟现在“药丸”不一样，王献之嗑的可能是一种绿色的“鸭头丸”——当然那时最时髦的是包含着石钟乳、硫黄的“五石散”，嗑了之后会全身发热，皮肤发红。必须穿旧的丝绸衣服，否则磨着难受。还必须得出去走走，把这药劲给散发掉，“散步”就是这么叫出来的。

我们见到的这个帖，应该是唐人的摹本，但得了王献之原作的神韵——他脑袋胀胀地提起笔来，“鸭头丸”这是一笔，然后起笔再下去，“故不佳”又是一笔。这时候墨不足了，情绪也初步发泄了，于是又蘸了一次墨。“明当必”，这是新蘸的墨，“明”那里有一坨黑，但没关系，这是情绪的势能溢出来了，明天必须聚！跟造园的时候，寄畅园的鹤步滩、瞻园的大石矶是一样的——然后换行，但情绪没断，“集当与”“君相见”。全帖一共十五字，分了五笔写成，当中蘸了一次墨，但他的情绪势能是在若不经意间一贯之的。所以王献之的书法我们叫“一笔书”，陆探微的画叫“一笔画”——中华所有的传统艺术形式几乎都是跟着这样的线条逻辑走的。

我们的传统园林和建筑空间当然也带着同样的线条化特征。比如武当山“太子坡”的这条复道，两边都是素净而绚烂的红墙，这墙上不能开窗，不能写字，也不能刻意地起伏。只要随着山势苍劲而行，用自身必要的单调，走出苍茫雄浑的线条逻辑来。但凡多作一点点润色加工，比如不必要的雕刻，这线条就没这么纯粹了——好在“太子坡”没有犯这些错误，就像常山赵子龙，一骑绝尘而上；又像黄河万里而下，一气苍茫，拒绝雕琢，奔向大海。所以这个与山同构、如浪欲奔的复道长墙，走的也是这种线条逻辑。

再看我们在浙江省永嘉县屿北村测绘的民居——闲存堂、茂秀堂的连续立面。这是我们几位特别棒的同学测绘的。由下而上，我们先看到的是村寨外侧连绵而恬静的水田，有禾苗密密地滋长；然后是临水的、厚重的卵石寨墙；然后是建筑底层、向上斜收的鹅卵石山墙；然后是第一层、第二层纷披层叠的屋檐；最后是横流在最高处的屋脊——它们直冲斜抹，跨宅跃巷，分花拂柳，呼山应水，仿佛共着我们的大地山川连绵行走，走出了中华特有的建筑和空间逻辑，走出了会贡献于未来的某种灵魂性的线条逻辑——就像王献之的书法线条跨越字句、驰骋纸面一样，就像大诗人陆游在他的《秋夜将晓出篱门迎凉有感》中的思绪飞扬、情绪奔流一样——“三万里河东入海，五千仞岳上摩天”！故国之思，如高音骤起，又如山岳纵拔，大河流转，奔流到人们的沉痛心绪之中：“遗民泪尽胡尘里，南望王师又一年。”他这也是跨越性的宏大逻辑，饱含着一气呵成的线条感。

再比如我前面跟大家说过的北京北海和景山。远方的景山单放在那里，不过是个端庄板正的蜡烛台，带着过多的威权色彩。好在还有“山映斜阳天接水，芳草无情，更在斜阳外”，当绿树红墙随着明净的“海面”绵延流转的时候，它顺带着把景山和白塔都给解放了，赋予了它们曼妙行走的线条逻辑，一起走向远方，而不再是傻乎乎往那儿一杵——远方的水畔，还有五龙亭在那儿接应呢。所以说，它整个儿的线条逻辑也是与山水共振的。

多吐槽一句，北海琼岛底下的那坨截山断水、掐头去尾的两层楼廊，是乾隆中期加的，说是皇上南巡归来，想学镇江金山寺的“寺裹山”，结果反倒把山水互动的逻辑给打断了。该楼廊中间开膛，塞入两楼，两头截肢，各堵一亭——那就不是一个富有生命力的连续线条，而是一个头尾乱摁、中间乱顿的死线条，是一个违背中华线条逻辑的晚期叙事。

再来看苏州园林，比如拙政园中部惊艳绝尘的山岛组合，在一汪大池中，从东北角朝着西南方奔走。蓊郁绵延，浓翠欲滴，漫掠过全园核心，才戛然而止，散作一片岛矶，就是今天荷风四面亭的位置——这组山岛用石不多，就像书法的顿挫较少，保持着线条的流畅性；而积土厚重，自然植被丰茂，仿佛妙笔横扫，天籁横吹，俨然魏晋古风。所以人称“茂树曲池、胜甲吴下”。到 20 世纪 70 年代修缮时，为加固坡岸，乱点黄石，把核心横屿的南坡加得粉身碎骨，也让全园线条微微凝滞。好在屿上还有雪香云蔚亭，中国最美丽的山亭之一，以悠然横扫的檐口线条挽救了局面，让山岛们重新奔流起来（图 8）。

而这组山岛北侧虽然用石也多，但堆叠出了横流的线条感，还不至于破局。

山岛的西北方，也还有未尽的余势，期待着不羁的逸笔——这时中国传统园林中最优美的建筑组“见山楼”应运而生了。这是一个二层楼阁与廊桥、爬山廊、平折桥的接续组合，它浑成一气、穿插协奏于山水之间，用适宜的体量、随宜的续接、妙入毫巅却不着痕迹的线条处理，延续了山岛的行走和池桥的蜿蜒。一眼望去，仿佛无山无水，无楼无桥，只是一组如画的线条凌空飞扬。

图 8：苏州拙政园中部见山楼廊组

尤其自楼东北回望，一组起伏的横檐跨山映水、参差层叠，不由分说地掠过了整个画面——上层负责接山，从见山楼二层楼檐，向西延伸为廊桥桥檐，跨过了黄石小丘，再向西延伸为爬山廊檐，迤逦而下，消逝于远方的园墙之外；下层负责映水，宽缓披拂的见山楼下层屋檐向西延过廊桥，撞入山坡，向东跌落到水面，延伸为水上的折桥，低吟浅唱，凌波而远，延向了宽阔宁静的水面。

这一“建筑组”刚劲浑朴，大工不雕，却又八面出锋，神采奕奕。让人想起清初大诗人吴伟业“前身合是采莲人，门前一片横塘水”的句子，或是徐志摩的“寻梦，撑一支长篙，向青草更青处漫溯；满载一船星辉，在星辉斑斓里放歌”——这或许是现存中华传统园林中最为缤纷美好的一根线条。

“哲人日已远。”王羲之和王献之们翩若惊鸿、宛若游龙的飘洒身姿早已寂然而远，可他们的片纸遗墨，却仍然足以让我们遥想到一千七百年前中华民族所曾达到的线条表达高度。当然这个线条逻辑也不会无往不利，它还是会遭遇到某种艺术困境；因此，也呼唤出了不同的突破方式。

世俗化的写意及其尺度困境

中华传统造园艺术的形态表达是线条化的，尺度表达则是微缩写意的，正如我们戏剧艺术空间的“三五步走遍天下，八九人雄会万师”。即便是表现赤壁之战的《群英会》也用不了几个龙套。

这种微缩写意是会上瘾的，会世俗化的。一方面会试着无限放大微缩的范围，过度罗列，三山五岳，恨不得尽入园中；一方面会无限放大微缩的力度，过度微缩，一步三折，恨不得塑造为缤纷绮丽的小人国——前者易令景象过度纷繁而涣散，有“万花筒”的错觉；后者会令景象过度破碎、失真而无感，有“迪斯尼”的错觉。

这一过度微缩写意的趋势大约在明万历年间达到巅峰，实际上也是园主们夸奇炫胜、园林景象空间世俗化的结果。当时王世贞的太仓弇山园、徐泰时的苏州东园（也就是今天的留园）和潘允端的上海豫园似乎都多少沾染了这一风气，都以大面积雄山壮水、连峰叠嶂著称。某种程度上，也可能都多少陷入了尺度过度失真的困境。

我们姑且把这种尺度困境叫作“豫园型”，请豫园迷们不要生气。豫园的黄石大假山大致由掇山名家张南阳堆叠于明万历初年，我们测下来八米多高，已经很震撼了。在老照片里，这座山要向南迤逦延续到湖心亭水面西岸，这才像个正常的大师作品，而不是目前的庞然一坨。20 世纪 50 年代陈从周先生率人在东南山脚下加掇余坡，应当也是为了解决这个“一坨”的问题，可惜当时条件所限用了湖石，有点跳跃感——所以这座山的现状跟原貌相比已经相差很大了，看照片可能还失去了不少细节，可能只有山中那条谷涧内保存原貌较多。

为什么这座名山被破坏得那么剧烈？其实在它建成之后，特别是清中叶，大概乾隆二十五年（1760）豫园正式成为上海县（当时还叫上海县）城隍庙西园以后，这座宝贵的“高”山始终是上海县人民重阳登高的地方。半城人就这么在城市的花园里“爬呀爬呀爬”，更不用说几度战火带来的致命破坏了。

但无论怎么变，无论创作者如何杰出，它的毛病都在那儿——它有些过度地浓缩了大自然，貌似雄奇宏阔，实则流露出世俗化的占有欲和表现欲。“遥望齐州九点烟，一泓海水杯中泻”毕竟只是古人的想象。过度的浓缩一定会伤害观赏体验，这世上就没有只占便宜不吃亏的事。咫尺之间翻山越岭，刻画万千，技法稍有不足，就会形同儿戏，甚至荒诞剧——就像把某帅哥缩小一号，那个“帅度”能差多少就知道了。早在明晚期，这种过度写意、过度世俗化的造园风气愈演愈烈的时候，很多自由知识分子就忍不住纷纷批判，明末清初的造园巨匠张南垣，不是张南阳，甚至指责这是小朋友捏泥巴骗人。

那我们怎么去解决这个问题？只能是不忘初心，回归现实主义，或是走向超现实主义——大概有三种路径。

一种可以叫尺度不足，精微来补，也就是用特别现实而精微的手法来微缩自然。代表作品是苏州环秀山庄湖石掇山。

这座湖石名山的作者戈裕良是清中后期、嘉庆和道光年间的常州人，他仿佛同豫园大假山的作者张南阳一脉相承，都具有精微刻画、饱满再现大自然的强悍能力，也许是中华名山大川的磅礴姿态都集中投射到了这两位掇山奇才的身上——只是到了清中后期，由于君权的禁锢，这种投射已经日益稀薄。所以环秀山庄的总体布局是壅塞的，建筑过多。

但掇山本身是真好，在咫尺之间一气浑成地浓缩了雄奇的“喀斯特”地貌。无论是崖壁、隧函、涧谷、渊潭都能以寥寥数笔，刻画若神——在张南阳们的基础上又有了很大提高。如果没有对大自然的长期观察，没有大量创作素材的积累筛选，没有多次的实践矫正，是不可能达到这样的艺术高度的。

即便如此，进山后一抬头，山头一树似乎比山还高，一回首，水畔一亭也有半座山高——还是令人有尺度碰撞、幻境动摇之感。时代的局限、过度的浓缩，终究是限制了环秀山庄的艺术高度。

第二种手段可以叫尺度不足，“间离”来补。也就是索性超脱现实尺度的限制，用超现实的尺度来塑造景象，象征自然。代表作品如苏州耦园的西园部分。

比如梅兰芳先生唱《贵妃醉酒》：“海岛冰轮初转腾，见玉兔，玉兔又早东升，那冰轮离海岛，乾坤分外明，皓月当空，恰便似嫦娥离月宫，奴似嫦娥离月宫。”唱到这儿，梅先生嗓子有点沙了，这时候舞台边上梅先生的助手看出来了，我得提把壶上去给梅先生饮饮场。怎么上去，您扮成个宫女上去？这不好，戏可能被您搅乱了，哪儿多出来个宫女？您干脆就直接瓜皮小帽，拿个茶壶上去给他喝，观众会自觉认定您不在这个场子里。所以这叫“间离”，或者说“超现实”，就是我自觉地保持和生活实况（这里指剧情）的某种距离，我就戴瓜皮小帽上去了。

所以日本京都的龙安寺可以用砂来表达水，用平砂、点石来象征大自然的波涛汹涌。“水何澹澹，山岛竦峙。树木丛生，百草丰茂。秋风萧瑟，洪波涌起。”滴水全无的小小砂庭可以塑造出这样的万千气象。它有点像日本“能剧”和中国昆剧中的表达，或者说像贝尔托·布莱希特的“间离派”戏剧表达。当然这种表达可能有点极端和枯涩，不太为中国所喜。

稍稍接近中国逻辑的还有日本东京都后乐园的小庐山，象征着江西庐山的五老峰，从柔缓的草坡中连绵而起，一看就是大自然的微缩集萃——但历经超现实的提炼，表面全是细腻匀净的草坡，不着一树一石。烟雨当中看去，就像董源、米友仁们的南宗山水画，像是浓淡深浅间的水墨晕染，和真实的大自然保持了间离。或者说，它有点像凡·高画的向日葵了，甚至有点像毕加索笔下的格尔尼卡小镇了。在更中华的语境里，就像西汉霍去病墓封土上的那些超现实的雕塑了。

而苏州耦园的西园因为附近有多条城市河流，园中未施涓滴之水，只处理为满院浑成的鹅卵石平庭。而在南院堆叠湖石平冈，北院布置湖石花池，象征着逶迤而出、时隐时现的山岛。其间的平庭虽然面积不大，却有盎然的水意。

这也是一种截然超脱尺度窘境，获得更多自由的表达方式。

第三种手段可以叫拒绝微缩，只作截取。也即截取大自然中最具张力和表现力的局部，以真实尺度再现于园中，以暗示大自然的万千雄奇，代表作品如无锡寄畅园。

这有些像曹禺先生的《雷雨》，在一个雷声隐隐的下午，在周家的咫尺客厅，暗示、展现了几十年起伏跌宕的恩怨情仇。但它不会真的用快速而浓缩的方式来叙事，比如周朴园说到哪儿，客厅墙面上就有剪辑浓缩过的往事投影在快进，没有这样。《雷雨》只是截取，没有浓缩。

掇山巨匠张南垣的侄子张鉽所改造的无锡惠山寄畅园就是如此。园中山景被处理为浑成庞巨的葱郁土坡，仿佛是园外惠山的赫然余脉。山脚下引泉成溪成涧，淙淙漫流而过，雨后水声如雷，山色如洗，成为名垂青史的杰作名篇。

古典范式的确立及其“巴洛克化”与现实主义回归

从明代中后期开始，中华传统园林逐步提炼、确立出一些古典化的表达范式，建立了一些集约化、定型化的布局“套路”。而此前的“古风”布局，则尚属布置随宜、变化不拘的“辋川模式”。

是的，我们造园界的任务很繁重。我们要突破原始的“城市化”进程，要突破城市的网格和等级；我们要从“家国同构”回归“天人合一”之境；并且要用中华的特殊线条逻辑去引领这种突破和回归，正如我们中华几乎所有的艺术表达一样。

但我们又要规避一味的尺度微缩。我可以对大自然作特别精微、特别现实主义的刻画，营造出环秀山庄湖石掇山这样的名作。我也可以选择超现实的表达路径，营造出耦园的西园水意平庭，或者日本京都龙安寺方丈院南庭和东京都后乐园的小庐山。我还可以只截取不微缩，塑造出寄畅园麓坡这样的“神迹”。

我们也要规避肤浅的类型罗列：什么亭台楼阁一应俱全——我是来追求心灵释放的，不是来开建筑博览会的。什么五颜六色、描龙刻凤、狮子蝙蝠——难道是动物园？什么名木奇花、百般荟萃——难道是植物园？种种过度的类型罗列，会魅惑着造园者和赏园者们，于不知不觉间走上甜蜜的歧途。

所以我对宋徽宗的艮岳特别不抱期待。因为他从江南搜罗大量名花异石，千里迢迢运到汴京城去造园。从这个基本追求来看，他的造园趣味就不过关——当然他的其他趣味很棒，比如书法，比如色彩趣味：“雨过天晴云破处，这般颜色作将来。”但他的这些趣味显然并没有“通感”到造园领域——我造园是要心灵自由的，是要回归自然的，你给我搞什么占有欲？

那么中华传统园林的主流发展路径是怎样的？简单说就是，我们在明朝中后期确立了“古典化”的布局范式。然后一度堕入过度罗列、过度微缩的世俗化困境。在明末清初的“古典化”后期，针对这一困境，对这一范式做了种种变化和升华。从清朝中期开始，在乾隆登基以后，逐渐进入了“后古典”时代，在这一范式中，沁入了越来越多的“巴洛克化”乃至“洛可可化”的审美趣味，就是那种在包裹中挣扎，在堆砌中搞怪的情绪，并在晚清的“后古典”晚期走到了某种极限。但同样是在晚清，我们搞怪搞腻了，我们又有一次现实主义的回归——我们来具体看看这个历程是怎样的。

这是苏州的艺圃，我们从空中去看它，这个格局大概是在清代前期奠定的，承袭着更早期的布局逻辑。水面北岸是建筑或者说建筑组，或者说是一个包含着院落层次的建筑小群落，水面南岸则几乎是纯然的山林（图 9）。

这是什么“图式”？就是建筑“隔水面山”，就是人隔着水看自然，人和自然隔水相对。北岸的院落和东侧的住宅院落仍然同构，是住宅的延伸，还是“家国同构”的语境。但是我一看见对岸的山，瞬间“天人合一”了。正如李白的诗句：“众鸟高飞尽，孤云独去闲。相看两不厌，只有敬亭山”（《独坐敬亭山》）。要用宋人的词，那就是“我见青山多妩媚，料青山见我应如是”（辛弃疾《贺新郎·甚矣吾衰矣》）——人工建筑和自然山林隔着水面相互对话交融，在灵魂深处走向一致了。这就是明中后期确立的中华传统园林的“古典化”布局图式。

补充说明一下，第一个，大家看北侧建筑组群和水面之间的那条直岸。不管建筑内部有多少空间变化，都依照一侧对齐的构图逻辑，被收纳进这根岸线内，

图 9：苏州艺圃池北与池南景物，延光水阁

内化了各种生动流转，饱含着刚劲斩截的体块感。而在直岸南侧，水面柔曲了，山体起伏了，池桥蜿蜒了，林木也跌宕了。直岸两侧的人工线条与自然线条之间，有着耐人寻味的对比和深层次的共振感——这并非各种“古典化”布局所共有，是艺圃一骑绝尘的艺术高度。

艺圃的布局逻辑中，还存在几根一气贯通的控制性线条，饱含着起承转合的节奏，让人如同面对王献之的《鸭头丸帖》。这里就不作一一分析了。

第二个，明确建筑“隔水面山”的基本布局逻辑之后，我们再来看几个布局要角——先看水岸东侧那个小方亭子，也就是乳鱼亭。假如说北岸那组建筑是全园的“男主角”，那么这个女性化的曼妙方亭就是“女主角”、女一号——“男主角”的特征是，我就坐在那儿，只观赏，不介入；只用来向外“看”，不用来“被看”。“女主角”则深深地投入山水之间，既是看山看水的核心，又是被看的核心，是看与被看的双重焦点。这是她和男主角不一样的地方。

当然“男主角”打扮得花枝招展，天天走进景象画面。我觉得也很好，男性也有这个权利。但男主角更多时候要用各种方式去衬托女主角的美好，要用“夫唯不争，故天下莫能与之争”的精神，来处理自己的形态和空间逻辑，就如艺圃水面北侧建筑群落的“直岸”处理和内敛气质。

而在水面的西南角，还有个“浴鸥一芹庐”套院，那是个“女神”院落——是的，除了固定而唯一的女主角之外，“古典化”的园林空间里，往往还有一个女神角色，负责关于诗和远方的空间想象。就像每一个琴瑟和谐、伉俪情深的家庭远方，也还可以有一个李清照、秋瑾、林徽因在。这个西南小院就承担着女神的角色。

我们再从空中看一下“男主角”的线条化表达。刚才所说的“直岸”至少是由上下三根线条叠合而成的。首先是它屋檐下面这条深深的、极富统括力的阴影线，把水池北岸的整组建筑统括为一体，并以自身必要的单调，与对岸的参差山林形成了饱满深挚的互动。这根檐口线千万不能如兰花指乱飞，不能扭扭捏捏。对岸山林的万千生动线条，正在对这根坚守原则的直线致敬。然后是它挑在水上的台基下面的那条阴影线，让整个建筑轻盈欲浮。第三是两者中间那条腰线，就是裙板上方的这条线，继续强化了男主角的横流姿态。有了这组线条的坚守，上方的屋脊才可以起伏跌宕起来，更多地呼应起对岸的山脊。

对岸的山林东侧就是女主角乳鱼亭，背景是纯净的山林和干干净净的高墙，墙身却还带着适度的参差，暗含着山意。山林西侧，整个园子的西南角，就是那堵切入园中、饱含现代性的高墙和月洞门了。从月洞门往里看，还有微微转侧的第二道月门，两门之间有直桥导引过去。那就是李清照的“蹴罢秋千，起来慵整纤纤手。露浓花瘦，薄汗轻衣透（《点绛唇·蹴罢秋千》）”的词境吧——一个少女在露水微凉的早晨独自荡秋千，这时忽然有人来提亲，不知会不会是她未来的夫婿赵明诚自己忍不住冲过来了？那可得赶紧回避，不能见面。虽然宋代比后世开放得多，但相信少女的娇羞不会改变。赶紧跑，鞋也没穿，穿着罗袜跑的。“袜刬金钗溜，和羞走（《点绛唇·蹴罢秋千》）”。但少女不会直着冲进院子去，李清照又不是健将李雪梅，又没穿鞋，又含着羞，又心里想着赵明诚看到我这个美妙的跑姿一定会更加心动，对不对？所以跑进第一个月门，向前直冲一小段，那个小石桥正好直对着第一道月门，这时想想不对，我还得捏个造型，没准赵明诚还能抢拍一张，发个朋友圈，于是微微顿一顿，扭一扭，转个向，再进第二个门……这个曼妙的空间引导仿佛和千载以前李清照“和羞走”的轨迹、速度完全合拍，或许是中国传统园林里最美的一处。

就连第一道月门上方、方正层叠、横掠而过的“浴鸥”门额，也是苏州园林中最优秀的。这个砖细门额走的也是家国同构的堂皇路线，而门额下月洞的穿越，正是天人合一的翩跹，两者相得益彰。看似端严的门额中，“浴鸥”二字的隶书横线条也暗含着不羁的灵动—— 一个优秀作品往往是由各种美好支撑起来的，就像幸福的家庭一样（图10）。

图10：苏州艺圃浴鸥一芹庐小院

这就是隔水面山的“古典化”布局，以及男主角、女主角和女神的角色分饰。

嘉定秋霞圃是另一个极其优秀的作品。它在明末清初奠定格局，在前一种范式的基础上又有所变化。最重要的是，它把前者容易显得涣散的湖泊型经典水面压窄，变成一个两山夹着的河潭了。河潭北岸的主要厅堂作为男主角，尽量退离了水面。让女主角，也就是水中的小轩突出在前，独自面对着饱满的山水景象，成为看与被看的凝练焦点。那个远方的丛桂轩则是低调的女神。对照历史照片可以看到，后期的改造把主要厅堂前的临水石坐栏下的矮柱加密了。原来矮柱较稀，所以那坐栏仿佛大步行走，有“铁掌水上漂”之感。现在则被改成裹了脚的小碎步了。

这个是明末清初的、古典化后期的典型布局样式，原本“隔水面山”的布局变得扁平化，变成更紧致而有张力的“一河两岸”了。

那么到了后古典时代，这个布局会变化成什么样？原本建筑和山林隔水相对，男主角是隔着水看山的，后来建筑越增越多，竟然把山水包在中间看了，可以总结为“环水抱山”。

苏州网师园就是这么一个清中叶的典型作品。它形成现代的格局大概在乾隆末年，那时的江南似乎还有一次小型艺术高潮，网师园、环秀山庄和沈三白的《浮生六记》都出在那个时代，遥遥呼应着画坛的扬州八怪。那是宋明艺术未尽的余势。

网师园的布局虽然也是用建筑把山水包包裹裹，有点小笼包的味道了，但是它包得飘逸而不着痕迹。大家可以看看水池南岸的建筑，怎么从住宅西山墙引出半山亭、射鸭廊、竹外一枝轩、看松读画轩，一路曲折行走，撞入东侧园墙，引向殿春簃院落的，就那么一道檐口线条——哥做的不是建筑，是线条，是横向的飘逸。水池北侧的建筑也与此类似，就这么横向飘着飘着，把这个山水包裹住了。所以这颜值还行。

但不是每个“后古典”时期的园子都能像网师园那样飘逸。清中叶大部分园子过了乾隆三十年（1765），基本上就环水抱山，包包扎扎，不像是一个空间释放的源泉，倒像是一个禁锢的囚笼。

那么到了晚清怎样呢？晚清扬州的何园，也就是寄啸山庄，不只是周围一圈建筑把山水包在中间，而且我还包两层，这个“囚笼”还是高墙囚笼。这是清晚期园林很不好的一面，其实清中叶环秀山庄、寒碧山庄（留园）的局部也已经有这个趋势了，只是姿态较为优雅灵动——但它好的一面是什么？它在包裹当中挣扎出了优美的姿态。

扬州寄啸山庄的二层楼廊包裹一气呵成，由南向主楼“蝴蝶厅”的平面进退，粉蝶摇曳般分出主次，直角转入西向楼廊的逐次跌落，再直角转为北向楼廊的劲直甩远，具有教科书般刚劲的整体感和某种现代性。三面楼廊间的高山深池也特别“生猛”，就像纽约中央公园那种味道。周围是生猛的高层，中间是生猛的山水。虽然这对造园来说是个末流，但这又是一个风格转变的契机。

这就是“后古典”晚期的园林布局与景象，可以用扬州寄啸山庄作代表，我们可以将其总结为“俯水瞰山”——也带着某些巴洛克化的腔调了。

那么，我怎么能做到在这个不断的艺术沉沦中，挣扎着寻求新的契机和突破呢？刚才艺圃算“古典化”，秋霞圃算“古典化”后期，网师园算“后古典”，到扬州寄啸山庄就算后古典晚期。在这个渐次演化的艺术逻辑当中，有几个显著回归的例子。它不是按照时续来的，而是一边演化甚至沉沦，一边也在回归。

第一个，这是明末清初奠定格局的无锡寄畅园，前文说过很多了。它是一种什么回归？是“体感”的回归，从景象浓缩，回归截取。

张南垣截取的就是山水相遇的那一刹那，然后放一个“女主角”在山水之间，“男主角”则藏在后方或者另一个院子里，但是让他能够看到、感受到主体景象，否则他就太委屈了，会受不了。画面的远方另安置一个“女神”，让大家一起满怀幻想——说起来就这么简单。

在无锡惠山山脚下，他的侄子张鉽按照这个思路，人造了一个惠山山麓，深深浸泡在一片水潭里。然后以一个小小的“女主角”泡在水潭对岸，静对着这片山麓。这个女主角虽然重建于晚清，但从历史照片看，原貌尚好，可惜我们近年来的修缮不断胡乱增饰。屋脊去掉了，变成了卷棚顶；翼角翘高了，变成了兰花指；装饰也增加了，变成了洛可可味道。所以这个女主角有点从天鹅型变成了小鸭子型了——好在她仍然能独对着对岸庞大的山脚，没有像狮子林凌乱起峰，也没有像环秀山庄那么真切地去浓缩、刻画大自然的全景。就只是一个庞然巨大的山脚，就像乐山大佛浸在水中的一个脚指头。这是一种体积感的回归。

第二种回归是晚清的，是一种“质感”的回归，从严谨的法式，回归生动的风土。比如杭州西泠印社和苏州耦园。

西泠印社在杭州西湖的孤山上，在大自然留在山巅的一片海礁岩上切出一个坡、穿出一个洞，再在礁岩下凿出一片潭来。然后在坡壁、洞壁上作模仿大同云冈石窟、洛阳龙门石窟的石窟寺刻画，以及模仿泰山的唐玄宗《纪泰山铭》和北齐“经石峪”的摩崖石刻刻画……苍苍山崖上凿刻的遒劲字迹，满含着特殊的金石质感——别的艺术家可能会俗，但治印的金石家永远不会俗。我只追随秦汉，连唐宋都不入眼。我只跟石头打交道，一刀就是一笔。像吴昌硕一笔冲过去不带回笔的，一回笔就没有质感，就没有冲力了，可以说苍然直行，决不回顾。就用这样的艺术旨趣去造一个园子，就是这么一个晚清到民国初期建造的西泠印社，一下子把百年油油腻腻的造园手法给改变了（图 11）——从使用太湖石开始，中国园林就面临着油腻化、琐碎化的风险，虽然太湖石也会让园林空间空灵化、超现实化，但是这个油腻化的风险太大了，而西泠印社这片苍苍石壁的质感回归就尤为可贵。

这是苏州耦园西花园的最后一进，它就像一个寻常的院子（图 12），就像寻常人家的“暮霭生深树，斜阳下小楼（唐代杜牧《题扬州禅智寺》）”或者“无言独上西楼，月如钩（南唐李煜《相见欢 · 无言独上西楼》）”，就是这个味儿。别具匠心的设计者把院落东侧的这段楼廊上层缩矮，底层加高并且架空，令二层楼板、窗台板都向外凸出，环绕周匝，包裹廊柱，其余部分均朴质无华，不事雕琢，连屋顶转角也不做任何处理——令这楼廊一角瞬间有了凌空横流的飘逸感和坚实的风土质感。所以它也是一种质感的回归，从法式回到风土。毕竟风土的生命力甚至比法式的规范更加重要。

那么还有其他的回归吗？有，还有“势感”的回归，往往也是从现实到超现实的“回归”。

这是我们中华文化艺术的优秀代表人物，明末清初的浙江余姚朱舜水先生。他在明朝灭亡时，带着“国亡家破欲何之？西子湖头有我师（明代张煌言《甲辰八月辞故里》）”的悲愤情绪东渡日本，梦想求得一支部队光复故国，可这怎么可能呢？但他在日本获得很高礼遇，几乎被尊为国师。他把满腔的故国之思，把对故国西湖苏堤“六桥锁烟水”的梦幻景色的怀念，把国破家亡之后升华了的艺术体悟，去和日本固有的造园风格（源自中华）相互结合互动，在日本东京都后乐园中的“小西湖”水面上参与营造了这么一座一径直行的西湖堤——这还是西

图 11：杭州西湖孤山西泠印社

图 12：苏州耦园

湖苏堤吗？这还是“六桥锁烟水”的苏堤吗？不是的，我这是超现实的表达，从现实到超现实，创作出西湖苏堤的某些特殊的势感。

它不逶迤、不旖旎，仿佛还带着国破家亡般的沉重的文明反思——“欻”的一笔，好像王献之的一笔走到最后，“当与君相见”，就那样一下一笔过去了，决不回顾。

它把苏堤上的风月六桥，凝固成一座小小的，微拱的石桥。这座桥要是真正弧起来，它就会过度打破这条线的挺劲。但这座桥要是再平，就会让这条线又缺乏一些弹性和意外的惊喜。它精妙地拿捏了苏堤六桥的势感。

某种意义上，我觉得在明末清初，浙江余姚朱舜水先生参与打造的这座桥堤为我们提炼浓缩了刚才我所说的所有话题——那种网格中的突破，从家国同构向天人合一的回归，那种线条化的提炼，那种对一味浓缩和无限罗列的回避——那种在隔水面山，以及后来环水抱山、俯瞰山水的种种挣扎之后，从体感到质感，最后到势感的那种苍然回归。

非常遗憾，那么宏大的一个话题，也只能用这么短的时间去和大家交流，但也许真正的心灵倾诉和艺术互动，并不需要更长的时间。

第十九讲

设计之美

文　胡飞

同济大学设计创意学院院长，长聘特聘教授，博士生导师

设计与美

2015 年 10 月，世界设计组织（World Design Organization，WDO）发布了设计的最新定义：设计是一种策略性解决问题的过程，通过创新的产品、系统、服务及体验，旨在驱动创新、促发商业成功及引领更好质量的生活。设计在“是什么”和“可能是什么”之间架构起桥梁。它是跨学科的专业，利用创造力来解决问题和共同创造解决方案，使产品、系统、服务、体验或商业变得更好。其核心在于，设计通过重新界定问题和机会，为展望未来提供一种更为乐观的方式。它将创新、技术、研究、商业和客户联系起来，为经济、社会和环境领域提供新的价值和竞争优势。

“人、事、物”是设计的三个关键要素，为“人”服务是设计的目标，运用科学技术和创新思维创造的“物”是设计的对象，而“事”是指设计的思维与方法，反映人与物关系的存在状态 。因此，“设计”一词可作动词和名词两种理解：“设计”动词化内涵的核心是设计结果的创造过程，强调“事”的动态过程；“设计”名词化内涵的核心是设计结果的独特属性，强调“物”的目的性和本源性。

设计与美学有丰富的关联。审美关系反映了人与生活世界的和谐和丰富性，审美体验包含了对人类生存境遇的体认和反思。所以，从美学的角度看待设计活动及其成果，能够揭示设计活动对人们的生存和发展在审美观照层面所涵涉的意义和价值 。

设计作为一种重要的社会实践活动，美同样存在于它的方方面面，不只在于设计作品的外观，也涉及一系列功能结构、科学技术、社会经济等方面的关联。人们通常认为设计是艺术与科技的结合。设计的其中一端关联着艺术，另一端与科技相关。艺术家用设计来表达思想和情感，工程师用设计来解决特定问题。二者的共同点在于，将不同要素进行构成与整合。

本讲将从设计的物之美和事之美两个方面讲述设计之美。

作为物的设计之美

（一）形式美

无论从什么角度来强调现代设计的特点，都不得不承认，现代设计在表现方式上首先为一种形式的设计，设计的变化首先显现为形式的变化。因此，绝大部分设计之美首先都是通过感性形式表现出来的形式美。

案例一：《汉字》海报

靳埭强将中国传统美学与现代设计元素融合，创造出独特的美学风格。他注重视觉元素与情感内涵的融合，作品具有思想性和艺术性。例如《汉字》海报（图 1），巧妙地将水墨元素与现代设计结合，传达了对中华文化传统的深刻理解。以中国传统水墨书写的“山、水、风、云”四字结合文房四宝的形象，提炼出“字与笔恩重如山”“字与纸如鱼得水”“字与墨如沐春风”“字与砚闲逸如云”四种意象，细品一番，每一幅都是一张意境深远的中国画，大量的留白使人产生一种寂静空灵的感觉。《汉字》对水墨语言的精妙阐释，体现了独特的形式美。

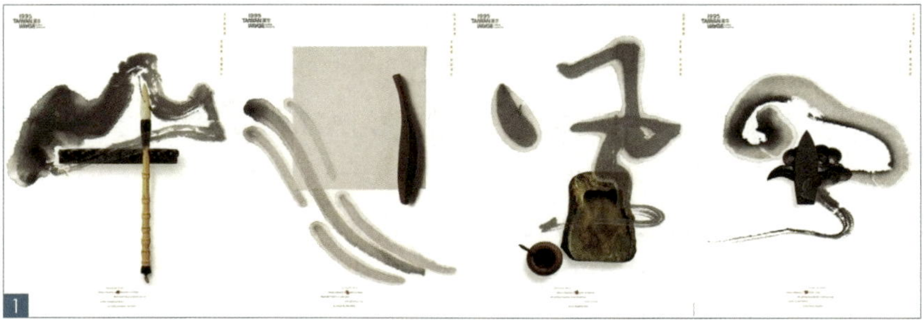

图 1：“汉字”台湾印象海报，（设计：靳埭强，时间：1995 年）；图 2：2008 年北京奥运会会徽（设计：郭春宁，时间：2003 年）；图 3：2004 年雅典奥运会会徽（设计：Theodora Mantzaris，时间：1999 年）

案例二：2008 年北京与 2004 年雅典奥运会会徽

北京奥运会会徽的设计以中国传统文化符号——印章作为主体图案，蕴藏了丰富的文化含义，又称作“中国印 · 舞动的北京”（图 2）。这个会徽表达了 2008 年奥运会的主题，将中国具有 5000 多年历史的印章和书法等艺术形式与体育运动特征结合起来，巧妙地幻化成一个向前奔跑、迎接胜利的运动人形。这一设计，凝聚了中华民族优良的传统文化神韵。鲜红的色彩传达了中国文化特有的热情气氛。寓意丰富的图形，形如一个“京”字，表达了举办地的名称；也像一个冲向终点的运动员，体现了冲刺极限、创造辉煌的奥林匹克精神；又似一个载歌载舞中的人，表达了 13 亿中国人民对奥林匹克运动的美好憧憬和欢迎八方宾客的热情与真诚，表达了中国人民希望向全世界展示一个全新中国、全新北京，希冀举办一届属于世界的、充分体现奥运精神的比赛的强烈愿望。整个会徽将中国特色、北京特点和奥林匹克运动等元素巧妙结合，以极具中国传统文化特色的形式，表达出喜悦的心情、英雄的召唤、人文的彰显和盛情的邀请。

在雅典，橄榄是被寄寓安宁生活向往的“圣树”，桂冠则为古代奥运会授予冠军的奖品，二者的组合共同代表和平与荣耀。雅典奥运会会徽设计充分体现出“回到故乡，共享希腊文明和奥林匹克文化”的主题（图 3）。

两个奥运会会徽的设计都充分体现了文化传统与视觉形象、形式与意义的完美结合。

案例三：可口可乐瓶

1885 年，约翰 · 斯蒂斯 · 彭伯顿（Dr. John S. Pemberton）发明了可乐的原始版本。1888 年，阿萨 · 格里格斯 · 坎德勒（Asa Griggs Candler）购买了彭伯顿的股份，并开始将可乐原液销售给药店。因此，可口可乐最初作为药品销售，使用的包装瓶是当时的药剂瓶。1906 年之后，可口可乐开始使用琥珀色直身瓶。1915 年，亚历克斯 · 塞缪尔森（Alex Samuelson）参考了美国妇女穿的半裙设计，设计了一种被称为“窄底裙瓶”的瓶子。这种瓶子外形美观，形状类似女性身体的曲线，充满妩媚和诱惑，又不容易从手中滑落。此外，该瓶子底部较宽大，看起来好像容量很大，给人一种安全感。然而，这种设计在传送带上并不稳定，因此进行了改进，将瓶肚改小并形成弧线瓶，以增加液体容量，同时在传送带上更加稳定。这种弧线瓶于 1916 年正式投入使用。这种充满了动感的韵律和女性曼妙身姿遐想的造型让可口可乐的瓶子一下就从雷同的大众化形状

4

图 4：可口可乐瓶（设计：Raymond Loewy，时间：1954 年）

中凸显出来。在市场上马上就显现出了它的独特魅力，受到众多消费者的追捧。1954 年，雷蒙德 · 罗维（Raymond Loewy）在前人的基础上将瓶身进行优化，使得整个线条更加流畅，而且非常容易识别。此后在几十年的发展过程中，可口可乐只是对这个成功的产品包装形象进行了小范围的细节调整，并紧跟公司标识的修正进行设计识别上的改变。这个产品包装形象上的设计成为公司除名称、口味外最重要的形象特征，成为公司最重要的“无形资产”之一（图 4）。除了瓶形的形式美，它还体现了设计的另外两个特点：一是经济性，里面所装的液体，看起来比实际分量多；二是实用性，在握住瓶子时，不会滑落。

乔治 · 桑塔亚那（George Santayana）曾在《美感》（*The Sense of Beauty*）一书中强调：“美学上最显著最有特色的问题就是形式美问题。”[1] 设计的形式美由形式美要素按照美的规律和形式美法则组合而成。大家感知到的点线面、造型、色彩、空间、材质等都是形式美要素。形式美的法则包括变化与统一、对比与协调、对称与均衡、比例与尺度、节奏与韵律等。沃尔特 · 格罗皮厄斯（Walter Gropius）也强调，设计是“用视觉表达思想的一种特殊形式的语言”。设计的形式美不仅是事物的形式因素和形式的结构关系所产生的审美价值，更是人类对自然规律深刻认识的智慧结晶，体现出人类在设计创造活动中对美的本质的执着追求。

1 Santayana, G. (1955). The Sense of Beauty. Dover Publications.

（二）功能美

功能美是通过设计作品的形式来表现功能目的性。器物设计中朴素实用的美学思想早在先秦时期就已经出现了。韩非子“好质而恶饰”，强调器物应该“以功用为之”，墨子主张“强本节用”，从功利的角度考察器物的存在价值，以实用为标准，极力反对奢侈倾向，认为工艺“利于人谓之巧，不利于人谓之拙”。汉代的王符认为设计和制作器物的百工“以致用为本，以巧饰为末”，反对损害功用的巧饰。明代沈春泽更是直言“删繁就简”。

如果说形式美是审美中最为显著、最具特色的要素，那么，功能美就是设计审美区别于其他审美的最主要要素。设计作品对造型、结构、材料、工艺、色彩等形式美要素的运用，都是功能目的的具体体现。功能美依附于设计作品的功能而存在，不可脱离其功能随心所欲地追求纯粹的形式美感。李泽厚也认为：“尽量服从、适应和利用物品本身的功能、结构来做形式上的审美处理，重视物质材料本身的质料美、结构美，尽量避免做不必要的雕饰、造作。”[1]

案例一：错银铜牛灯

东汉的错银铜牛灯是南京博物院镇院之宝（图5）。错银铜牛灯通高46.2厘米，牛身长36.4厘米。铜灯由灯座、灯盏和烟管三部分组装而成，三部分均可拆卸，

5

图5：汉代错银铜牛灯（设计：未知，时间：汉代，铜、银质，46.2厘米×36.4厘米，南京博物院藏）

1 李泽厚．美学三书[M]. 天津：天津社会科学院出版社，2003.

使用和擦洗很方便。灯座是一头俯首站立、双角上耸、四足矮而敦实、微卷曲向上、雄浑壮硕的黄牛；牛腹中空，背负一个圆形灯盘，灯盘一侧设置扁平把手，便于转动灯盘，盘上有两片可以灵活转动的灯罩，其中一片刻镂空菱形斜方格形纹，起到散热、挡风和调光的作用。灯罩上紧扣穹顶形罩盖，盖顶之上均匀弯曲的烟管与牛头顶上方突出的短管紧密套接。错银铜牛灯通体饰以精细的花纹，如飘逸灵动的流云纹，还有龙、凤、虎、鹿穿行其间，用的是错银工艺，即将银片敲打进器物表面的花纹图案中，再用错石错平磨光。

汉代灯具不仅纹饰精致、华丽，造型典雅，而且设计合理。首先，虹吸装置体现了先进的环保理念。汉代油灯的燃料主要是动物油脂。由于没有灯芯，整块油脂直接被点燃时，不仅燃烧速度快，而且，由于燃烧不充分，会产生难闻的气味和大量黑烟，污染室内空气。这件铜牛灯设计出烟道和中空的牛腹，就可以很好地解决这个问题。点灯后，蜡烛燃烧时所产生的烟尘和灰烬，通过烟管导入灯座腹腔，并被其中盛放的清水溶解。铜灯的灯罩即其造型的一部分，也起到了烟尘导管的作用。汉代灯具设计匠心独运，令人叹服。汉代的这项发明，在世界灯具史上处于领先地位；西方直到 15 世纪才由达 · 芬奇发明了铁皮导烟灯罩，晚了 1500 年。

其次，细节设计体现了以人为本的理念。汉代时，书桌一般高三四十厘米，这件铜牛灯放在书桌上，火焰距离地面 70 厘米左右，这样的高度正适合跪坐的人阅读。此外，铜牛灯的托盘可以 360° 旋转，它的两片半圆周形灯罩可以自由开合，既能挡风，又能调节灯光亮度，更没有恼人的烟尘，不愧为一件实用性与装饰性合一的设计佳作。

案例二：PH 系列灯具

PH 灯是丹麦设计师保罗 · 汉宁森（Poul Henningsen）在 1925 年设计的一系列灯具（图 6）。例如，PH 松果灯，错综而简洁的灯罩、柔和而丰富的光色使整个设计洋溢着浓郁的艺术气息。在他关于建筑空间照明的理论中，公共线和整体意识的观点贯穿始终，这个观点公式化了他的照明理论，形成了整个照明建设和灯光设计的理论基础。PH 系列灯具是一种包括三种不同尺寸，表面进行过不同处理的灯伞，这几个灯伞可以与具有不同用途、型号各异的灯配套使用。

PH 灯的优美造型直接反映出四个功能特点：① 所有的光线必须经过至少一次反射才能达到工作面，以获得柔和、均匀的照明效果，并避免清晰的阴影；②

图 6：PH 系列灯具（设计：保尔 · 汉宁森，时间：1925 年）

从任何角度均不能看到光源，从而以免眩光刺激眼睛；③ 对白炽灯光谱进行补偿，以获得适宜的光色；④ 减弱灯罩边沿的亮度，并允许部分光线溢出，以防止灯具与黑暗背景形成过大反差，造成眼睛不适。[1]

尽管铜牛灯与 PH 灯在形式美上呈现出巨大的差异，但在功能美上则是异曲同工。设计师的创造性就在于实现上述功能特点的同时，还赋予了美的形式，从而设计出一系列美的产品。

案例三：《我在故宫修文物》海报

2016 年中央电视台出品了一部三集文物修复类纪录片《我在故宫修文物》。该纪录片以文物修复为主题，讲述了一群文物修复工作者利用其智慧和技艺来修复故宫的珍贵文物，并呈现了他们工作的辛苦和付出。作为这部纪录片的宣传手段之一，其系列海报吸引了众多观众的注意。每张海报都以一件国宝级珍贵文物为背景，如图 7 中的宋代汝窑天青釉弦纹三足樽、明代边景昭竹鹤图轴、清晚期掐丝珐琅万寿无疆中碗。设计师则巧妙地利用了这些文物残损局部的特写，并将一个超细腻的“工匠”形象融入其中。这一细节处理方式不仅体现出“大历史、小工匠”的主题，更是让人印象深刻，看过之后回味无穷。这些海报不仅仅是纯粹的宣传材料，更是一种视觉艺术，以其精致的设计和细腻的处理方式，展现了人们对文物修复的认真态度和对文化遗产的尊重。这样的设计不仅仅能够吸引观众的眼球，更能够引导人们去关注文物修复和文化保护的重要性。纪录片《我在故宫修文物》和其系列海报的成功，不仅为文物修复工作带来了更多的关注和支持，同时也激励着更多的人去探寻历史文化的价值和意义。这样的创意和设计让

1 何人可 . 工业设计史 [M]. 北京：高等教育出版社，2019.

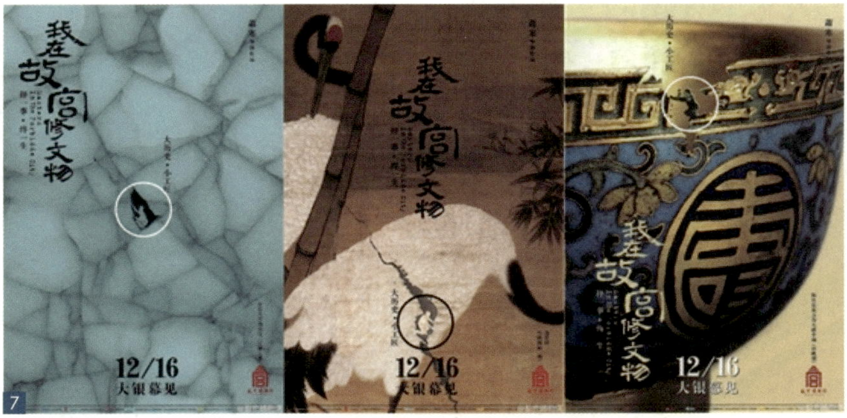

图 7：纪录片《我在故宫修文物》海报（设计：黄海，时间：2016 年）

人们在欣赏视觉艺术的同时，也能够对历史文化有更深入的了解和认识。正如这一系列海报的设计师黄海所说：“好的电影海报是在看电影之前让你了解电影，看电影之后让你读懂海报。”（图 7）

设计中的美主要源自它的感知特性和使用特性，是知觉和动觉相结合的感受，两种特性具有不同的价值。感知特性作为一种精神效应，来自认知功能和审美功能，使用特性则来自设计的实用功能[1]。

功能美是通过设计作品形式对功能目的性的表现。康德美学强化“审美非功利性”，是“无目的的合目的性（purposiveness without a purpose）”。在美感直觉的超功利性、非实用态度的背后，潜伏着审美价值的功利的社会性质。李泽厚将其概括为“美感的矛盾二重性”，就是美感的个人心理的主观直觉性和社会生活的客观功利性。因此，功能美是“有目的的合目的性”。合目的性，就是事物形式（结果）与概念（原因）相一致对主体所显示出的状态。

设计本身遵循的逻辑就是满足人们的生存生活需要，设计的目的带有设计者的主观意图，含有明显的功利意识，必须能够解决生活生产中的问题；在设计实践过程中，社会功利内容凝结为形式要素符号，同时设计的功能美也在人的心理机制中从生活经验向审美直觉的积淀和凝结。

1 徐恒醇 . 设计美学概论 [M]. 北京：北京大学出版社，2020.

（三）技术美

除了形式美和功能美，设计之美还突出体现为技术美。技术美是人通过科技手段创造的物质产品给人的审美体验，呈现出自然规律的必然性和深刻性的同时，使人体验到征服自然所取得的自由。技术的发展经历了多个阶段，因此技术美也具有不同的形态特征。

农耕社会的技术活动以手工操作的方式进行，技术建立在生产的直接经验和人的直观感受的基础上，对于尺度关系、比例、节奏的精准把握成为技术改进和提高劳动效率的核心。技术的发挥是靠双手使用工具的技巧，从而把人的操作活动和个性痕迹凝结在产品的形式中，在成果中也物化了人的精神个性。因此，精湛灵巧、精雕细作的手工艺呈现出典型的农耕社会的技术美。

案例一：镂空金银香囊

唐代镂空金银香囊是一种熏香器具，金银香囊结合了熏香炉燃烧香料和荷包佩戴的功能，成为唐代熏香的一种独特方式。目前出土的金银香囊的主要工艺基本一样，主体形态捶揲成形，纹样采用錾刻及镂空工艺，球体内的香盂与盖顶上的环钮采用铆接工艺，长链与环扣采用钮丝工艺。在这些金银香囊中，法门寺及沙坡村出土的金银香囊还采用了鎏金工艺。金银香囊为了满足其功能需要，香囊的外形都设计为球形体，由上下两半球的囊盖和囊体用子母扣扣合而成，一侧以铰链连接，另一侧以勾环相连。其次，传统的熏香器都以腿为支撑受力部分，而香囊采用悬挂的方式固定放置，可以随身挂佩。香囊内外分三层，中间两个圆环起到调节的作用，用短轴将中间的香盂与香囊外壳铆接起来，最中间的小盂用于放置香料。金银香囊并非固定不动，而能随着球体转动，保持平衡，其精妙之处正在于不论香囊怎么摇晃，内外两个平衡环都会随之转动，从而使香盂的重心始终不变，香盂钵面永远与地面保持平行，这样里面的香料就不会倾洒出来。香囊的设计制作需要更多的物理学知识，以保持其结构和功能的合理性。

案例二：蝴蝶凳

享誉日本的民艺大师柳宗理设计的蝴蝶凳诞生于 1954 年，于 1957 年在米兰设计三年展上获得工业设计金奖（图 8）。柳宗理的蝴蝶凳被纽约近代美术馆和巴黎蓬皮杜中心等世界级美术馆永久收藏。蝴蝶凳的构造异常简单明了，说其是一件极简主义的作品也不为过——两片镜像的模压胶合板、一根用于固定的金属棒就构成了一个赏心悦目的板凳。正是因为两片胶合板的造型仿佛一只翩翩起舞的蝴蝶，因此被命名为蝴蝶凳。当时，日本还处在战后经济重建的阶段，满足功能是日本设计的当务之急。但是柳宗理显然不愿意将国际风格照搬到日本的设计上，而是将日本文化、禅学以及现代的制作工艺熔于一炉，创作出这件设计史上的精品。在蝴蝶凳的设计过程中，柳宗理坚持“手”的设计方法。他没有绘制草图，而是在设计时通过纸质模型和石膏模型，去探索产品的造型；通过传统手艺人的“手”，去感受作品的使用维度，最终形成了具极佳触感的作品。蝴蝶凳的诞生，反映了动荡的传统美学与西方功能主义的完美结合：充满禅意的曲线，离不开科技的助力。隐藏在优美形式背后的是压模夹板技术，精密计算出最薄但够坚固的七层层板，利用高压将木板压合紧实。一方面，精准地控制散热程度，以木头的延展性弯曲出最美丽的弧线；另一方面，也大大增强了木料的强度与负重能力，避免边缘的龟裂破损。所以，在蝴蝶凳中，“看不到日本传统的元素，却能闻到东方文化美学的芬芳”。

进入工业社会，技术美主要指现代科学技术在大规模批量化机器生产中的应用所创造出来的美的形式。现代工业产品的技术美通过机器的批量化生产得以实现，从而使技术美体现得更为广泛，深入现代人们生活的方方面面，越来越多的人更广泛普遍地感受到科技的存在与发展。

8

图 8：蝴蝶凳（Butterfly Stool）（设计：柳宗理，时间：1954 年）

案例三：新材料时装

通过对非服装材料的开发和应用，充分与现代夸张抽象的艺术概念融合，联系创新应用不同的材料外观与功能，能有效提升服装的艺术价值。例如，发光纤维在针织面料上的应用。设计时，既要考虑产品的新颖性，又要考虑市场的接受能力。由于发光纤维的成本较高，在设计产品时要考虑控制原料用量比例，以达到控制原料成本的目的。由于夜光纤维检验发光性能，所以比较适合做带有装饰效果的花边类织物，此类织物的原料变化丰富，用少量的发光纤维就可使产品上一个档次，达到画龙点睛的效果，同时又不会增加很多成本。在纺纱时，要求发光纤维纺成的纱线的条干均匀度和柔软度符合针织物成圈要求。在选择组织时，也要考虑充分利用发光纤维的发光性能，尽量使其集中在一起，并处在织物的表面，不被任何纱线遮挡，表现其最佳发光性能，因此一般选用压纱组织，采用带压纱板的多梳拉舍尔经编机生产。除了发光纤维，时装设计还尝试了金属、水泥等材料。利用新技术、新材料的新特性和新工艺实现的新造型，产生一种来自高科技的超现实未来感。

以计算机、多媒体为代表的新兴技术掀起信息技术革命，引起了生产方式的划时代变革，同时必然造成设计方式的改变。信息技术使得设计的目标和结果不是某种具体的设计作品，而是一种效果，一种有设计者和设计的对象（自然）参与活动形成的氛围。在计算机的帮助下，人们不仅可以对已有的自然形态进行分析、模仿，还可以能动地预测、想象甚至创造自然形态，直至人类想象力的尽头。

案例四：无尽之形

张周捷是同济大学上海国际设计创新学院副教授。作为数字创作领域的先锋实践者，他的一系列创作打破了以“人机协作”为核心的人机关系观念，让计算机衍生出自己的设计脉络，以独立于人的设计而存在。2018 年，他所领导的数字实验室正式推出全新设计品牌 Endless Form（“无尽之形”）。他从最基本的构成要素开始，在找到椅子的共性特点之后进行开放式延展（图 9）。比如椅背在倚靠的基础上可以有其他形式。张周捷副教授设计的传感椅，整体装有 66 个传感器，分别以弹簧相连，可以读取人就座时的各项数据，如腰线、背部与腿部。坐在椅子上，灵活的弹簧可以帮助每个人找到自己最习惯、最舒适的坐姿，并采集相关数据。计算机基于数据，以三角形这个基本单元，通过最简单、最极致的方式测试，即刻生成丰富而无穷的座椅形态。乍一看，这些椅子仿佛来自另

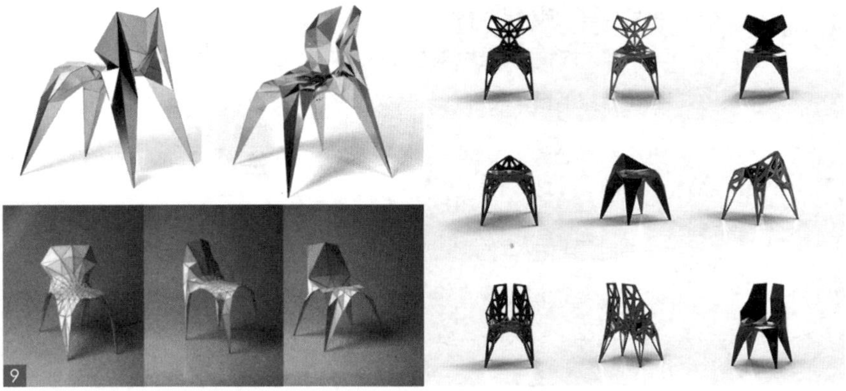

图 9：数字制造家具（设计：张周捷，时间：2018 年）

一个世界，充满未来主义的观点和令人惊讶的角度。每个椅子都是独一无二的，好像自由种植的物体，但所有这些都由相同的材料和结构逻辑构成，以创造统一的整体。他不断探索计算机、自然与人的关系，将当下时代语境里的设计师身份从传统意义上的“事物‘形制’的创造者”向更深远的方向拓展；他将所学所感融会贯通，并重新审视整个设计与制造体系，站在更宏观的角度去思辨人、机与物之间的关系。[1]

设计是运用自然规律完成的技术创造，技术可能性成为人们审美创造的现实物质基础。技术美具有很强的变化性，是科技发展水平的表现。因此，技术美总是当代的，而不可能是历史的，技术美总表现着一种向前不断发展的勃勃动力。

（四）生态美

审美作为人类的一种自我意识，是对人在对象世界中生存状况的一种自我观照和自我确证。生态美便是把人自身的生态过程和生态环境作为审美对象进行的审美观照。生态美表现的是一种绿色、健康、亲近自然、富于生命力、环境友好、可持续发展的美，表现出对人个体生命健康和人类生存与可持续发展的终极关怀。

1 Formation in Action: The Sensor Chair and Design Auto-Genesis. http://www.zhangzhoujie.com/jur.html.

案例一：土耳其基里姆地毯碎片拼接的时装

2020 年丹麦哥本哈根时装周正式对外发布了《可持续发展行动计划》，旨在鼓励所有设计师采取行动保护自然环境。按照计划，日后参加哥本哈根时装周的设计师们必须许诺不销毁任何未售出的服饰，且在每年展出的作品里使用至少 50% 经认证的可回收面料，以达到相关环保标准。在接下来的一个月里，纽约、伦敦、米兰、巴黎，从知名大牌到个人设计师品牌，时尚的环保之火逐渐蔓延。其中 Gabriela Hearst 的秋冬系列大秀将纽约时装周的可持续环保行动推向了高潮。秀场的舞台堆满了废纸屑压缩块，贯穿整个大秀。整个秋冬系列的衣服全部采用回收材料制成，呈现出简约、优雅、实用的效果。其中有一件风衣和双排扣外套是由土耳其基里姆地毯的碎片拼接而成的。基里姆地毯由紧密角质的经线和纬线编织而成，因为是平织，所以没有竖起来的羊毛绒头，当达到了颜色边缘，更换不同颜色纱线后就会出现缝隙，因此地毯会形成各种各样的几何造型。Gabriela Hearst 也与乌拉圭非营利组织 Manosdel Uruguay 的工匠合作，将可回收开司纱线手工制作成针织围巾和披肩等。这些采用回收材料再利用的服装设计，不仅呈现出简约、优雅的时尚美，还反映出变废为宝的生态美。

案例二：新材料公司安纳纳斯 · 安纳姆

全球每年会产生大约 4 万吨的菠萝废物，其中菠萝叶通常被简单燃烧或自然腐烂。新材料公司安纳纳斯 · 安纳姆（Ananas Anam）以菠萝叶为原料提取了天然纤维 Piñatex。这种纤维的质感与皮革十分相似，但其制作工序不同于传统皮革，不会使用有毒化学物质及重金属——这两种原料对环境和负责生产的工人都有巨大危害。其次，菠萝纤维不含任何动物副产品，而是以废弃的菠萝叶为原料，是皮革制品的最佳替代品。安纳纳斯 · 安纳姆利用菲律宾菠萝种植园的废弃物，将菠萝叶的丝束分开，从中提取细纤维素，并融合制成无纺布，利用这些生态无纺布设计鞋、包、家具（图 10）。此外，许多时尚品牌都曾与其合作，如德国时尚集团 Hugo Boss 利用 Piñatex 推出“全素”男鞋；此外还有 Nike 的“Happy Pineapple”运动鞋系列、H&M 的 Conscious Exclusive Collection 系列、Paul Smith 以及 Saucony 和 Selfridges。佛瑞亚公司和安纳纳斯 · 安纳姆也达成合作，前者提供汽车技术方面的专业知识，后者提供研发菠萝材料的知识，并成立专注研发新材料的部门。这些呈现了一种独特的生态美。

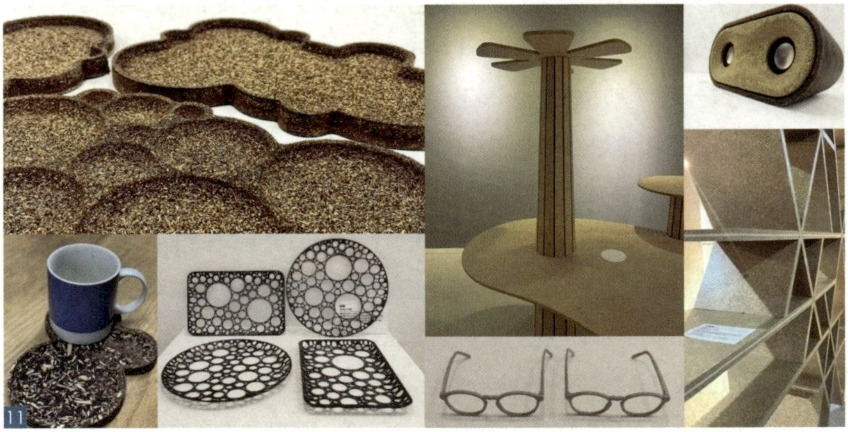

图 10：菠萝叶纤维产品（设计：Smith Mataas，时间：2016 年；Ally Capellino，时间：2016 年；Mayya Saliba，时间：2016 年）；图 11：咖啡渣循环再生板可持续设计展（设计：同济大学师生，时间：2021 年）

案例三：同济大学咖啡渣产品设计

据国际咖啡组织统计，全球每天售出逾 20 亿杯咖啡，与此同时，每天产生的咖啡残渣多达 4 万余吨。同济大学设计创意学院莫娇副教授一直在探讨咖啡渣的回收再利用。咖啡渣的多孔结构使其拥有吸附杂物、除味、抗菌的功能。又由于其导热、保温、吸水性的特性，咖啡渣成为在服装、建筑、建材等领域新兴的绿色低碳材料。同时，咖啡渣还可以作为有机化肥栽培植物，甚至可用于美容养颜。2021 年，同济大学设计创意学院与科思创合作，举办关于咖啡渣的设计展览，针对回收咖啡渣板材料展开应用设计。设计师通过对材料的学习了解，为新材料提出在产品应用中设计的可能性，并在杨浦区毛麻仓库展览（图 11）。展览中有用咖啡渣做的书桌、音响、衣架等产品。这些无一不充分体现出设计的生态美。

案例四：澳大利亚的海洋垃圾桶

澳大利亚的皮特 · 凯宾斯基（Pete Ceglinski）与安德鲁 · 特顿（Andrew Turton）针对海洋垃圾问题设计了海洋垃圾桶 Seabin。Seabin 的运作原理非常简单，就是利用水泵的吸力，将海水吸入圆桶里，顺带也会把悬浮的海洋垃圾吸入天然纤维袋里，而海水经过过滤再排出（图 12）。除了固态垃圾，Seabin 还可以吸入油污等液态垃圾，重要的是它可以 24 小时持续运转。它专为码头、私人浮桥、内河航道、住宅区湖泊、海港、港口和游艇俱乐部设计。不过，Seabin 也有缺点，它需要定期清理垃圾，且不能离岸太远，抗风浪能力也有待考验。但比起环卫工人在海边用捞网清理垃圾的方式，Seabin 要高效很多，适合放置于港口、游船码头或是游艇俱乐部等被规范管理的海洋环境，防止漂浮污染物所产生的有毒物质进入深海区。他们的首要目标是在世界各地的码头中放置海洋垃圾桶，这样码头的看护员就不需要每天花费六个小时从水里捞出塑料和垃圾，而是只需要每天清空 Seabin 一到两次，从而让清洁码头的效率更高。开发工作的下一阶段将会是向海峡和海湾中投放该垃圾桶。最后，两人希望能在海洋中使用这些垃圾桶；也希望教育那些生活在需要使用 Seabin 的地区的年轻人，通过提高人们对污染的认识，让年轻一代成为颠覆式积极变革的领导者。这个设计体现的不是设计的形式美，而是设计师的心灵美。

生态美反映了人与内在、人与自然、人与社会的和谐统一。生态美不仅是对自身生命价值的体认，也不只是对外在自然美的发现，更是生命的共感与欢歌。在这里，审美不是主体情感的外化或投射，而是审美主体的心灵与审美对象生命价值的融合。它超越了审美主体对自身生命的关爱，也超越了役使自然而为我所用的价值取向的狭隘，从而使审美主体将自身与对象的生命世界和谐交融。

“生态美”与我国一直强调的“生态优先、绿色发展”一脉相承，都体现出

12

图 12：海洋垃圾桶 Seabin（设计：Pete Ceglinski 和 Andrew Turton，时间：2016 年）

对个体生命和人类生存发展的终极关怀。大力推进生态设计、绿色设计，有助于“碳达峰”“碳中和”目标的早日实现。

设计之美，不是单一的形式美、功能美、技术美，或者生态美。这些都是设计之美的要素。如果一款产品外形美观，却无法保障安全性和实用性，那么它的“美”不过是皮相而已，缺乏真正的内涵，难以被称为真正“美”的产品；同样地，如果一件高科技产品外观炫目，却带来严重的污染问题，它的“美”便不过是一层危害生态的虚幻外衣，缺乏真正的美感和持久的价值感。因此，设计之美，是形式美、功能美、技术美与生态美的和谐统一，是一种整体美（图 13）。

但是，我们必须认识到，美是设计的结果，而不是设计的目的；尽管好的设计作品会呈现出美感，但设计并不是仅仅为了追求美而产生的，更在于满足人的需求和解决现实问题。

作为事的设计之美

（一）以美怡情

美的形式不仅仅是视觉上的享受，还能够给人带来愉悦的情感体验。设计之美，在于以美怡情。这种美感不仅源于材质的选择、色彩的搭配和线条的流畅，更来自设计师对人类心理和感官的深刻理解。

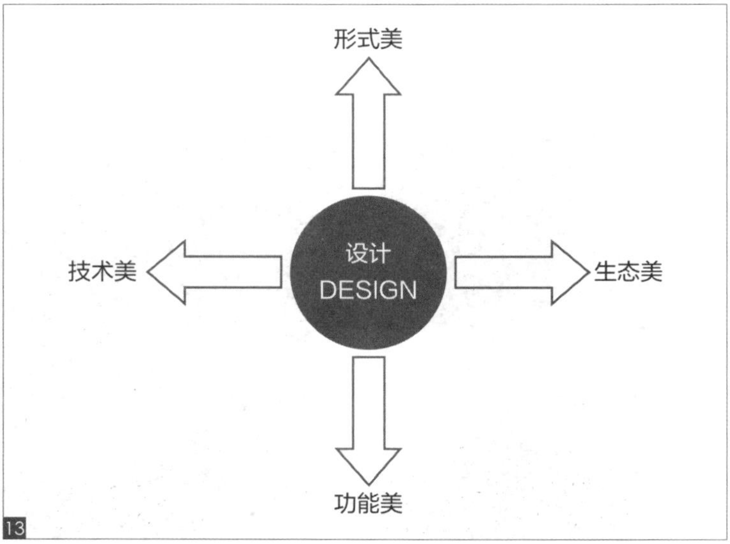

图 13：作为物的设计之美（胡飞绘制）

图 14：外星人榨汁机（设计：Philippe Starck，时间：1990 年）

案例一：外星人榨汁机

菲利普 · 斯达克（Philippe Starck）于 1949 年在法国巴黎出生，是当代设计界最具个性的设计师之一，也是一位才华横溢的多面手。他以超前的时尚意识和设计手法，在 20 世纪 80 年代的设计界中迅速崛起，成为当时备受瞩目的超级明星。外星人榨汁机自 1990 年诞生以来可以说是设计师本人和 ALESSI 公司最负盛名的经典之作（图 14）。外星人榨汁机三足鼎立，顶部有螺旋槽，切开橙子，半个压在顶上拧，橙汁就顺着顶部螺旋槽流到下面的玻璃杯里了。尽管斯达克在设计中充分考虑了手工挤压柠檬和使用后冲洗的行为动作，但这款榨汁机更适合用来促发谈话交流。唐纳德 · 诺曼（Donald Arthur Norman）将它作为《情感化设计》（*Emotional Design*）一书的封面图片，“极具美感的物品能使人工作更加出色……让我们感觉良好的物品和系统能更容易相处，并能创造出更和谐的氛围”。自 1990 年生产销售至今，外星人榨汁机的销售量已经超过了上百万个，至今仍然是设计专卖店中的畅销产品。

案例二：《小偷家族》和《黄金时代》电影海报

在《小偷家族》海报中（图 15），设计师黄海以浮世绘的画风体现故事的日本背景，用一只撑开的伞保护着家中五位成员来诠释“家”的含义：“伞是一种临时避难所的象征。但是‘伞’在中文里谐音‘散’，也意味着最终要离散。”

图 15:《小偷家族》电影海报（设计：黄海，时间：2018 年）；图 16:《黄金时代》电影海报（设计：黄海，时间：2014 年）

在《黄金时代》电影海报中，萧红远远伫立于墨间，晕染出人在乱世、身如浮萍的气质（图 16）。黄海感慨道：“《黄金时代》讲述的是一群在现实束缚中寻得内心自由的作家。当我进入这群作家的世界时，才知道他们的世界有多么广阔。”我们看到的是形式之美，感受到的则是在现实束缚中对内心自由的追寻，这恰恰是这部影片的主题。

这两幅海报都设计得很美，吸引我们眼睛的是美的形式，打动我们内心的则是真实的情感。

案例三：广汽传祺 GS8

全新第二代 GS8 是广汽传祺“混动化 + 智能化”双核驱动战略的首款落地车型。该车型以 GPMA 架构、钜浪动力、ADiGO 智驾互联生态系统、钜星底盘等核心技术为基础打造，集结了广汽传祺最新的尖端技术与研发实力，是广汽传祺的集大成之作。从形式美来看，凌云翼家族前脸，每一条格栅都采用了更为立体的型面变化，整体在纵向产生更加丰富的光影。前大灯强化力量感，将转向灯与示廓灯分别布置在上下两侧，纵横元素的有机结合使大灯边界更富变化；尾灯有如隧道，亮起来极具空间感。GS8 的外造型充分体现出“硬汉”“硬朗”的形式美感。与外造型的阳刚硬朗不同，GS8 还强化以人为中心的移动出行理念，“2+3+2”的座椅组合很好地适应了三代同堂的中国家庭需求。怀抱式设计也充分体现出对家人的关爱；搭配第三代智能系统，打造豪华、宽敞及科技的车内空间，成全生活的舒适安逸。

广汽传祺的总设计师张帆，是同济大学设计创意学院的校友，正是他在设计中对分寸感的把握、整体性的协调，对每一个细节、每一个线条的反复推敲、琢磨，才找到最完美的线条、最理想的光影，设计出“外刚内柔、铁汉柔情”的GS8。

青蛙设计公司的创始人艾斯林格（Hartmut Esslinger）曾提出“形式追随情感（Form Follows Emotion）”的设计理念。他认为，感性和情感是人类的天性。设计之美，就充分蕴含了这种人类的天性。

（二）以美储善

设计之美，不仅可以怡情，还可以储善。“善”就是好用、适用。以美储善，就是倡导器物的实用之美。这种以美储善的设计以用户的需求为中心，将美学元素与实用性相结合，创造出符合人们生活方式的设计，从而提高人们的使用体验。其次，善与美联系在一起，即产品的实用美德中又包含一定的审美价值。再次，以人为本的设计的善意，例如对老年人、对弱势群体的关爱，往往又具有社会伦理的意义。设计师从事产品设计不仅要满足实用价值的需要，而且要通过审美价值的创造和实现使产品的各项性能与价值最终具有道德的乃至伦理的价值。

案例一：“小猴”极品生活工具

年销量过百万套的“小猴”极品生活工具出自同济大学设计创意学院刘力丹

17

图 17：“小猴”极品生活工具（设计：刘力丹，时间：2017 年）

副教授之手（图 17），内含 1 支刀柄与 24 个不同型号的批头，适用于手机、电脑、眼镜、玩具等电子产品和日常物件的修理和拆装，可全面满足家庭精修需求。这套工具体积小巧，紧凑便携。

设计的亮点之一就是好用的刀柄——经过比较多个刀柄设计方案后，最终选择更符合人机工学的跑道圆形三切面。三切面的手柄不仅在一定程度上减轻了螺丝刀物理重量，且在表面形成跑道圆形，握感更舒适、增大摩擦力、更易于用户手指发力从事各种操作；刀柄尾部还带有轴承结构旋转帽，可快速旋转紧固螺钉。

案例二："好孩子"口袋车 POCKIT

"好孩子"是全球领先的儿童用品公司及中国最大的母婴产品品牌商、分销和零售平台，以"改善儿童生存环境，提高儿童生活品质"为使命，通过持续创新，不遗余力地为天下父母提供安全易用、充满爱心的优质育儿产品，为孩子们营造健康、快乐的成长环境。

宝宝出行的时候，往往会遇到体积太大，不方便携带；太重，遇到楼梯时提不动；收车太麻烦，不能轻松搞定等问题。我国童车知名品牌"好孩子"出品的口袋车，英文名称 POCKIT，是一款专为带孩子旅行而设计的童车，重量仅 5.6 千克，折叠后只有 37 厘米长、34.5 厘米宽、18 厘米高，可以轻松放进行李箱。2014 年被吉尼斯世界纪录方授予"全球折叠后最小婴儿车"。孩子不想坐车时，母亲抱着孩子也可轻松携带；坐飞机可随身携带，免去托运、等行李的麻烦。除了折叠超小，口袋车还在细节上下足功夫，如自动折叠挂钩、自动伸缩肩带、一键刹车解锁、靠背可半躺等，满足宝宝的各种坐姿，五点式安全带和联动刹车系统，能保障宝宝的安全。2015 年，这款产品被国家知识产权局授予"中国外观专利金奖"。

案例三：雅器系列手机

雅器系列手机专门针对老年人设计。手机按键反应灵敏，每个按键右下角均设计为弧形突起，键盘凹凸有致，安排合理，手感很好。手机按键面积较大，S758 型单个按键最大面积甚至达到 1.5 平方厘米以上，按键字体采用粗体，字高为 5 毫米，有效避免了使用者的误操作，使用更加方便。在色彩的设计上，该系列手机的主机基本全采用最经典的黑色与白色，朴素大方的色彩配合简洁的造型，很适合老年人的审美需求。该系列手机除最早的 S718 的屏幕最小外，其他几款都比较大。比如 S738 采用了弹出式屏幕，解决了 S718 屏幕小、字体大，以及信息、通讯录等显示不完全的不足，也是对直板手机屏幕面积与按键面积以及整机体积之间矛盾的突破。屏幕的增大也使字体更大，如 S758 的屏幕主要显示字体高 7 毫米，时间显示字体高 12 毫米，更易于老年人辨识。此外，基于老年人对暖色光仍有较强的分辨能力，该系列手机均采用暖色调的橙黄色为屏幕色彩，字体为黑色，黑色大字体在橙黄色的背景下，十分适合老人阅读。雅器系列手机以易用为理念，只保留打电话、发短信等基本功能，并且采用简化的菜单结构，减少用户操作的步骤。手机还加入了语音、彩信、收音机和手电筒功能，对老人非常贴心。

（三）以美启真

技术美的本质在于“真”，也就是符合自然规律性。技术的产生在于人对自然规律的把握；技术是科学的物化，具有明显的理性特征，它并不直接依赖于人的主观感受性。因此，技术上正确或先进的东西并不一定是美的。正确和先进的技术是美的必要条件，但不是充分条件。技术美物化了人的活动形态，人们从技术成果中看到了人的自我创造和自我实现的作品，体现出人对“真”的认识价值和实践价值。

案例一：无叶风扇

詹姆斯·戴森（James Dyson）被英国媒体誉为“英国设计之王”，是最受英国人敬重的、富有创新精神的企业家之一。2009 年，他推出了首款利用喷气式飞机引擎及汽车涡轮增压相关技术的无叶风扇。这款新发明保留了圆形轮廓，但没有扇叶，造型奇特，外表既保留了流线型的设计，又清爽，基于气流倍增技术，利用底部 40 瓦电力马达带动叶轮高速旋转，每秒钟将 33 升的空气吸入风扇基座，经由气旋加速器加速后，沿着上部的环形结构边缘 1.3 毫米缝隙出来，带动环形内中空位置与外侧空气，形成持续的空气流，让用户感觉凉爽。这款无叶风扇比普通电风扇降低了 1/3 的能耗，但通过的空气量可增到 15 倍，时速可最高增至 35 千米。戴森公司表示他们的流体动力工程师花费了 4 年的时间模拟了数百次，才得以准确地测量出机器所需的孔径与螺旋桨状的引擎基座，并将二者最佳化。空气的波动由一种称为 Laser Doppler Anemometry 的装置测绘出来。因为没有风扇片“切割”空气，用户不会感到冲击与刺激，空气流动比普通风扇产生的风更平稳，且因没有叶片，不会覆盖尘土，或者伤到好奇儿童的手指，实现了“真”与“善”的统一。

案例二：华为智慧屏和鸿蒙 UI 系统

华为智慧屏和鸿蒙 UI 系统基于对用户生活、娱乐习惯的深入洞察，结合华为当前最先进的技术积累，为家庭用户带来了更加沉浸、智慧、无缝的影院级体验。华为智慧屏不仅将精美的杂志排版设计发挥到极致，打造全沉浸式影院级体验，还将华为智慧技术融入设计中，带来自然、流畅的交互操作体验，且多设备之间连接顺畅，操作互补，高效协同。

华为智慧技术融入设计中，推出了隔空手势功能。通过 AI 摄像头的智能识别能力，用户可以以一种最自然、便捷的交互方式控制智慧屏，从而摆脱遥控器的束缚，带来更自然、更流畅的交互操作体验。华为智慧屏还配备了 HarmonyOS 的超级娱乐功能，实现家庭影院、家庭畅连、家庭健身、家庭 K 歌、家庭游戏五大场景，让用户能够尽情享受高品质、全方位的智慧生活。

案例三：大疆御 Mavic AIR 2 无人机

作为全球领先的无人飞行器控制系统及无人机解决方案的研发商和生产商，大疆致力于为无人机工业、行业用户以及专业航拍应用提供性能最强、体验最佳的革命性智能飞控产品和解决方案。这款高性能折叠无人机是大疆的新品，不仅拥有强劲的性能，还可以缩小体积，折叠机臂便于携带，起飞重量仅 570 克。整体机身采用了新型动力系统和空气动力学设计，气动性能更好，续航时间可达 34 分钟，最远传输距离可达 10 千米。

（四）以美达仁

设计师通过设计之美的创造，不仅满足实用功能和用户需要，创造了商业价值，还能够将其对道德尺度和伦理意义的理解巧妙融入其中，以美达仁。这个语境下的生态美理念强调了设计者的社会责任和道德价值观，创造出能够为社会发展带来积极贡献的设计作品。

案例一：OpenDesk 家具开源项目

OpenDesk 由 Joni Steiner、Nick Ierodiaconou 和 James Arthur 创立，

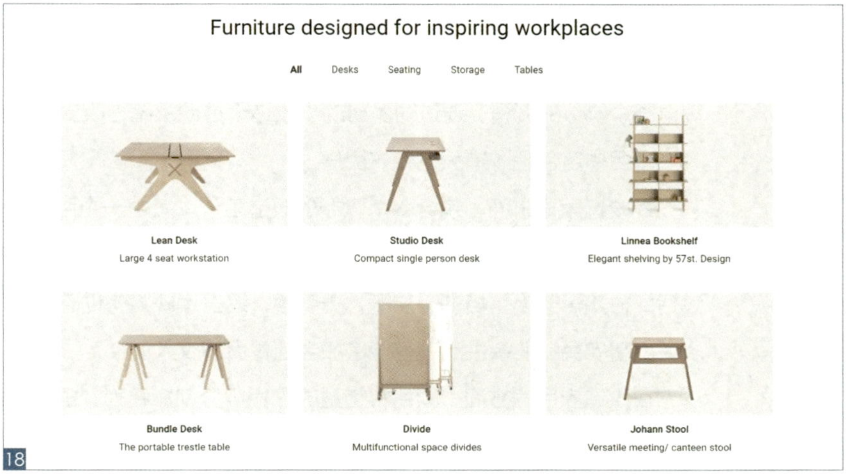

图 18：OpenDesk 界面（设计：Joni Steiner、Nick Ierodiaconou 和 James Arthur，时间：2013 年）

是首个与 FabHub 网站兼容的项目。该网站提供免费开源的设计图纸，可下载 .dwg 和 .dxf 等数控机床能识别的格式文件。此外，用户还可以获取开源家具的 PDF 说明文件，自己动手制作家具。目前，该网站上有许多设计精良、造型美观的桌子、椅子和其他家具设计模型供用户免费下载（图 18）。在下载之前，用户还可以查看有关设计师以及该模型的 3D 示例图等相关信息。用户订购后，将材料运送到当地车间切割，然后拿回家自行组装。这样一来，传统家具行业在分销、仓储和零售环节的大量成本都得以节省。作为一个免费、开源的家具图纸资源，OpenDesk 不仅可以让用户自己下载图样制作，还可以让拥有数控机床的制造商协助制作部件，最后由用户进行装配。用户在制作出满意的家具后，还可以在社区中与其他用户分享制作过程中遇到的问题。单从家具设计而言，可能无法充分体现出其形式美，但是，将这些家具置于设计、生产、销售、物流和仓储的产业链中，可以充分体现出设计创造出的社会价值。随着 3D 打印技术和数控操作技术的日益成熟，以及 OpenDesk 这类开源家具项目的不断推出，DIY 家具安装和装配将变得越来越简单，越来越多的人可以在几天内打造出属于自己的一整套家具，从而达到美的设计，设计以美达仁。

案例二：设计丰收

同济大学娄永琪教授自 2009 年发起“设计丰收”项目，旨在通过小的、相互关联的一系列设计，激活城乡资源、人才、资本、知识、服务的交换和互动，推动乡村振兴。该项目基于“针灸式”的设计策略，就像在关键穴位以针灸来实现对整个肌体的调适，通过对乡村的小改造，推动系统性改变，激活乡村潜能。

项目内容包括改造大棚和农民房。

在改造大棚方面，包含 6 个大棚的改造工作。其中一个用来开展活动，以解决村里缺乏灵活开放的大空间问题。在大棚改造中，尝试各种不同的商业模式，包括乡村知识交换、培训、亲子、养老等。这些模式将有助于提高农村人才的素质，丰富农民的业余生活，也能增加当地村民的收入。

在改造农民房方面，项目将空置的农民房分别命名为“田埂”“禾井”“花觅”，并将其改造为多功能空间，成为扩大乡村吸引力的平台。这些空间不仅可以用于文化活动，还可以用于小型商业、住宿等，为农村发展注入新的活力和动力。

项目的发起人和总设计师娄永琪教授说：“城市和乡村虽然代表了两种不同的生产和生活方式，且各有其优缺点，但二者仍是一个有机整体。只有将城乡当作一个有机整体来考虑，才可能实现资源互换，推动城乡共荣。好的城市和好的乡村，都会让生活更美好。”在未来，我们相信“设计丰收”项目将为城乡融合发展做出更多贡献，推动中国乡村振兴战略实现更好的发展。

案例三：“善居”公益设计活动

自 2017 年开始，笔者连续五年暑假带领学生参与“善居”公益设计活动，下沉到佛山市顺德区的 5 个村，为 14 户农村“残病老”家庭提供系统性的居家改造服务。例如，2018 年帮扶的梁阿婆家中，墙体开裂、地面湿滑、易燃杂物堆放等问题造成房屋安全隐患重重；因丈夫中风瘫痪卧床、儿子车祸半身不遂，长期照料压力非常大；此外还引发了社会关系疏离等问题。

我们通过深入的用户研究，整合社会资源，通过室内设计解决基本安全住房问题；通过无障碍设计以减轻照料负担；通过服务设计促进社工介入、邻里沟通与社会关注，以全面深入有效的整体解决方案践行了“精准扶贫”。

设计之于世界发展的重要价值和意义之一，就是通过设计来促进世界的和谐共生与可持续发展。近年来，设计广泛介入精准扶贫和乡村振兴，通过设计创新“推动城乡融合发展，推动乡村产业、人才、文化、生态、组织等全面振兴”，充分体现了设计之美，以美达仁。

结语

总体而言，形式美、功能美、技术美和生态美，是设计的结果，是设计作品所体现出的设计之美。

以美怡情、以美储善、以美启真、以美达仁，是设计的目标，是设计师的思想所蕴含的设计之美（图 20）。

设计之美，最易于被感知的是形式美。如果在形式美的基础上，一件设计作品能充分体现功能美、技术美和生态美，那它就是一个优秀的设计、成功的设计。

在此基础上，如果还能够实现以美怡情、以美储善、以美启真、以美达仁，那将是一个完美的设计、一个理想的设计！

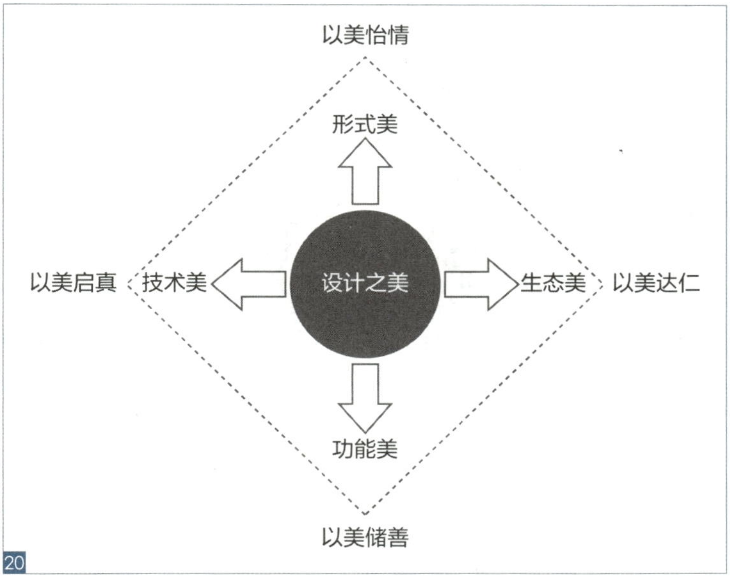

图 20：设计之美（胡飞绘制）

第二十讲

数理之美

文　梁进

同济大学数学科学学院教研室主任，教授，博士生导师在这一讲里，我们将讨论数理之美。看到这个题目，你可能会问："什么是数理？什么是数学？它们的美体现在哪儿呢？"

提到数理，大家马上联想到的是一些莫名其妙的符号、一堆不知所云的公式或者是那些伤脑筋的难题。但是，数理主要指以数学为基础的理科。对于数学，很多人都给出了定义。早在公元前 4 世纪，古希腊哲学家亚里士多德将数学定义为："数学是量的科学。" 19 世纪，弗里德里希 · 恩格斯（Friedrich Engels）指出："纯数学的对象是现实世界的空间形式和数量关系。"根据对恩格斯定义的解读，所谓数学，英语是 Mathematics，是人类对事物的抽象结构模式、量与量之间的关系和空间形式进行严格描述的一种通用手段，可以应用于现实世界的任何问题。

数学的发展几乎和人类的文明是同步，历史上数学经历了三次危机，都经过人们的努力而挺了过来，而且发展得越来越兴旺。在今天大数据和人工智能高速发展的时代，数理更是以一种强势的风格介入我们的生活，表现出一种非凡的生命力和另类的美。

回到数理本身，我们要讨论数理美，就要近距离看看她的特点。用我们今天的话总结数学的特点就是：高度抽象性、精致严谨性和广泛应用性。

的确，数学无处不在，在自然中，在生活中，在想象中，也在未知中。不管你喜不喜欢它，它都和你形影不离。然而，大家印象里的数学至少是冷冰冰的，好像和美没什么关系吧？但是表面现象并不代表本质，相对于音乐的听觉美、绘画的视觉美这些能引起直接感觉的美，数理更是一种思维美。在这一讲，我们将从多方面揭示隐藏在冷冰冰公式后面的数学的美，其主要表现为逻辑美、形式美、抽象美、自然美、艺术美和应用美。

数理的逻辑美

逻辑是指思维和事物的规律，具有严谨和准确的特点，并展现出一种不可置疑的美。逻辑以演绎和推论的方式呈现，而演绎和推论正是数学的重要方法。所以逻辑是数学的灵魂，是推动数学发展的内在动力。而演绎和实验正是科学的两大支柱。

我们首先谈谈逻辑理论的指导作用。应用数学中的大量结果先由数学理论推断而来，然后才在实践中得到证实，下面以三个先理论后被实证的例子做说明。

例 1：数学的演绎从古希腊智者欧几里得（Euclid）所著的《几何原本》开始，这本书流传了几千年，奠定了数学演绎的基础。在这本书里，所有关于平面几何且被后人称为欧几里得几何的论断都建立在五大公设之上，很长时间人们对此高度认可。然而美中不足的是其中的第五公设似乎有点太长，且好像可以从别的公设中推出，于是大家绞尽脑汁想要完善这个想法，可惜都失败了。最后对第五公设的否定诞生了非欧几何，开创了几何的一片新天地。实践证明，古典的欧几里得几何只是一种理想状态，它介于两种非欧几何之间，我们生活的常规空间严格地讲属于非欧几何，最多只能近似欧几里得几何。

例 2：太阳系的海王星和冥王星，均是先被数学推导，后来才被观察到的。海王星是在 1846 年利用数学预测而非观测意外发现的行星，天文学家利用天王星轨道的摄动推测出海王星的存在与可能的位置。之后类似的故事又在发现冥王星时演绎。

例 3：近年数理界的一个兴奋点是爱因斯坦从理论推导预言的引力波在实际观察中被证实。在物理学中，引力波是指时空弯曲中的涟漪，通过波的形式从辐射源向外传播能量。1916 年，爱因斯坦基于广义相对论推出的洛伦兹不变性的结果预言了引力波的存在，尽管引力波不能够存在于艾萨克 · 牛顿（Isaac Newton）的经典引力理论当中。2017 年 10 月 16 日，多国科学家同步举行新闻发布会，宣布人类第一次直接探测到来自双中子星合并的引力波这一壮观宇宙事件，并同时“看到了”其发出的电磁信号。

接着，我们从哲理的角度来体会逻辑美。事实上，人类智慧的精华从很多哲理谚语中总结而来，如下列的例子中就隐藏着数学那随机、相对、优化、极限和二分法等理念：

（1）人不能两次踏进同一条河流。

（2）逆水行舟，不进则退。

（3）磨刀不误砍柴功。

（4）一尺之捶，日取其半，万世不竭。

（5）To be or not to be, that is a question。

当然，逻辑带给数理的也并不尽然是愉悦，有时它对数学的挑战是很严酷的，首当其冲的就是悖论。悖论有着很悠久的历史。自古以来，悖论就层出不穷，如芝诺悖论、无理数悖论、无穷小悖论、理发师悖论、说谎者悖论等。所谓悖论，是指逻辑学和数学中的矛盾命题，即在逻辑上可以推导出互相矛盾之结论，但表面上又能自圆其说的命题或理论体系，从而引起了各种怪圈。人们对此感到疑惑，但从没有停止探究的努力。

在数学发展中，悖论一直起着特殊的作用。它从反面映射出数学的逻辑美。正是这样的挑战推动了数学跨越障碍、突破瓶颈、走向新生。举例来说，引起数学史上第三次危机的罗素悖论把数学带到了一个新高度。罗素悖论有一种版本叫理发师悖论：某村理发师宣布了一条原则，他给本村所有不给自己刮脸的人刮脸。当人们试图回答下列疑问时，就认识到了这种情况的悖论性质——理发师是否自己给自己刮脸？如果他不给自己刮脸，那么他按原则就该为自己刮脸；如果他给自己刮脸，那么他就不符合他的原则。罗素悖论由数学家库尔特·哥德尔（Kurt Godel）的不完全性定理破除了悖论隐含指望自我完善的幻想。事实上，几乎每次悖论的产生和解决都会使数学的发展更上一层楼。悖论是基于哲学的探讨，给了很多人启迪、灵感和深思，也给数学带来逻辑美。

数理的形式美

数学是简洁而深刻、对立而统一、对称而和谐、韵律而灵动的，数学中的公式和几何形状都具备同样的特点，它们反映了事物内在的形态，这种美是直接的、简单的，却又是本质的，而简洁深刻就是这种美的高级形式。

古数学的两个主要分支是代数和几何，分别是数和形。数看似只是个记数，但数的关系有很多奇妙的性质，这是数论研究的对象。“万物皆数”是古希腊数学家毕达哥拉斯（Pythagoras）对世界的朴素认识，并在今天“大数据”时代获得更高层次的新生。而几何就更直观些，研究的是图形的科学，研究点、线、面的关系。美术就是用这些冷冰冰的基本元素构成了多姿多彩、情感丰富和寓意深刻的画面。当然，美术还有一个重要的因素是颜色。颜色的数学表示就是一个三维坐标，分别表示构成颜色的三元色——红、蓝、绿的比例，用一个立方体表示。

数理的形式美首先是众所周知且不容忽视的黄金分割。

黄金分割被誉为最能引起美感的比例，也被称为神圣比例，它的定义很简单：将一线段分为两段， 使得长的一段比上短的一段等于整个线段比上长的一段。通过计算，可以得到这个比例是个无理数，长比短约为1.618，短比长约为0.618，二者互为倒数，且差为1。关于黄金分割，还有一个家族带有很多奇妙的性质。

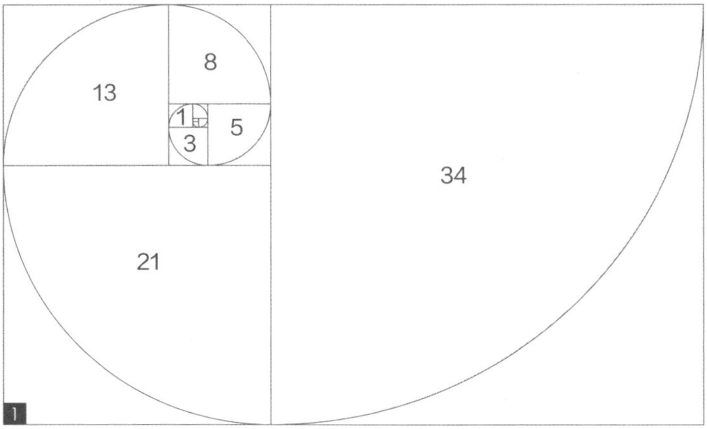

图 1：黄金螺线

（1）黄金数列（斐波那契数列）：0，1，1，2，3，5，8，13，21，34，55，89，144……斐波那契数列前后项比是趋于黄金比例的。

（2）黄金矩形：长宽比为黄金比例的矩形。

（3）黄金三角形：底腰比为黄金比例的等腰三角形。

（4）黄金角度：137.5°。

（5）黄金螺线：对数螺线，它是以斐波那契数列在空中展开而得的（图 1）。

黄金分割在大自然中到处可见，在人类的艺术活动中也扮演着重要角色。

形式美还表现在常见的自然界大量的对称、分形、螺线等中。这其中都有着内在的数学规律。之后我们会在自然和艺术中欣赏它们。

即便那些大家认为冷冰冰的公式，也有最美公式，例如公认最美的欧拉公式：

$$e^{i\pi}+1=0$$

它是数学里最令人着迷的一个公式，它将数学里最重要的几个元素联系到一起。两个最重要的无理数：自然对数的底 e 和圆周率 π；两个基本单位：虚数单位 i 和自然数的单位 1；以及数学里最特别的常数 0。数学家们评价它是“上帝创造的公式”，美得不可言喻。优美的公式还有很多，如麦克斯韦方程组、牛顿定律、傅里叶变换、爱因斯坦公式等。

数学中和形式美直接相关的是几何，很多几何形状显示出特别的形式美。

首先是几何形状的直接含义：圆形意味着完满，三角形意味着简洁而稳定，矩形意味着正直和规矩，等等。完全对称的多面体是正多面体，它们只有五种，包括正四面体、正六面体、正十二面体等。

这个匪夷所思的结论是大数学家莱昂哈德·欧拉（Leonhard Euler）通过一个简单的公式将多面体的点、棱和面的个数联系并证明出来的，这个公式也被命名为欧拉公式。

几何和代数虽然是数学关于形和数的两大分支，却好像关系不大，但古希腊数学家毕达哥拉斯就通过证明了一个勾股定理将它们的内在联系揭示了出来，尽管这引发了无理数悖论的第一次数学危机。用勾股定理可以构造一棵非常具有美感的毕达哥拉斯树（也是一棵分形树，图 2）。

分形是比较近代的数学发现，也是一种几何形态：任意小的尺度上都有精细结构、不规则且难以用传统欧氏几何的语言来描述、具有自相似形式、在多数情况下有着简单的递归定义。

以科克曲线为例，从一个等边三角形开始，每边三等分，中间段各长一个小的等边三角形，一直这样做下去，就得到一个类似雪花的图形，其极限就是科克曲线。而谢尔宾斯基三角形是迭代"挖"出来的。更有意思的是，这样的"曲线"或"曲面"的维数已不是传统意义上的整数，而是分数，甚至是无理数。我们用计算机可以通过递归迭代很多次来逼近这样的曲线。今天分形的发展已不仅仅停留在数学理论上，而是发展出一个新的艺术分支。

数理的形式美不仅在其本身闪光，还延伸到其他领域。诗歌是语言美的表达，在诗歌中我们也能看到数学的形式美：数字、对称、递进、循环、映射诗歌里的韵律和节奏，它们都有着数学规律。下面我们列出了几句不仅外形工整，而且数味十足的表现数学形式美的诗句。

2

图 2：毕达哥拉斯树

有通过数字的迭进和排列显示铺展和深入的意义描述诗：

一片两片三四片，五片六片七八片。
九片十片千万片，飞入芦花都不见。

泥塑神像："一声不响，二目无光；三餐不食，四体不勤；五谷不分，六神无主；七窍不通，八面威风；九坐不动，十足无能。"

有隐含数学规律的口诀诗（剩余定理）：

三人同行七十稀，五树梅花廿一枝。
七子团圆月正半，除百零五便得知。

有形式对仗的对联：

花甲重逢，又加三七岁月；（141 岁）
古稀双庆，更多一度春秋。（141 岁）

也有意象映射对称的英文诗：

Roots are the branches down in the earth.
Branches are roots in the air.
（根是地下的枝，枝是空中的根。——泰戈尔）

数理的抽象美

数学是抽象的，她在想象理性的世界里自由驰骋，在抽象的空间里美丽地飞翔。数学的发展就是从有限到无穷，从静止到运动，从离散到连续，从低维到高维，从确定到随机，这样一步步越来越抽象、越来越需要想象，所以这种美也是想象的美，想象的美是比具体的美更高层次的一种美。

提到数学，人们就想到抽象。的确，抽象是数学的基本特点。大多数人因为这无形无色的数学抽象概念而苦恼。然而正是因为抽象，数学展开了一个比我们的生活更广袤的空间。

数学有很多抽象的概念不能用现实的具体物品比喻，只有通过意象和推导描述。例如无穷这个概念，在实际中看不见摸不着，只在想象中存在。我们来看看诗人是怎么描述无穷的：

前不见古人，后不见来者。
念天地之悠悠，独怆然而涕下。

——唐·陈子昂《登幽州台歌》

To see a World in a Grain of Sand（一花一世界），
And a Heaven in a Wild Flower（一沙一天国）。
Hold Infinity in the palm of your hand（君掌盛无边），
And Eternity in an hour（刹那含永劫）。

——布莱克《天真的预言》的开篇（宗白华译）

这两首诗中的第一首，诗人把自己放在一个空间和时间都可以无限延伸的位置来诠释无穷，而后一首禅味十足的诗将微积分中的无穷大和无穷小对应了起来，我们甚至看到了其中的分形，尽管诗人并非佛徒，也不懂数学。

我们再来看著名的抽象几何体莫比乌斯带（图3）和克莱因瓶（图4）。

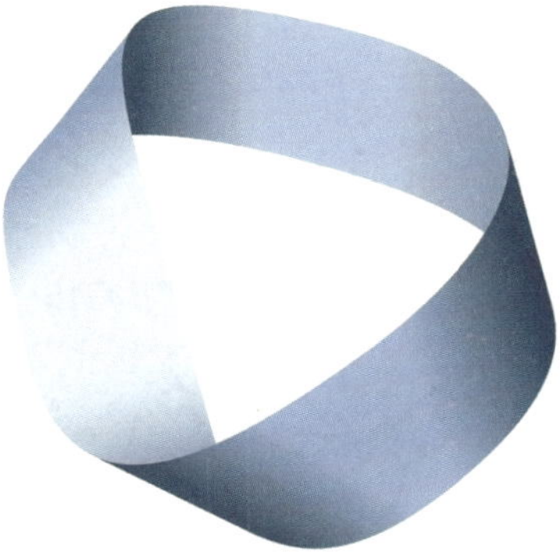
3

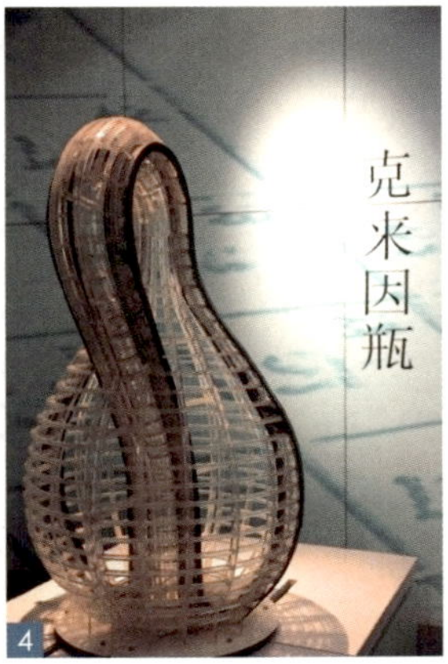

4

图3：莫比乌斯带；图4：克莱因瓶

莫比乌斯带是一个扭转 180° 后再两头接起来的条带，是存在于三维空间的二维曲面。它可以不跨边界而里外通达。克莱因瓶也有类似性质，它是存在于四维空间里的三维曲面，我们生活在三维世界里，很难在三维空间里展示这个瓶子，只能示意，需要借助莫比乌斯带来帮助我们理解和想象在四维空间里的这种几何体。

回到我们生活的物理世界，空间是三维的，但有许多东西真真实实存在，我们却看不见。一个最基本的例子就是各种各样的波，如光波、声波，它们只能通过数学抽象地展现（图 5）。

图 7 就是最理想的正弦曲线和余弦曲线优美的波形图像。而我们生活中的波都可以在此基础上通过叠加、转换而成，成为我们丰富多彩的世界的一部分。

前面提到过非欧几何。我们生活的常规空间是近似欧式几何的，而非欧几何是抽象的，数学家们先从理论上推出了非欧几何，后来证实了在大尺度的空间满足的是非欧的黎曼几何（图 6）。爱因斯坦的广义相对论的数学理论基础就是黎曼几何。

图 6（a—c）从左到右分别是黎曼几何、罗巴切夫斯基几何和欧几里得几何曲面上的三角形示意图，其内角之和分别大于、小于和等于 180° 。

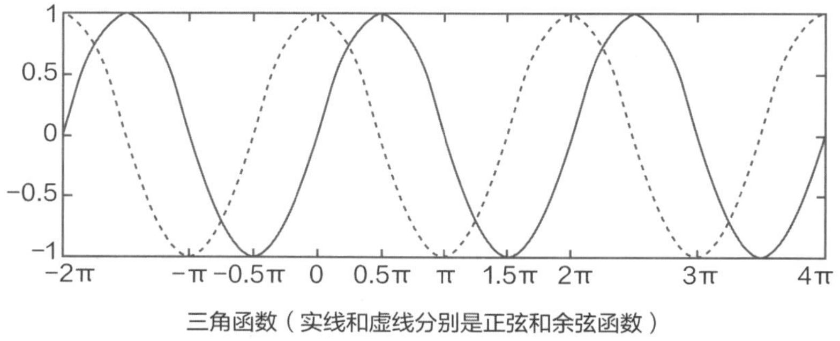

5

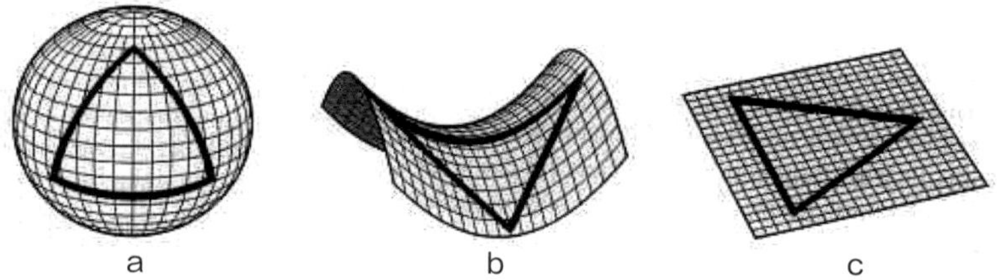

6

图 5：三角函数曲线；图 6：空间几何三角形（a 黎曼几何、b 罗巴切夫斯基几何、c 欧几里得几何）

数理的自然美

我们眼里的大自然千姿百态，背后却有着深刻而复杂的自然规律。大自然是我们最好的数学老师，大自然中处处显示着数学的优美和魅力。四季的交错更迭，日月的起起落落，生物的生长繁衍，物体的几何形态都显示了数学的自然美。

几何形状：天空中的日月星辰、大地上的山峦河海、我们身边的动植物，这些自然中的形形色色的各种物体很多都以简单几何体而存在，如球体、柱体、多面体和扇形等。

黄金螺线：有些物体，如向日葵、鹦鹉螺、鲁宾花，它们的形态一部分按黄金螺线排列，以此达到了最优。

黄金角度：自然中有各种分支，如河流、血管、树杈等。以树杈为例，树枝要分开才能采集到更多的阳光，但也不能分得太开，那样会影响营养输送，也容易受到外力伤害，所以经过自然选择分叉优化的角度是黄金角度。

微积分：在学习微积分时，我们会为理解一些抽象概念而挠头，如差分、相切、镜像、收敛、发散等，但自然却悄悄给我们展示了上述这些抽象概念。

分形：分形虽然抽象，但在自然中却处处可见。分形最早由伯努瓦·曼德勃罗（Benoit Mandelbrot）提出，他是这样问的："英国的海岸线到底有多长？"开始人们觉得这个问题太小儿科了，可是一细究就发现这个问题好像无法回答，越近海岸线，海岸线就越复杂，事实上，英国面积有限，海岸线却可以无穷长。这就引发了分形这门数学分支的诞生。后来人们的目光更开阔，发现在身边的自然中，这种美丽的分形到处可见，如雪花、地脉、芦苇、海岸线、火山岩等。

随机：早期的数理学家执着地认为世界是确定有规律的，人们的任务就是发现这些规律。后来人们才意识到自然中有很大一部分具有本质的不确定性，但数学也可以研究这些不确定性背后的规律，如落叶、积雪，它们随机地下落却均匀分布于地面，这就是随机中间的确定性。

数理的艺术美

人类自从有了劳动作品以后，艺术随之而生。起初，创作的目的也许只是实用，但"美"的意识却已蕴含其中。今天我们审视远古时代祖先留下的珍贵物件器皿，会发现，这些东西虽然材质粗陋，但做工手艺高超，形状符合数学中优美的几何

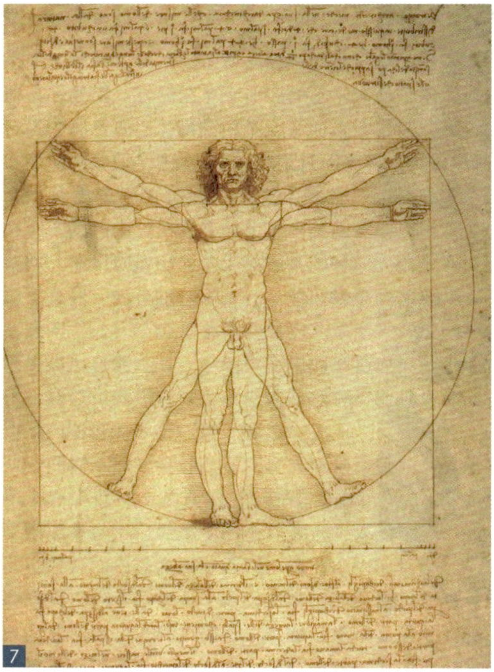

图 7：列奥纳多 · 达 · 芬奇《维特鲁威人》（*Vitruvian Man*），约 1487 年，纸上钢笔画，34.3 厘米 ×24.1 厘米，威尼斯学院美术馆藏

形态，甚至在不同文明里，很多东西也具有共性。艺术发展至今，几何元素从来都是构成艺术的“基本元素”。艺术对数学美的诠释还远不止几何形态。经济基础决定上层建筑，人类科学技术和数学的发展对艺术的影响不可谓不深刻，尽管我们不能武断地指出其中直接的因果关系，但当科学风尚改变时，艺术风格似乎在转变。科学与艺术是在互相影响的，前者对后者的影响可能更大些。

艺术是形象思维的高度抽象，数学是逻辑思维的高度抽象。数学研究数和形，所以也包含形象逻辑；艺术也讲究逻辑，所以也包含逻辑形象。

我们通过介绍几幅世界名画来欣赏数理的艺术美。

达 · 芬奇与《蒙娜丽莎》和《维特鲁威人》（图 7）。文艺复兴时的列奥纳多 · 达 · 芬奇有一本巨大的手稿，里面有大量的数学，正是达 · 芬奇对数学的深刻理解，才使他的这两幅画蕴含了例如黄金比例等数学结构而美妙无比。

拉斐尔（Raffaelo Sanzio）与《雅典学院》（图 8）。这张画表现了古希腊时期的著名智者群，在画的中心是古希腊两个分别手指天地的著名哲学家帕拉图和亚里士多德，他们分别是贯穿历史的唯心主义和唯物主义两大学派的鼻祖。古希腊的精神殿堂有三个数学家：柏拉图、毕达哥拉斯和阿基米德（Archimedes），他们形成的隐含三角形支撑着古希腊文明的神殿。

阿尔布雷希特·丢勒（Albrecht Durer）与《忧郁Ⅰ》（图9）。在这幅被称为丢勒精神自画像的版画中蕴含大量的科学元素，如球体、多面体、工具、沙漏、指南针，最重要的是科学女神手中的圆规和头顶上的幻方。圆规是数学的象

图8：拉斐尔，《雅典学院》，签字大厅湿壁画，1508—1511年，罗马梵蒂冈宫藏；图9：阿尔布雷希特·丢勒，《忧郁Ⅰ》，1514年，雕版画，23.8厘米×19.1厘米，伦敦维多利亚和阿尔伯特博物馆藏

图 10：保罗 · 塞尚，《高脚盘、玻璃杯和苹果的静物画》，1879—1880 年，46.4 厘米 ×54.6 厘米，纽约现代艺术博物馆

征，幻方则是数学的体现，这个四维幻方每行每列的和都是斐波那契数字 34，此外还有更多的数学谜语。

保罗 · 塞尚的《高脚盘、玻璃杯和苹果的静物画》（图 10）。这幅静物画一点也不静，画家通过各种不安定却互相制约的因素，制作了一个不稳的平衡状态，开创了在二维画布上构造错乱空间的先河。

如果说在古典艺术中，数学的理念通过透视、黄金分割展现美。到了当代艺术，数学更是通过抽象、混沌、分形、易维、变形等方式全方位地亮相。例如：巴勃罗 · 毕加索的《格尔尼卡》用数学符号和象式控诉了纳粹对一个西班牙小镇施暴的罪行；萨尔瓦多 · 达利（Salvador Dali）的《永恒的记忆》将时间的符号钟表画成弯曲的形状，挑战了人们对时间刚性的认识，暗示在主观世界里时间是相对的，可伸缩可弯曲的；保罗 · 克利（Paul Klee）的《五月》不仅画出了五月春天的躁动，还让我们感受到了时髦的“引力波”之美，尽管克利自己不一定知道有引力波这回事。

而被誉为数学艺术家的莫里茨 · 科内利斯 · 埃舍尔（Maurits Cornelis Escher）更是通过画笔将数学理念演释到了极致，他通过镶嵌、变换和映射等手法在他的美术作品中以特有的方式展现了数理美。他的《观景楼》《画廊》《瀑布》等著名的作品让维数的交替、非线性变化、不可能立方体和彭罗斯三角形形成错位空间，表现出了一种有理的荒诞美。

除了美术，数理在音乐中也起着指挥棒的作用。

首先，音乐的媒介是声音，而声学正是物理学的一个重要分支，声学研究的基础还是数学。

音乐通用的两种记谱方式：简谱和五线谱分别是用代数和几何的方式，用数字大小和空间位置记录音的高低和长短。

悦耳的音乐并不是一堆杂音，“好听”的音乐背后正是有着数学这只手。例如傅里叶展开，一个周期函数可以展开成一系列“和谐”的三角函数叠加。一段音函数展开的第一项称为“主音”，其他项称为“泛音”。而这些音的各种“和谐”组合就形成了丰富优美的乐曲。在这里，数学的艺术美以这样的方式呈现。

不同发声原理的乐器正是利用了声音物理原理而制作出来的，例如古编钟就是人们利用大小不同的金属体能敲击出不同频率的音的原理，制作了可以奏响美妙音乐的乐器。

数学的艺术美还在文学、戏剧、摄影、装饰等方面进行演释。

数理的应用美

数学的理论美是收敛的，数学的应用美是发散的，数学正是因其在科技人文各行各业中不可或缺的应用而散发美丽的光彩。

下面介绍数学在物理、化学、工学、医文上应用的几个实例。

宇宙、天体物理中的数学：无垠的天空中各种天体按自己的规律运行着，形成美丽的宇宙。自古以来，人们仰望天空，试图破解其中的奥秘，许多科学家为此贡献一生。天体学家约翰尼斯·开普勒（Johannes Kepler）通过观察研究给出了三大定律：①太阳系的各个行星分别在不同的椭圆轨道上绕太阳运行，太阳

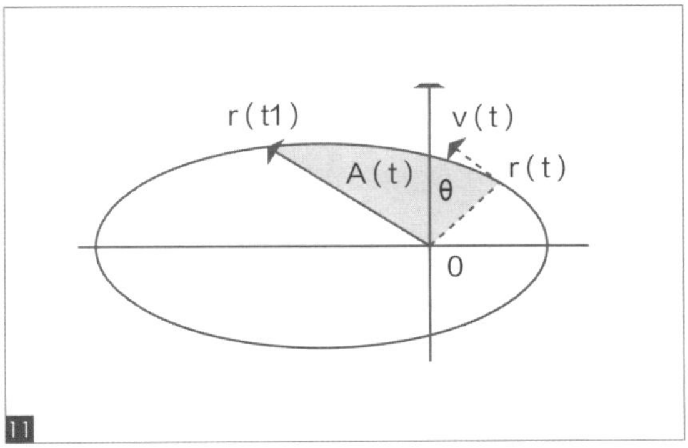

图 11：开普勒定律示意图

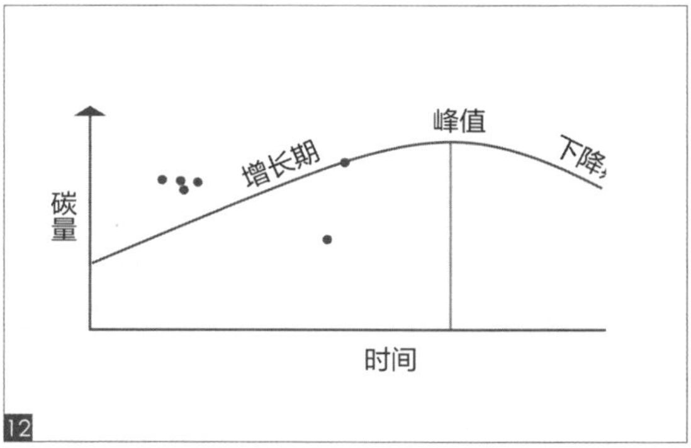

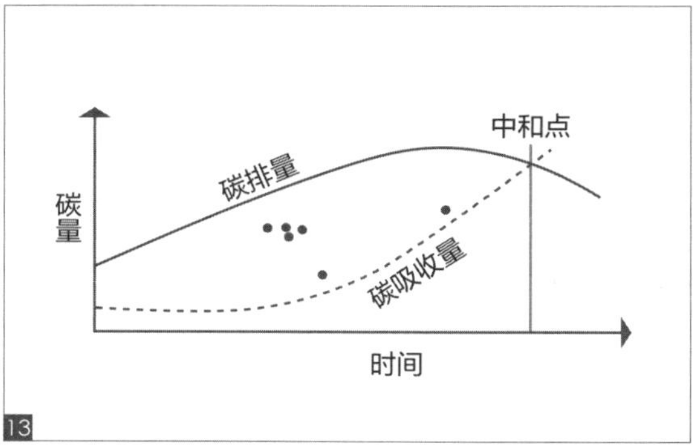

图 11：开普勒定律示意图；图 12：“碳达峰”示意图；图 13：“碳中和”示意图

位于这些椭圆的一个焦点上；②每个行星运行过程中单位时间内太阳—行星向径扫过的面积为常数；③各个行星运行的周期的平方与其轨道长半轴的 3 次方成正比（图 11）。表面上看起来这三大定律和数学物理学家牛顿的万有引力关系不大，但可以用微积分和向量运算证明，开普勒三定律和牛顿的万有引力定律是等价的，从而用数学揭示了更深刻的自然规律。

精致的物质结构和物理化学中的数学：物质是由分子按某种特定排列形式形成的结构，分子的排列形式决定了物质的物理和化学性质。而这些关于几何多面体、镶嵌和晶体排列等领域是属于几何的，也正是数学研究的重要方面。比如，食盐的六面体结构、各种矿石的原始晶体状态、人工加工后利用其物理光学性质而制成的美丽宝石装饰品。

神奇的遗传与基因，生物学中的数学：格雷戈尔·孟德尔（Gregor Johann Mendel）通过豌豆实验发现了隐形遗传和显性遗传的数学规律；DNA 的形状就是一个美丽的数学几何体；而基因组序列就是一部天书，解密天书仍然要靠数学。

适者生存和物种竞争，生态学中的数学：和谐竞争和人与自然的关系可以用数学模型来描述。大自然中的多样性形成大自然的交响曲。和谐就是美丽，用数学刻画这种美丽是很有力的。物种之间的关系有三个基本的数学模型：捕食模型、驱替模型、互助模型。人与自然要和谐相处，就要解决现代生活带来的副作用：碳排放引起的温室效应。我们要实现碳达峰和碳中和，数学将扮演重要角色。图 12 和图 13 分别是碳达峰和碳中和示意图。

我们正要拿起数学工具同自然灾害、疫情和人们的不良行为做斗争，让我们的世界更美。

美丽的工程与建筑，建筑学中的数学：建筑是力学和美学的综合体现，也是数学的空间具象。建筑力学的基础是数学，外观设计可以从数学几何形态中寻找灵感。计算机技术也为建筑设计插上了翅膀，使得抽象的数学可以在空中翱翔，为丰富人们的生活、实现智慧的理念提供更多的可能。数学专业出身的建筑设计师扎哈 · 哈迪德（Zaha Hadid）的作品北京大兴国际机场（图 14）、著名建筑设计师贝聿铭设计的苏州博物馆（图 15）、中国古老的民宿承德楼和上海杨浦大桥，这些作品分别体现了数学的流线美、几何美和力学美。

结语

我们领略了数理几种方式的美，并从中体会到看似“冷艳”实则“深刻”的美。这种美需要我们与其亲近后才能发现并欣赏她。也就是说，数理是美的，等待着我们发掘她更美。

14

15

图 14：北京大兴国际机场；图 15：苏州博物馆

第二十一讲

机械之美

文　卜王辉

同济大学机械与能源工程学院机械工程系副主任，副教授，博士生导师机械装置给人们日常生活和工业生产提供了重要而巧妙的工具装备，凝结了从古至今能工巧匠的智慧，现代各类机械装置更是反映了工业革命以来科学技术的进步。机械装置看似单调又不断重复的运动，推动着工业文明的发展。

精确、巧妙、灵动，这就是机械的美!

机械的美是永恒的，无论是设计中的图纸，还是工作中的机器，甚至是报废了的装置，都能体现机械之美，如齿轮机构的啮合传动、连杆机构的往复摆动、凸轮机构的间歇运动、机器人机构的自由灵动。在机械设计制造和运行工作的过程中，美就诞生了。一些年代久远的机械装置现在已被当作艺术品陈列。

我们还可以发现，人体的美与机械之美有着异曲同工之妙。人体何尝不是一种极其精妙的机械？而优秀的工程师在设计机械装置时，也会把机械看作一个有血有肉的动物，赋予机械卓越性能。

机械推动了工业文明的发展，工业文明的发展又带来了美好的生活。那么，机械和美在现实生活中具有怎样的关系呢？机械在现实生活中的多面美体现在九个方面，即机械图画之美、机械古典之美、机械传动之美、机械力量之美、机械速度之美、机械尺度之美、机械精密之美、机械灵动之美和机械智慧之美。

机械图画之美

首先，我们来看机械图画之美。工科专业大学一年级的同学会学习机械制图课程；机械制图表达清晰、美观，不仅反映机械装置的物理结构和连接关系，而且能够成为艺术品。我们在办公室、咖啡厅等场所能够看到由飞机、汽车、摩托等机械装配图生成的装饰画，如图 1 所示。这些画作均清晰、整齐，在黑色背景或深蓝色背景上，白色线条勾勒出机械的轮廓图线，并配上了简洁的文字说明。看着这些静止的平面图画，很容易想象出三维形体，也容易联想到与这些机械相

图 1：由机械装配图生成的装饰画

关的场景和故事。这些机械图画为室内环境烘托出高雅的格调，给人机械之美的体验。

实际上，艺术家与工程师可以是统一的。意大利著名画家达·芬奇，也是那个时代的杰出工程师。达·芬奇有许多机械装置的画作，这些作品在那个时代与其说是艺术品，不如说是机械设计图纸，它们不仅具有很高的实用价值，还让人们体验到机械图画之美。

达·芬奇那样的画图技法需要耗费大量时间和精力，很难被普通工程师掌握。直到200多年前加斯帕尔·蒙日（Gaspard Monge）的《画法几何》问世，这种在平面上用正投影法表达空间形体的方法逐渐被广大工程师采用。我们今天的工程图纸仍然采用这种精确、清晰、易于度量的二维作图方法制作。蒙日的《画法几何》起初于1769年在法国军事院校讲授，属于军事机密，直到1798年才公开出版。蒙日和拿破仑·波拿巴（Napoléon Bonaparte）是同时代人，拿破仑曾在巴黎军事学院学习《画法几何》。

机械古典之美

我国古代机械也有着辉煌的历史。同济大学机械学院陆敬严教授的专著《中国古代机械复原研究》，描述了我国古代机械蕴含的技术之美。我国不仅有四大发明，而且机械技术曾长期领先世界，是中华文明的重要组成部分。夏商时代的水车，汉代的纺织机，隋唐的炼丹炉，宋朝的火药、火炮、火箭，元代的天文仪，明清时代的轮船，中华文明在农业、手工业、冶金、纺织、天文、军事等领域都

图2：同济大学博物馆里陈列的《中国古代机械复原研究》中的古代机械

发明创造了相应的机械工具。同济大学博物馆里陈列着这些古代机械，如图 2 所示。在博物馆静静观赏时，人们可以感受到穿越时空的古代机械之美。

机械始于工具，工具是简单的机械，因此人类的历史也是一部工具使用的发展史。旧石器时代，人类开始使用自然、原始的工具，如棍棒、石块。距今大约 300 万年前，人类有意识地制造了一些打制的石器，如石刀、石斧和石锤等工具。大约距今 5 万年前，生产工具发生了历史上的第一次飞跃，即以弓箭为代表的复合工具登上了人类历史舞台。

约 1 万年前的新石器时代，磨制技术、穿孔技术、榫卯技术逐渐发展。制陶业发展，出现了专门工具——陶轮，它是人类早期使用的一种原始加工机械，也是迄今一切旋转切削机具的始祖。

距今约 6000 年前，人类进入青铜时代。我国古代还发现了不同青铜器的铜锡比例。随后，青铜器的制造达到顶峰，出现铸造和锻造的加工方法。

距今约 3000 年前，人类开始冶炼钢铁。出现了淬火、回火等热处理工艺。发明了机械式钟表，在钟表中使用了齿轮机构、棘轮机构等。机械式钟表不仅为现代文明所必需，还推动了精密零件的制造技术。

我国古代对“机械”的最早定义可见于《庄子》一书[1]，书中记载了孔子的学生子贡提出的机械的概念——“用力寡而见功多”。也就是说，使用机械的目的是省力，提高工作效率。在浩如烟海的中国古代文献中，诸如先秦《周礼 · 考工记》和《墨经》、宋代《新仪象法要》、元代《农书》、明代《天工开物》等，都有着丰富多彩的机械设计方法和设计思想。我国古代机械是机巧的发明，机械一词也因此被引申为机要、机关、机智、机灵等含义；现在有时把“机械”一词当作“呆板”的意思，其实有违“机械”一词的原意。机械是灵巧的装置，是代替人工劳动完成生产作业的重要工具，例如我们常说，机械化生产流水线、机械化建筑施工、农业机械化等。

机械传动之美

机械装置借助复杂而巧妙的传动机构来传递精确运动。复杂机器在一个工作循环周期中要完成多个动作，且这些动作在时间上必须协调。令人惊奇的是，复

1 陆敬严 . 中国古代机械复原研究 [M]. 上海：上海科学技术出版社，2019.

图 3：“风兽”机械装置

杂机器只需要一个原动件，就能实现不同部件的协调运动。例如在海边，设计师制作了称为“风兽”的机械装置，如图 3 所示。海风吹拂风帆，动力依靠复杂的连杆机构传递到“风兽”腿部，并由连杆机构协调多只腿脚循环运动，这样“风兽”可以在海滩散步。传动机构赋予机械活力，体现了机械传动的协调之美。

齿轮机构也是重要的机械传动装置，广泛应用于车辆发动机变速器、机器人关节减速器、机械式手表等精密装备，起到改变转速、提高扭矩、实现协调运动等作用。齿轮在工业中有着广泛而重要的作用，展现了机械传动的精密之美。

机器人关节用高精密减速器，是在摆线针轮传动的基础上发展起来的一种高端核心部件。摆线针轮传动最初是由德国人劳伦兹 · 勃朗（Laurence Brown）于 1926 年创造性地提出的一种少齿差行星传动机构，与通常渐开线齿轮不同，这种齿轮采用外摆线作为齿轮的齿廓曲线。在 20 世纪 30 年代，摆线减速器被引进日本，由于当时工业条件限制，最初生产的摆线减速器的加工精度不高。在摆线磨床出现后，摆线齿形精度不高的难题得以解决，20 世纪 50 年代开始大量生产摆线减速器。此后，经过多次技术改进，不断应用新的研究成果，研发了更加精密、更大传动比、更大传动功率的摆线针轮传动装置，满足了市场对机器人关节用减速器的定位精度高、使用寿命长、减速比大、体积小的技术要求。

机械力量之美

机械是人类手臂功能的扩展。如果没有合适的起重机械，就要依靠人类的手臂来搬运沉重的物体。现代起重机械可以搬起 2000 吨重的化工塔罐，可以吊起几百米高的风力发电机组，也可以仅 2 毫米定位误差吊装 37 米直径、重上百吨的核电站穹顶，如图 4 所示。

与建筑施工相关的机械装备称为工程机械，包括挖掘机械、铲土运输机械、工程起重机械、路面压实和摊铺机械、矿山开采和加工机械、港口装卸机械、混凝土及桩工机械、环保和环卫机械、工程车辆等。

我国从拥有第一台万吨水压机，到今天拥有大型机器人锻造设备，有了这些重型机械，我国能制造核反应堆大型锻件、超临界汽轮发电机、大型冶炼设备、国防工业重要装备。机械把人类从沉重的体力工作中解放出来，让我们感受到机械的力量之美。

机械力量可以辅助人体运动。外骨骼作为一种穿戴式装置，对人体起到助力作用，广泛地应用于军事训练、医疗康复、工厂车间、建筑施工、老龄化社会。不同的应用场合对外骨骼装置的结构设计和控制方式有着不同的要求。

随着老龄化社会逐渐到来，为了增强老年人的肢体机能，外骨骼装置必将发挥重要作用。据国家统计局发布的《第七次全国人口普查公报》，截至 2020 年 11 月 1 日，全国 60 周岁及以上老年人口为 2.64 亿人，占总人口的 18.7%，其中 65 周岁及以上老年人口为 1.91 亿人，占总人口的 13.5%。预计到 2025 年，60 岁以上人口将达到 3 亿，中国将成为超老年型国家。因此，老龄化社会对外骨骼装置的需求潜力很大。

在工厂车间和建筑工地，许多工人仍在进行重复性或者比较复杂的体力劳动，出现许多由体力劳动导致的肌肉—骨骼失调疾病，例如，汽车装配线的工人仰头举手安装车辆底盘导致的颈椎和上肢酸痛。据欧盟统计，每年大约有 40% 的工人会感受到背部下方、膝盖和肩膀的疼痛。全面自动化并不现实，例如，对于高质量小数量的产品需求，以及非结构化的建筑施工环境，全面自动化几乎不可能。工人不可避免地需要做许多体力劳动，因而有患肌肉—骨骼失调疾病的风险。因

图 4：现代起重机械

此，工厂车间和建筑施工对外骨骼装置也有很大的应用需求。

从穿戴部位看，外骨骼装置可以分为上肢外骨骼、下肢外骨骼、腰部外骨骼、颈部外骨骼等；从是否需要外部动力源看，外骨骼装置可以分为主动式外骨骼和被动式外骨骼。

主动式外骨骼的动力源及装置结构比较沉重，且对传感器和控制算法有很高要求。因此，近年来无须外部动力的被动式外骨骼以及柔性材料驱动的轻型外骨骼越来越受到研究人员关注。例如，用于减少人体步行能量消耗的被动式外骨骼装置，通过弹簧和棘轮装置将人体的部分重力势能转换为人体步行能量。不同于传统的钢铁外骨骼，新型外骨骼装置十分柔软，仅需要很少的外部动力就可以增强肢体机能。

外骨骼装置类型多样，功能各异，它们都穿戴于人体，应满足便于穿戴、不伤害人体、有助力效果等功能要求。被动式外骨骼的助力机理可归纳为四类：储能助力型、重力平衡型、负重支撑型、多肌协同型。其中，前两类利用了能量回收再利用的原理。储能助力型的机理是利用腿部下放或腰部下弯的重力势能，通常用弹簧作为储存重力势能的储能元件；在腿部上抬或腰部伸直时，储能元件产生辅助驱动力，帮助人体完成腿部上抬或腰部伸直的动作。重力平衡型的机理是把人的肢体看作串联机械臂，通过巧妙的机构设计使得弹簧力产生的力矩恰好平衡肢体的重力矩，理论上肢体关节无须任何力矩就能让肢体悬空在任意位置。负重支撑型的机理是通过外骨骼支撑人体的部分重力，例如，下肢外骨骼支撑人体上身部分重力，使得步行更轻盈；又如颈部外骨骼支撑头部重力，使得工人能够长时间仰头作业。多肌协同型是通过外骨骼连接多块肌肉，使得多肌腱同时发力，

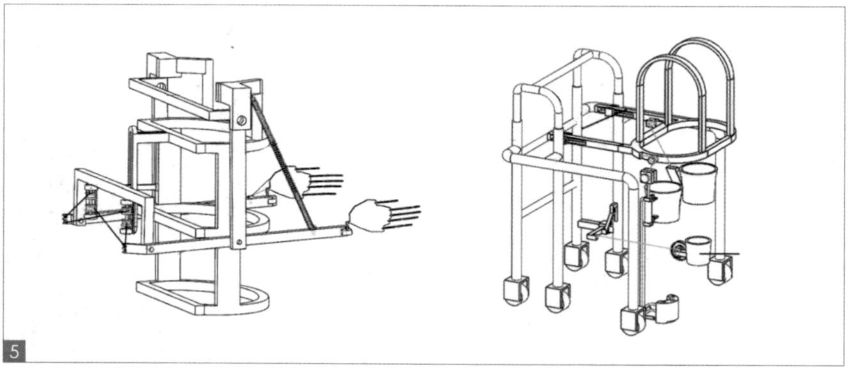

图 5：用于偏瘫病人自主实施康复训练的外骨骼装置

这样避免单肌腱长时间工作的疲劳感，例如，上肢或腰部多肌协同型外骨骼能够使人体更长时间地搬运重物或弯腰工作。

在医疗康复领域，我们设计了用于偏瘫病人自主实施康复训练的无需外部动力的上肢外骨骼[1]和下肢外骨骼[2]，如图 5 所示。

机械速度之美

机械是人类腿脚功能的延伸。如果没有合适的交通运输机械，就要依靠人类的双腿跋山涉水，行千里路。现在，我国复兴号动车组列车实现了 350 千米时速运营，由此我国也成为世界上高铁商业运营速度最快的国家。我国高铁技术惠及周边国家，2021 年 12 月 3 日，国家主席习近平同老挝领导人共同出席中老铁路通车仪式，中老两国元首下达发车指令，中老铁路通车。目前，我国正在研制时速 600 千米的高速磁浮列车，高速磁浮试验样车已经在同济大学磁浮试验线上成功试跑。

今天，家用汽车的普及率已经越来越高，年年都有新款出现，随着人们生活水平提高，每个家庭拥有汽车已经不再是奢望。对于远距离交通运输，我国自主研发的 C919 大飞机已经试飞成功，ARJ21 支线飞机已经出口多个国家。这些交通运输机械让出行更便捷，以至人们把世界形象地称为“地球村”，人人都能体会这种机械速度之美。

机械的速度还体现在生产节拍上。例如，先进的汽车总装生产线，每 47 秒就能诞生一辆新车。在制造过程中，一个生产环节的节拍速度提高一秒，就能在产能提高、货期缩短、品质稳定、成本压缩等方面产生积极的连锁效应。在生产原料、人力资源、制造费用等成本受限的环境下，提高生产节拍，能够用原来有限的资源激发更大的活力。

---

1 卜王辉，张雨豪，武泽，等．一种针对偏瘫患者的对称式上肢自主康复外骨骼 [P]. 2021.5.11, 发明专利，中国，ZL 2020108537034.

2 卜王辉，翟佳乐，袁九海，等．一种针对偏瘫患者的非对称式下肢自主康复装置 [P]. 2021.12.31, 发明专利，中国，ZL 2020112947544.

机械尺度之美

机械的尺度可以达几百米，也可以小至毫米（图 6）。

我国 FAST 球面射电望远镜是一种大跨度柔索驱动的并联机构，直径达 500 米；FAST 望远镜周围的山上建造 6 座钢塔，延伸出 6 根、每根 600 多米长的钢索拽起馈源舱，钢塔的卷扬机收放 6 根钢索，可调节馈源舱的位置姿态。它是世界上最大的单口径射电望远镜，也是目前世界上灵敏度最高的望远镜。

在另一种极端尺度下，科研人员发明了一种特殊的微型机器人，宽度仅有四分之一毫米，通过表面细小毛发的摆动而实现移动，可以携带药物在人体血管内“游动”。

机械朝向极端尺度发展，也推动着科学技术边界的扩展。

机械精密之美

高端机械装备的性能与制造精度有很大关系。例如，在液压伺服阀中，阀芯和阀套的加工精度需要达到微米级，否则阀芯与阀套不是卡住就是泄漏。对于航空发动机叶片、核潜艇推进器叶片，这些叶片形状要符合流体力学方程，必须要高精度的五轴联动数控机床才能加工出来。在机器人关节高精度减速器中，齿轮侧向间隙不能超过 1 弧分，否则不仅影响机器人定位精度，还会带来工作噪声。如图 7 所示，这些高端机械装备，是国之重器，让我们感受到机械精密之美。

机械灵动之美

早在 20 世纪 20 年代，捷克作家在剧本中描写了一种形状类人、听命于人、不知疲倦地从事劳动的机器，并称之为机器人。今天科学家们仍在艰苦探索机器

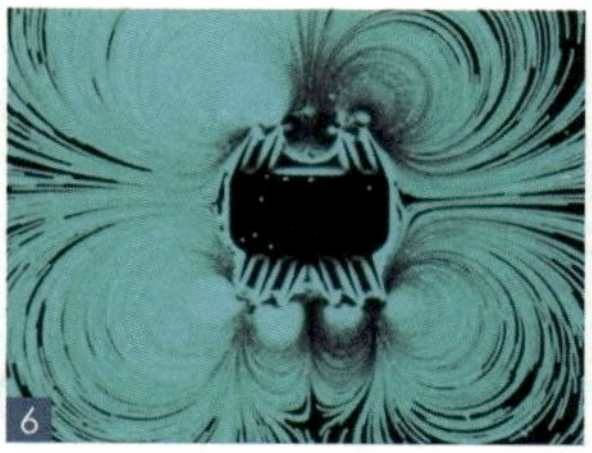

图 6：大型球面射电望远镜和微型机器人；图 7：高端精密机械装备

人的两足行走功能和逻辑推理能力。尽管完全拟人的机器人似乎很难实现，但是，如果撇开那些目前看来仍是高不可攀的幻想，人们可以发现丰富多彩的机器人已经在产业界大显身手。在工厂车间，机器人的应用节省了劳动力，并且能实现普通工人难以做到的高速度和高精度。在极限环境中，机器人可取代人类完成喷漆、铸造等恶劣条件或深海、太空等未知领域中的复杂任务。在医疗中心，机器人可辅助外科微创手术的精确定位，并用于灵巧假肢技术来恢复残障人士的肌体功能。丰富多彩的机器人，充分展现了机械灵动之美。

一项新型实用技术的诞生往往受益于市场需求的驱动。第二次世界大战期间，为了能够安全地处理放射性物质，美国 Argonne 国家实验室设计了连杆关节型主从式遥操作机器人。主、从两端的机器人具有相同的结构，操作人员在主端进行运动和抓取控制，从端机器人通过一系列机械连杆与主端机器人相连。为了提高操作精度，1947 年研制了通过电动和液力偶合器取代机械连杆的远程机械臂。

科学技术的进步是机器人操作臂技术发展的内部推动力。1946 年，世界上第一台电子计算机问世。1953 年，由美国麻省理工学院研制的数控铣床取得成功。1954 年，将数控铣床的伺服轴与远程机器人相连，研究人员发明了世界上第一台可编程的机器人操作臂，并获得了专利。通过操作人员手工示教的方式将机器人执行任务的程序事先编制好，机器人能够记录示教过程并以高速重复执行。这就是后来广泛采用的机器人示教再现型编程控制方式。1956 年，Unimation 公司成立，并于 1961 年生产该公司的第一台 Unimate 机器人。与此同时，美国机床与铸造公司也在从事机器人的研究，于 1960 年推出圆柱坐标型机器人。以上两款机器人成功地应用于汽车生产线，使机器人作为商品在全球传播。欧洲发达国家和日本开始从美国引进机器人技术。

随着微电子和传感器技术的发展，机器人技术的研究不断深入，机器人的性能日益提高。1961 年，麻省理工学院的林肯实验室利用力反馈信息改进机器人性能，并研究了机器人视觉传感器。1971 年，斯坦福大学研制成功斯坦福机械臂，并于 1973 年开发了用于机器人运动控制的编程语言 WAVE。1978 年，Unimation 公司推出了性能优良的 PUMA 机器人。PUMA 机器人是一款 6 自由度全关节式机器人，目前大多数机器人操作臂采用类似的机构形式。1979 年，日本牧野洋发明了适用于垂直装配的 SCARA 机器人。

以上讨论的机器人在机构形式上有一个共同特点，就是采用开式运动链，每个运动关节都是可以由编程控制的主动关节。这类机器人称为串联机器人。由于采用开式运动链，机器人机构相当于多个悬臂梁的串联，因此机器人末端执行器的大载荷会导致各悬臂梁的较大变形，所以串联机器人的定位精度通常不高。

正当串联机器人发展方兴未艾之时，1972 年麻省理工学院和 1978 年澳大利亚学者提出了构造并联机器人的设想。并联机器人采用闭式运动链，基座和末端执行器之间至少含有两组独立的运动链。并联机器人含有可编程控制的主动关节和非独立运动的被动关节。相对于串联机器人，并联机器人具有承载能力大而杆件柔性变形小的优点，但也有工作空间较小的缺陷。

并联机器人的机构原型由埃里克 · 高夫（Eric Gough）于 1947 年提出，并于 1955 年制造了样机。机构采用正六边形的运动平台，运动平台的每个顶点装有球副，从而与运动连杆相接。运动连杆的另一端通过万向副与基座相连。分别采用 6 个线性驱动器来控制 6 个运动连杆的长度，从而控制运动平台的位置姿态。Gough 机构可用于汽车轮胎的安装。

1965 年，研究人员提出了用于飞行模拟器的并联机构 Stewart 机构。机构采用正三角形的运动平台，运动平台的每个顶点装有球副，从而与一条运动连杆相接。这条运动连杆的另一端通过转动副与竖直的机架相连，这条运动连杆的中部还通过转动副与第二条运动连杆相接。第二条运动连杆的另一端通过转动副也与竖直的机架相连。因此，机构共含有 6 条运动连杆。每条运动连杆的长度由线性驱动器控制，进而控制运动平台的位置姿态。

目前，商品化的并联机器人在工业界应用广泛。例如，ABB 公司的三自由度 Tricept 机器人，若外加两自由度运动平台，那么 Tricept 机器人系统可以构成虚拟轴机床，实现五轴切削加工。另一种典型的并联机器人，Delta 机器人，能够实现三自由度纯平移运动，用来进行高速拾取放置操作。还有六自由度并联机器人，应用于精密的水射流切割。

总体上看，机器人操作臂技术的发展经历了三个阶段，分别对应三代机器人。第一代机器人是示教再现型机器人。第一台商品化的机器人就采用这种控制方式，并且目前工业界大部分机器人仍然采用这种控制方式。操作人员首先对机器人进行示教编程，然后机器人再现作业示教过程，从而高速重复地执行特定任务。第二代机器人是有感觉的机器人。这类机器人利用获取的环境与操作对象的力觉、视觉或接近觉[1]等简单信息实现反馈控制，进而适应不同作业任务的需要。这类

1 接近觉指物件靠近但尚未接触时的感觉。

机器人在工业界已经开始应用。第三代机器人是智能机器人。通过传感技术和人工智能技术，这种机器人具有逻辑判断和自主能力，能在未知环境中独立工作。目前这种机器人尚处于实验室试验阶段。

事物的发展过程往往表现出螺旋上升的形式。机器人技术螺旋上升的发展形式可以体现在以下几个方面[2]。

从遥操作到示教操作再到遥操作。世界上第一台机器人是美国阿贡国家实验室设计的连杆关节型主从式遥操作机器人。通过操作人员在安全的主端环境下的控制，从端机器人能够处理危险环境中的放射性物质。后来，商品化的机器人操作臂为了能够自动地、高速地执行任务，通常采用示教再现的控制方式。机器人示教时需要操作人员交互控制，实际工作时则无须操作人员干预。目前，遥操作机器人又成为机器人领域的研究热点。研究人员希望机器人能够在未知的、危险的、非结构化的环境中代替人类工作。具有自主能力的第三代智能机器人是最初的研究热点，然而研究人员遇到了用于自主化机器人的人工智能技术的瓶颈。于是直接利用操作人员思维能力的遥操作机器人又得到了广泛关注。与原始的通过机械式连杆连接主从两端具有相同机械结构的遥操作机器人不同，现代遥操作机器人系统的主端通常是一个通用的力反馈控制手柄，主从两端机器人之间的通信也由无线信道取代了机械式连杆。

从串联到并联再到串并联。世界上第一台商品化的机器人是串联机器人。后来为了克服串联机器人承载能力低、定位精度不理想的缺陷，提出了并联机器人。研究人员发现并联机器人在弥补串联机器人缺点的同时，也丧失了串联机器人的优点，即并联机器人的工作空间狭小。为了发扬两类机器人的优点，避开它们的缺陷，目前串并联机器人成为新的研究方向。串并联机器人通常有两种形式。一种串并联机器人是将一个小型并联机器人挂置在一个大型串联机器人的末端执行器上，这种机器人又称为宏微式机器人。机器人宏观运动由串联机器人执行，精确的微观操作由并联机器人执行。这样实现了两类机器人的功能互补。另一种串并联机器人是将若干个并联机器人串接起来。这种机器人不仅末端执行器的微观操作精度高，而且机器人的宏观运动精度也高，因此十分适用于制成精度高、工作空间大的多冗余自由度机器人。

1 卜王辉．面向复杂任务的机器人操作臂作业过程优化技术研究 [D]. 杭州：浙江大学，2009.

用机械装置实现自动化生产，能够显著提高生产效率，解放生产力。自动化是智能化的前奏。自动化是指机器设备、系统或过程（生产、管理过程）在没有人或较少人的直接参与下，按照人的要求，经过自动检测、信息处理、分析判断、操纵控制，实现预期目标的过程。采用自动化技术不仅可以把人从繁重的体力劳动、部分脑力劳动以及恶劣、危险的工作环境中解放出来，而且能扩展人的器官功能，极大地提高劳动生产率，增强人类认识世界和改造世界的能力。

机械自动化生产经历了五个阶段。第一阶段是刚性自动化，包括刚性生产线和自动单机。这些技术在 20 世纪 40 年代成熟。特点是大批量生产，仅适用于单一品种。诞生的新技术包括继电器程序控制组合机床。第二阶段是数控加工，包括数控和计算机数控。其中数控在 20 世纪 70 年代发展迅速，20 世纪 80 年代计算机数控加工技术成熟。特点是柔性好，适用于多品种中小批量生产。诞生的新技术包括数控技术、计算机编程技术等。第三阶段是柔性制造，包括计算机直接控制、柔性制造系统和柔性制造单元。特点是柔性、高效率；适用于多品种中小批量生产。诞生的新技术包括成组技术、柔性制造系统、监控技术等。第四阶段是计算机集成制造系统（Computer Integrated Manufacturing Systems，CIMS），20 世纪 80 年代以来发展迅速。特点是强调系统性和集成性。诞生的新技术包括现代制造技术、管理技术、计算机技术、自动化技术、信息技术、系统工程技术等。目前的第五阶段是智能制造系统阶段。

随着科技发展，机械不仅能够模仿人类的双手劳动，替代人类的双腿行走，而且能够感知世界，做出推理决策。原先工业机器人只是在人工示教基础上重复再现工作，现在机器视觉技术让机器人能够适应工件变化，智能识别目标对象。

机器视觉始于 20 世纪 70 年代早期，它被视为模仿人类智能并赋予机器人智能行为的传感器。在数字图像处理的基础上，机器视觉期望从图像中恢复出实物的三维结构并以此得出完整的场景理解。目前，深度学习方法在机器视觉的目标检测、跟踪、理解等领域广泛应用。

深度学习属于机器学习的一个方向。机器通过“学习”这一操作，从实际数据中获得较为丰富的信息，并使用这些信息指导实际应用，这是计算机发明以后一直尝试挑战的领域。而深度学习作为机器学习的一个大方向，可能是未来最重要的方向，是深度人工神经网络所进行的学习过程。

人工神经网络自 20 世纪 80 年代末开始应用于图像分类任务。在最初虽然有一些零散的应用，但发展缓慢。随着计算机处理能力的提升和大量标记数据以及改进算法的出现，自 2012 年以来，神经网络技术取得了迅速的进展。

得益于神经网络技术发展，以之作为特征提取模型的目标检测网络模型也获得了长足发展。目标检测是将图像输入相应的目标检测模型，目标检测模型从图像中找出感兴趣的目标位置，并连同目标类别一同作为结果输出。由于卷积神经网络具有强大的特征提取功能，所以目前的目标检测模型均是在使用卷积网络作为特征提取网络的基础上，加上其他模块构建的。

融合机器视觉等智能技术的机械装置，必将展现出机械的智慧之美。

结语

精确、巧妙、灵动的机械之美，背后沉淀的是从古至今，特别是工业革命以来机械学科的知识精华和经验积累，反映了科学技术的进步，推动着工业文明的发展。

今天的机械装置，不仅能够模仿人类的双手劳动，替代人类的双腿行走，帮助人们完成那些危险、繁重、精细的工作，而且能够感知世界，拥有智慧。我们在生活生产中使用机械装置，在大学校园里学习机械知识，都能体会到机械之美。

第二十二讲

基因之美

文 陈嘉瑜

同济大学研究生院副院长，生命科学与技术学院长聘教授，博士生导师

基因——基本遗传单位

基因（gene）是现代生物学中一个非常重要的基本概念。现代生物学的基石学科——分子生物学，就是围绕基因的结构和基因功能的执行展开的一门学科。世界上存在许多不同的生物，生命的一切活动最终都能归结于一个基因或者一群基因按照某种特定的规律跟随时空而执行的结果。

从提出基因概念到现在，已经过去一百多年。生命活动的组织方式比人类目前所能制造出来的任何一种机器都更为复杂和精妙。生命既是一个高度冗余的系统，能够在复杂工况下保证生命活动运行；同时也是一个高度简并的系统，能够运用少量的能量和物质来完成许多复杂的生命活动。所以，是什么调控了各个零部件的工作，让其成为一个统一的有序整体，基因及基因之外依然存在许多秘密。

在一个生命个体中，我们常常能够发现同一个基因在生命的不同阶段发挥着不同的作用，赋予生命不同的能力。有些基因在一定的时期能够发挥功能，随后则可能永远藏匿于基因组中，再也不露面；有时哪怕是完全相同的基因，也有可能展现出不同的样貌，发挥不同的作用。这些现象无不指示着：在基因之上，还存在着特定的方式影响着我们所观察到的生命全样貌。基因的本质以及控制基因的这一整套机制，组成了我们所认识到的复杂的生命。这层机制就好像是基因的一套妆容，在基因本身的样貌以外，又赋予了生命多样的、灵动的美感。

接下来，就让我们从基因开始，了解生命之美。

发现基因

（一）孟德尔与遗传因子

很早之前，人们已经注意到生命的遗传和变异现象。每一个生命个体的后代都与它的亲本具有相似性，生物的特征或者说性状能够随着生命的繁衍而得到延续，这就是遗传现象。在物种之间，一个物种不会产生另一个物种的后代。而在一个物种内，具有血缘关系的个体之间会存在一定的相似。同时，我们也会发现，后代在许多情况下并不会与父母完全一致，而是存在一定的差异性，所以我们既像自己的父母，又和父母有所不同。

遗传和变异是进化的生物学基础，也正是它们为这个世界的生物多样性提供了最基本的素材。如果没有遗传，生物就不可能稳定存在；如果没有变异，生命的世界就会显得十分单调。那么，遗传和变异的本质又是什么呢？事实上，这个问题直到今天仍未完全得到解答。不过，我们可以先回到进化论刚被提出的 19 世纪 60 年代，回顾人类历史上伟大的科学家们对这个问题答案的探求。

基因的发现与人类对美的观察有一定关系，现代遗传学奠基人孟德尔通过豌豆实验发现，豌豆的一些性状可能在繁殖的过程中消失，被另一种相对的性状所覆盖，比如豌豆的花色：紫花和白花的个体杂交产生的第一代后代总是开紫花，第一代之间杂交则又会有白花的个体出现。根据这一结果，孟德尔最先提出了“显性（Dominant）”和“隐性（Recessive）”的概念。对于刚才提到的花色而言，紫花就是显性的，白花就是隐性的。

在这些实验的基础上，孟德尔提出了“遗传因子”这一概念作为遗传的单位，很好地解释了他所发现的实验现象。孟德尔的这一研究中最重要的一个结论就是，每一对独立的遗传因子控制着一对独立的性状，也就是说，遗传因子是控制生物所表现出来的性质的基本单位。遗传学有三大定律：分离定律、自由组合定律以及连锁与交换定律。这三大定律的前两个均由孟德尔最先提出。

（二）基因的发现

在孟德尔的成果发表后大约四十年，丹麦的遗传学家约翰逊（Wilhelm Ludwig Johanssen）提出了我们现在所熟知的“基因”一词代替“遗传因子”，并提出了“基因型（genotype）”和“表型（phenotype）”两个概念。尽管那时的人们对基因的认识还不够充分，对基因也没有十分确切的定义，但约翰逊所提出的基因型和表型的概念区分，对当时的遗传学家认清遗传学的实质有很大的促进作用。

基因控制着生物的各种性状，它包含复杂的遗传信息。在生命体内有许多种不同物质，其中有一类是小分子，它们分散在细胞内行使功能，但由于大小及复杂程度有限，因此很难承载庞大及复杂的信息；还有一类是生物大分子，它们由不同的单体组成，这些单体又以一定的方式排列成为更大的阵列，形成了一串串的组合矩阵，如同计算机的二进制代码一样，让人不禁联想其中所包含的信息是否就是我们所寻找的，决定生物的遗传和变异的遗传因子。

在萨顿提出了基因的染色体学说并被摩尔根和他的学生证实后，人们就意识到了染色体在遗传过程中的重要性。染色体有两个重要的成分：蛋白质和 DNA（Deoxyribonucleic Acid）。因此，在众多生物大分子中，蛋白质和 DNA 受到了极大关注。DNA 直译成中文是脱氧核糖核酸，属于核酸的一种。1869 年，瑞士科学家米歇尔（Friederich Miescher）第一次从白细胞中分离得到存在于细胞核中的核酸。直到 20 世纪 20 年代，德国生理学家柯塞尔（A.Kossel）和他的学生琼斯（W.Johnew）、列文（P.A.Levene）一起弄清了核酸基本的化学结构以及其单体组成。

1928 年，格里菲斯（Frederick Griffith）通过实验发现，灭活后失去致病能力的致病型肺炎双球菌能够使得非致病型的肺炎双球菌转变为致病型，这提示人们致病型的肺炎双球菌的遗传物质能够以某种形式被传递到非致病型的菌中。这个实验被埃弗里（Avery）、麦克劳德（Macleod）和麦卡蒂（MacCarty）等人在 1928 年进一步确认，他们通过从致病型肺炎双球菌中提取不同类型的化学物质，并尝试用这些化学物质对非致病型的菌进行转化。发现只有核酸而不是蛋白质可以促使非致病菌向致病菌的转化，造成动物的死亡，才终于为 DNA 作为遗传物质提供了有力证据（图 1）。然而，由于实验手段的限制，他们的结果仍然受到了一些质疑。直到 1952 年，赫尔希（Hershey）和蔡斯（M.Chase）利用同位素示踪进行的噬菌体侵染实验证明了只有含磷的 DNA 而不是含氮的蛋

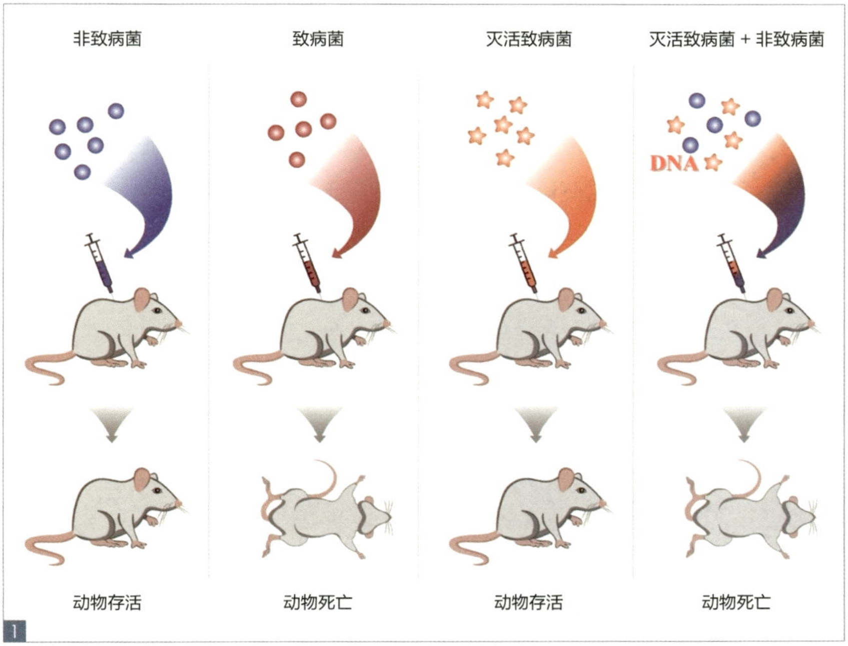

图 1：肺炎双球菌转化实验

白质才会随着繁殖进入下一代噬菌体后，人们确信 DNA 才是遗传物质的化学本质。

另一位遗传学家摩尔根（Thomas Hunt Morgan）发现就是遗传学第三定律：连锁与交换定律。摩尔根最初反驳萨顿（W.S.Sutton）提出的“基因”在染色体上的假说，从而进行了相关实验，但他的实验却最终证明，基因本身存在于染色体上，并且呈线性排列，基因是决定生物的性状的功能单位，也是发生突变和重组的单位。

基因与人类的奥秘

20 世纪 90 年代，人们开始实施了“人类基因组计划”。基因组的意思就是一个生物的所有基因的集合。人类基因组计划把人类染色体上的所有 DNA 提取出来，然后去检测它的序列，再从基因的序列里面破解遗传密码。做这件事情的目的是什么呢？那时，广泛的观点认为，基因决定了疾病的发生、生物的特征和生物的衰老，而推动人类基因组计划就是要了解基因对人类生老病死的所有影响，从而可以根据每个人的基因信息去提供个性化的疾病诊断和治疗方案。这项计划从 1990 年开始，直到 2001 年才初步完成。我国科学家破除万难，也参与了人类基因组计划。

在人类基因组计划开始后的三十多年里，高通量的测序技术和相关分析技术有了巨大的发展。人类基因组计划的成功也让人们明白了了解生物全基因组信息对充分认识一种生物至关重要。于是，在人类基因组计划初步完成后的二十多年里，科学又陆续对许多重要的与科学研究相关的模式生物以及与人类生活息息相关的生物（包括哺乳动物、昆虫和植物等）开展了相应的基因组计划。这些基因组计划的成果最终都被公开发表，成为人类共有的财富。

通过比较不同物种之间的基因组数据，我们还能够从进化的角度去解读生命的历程。科学家根据基因组数据推测出了哺乳类动物部分物种之间的亲缘关系以及进化历程。可以发现，亲缘关系相近的一些物种之间的染色体上可能有大量的片段是高度一致的，或是十分相似的——可能在一些位置上有一些差异、突变，但总体上可以认为它们代表了同样的染色体片段。但它们之间又有区别，区别在于哪里呢？其实只是它们在染色体上的位置有所不同。有些可能前后颠倒了，有些可能和其他区域调换了顺序，有些可能产生易位跑到了其他染色体上或者单独

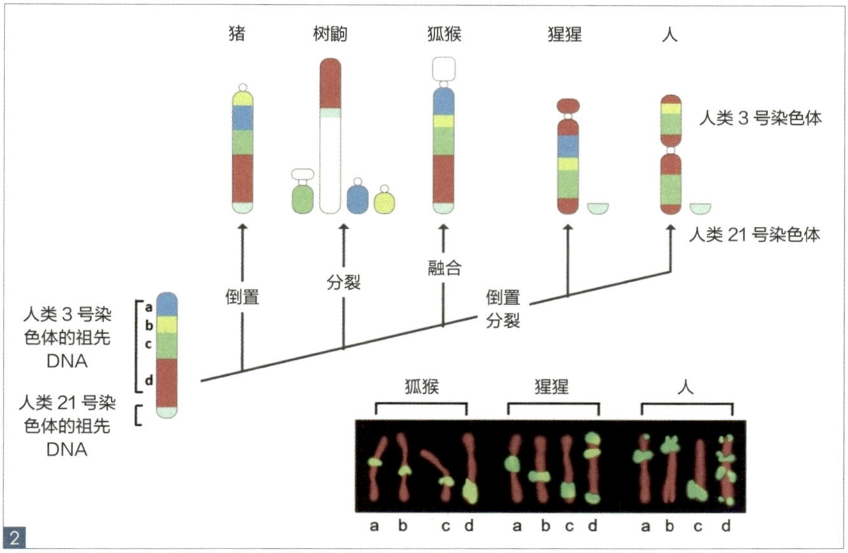

图 2：染色体重排

形成了一条新的染色体（图 2）。这样的染色体水平的改变大概 50 万 ~100 万年会发生一次，而这样的基因组水平的 DNA 排列差异对生物性状的影响也是显而易见的：它使得我们和其他哺乳类动物成为不同的物种。

DNA 有一个特点，就是稳定性相对较高，因此在考古材料被发掘出来之后仍然有可能带有能够被读取出来的遗传信息。正如经典电影《侏罗纪公园》的设定一样，科学家确实可以从古老的琥珀或者化石之中提取到恐龙的 DNA，了解它的基因信息。然而，只是利用这些残缺的 DNA 复活恐龙仍然是不可能的，其中依然存在许多艰巨的技术问题有待解决。

然而，通过对发掘得到的保存良好的人类祖先 DNA 进行读取、比较和分析，科学家的确能够获得很多进化生物学上的关键信息。根据这些数据，如今一般认为现代人类起源于非洲。但是走出非洲的人类不只一群，随着人类走出非洲的时间不同、迁徙路线的不同，逐渐形成了很多的分支，又进一步发生了分支之间的分分合合，其中绝大多数分支最终都灭绝了，而现代人类就是这些分支中唯一幸存下来的。在灭绝的分支中，有一支备受关注的就是尼安德特人。随着对尼安德特人基因组分析和考古证据的整合，科学家发现在现代人类进化的过程中，尼安德特人和现代人发生过基因交流。因此，在当今非洲以外的现代人中还存在着 1%~4% 的尼安德特人基因信息。瑞典生物学家斯万特 · 佩博（Svante

Pääbo）在这一领域做出了大量开创性研究，因其在已灭绝古人类基因组和人类演化领域的研究中做出的卓越贡献，被授予 2022 年诺贝尔生理学或医学奖。

通过基因组测序和分析，我们从微观世界中了解了人类进化的历史，在十几至几十万年前，现代人与其他已经灭绝的人类如尼安德特人之间发生了什么样的故事呢?

在人类的进化谱系追踪的研究史中，还有两个非常有趣的名词。图 3 显示的是我们细胞中的一个叫作线粒体的电子显微镜照片。线粒体存在于我们的细胞胞质中，但和细胞核相似地拥有 DNA 信息。然而与细胞核不同的是，在人类繁衍的过程中，只有来自母亲的线粒体能够遗传给后代。通过对线粒体中的遗传信息进行分析，科学家发现，现在世界上所有人的线粒体都能追溯到一个共同的祖先身上。由于线粒体只能来自母亲，所以她就是现代人最近的母系共同祖先，也被称为线粒体夏娃。线粒体夏娃并非她生存年代中唯一的女性，而更可能是当时众多女性中的一位。其他同时代女性的非线粒体基因信息同样可以遗传给后代，只是如果这些女性某一个世代的后代只有男性，那么她们的线粒体信息在那个世代就终结了。

类似地，现代人只有男性拥有 Y 染色体，所以也只有父亲能够将 Y 染色体基因信息传递下去。通过人类 Y 染色体 DNA 单倍型分析，可以推测出所有现代人男性在父系上的最近共同祖先，这位父亲也被称为 Y 染色体亚当。同样，Y 染色体亚当不一定是当时唯一的男性，而是指只有他的 Y 染色体流传至今，是现代男性的父系最近共同祖先。其他与其同时代的男性由于在后续某一个世代的后代中没有男性，因此 Y 染色信息中断了。值得注意的是，其 Y 染色体之外的遗传信息却可以通过女性后代遗传至今。

人类的基因组中包含了太多信息，有许多未知的故事被保留了下来，藏在了遗传密码中，等待我们去破译。每个人都有 23 对染色体，这 23 对染色体上包含了两万多个基因以及大量的还未被人类破译的非基因信息，它们整合在一起组成了关于我们生命的过去、现在和未来的密码。基因就像是生命最基本的面貌，而在这层面貌之上还有这一层神秘的妆容影响了我们最终看到的生命的模样。

（一）细胞命运决定

为了初步回答上面的问题，让我们先来简单了解一个多细胞生物——人，是怎么从受精卵发育成完整个体的。我们每个人是从一颗由精子和卵子结合形成的

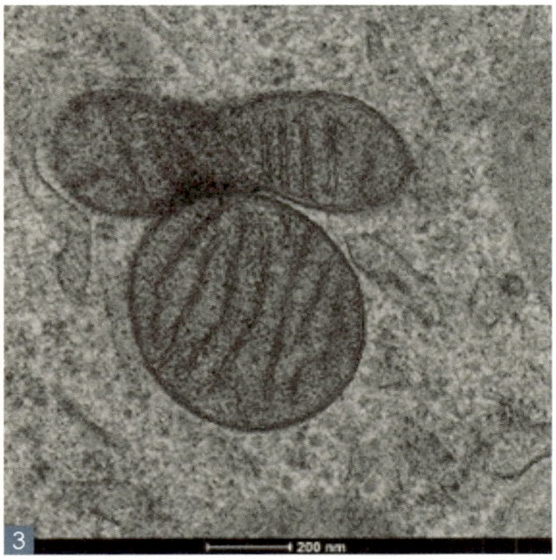

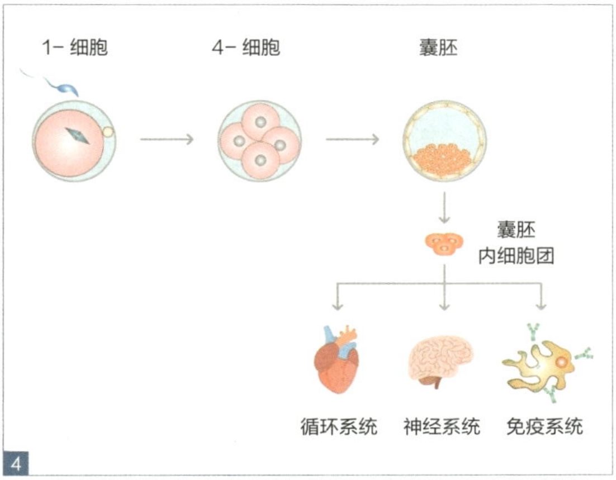

图 3：线粒体电镜图；图 4：人类胚胎发育的部分过程（Wikipedia）

受精卵（人细胞）开始发育的，当受精完成后，这颗受精卵就会开始分裂，并且随着分裂逐渐地表现出一些特定的结构特征，逐渐产生不同类型的细胞。图 4 中标注了早期胚胎发育中的一个关键阶段——囊胚阶段。在这个阶段，细胞分成外围的一圈细胞（滋养外胚层）以及圈内的腔体和存在于这个腔体内的细胞团（内细胞团）。外圈的细胞在未来会发育形成包括胎盘在内的胚胎以外的组织。而橙色标注的内细胞团，在未来可以发育形成一个完整的人，包含了人体的各种组织、器官、细胞。

囊胚时期的内细胞团在这个阶段的发育潜能是多向的（称为多能性），且每个细胞之间的能力是一致的，均具备向所有人体组织器官发育的能力。但是，随着发育的进行，它们会逐渐进行分工，有些以后会专门地向呼吸系统分化，帮助我们吸收氧气排出二氧化碳和氮气；有些分化形成了消化系统，帮助我们从食物中获取物质和能量；有些向中枢和外周神经系统分化，形成了重要的神经调控网络；而有些形成了循环系统，执行着养料运输、免疫防护等功能。

这个过程，即细胞由多能性逐步退出，转变成单能性，也就是单一地形成了某种特定类型的细胞，行使特定的功能。细胞的这种由多向分化的能力（多能性）向单一分化的能力（单能性）逐渐变化的过程，是细胞的命运发生抉择（称为细胞命运决定）的过程，细胞最终分化形成不同类型和不同功能的细胞（图 4）。在这个过程中，细胞面临着一次次命运的抉择，逐渐从起点走向终点，去执行它们不同的使命。在这个过程中，细胞所携带的基因信息一般并不发生改变，也就是说，每一个细胞仍然含有一个人的完整的遗传信息。与初始细胞不同的是，走向终点的细胞已经被限定在各自的岗位，行使各自的职责，发挥特定的功能。例如，神经细胞传递信息，淋巴细胞负责防御，而胰岛细胞负责分泌胰岛素，等等。它们各就其位，各司其职，一般不会相互替代或补偿。然而，有意思的是，科学家也发现在一些特殊情况下，即使是已经发生了分化的细胞，也有可能跨过细胞命运的山峰与沟壑，改变自己的命运，转变为另一种细胞类型，这个现象也被称为转分化（图 5），例如肿瘤就具有很强的转分化能力。上述现象提示我们，每一个细胞可能都具有实现各种细胞命运的潜能，只是细胞之中存在着一些机制，让细胞的潜能只凸显其中的一部分，控制着细胞最终展现给这个世界的模样。然而，如果我们可以去控制调节这一机制，则可能可以操纵细胞的命运。

所以当我们提到人与人差异的时候，读者是否意识到，其实你自己以及你自己身体里的每个细胞，具有几乎完全相同的基因组和基因信息，但它们却又十分不同呢？

（二）表观遗传

让我们再次回到微观层面，去探寻拥有同样的基因组和基因信息，细胞如何产生差异从而表现出不同的特征与功能。在细胞中，我们的 DNA 不是孤立存在的，

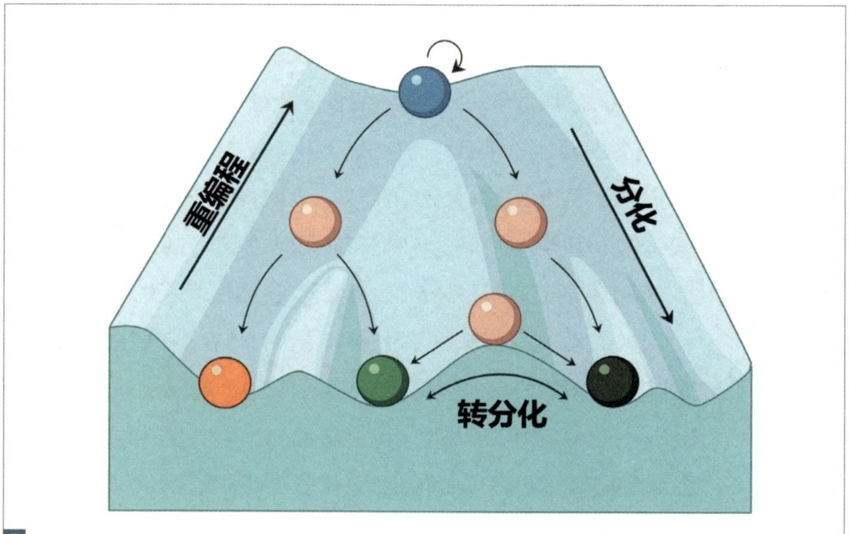

图 5：Wadditong 细胞分化模型，细胞分化与命运决定

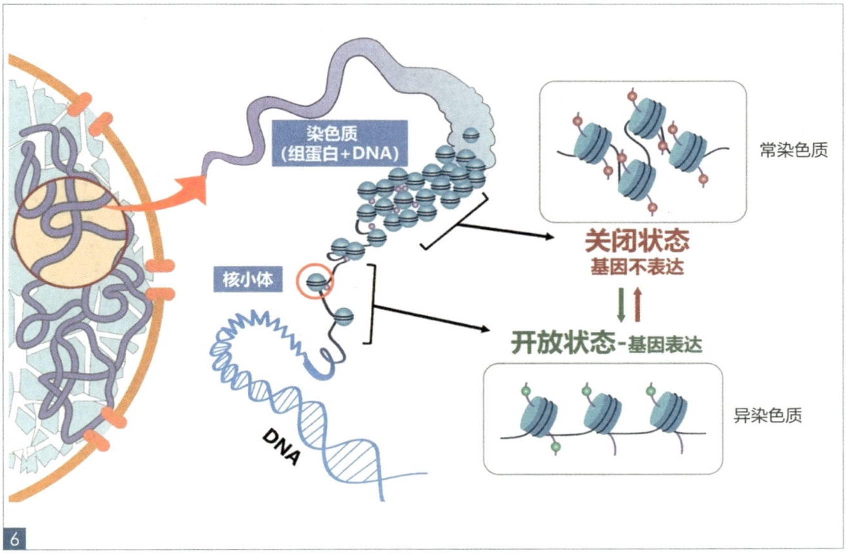

图 6：染色质的结构与开放性

它与一种特殊的蛋白质（称为组蛋白）合作，形成了染色质。DNA 会在组蛋白上发生缠绕，组蛋白像一个小球，DNA 则在小球外围缠绕约一周半，随后间隔一定距离再缠绕另外一个组蛋白，就像是一条丝线串起了一串念珠。这种念珠结构则又可以进一步地盘绕成不同密集程度的更复杂的高级结构，使得原本近邻的区域可以通过这种复杂结构隔离，也可以把原本很远的区域通过空间折叠靠近。

图 6 展示了两种不同密集程度的染色质结构。通过该模式图，我们可以看到在细胞核中存在大量的 DNA，但是这些 DNA 不是裸露存在的，而是与组蛋白合作缠绕形成了染色质。这些染色质又可以进行缠绕，由此才能把 30 亿个长长的碱基对藏在小小的细胞核中。其中，有些染色质非常紧密，它们就像被揉成一坨的线团，DNA 信息被牢牢地藏了起来，这些染色质称为异染色质，其所在区域上的基因往往处于沉默静息状态。与异染色质不同的是，有些染色质非常松散，DNA 周围没有过多的组蛋白缠绕，DNA 上的信息被暴露了出来，因此可以被读取，这些染色质也被称为常染色质，其上所在的基因常处于活跃开放状态。图 7 是一张在透射电子显微镜下的细胞核的照片。图 7 中心的大圆就是细胞核，在这个大圆里全是染色质，然而由于染色质凝集程度不同，呈现了不同密度颜色。在细胞核内边缘一整圈以及中间散位置存在一些深色区域，这些区域中染色质的折叠程度非常高，其物质密度就会相对比较大，在透射电子显微镜下就会表现出更

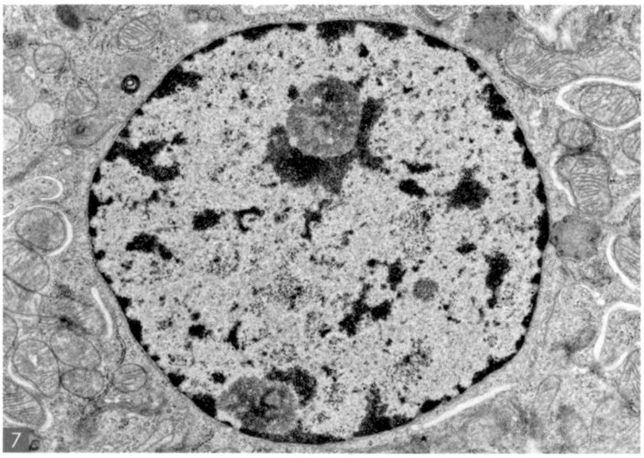

图 7：透射电子显微镜下的细胞核结构

深的颜色，这些区域就对应着异染色质。而占据了细胞核绝大部分的浅色区域，则是染色质相对比较松散的常染色质区域。通过调控常染色质和异染色质以及对应的基因，就可以使得基因在时间、空间和不同细胞类型之间产生差异。每个人体内的两万多个基因，并不是在任何时间、任何细胞中都会表达。而这种基因表达的差异，就和染色质的结构密切相关。

这样一种影响基因表达的方式，就是基因的妆容，它的学术名称是表观遗传，英文是 epigenetic。Genetic 指的是遗传学，而 epi 代表“在什么之上”，也就是表观遗传的意思。传统遗传学（genetic）是指基于基因序列改变所导致的基因功能的变化，从而导致表型发生可遗传的改变，如前文所说的基因突变引起的疾病表型。表观遗传学（epigenetic）则是指基因的 DNA 序列没有发生改变，但是其他非基因信息的改变（如 DNA 甲基化、组蛋白修饰和染色质高级结构等）所致基因功能发生了可遗传的变化，并最终导致了表型的变化。就如同人的妆容一样，人还是那个人，没有变化。但是，通过不同的化妆技术，不同的穿衣风格，甚至不同的表情，从而完全影响观察者看到的一个人的模样。而你观察到的最终模样，正是其（遗传：基因信息）与妆容（表观遗传：基因以外的信息）组合成的最终全貌，展现了当时真实的状态：是冷（基因不表达），是热（基因表达），是开心（染色质开放），是难过（染色质沉默）等。

生物和环境之间有着紧密的相互作用。生物生活在它所处的环境中，自然要面对环境中的种种因素，并且去适应这些因素，让自己能够从环境中获得尽可能多的资源，降低自己在恶劣环境中的消耗。生物面对外界环境是如此，而对于生物体内的每一个细胞，它们也同样面对着来自生物体内小环境中各种因素的影响。当一个生命发展到特定的阶段，细胞之间会存在信息的交流，并确定各自后续的分工，决定各自的命运，以此确保整个生命能够按照高效的分工去生长发育。这就像是一个组织从刚刚成立到发展壮大的过程一样，一开始团队中成员比较少，大家都需要能够处理各种类型的工作，每个成员都是相对全能的；而当团队的规模变大、运行稳定之后，自然会进行合理的分工，最后明确每个成员所负责的部分，形成一个结构化的组织。然而，在分工形成以后（细胞命运决定），这些全能型的成员并不是忘记了如何处理其他类型的工作，而是他的角色要求他只处理自己负责的工作。当整个团队有需要的时候，一些成员也仍然能够被调动到其他的岗位（转分化），负责其他类型的工作。在这一系列的分工中，表观遗传发挥了重要的作用，调控了细胞命运的走向，也限制了细胞的功能，使得细胞在其位谋其职。

（三）表观遗传与美的现象

接下来我们通过一些例子来认识一下生活中的表观遗传。现实生活中有一些现象与 X 染色体失活有关。

喜欢猫的读者可能都知道三花猫，它有三种颜色，分别是黑褐色、橘色和白色。然而，三花猫一般为雌性，这又是为什么呢？因为猫的黑褐色和橘色的毛色相关基因就存在于 X 染色体上。图 8 中 X 染色体上，用相应的方框表示了 X 染色体上黑褐色和橘色基因。需要注意的是，白色是猫的底色，基因不在 X 染色体上。

如果一只猫在 X 染色体这个位点上的基因是纯黑的，也就是在两条 X 染色体上都具有黑褐色，或者都具有橘色的基因型，那么在这样的情况下，X 染色体的失活会引起毛色什么样的变化呢？从图 8 可知，由于两条 X 染色体上的毛色基因没有差异，那么无论是哪条染色体失活，最终基因表达的结果（也就是毛色）都是一样的。这里我们形象地通过左边或者右边的 X 染色体长短不同来展现 X 染色体失活。长的 X 染色体上的基因表达，短的 X 染色体上的基因不表达。所以，对于这样一只纯合基因型的猫而言，无论是左边长，还是右边长，它要么是一只黑褐色的猫，要么是橘色的猫（图 8 上，中）。

然而，当这个位点上是杂合的，也就是说两条 X 染色体上的基因是不同的，一条 X 染色体上是黑褐色毛发基因，另外一条是橘色毛发基因，这个时候这只猫会呈现什么样的毛发呢？由于 X 染色体的失活在每个细胞中是随机的，也就是可

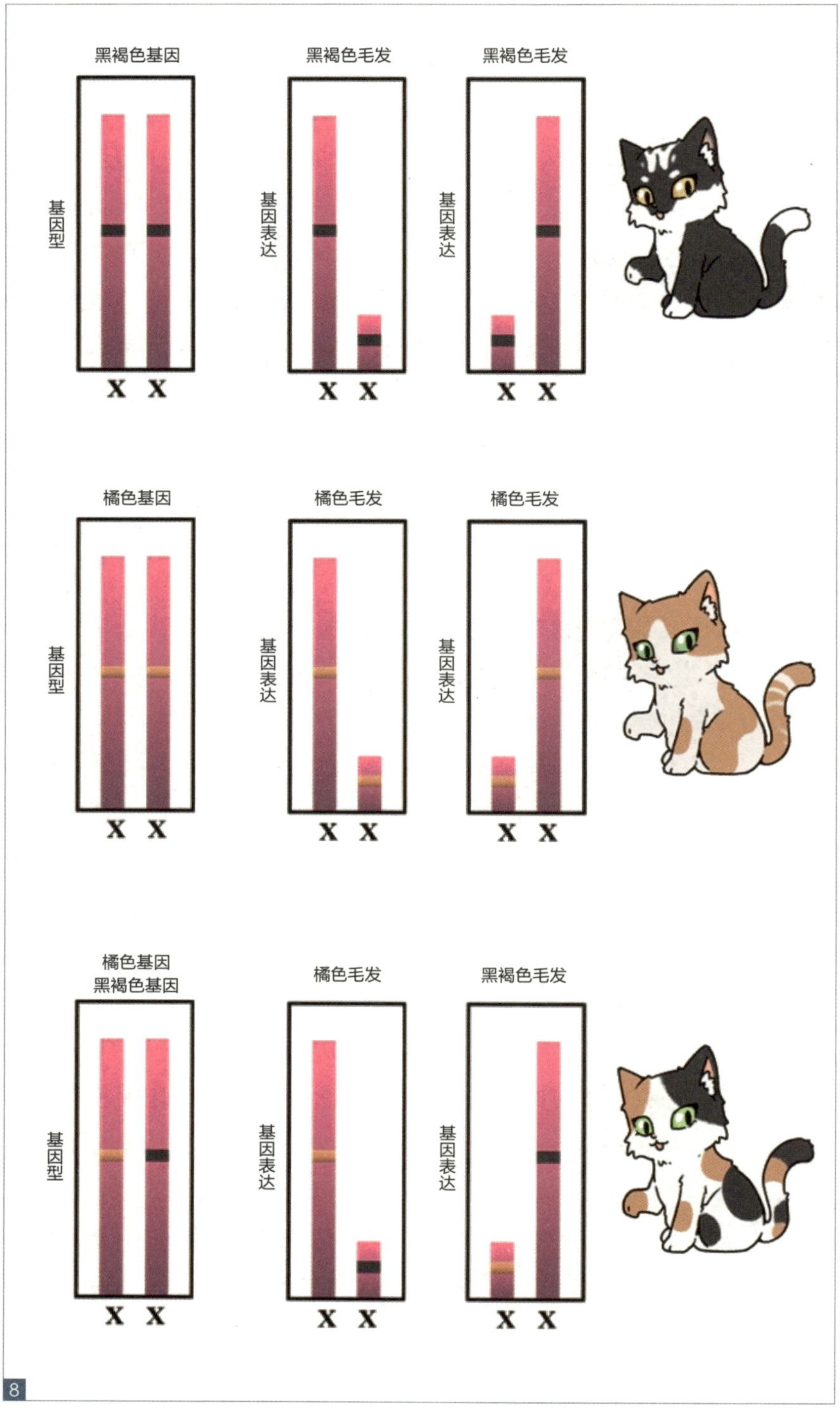

图 8：X 染色体失活与三花猫

以简单认为这个细胞可以是右边 X 失活，那个细胞可以是左边这条 X 失活。因此，每个细胞对应的毛发就呈现了不同颜色，从而更多的毛发组合在一起呈现了一片黑褐色和一片橘色。当它们与白色组合在一起，就呈现了三种颜色，组成了三花猫（图 8 下）。对于雄性而言，由于只有一条 X 染色体，所以它只能是黑褐色或者橘色，不会出现三花的特性。

（四）表观遗传与审美认知能力

X 染色体的遗传调控方式，甚至与人类的认识能力有关，与人类的审美认知能力有密切关系。例如，X 染色体连锁隐性遗传病——红绿色盲，对应的基因分布在 X 染色体上（图 9）。

如果一位女性携带了该基因的杂合突变，也就是她的一条 X 染色体上存在野生型（正常）基因，而另外一条 X 染色体上存在突变基因，那么，由于两条 X 染色体在所有体细胞中会随机失活一条，对于这位女性而言，她全身部分的细胞会是正常的，因为 X 染色体上的正常基因得到了表达；但是也有部分细胞是不正常的，因为突变基因得到了表达。这种现象就像三花猫一样，一部分细胞表现出黑褐色毛发，另一部分细胞表现出橘色毛发。此时，如果她眼睛中大部分的细胞正好都能表达正常的基因，那么这位携带基因突变的女性就不会有明显的红绿色盲表型。

然而，这样一个表面正常的女性，由于其携带了这一隐性突变基因，因此她可以把携带该突变的那条 X 染色体遗传给她的后代。如果她的后代是男性，携带

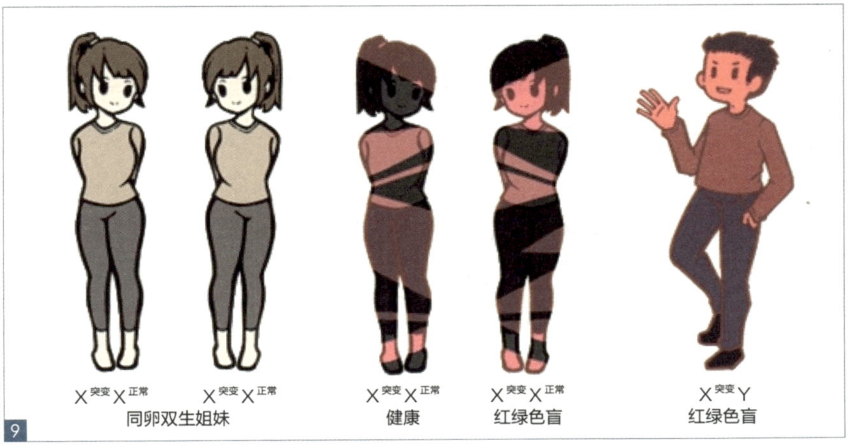

图 9：X 染色体与红绿色盲

这条含有突变基因的 X 染色体，那么就会影响到全身所有的细胞。因此，该男性就会 100% 呈现红绿色盲的表型，这也是为何男性中红绿色盲的比例远高于女性。同样，由于这样的 X 染色体随机失活机制，也解释了为何即使是 X 连锁隐性遗传病，一位杂合突变携带的女性也可能患病。因为，对于这位突变携带者而言，她的眼睛中如果大部分的细胞不巧都表达了突变的基因，则会呈现红绿色盲的表型。此外，这也解释了即使是同卵双生的姐妹，拥有完全相同的 DNA，也可能一位是正常表型，一位是红绿色盲患者。当然，如果一位女性是该基因的纯合突变携带者，也就是父母分别把一条携带突变基因的 X 染色体遗传给了她，那这位女性会和男性携带者一样 100% 患红绿色盲。

以基因为基石，多种表观协同作用，影响了基因的呈现形式，从而给予了细胞不同的命运，组成了绚丽多彩的生命。

基因编辑：生命之美的重塑与风险

人类的生命从一颗受精卵开始，在这一颗小小的受精卵中，蕴含了生命的所有遗传信息，拥有着形成身体任何一部分细胞类型的潜力。然而，每一个细胞都有它的命运轨迹，随着受精卵的发育及一系列路径抉择后，初始命运相同的细胞最终形成各种类型各种功能的不同细胞，最终走到终点的细胞们坚守各自的职责。

我们已经了解到基因表达的差异化会影响细胞命运决定。由此，科学家设想是否有方法可以控制细胞内的基因表达模式，从而使得改变后的模式能够匹配其他类型细胞模式特征，从而是否能够让一种原本已经固定下的细胞类型转变为另一种细胞类型，并改写细胞命运呢？

在植物中，试图改变细胞命运的轨迹相对容易一些。当植物受到来自外界的伤害，形成了伤口的时候，伤口区域的一些细胞就会改变它们的职能，经历快速地生长、分裂，从而修复损伤。这种转变后能够快速生长及分裂的细胞被称为愈伤组织细胞。当我们把这种细胞转移到人工营造环境下进行培养，只需要给予足够的养分和合适的温度等，这些细胞甚至就能够发展为一个全新的生命个体。这种通过植物的愈伤组织培养获得完整的植物个体的技术就是植物的组织培养技术，它为一些珍稀植物、观赏植物和重要经济植物的繁育提供了高效的手段。我国的传统名花——兰花，以组织培养为重要的繁育手段，不仅极大降低了繁育的难度和成本，还满足了市场广泛的需求，更重要的是有效防止了部分珍稀品种因不易繁殖而面临的灭绝问题。在组织培养的过程中，我们实际上就是把细胞命运已经相对受限的单能性细胞转变为类似受精卵的具有全部发育潜能的全能性细胞，让这些细胞开始了全新的命运，最终形成一个新的个体。

那么在动物中，要如何实现细胞命运的重构呢？2012 年的诺贝尔生理学或医学奖颁给了英国科学家约翰·格登（John B. Gurdon）和日本科学家山中伸弥，奖励他们发现了已分化的成熟细胞能够通过重编程（reprogramming）重获多能性。下面，让我们看看他们如何让细胞重新回到原始状态。

第一种方法是体细胞核移植，也就是人们耳熟能详的“克隆”（图 10 上）。这种方法需要一个受体：成熟的卵母细胞的细胞质，以及一个供体：一个体细胞的细胞核。在自然条件下，卵母细胞含有一份 DNA（1 份），精子含有一份 DNA（1 份），在受精后组成了包含父母信息的完整的一整套 DNA（1+1=2 份）。此后，由该受精卵发育而来的所有体细胞均含有这套 DNA。基于该基本原理，科学家可以通过极其精细的显微操作方式，将卵母细胞原本的 1 份 DNA 移除，然后把一个体细胞的一整套包含父母 DNA 信息的细胞核（2 份 DNA）放入这个卵母细胞中。由此，形成了一种特殊的无性繁殖，遗传信息不再是由 1+1 组成，而是人为直接放入 2 份。此后，就像受精卵发育一样，这个人为重构的胚胎在经历一系列复杂的表观遗传重塑和一段时间的发育后，有一定概率发育成为一个完整的动物个体。克隆技术就是利用了卵母细胞特殊的细胞质环境，使得已分化的处于终末状态的体细胞，完全改写了自己的细胞命运，从终点回到了起点，并最终重新形成一个完整的生命个体。目前，克隆技术已经在许多物种中被成功验证，包

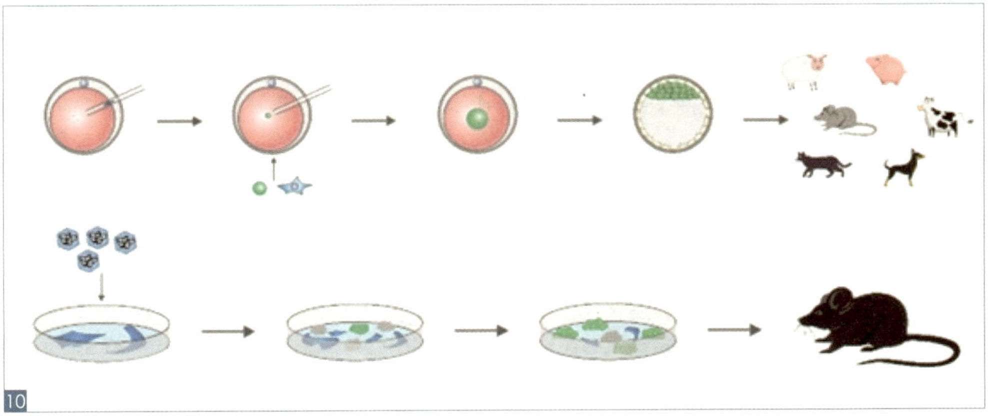

图 10：核移植及 iPS 模式图

括两栖类，以及羊、牛、猪、狗、猫和小鼠等哺乳动物。2018 年克隆猴“中中”和“华华”的诞生，进一步证明了这种方法也可以在灵长类生物中获得成功。由此引发了更多的讨论和关于人类克隆的伦理思考：人是不是也能被克隆？你是否支持进行克隆人的研究？未来你愿意被克隆吗，或者你是否愿意利用克隆的方式，去延续你宠物的命运呢？

既然克隆可以实现，那就证明卵中一定有一些特殊的物质，可以帮助把体细胞重新回到原始状态。那么这是什么物质呢？日本科学家山中伸弥在这个问题上进行了深入探究，最终发现了 4 个重要的因子，建立了有效改变细胞命运的第二种方法：诱导重编程（图 10 下）。这种方法利用了一些称之为重编程因子的基因，让这些原本不表达的基因在体细胞中表达起来，使得这些体细胞特征逐渐发生改变，最终部分细胞重新获得多能性。这种方法得到的多能性细胞和动物胚胎发育早期内细胞团（ICM）的性质类似，只要我们给这些被重写命运的细胞提供一些合适的发育环境，它们能再次发育成为一个完整的生命个体以及个体上的任何一种细胞。

除了通过重编程完全改写细胞的命运以外，我们还可以通过基因编辑（gene editing）的方法，使得生物的一些特定的性状发生改变。例如，生物体内的黑色素合成中十分关键的一步就是酪氨酸的降解。这个过程和酪氨酸酶的活性是密不可分的，而如果我们把这个酪氨酸酶的基因在小鼠中进行敲除，小鼠也就不能合成黑色素了。此时，一只黑色小鼠从外表上就会完全变成白色！那么，这个基因是否只在小鼠中呢？人体内的黑色素合成是怎么进行的呢？实际上也是由一个酪氨酸酶来完成的。那我们就可以设想，如果可以把一些特定部位的酪氨酸酶进行一定程度的正向或反向干扰，那么这些部位就可以不产生或大量产生黑色素。由此，我们也许就再也不需要购买肤色调节产品了。当然，更好的方式可能是我们能够发现一种不直接对基因进行底层操作，而是利用某些手段通过表观遗传等机制来控制酪氨酸酶的表达水平，这样就能够根据我们的想法来定量控制肤色了。

除了影响性别和肤色，通过基因编辑技术是不是还能做其他的事情呢？答案是肯定的。只要我们了解了某种特定的性状在基因层面的成因，我们就可以有针对性地去改造、影响相关的性状。有了基因编辑的工具，人类似乎就可以按照自己的一切想法去编辑生命了。我们可以利用已知的各种遗传学知识，对生物进行改造，让它们来执行特定的任务，满足我们在医疗健康、生命科学研究以及食品、能源和新材料等生物科技方面的应用需求。

基因编辑技术可以用来重塑生命，改善生活，创造美和未来，但仍有一定风险。生命系统是一个十分复杂的系统，我们至今也不能完全对其进行预知，在这种情况下随意地进行生物的基因编辑有可能会带来完全无法想象的后果。当站在人类认知的边界，尝试探索新的知识，做一些全新的尝试之前，我们也必须要认识到这些未知的事物可能会给我们带来的风险。要想规避这些风险，就需要我们以更负责任的方式来开展科学研究工作，在一开始就审慎地考虑研究行为会给这个世界——而不只是研究课题——带来怎样的正面或负面的影响。我们的各种基因编辑活动都应当严格受到伦理以及法律法规的监管。只有在严谨、求实的态度下，合理地使用基因编辑技术，才能保证我们的研究能够可持续地进行，才能加深我们对生命本质的认识，同时也能够更好地利用已知的知识去解决实际面临的各种挑战，让世界更加美好。

（康蕴哲参与了本讲内容撰写工作。）

第四篇

美学全人培育

（院士访谈）

第二十三讲　深海之美：深海浅说

第二十四讲　大小之美：生命的宏观与微观

第二十五讲　融合之美：科技与人文

第二十三讲

深海之美：深海浅说

汪品先院士访谈

A 汪品先
海洋地质学家，中国科学院院士

Q 李 蕊
同济大学艺术与传媒学院副教授，硕士生导师关于海洋，从《山海经》的奇幻世界到海明威的《老人与海》，体现了人类与无尽海洋相呼应的尊严与意志，再到21世纪的海洋科学，人类探索海洋的脚步从未停止。同济大学“大学美育”课程团队邀请了我国海洋地质学家，中国科学院院士，第三世界科学院院士，同济大学海洋与地球科学学院教授、博士生导师汪品先先生，与青年学子分享深海科学的魅力、生活的力量、艺术与美的体验。

Q 汪老师，您好！您被称为中国的“深潜院士”，2018年，您乘坐国产载人深潜器，连续数次深潜南海，亲身探索瑰丽的海底世界（图1）。您将深奥的古海洋学术研究转化为一种人类实现梦想和前进的行动。您激发了我们对科学研究、科学探索的求真精神，也激发了我们的好奇心（图2）。汪院士，您认为深海是什么样的？它美吗？

A 是的，确实有很多的艺术作品歌颂海洋、描述海洋，但是对象大多都是海面和海边，因为那时人类只能在船上或者在岸上看海洋。现在的情况变了，16世纪以来，人类开始了大幅度跨越海洋的各类活动。随后又发生了从平面观察海洋到垂向进入海洋的大变化，这个变化大概发生在第二次世界大战之后的几十年，到现在大约半个世纪。到21世纪，人类进入海洋，如果从前是平面上，现在就是垂向上的，进入海洋的内部，即我们所说的“深海”，这很了不得。深海最大的特点——假如拿一个字来形容——那就是“黑”，它是一个暗世界。物理学中有“暗物质”“暗能量”的概念，我说地球上有一个暗世界，这就是深海。海面以下差不多一两百米，环境是黑的，没有光就什么也看不见。这是永恒的黑暗，因为从来不会有人去照亮它，所以在深海里面到底有些什么、是什么样，都是未知的。

图1：汪品先院士在海上；图2：汪品先院士访谈（采访：李蕊）

图 3：南海海山上的冷水珊瑚林

这就涉及我们现在说的探索深海。你刚才问我，深海的美在哪里，黑当然不美，什么也看不见，美在哪儿呢？深海的美在于生活在此的生物。原来几千米的深海中也有生物，且直到 20 世纪末期才发现。你看，地球上的水，95% 都是暗的。地球上 71% 是海洋，但 71% 里面有浅海，真正的深海（假如超过 2000 米的水深称为深海）占地球面积的 60%，所以也就是地球上三成都是深海。深海里有生物的地方存在着一些非常有意思的事情。以其中三样东西为例：一个是热液，一个是冷泉，还有一个是“深海园林”。生物若要生长，它得有东西吃，如果海底有东西冒出来，那就有生物了。一种就是海水碰到岩浆再跑出来，形成热液。热液达 400℃，从海底冒上来，里面有很多硫化物，看起来就像黑烟一样。热液旁边就藏了很多生物，这里各种各样的生物就是热液生物。冷泉也是这样，海底的可燃冰化了，有东西吃了，就有密密麻麻的很多生物都堆在那里。第三是“深海园林”。前几年，我在南海深潜发现，海底还有园林，就是一些珊瑚，这些珊瑚以浮游生物的尸体或其粪便为食。这些珊瑚高的像大树那样，矮的像灌木那样，再小的就像草一样（图 3）。原来海底也有它的美，这个美你看不见，因为环境太黑了。

Q 汪院士，您最大的一个心愿是在上海建一座“世界上独一无二的”深海馆（图 4），可以讲一讲您关于深海馆的设想吗？

A 上海现在好几个区都有积极意向，建设深海馆需要时间，我希望我能看到。这个想法就是接着我刚才的想法来的。人类对深海的了解太少了。现在这几十年，

图 4：同济大学深海探索馆

深海研究的技术科学发展得特别快，但这些研究成果都在一些研究所的陈列室里面，没有大规模的、统一的深海馆来展现。我觉得上海就要来干这样一件事，把深海的技术和深海海底的美展示出来，我希望能成功。

我相信这是一件非常伟大的事情，因为这将是世界首创。从大的方面来说，是推动文明的进步；从很细微的对于个体的感知来讲，也是非常重要的。因为我们不能只知道太空的发展，而不知深海的发展；太空的探索被展示了很多，向公众展示深海的探索同样是非常重要的一环。上海天文馆开放以前让我去看了，非常感慨。我认为如果建一个深海馆，它的精彩程度绝不亚于天文馆。陨石非常伟大，但是陨石不是那么好看。深海不一样，那里有一些你从来没见过的生物，生物是活的、五彩缤纷的，而且它有很多精彩的、你想象不到的奇妙世界，生物还可以组成园林，这太不可思议了。如果能建起深海馆的话，那就有更多的普通大众都可以知道我们从哪里来。如果能够做成，将是一件非常伟大的事情。

Q 是什么动力吸引着您投入到海洋科学的研究？

A 说来话长，我其实很晚才开始研究深海，差不多是 60 岁以后，所以我开玩笑说，假如我 60 岁退休，就都没有那些事了。我第一次正儿八经主持海上的考察，是 1999 年南海的第一次大洋钻探。那时候我 63 岁，船长都没有我老，所以我是船上最老的一个。其实做深海研究的人都是改行过来的，因为原来世界上还没有这个学科，还没有人去研究深海。我念的专业是地质学，学古生物学。我对深海的一次深刻印象是 1978 年，离现在也有很多年了。1978 年，我参加中国石油科技代表团到美国、法国考察一些石油单位。两个月里看了很多地方，我当时就发现，美国、法国的石油部门都在海里找油，虽然那时对深海的研究还不多，但是已经被瞄上了。那时中国是完全没有条件的，我对深潜的了解也源自这次考察，源自巴黎一个法国人给我讲的深潜故事。

虽然中国开始深海的研究非常晚，但是当时就有一点很清楚，中国一定要做这件事情，中国海洋研究一定要走到前面去。振兴华夏有很多关，其中一关就是海洋关，如果在海洋上站不住，是不可能真正振兴的。几百年前中国还是很厉害的，是世界上最大的国家，后来怎么被打败了呢，就是在海上被打败的。鸦片战争是海上打败的，一直到淞沪战争，我们很多都是败在海上。在海上败的，必定要在海上立足，而这个就是我们现在科学研究的方向。过去，人类从来是研究海面的“鱼盐之利、舟楫之便”，都是针对海面、海边的，没有到海里面去。真正到海里面去，只有几十年的历史。虽然我们这么晚才开始做深海研究，但是中国的进展很快。

Q 您的专业主要有哪些关注?

A 我主要关注南海。中国的深海主要在南海，南海最深处 5000 多米，是中国唯一以深海为主的海域。而我做了很多年南海的工作，2011—2018 年，我领导了一个南海的深部计划，专门研究南海深部。我们采用三样技术：深潜、深钻、深网。第一是深潜。人下去的深潜是少数，多数不需要人下去，很多工作都可以使用无人深潜器。第二是深钻。深钻就是大洋钻探，我这辈子做成的第一件深海的事情是中国第一个大洋钻探。大洋钻探全世界抱团一道做，各国科学家去争取，因为不仅成本高，对技术要求也特别高。我很幸运，1997 年我提出到南海做大洋钻探的建议，获得国际评判委员会投票投出的第一名。1999 年，我就作为首席科学家在南海做大洋钻探研究。我做了 8 年的南海研究，实现了深部计划的三个半航次，一共有六七个月的时间在南海打钻，专门打最深的地方、非常难打的地方，这样我们才认识到南海是怎么来的，取得了很大的进展。第三个是深网，实际上就是用光电缆把海底连起来，把传感器放在海底，就可以了解海底发生的事情。总的来说，我们取得了很好的成绩。现在南海深海研究的主导权在中国手里，这是很值得骄傲的事情，所以这些年研究没有白做，只是我来得太晚了，应该谢幕的时候反而登场了。

Q 您在同济大学开设了一门深受青年学子喜爱的课程——“科学与文化”，您曾谈起科学与艺术同属于文化，科学与美的追求推动着社会求真、向善、向美。您如何看科学与艺术？

A 其实科学和文化本来是一家，都是人类的一种智力劳动，后来才分开的，所以我就说科学和艺术、文学本来是一道的。中国现在文理分家的问题比较严重，科学院也是分家的，学生考大学也都是分家的，这实际上妨碍了科学本身的发展。虽然科学产生得很晚，但是人类早期做了很多智力劳动的事情。那时候宗教、艺术和科学是混在一道的，并没有学科区分，因此现在都很难讲科学真正的起源是什么时候。我们一般把现代科学的产生归功于牛顿，就是 17 世纪开始的，但是有人说哥白尼比他早，哥白尼是 16 世纪的。最近有一个受到比较多人支持的声音，说这里谈的都是物理数学的概念，如果把生命科学摆进去，那就不是这两个人，而是比他们更早的达 · 芬奇。达 · 芬奇进行了大量解剖实践，他的解剖结果都是用意大利文写，而且是反写，他是左撇子，导致谁也看不懂，这大概是故意的。到了前些年，有关内容才被研究演绎出来，人们发现，达 · 芬奇不光是一个艺术家，更是一个科学家。如果他算是第一个科学家，那现代科学的起源就是 15 世纪。所以实际上都说不清楚科学和艺术是什么时候分家的，它们本身是同根生，而到了后来我们把它分开了。这个在海洋上表现得更加清楚。

一些科学家为什么那么喜欢海洋，海上有风浪也有危险，但是科学家愿意去，因为他看到了海洋的美，爱上了它的美。科学家做研究不光是为了金钱或名气，更多是因为热爱自然，所以海洋的美天然地吸引着他们，哪怕海洋有危险也有风浪，也愿意去做。提到海洋，首先我们看见的就是海浪，这是最明显的。有很多人描述过海浪的美，最有名的大概就是日本的浮世绘，葛饰北斋画的神奈川冲浪。画面上只有一条那么小的船，后面的背景是富士山，显得非常有气派，可惜我们中国画描绘海浪的作品比较少。还有俄罗斯的艾伊瓦佐夫斯基，他画的第九个浪头，这是一个海难，大浪来的时候把船要打没了，最可怕的是第九个浪，所以他画的就是第九个浪。海洋上的这种气魄，一般人感受不到，只有海上的人才能感受到。同样，海洋中生物的美也只有海洋上的科学家才能更好地看见。现在传世的非常有名的关于海洋的画是德国海格尔的画。19 世纪到 20 世纪初的时候摄影技术尚不普及，生物科学家都是会画画的。海格尔画的是从显微镜底下看的或者用肉眼看的一些画面，极其精彩，称得上是美术品。比如他画的水母，水母的须托，实际上当时画的是他发现的一个新种。这个新种以他已经去世的前妻命名，因为这个须托的形状就像他前妻的头发。所以，这是艺术还是科学无法区分。这样的例子有很多。有一次我在荷兰，恰逢文化宫的外面有展览，看到展出的 100 幅画都是一个科学家潜水到海里面看见的生物，有很多是放大的生物形象。这个景致你看不见，别的地方没有人看得到，只有科学家到了水里才能看见。再比如说微体化石。我自己是做微体古生物出身。海里面有一种生物叫作放射虫，是由蛋白质组成的一种单细胞生物，但是它的骨骼，简直就和“象牙球”一样精致。很难想象一个单细胞怎么会有这样精妙的构造，就有科学家用它做成艺术品，有的放在室外，有的放在灯饰上或者放在房间里，可以说，这种美只有科学家才深有体会。所以说科学和美两个东西是分不出来的，有时候科学家的发现本身就是美。我再举个例子。第一个发现细菌的科学家是荷兰的列文虎克，他曾经写过一篇文章，描述他在显微镜底下看见那些单细胞的细菌在一滴水中游泳。他说他从来没见过那么漂亮的、小的生物会游来游去，他觉得从来没有看见过这种美。科学家才能见到的美是一种很特殊的美。海洋的对立面就是陆地，陆地上有多少美，海里就有多少美，但是很少有人去发现这些美，去报道这些美，去描述这些美。

Q 您讲到深海之美，请您谈一谈艺术与美的感知在推动您在科学探索方面有何作用。

A 科学其实有两类。一类是为了金钱，另一类是真正有灵感的原创性的科学。科学本身就是一种文化，它不是一个简单的职业，在这个意义上它跟艺术家是一样的，需要灵感。所以，中国的传统文化不能丢，一旦丢了，中国的根就没有了。科学家的一些闪亮的思路就来自文化，而不是来自科学本身。来自科学本身的可以写文章，但是不会有创造性的东西。创造性的东西的灵感是另外来的，其来源就跟艺术的灵感来源是一个道理，所以有很多科学家非常喜欢艺术。

就拿我自己研究的古海洋学来说，国际上有一个古海洋学协会，每三年开一次会，每一次都会有一个晚上举行古典音乐会。英国的爵士尼古拉斯·夏克列顿，他等同我们这个学科的创始人，我跟我老伴儿在他家里住过，应该算是我的一个朋友，他到上海来过，我们也很谈得来。这个人很怪，他研究的古海洋学属于海洋科学，但是他在剑桥大学开的课程叫“音乐物理”。他是一个音乐迷，他家里的客厅里面不是像我们有沙发什么的，而是几个乐谱堆在上面，地上也是乐谱。他从来不喜欢打领带、穿西服、穿皮鞋，一直是穿凉鞋赤脚。两种情况下他穿西服打领带：一个是他得大奖——他得过世界上各种各样的大奖；另一种情况是他要演奏音乐了——吹黑管。他究竟是音乐家还是科学家？两个都是。这样的例子很多。我读的文献里面说爱因斯坦也一直带着小提琴。他的妹妹还回忆，他有时候拉拉小提琴，说他沉浸在音乐里面时灵感就来了。因此给我留下一个印象，那就是搞物理、搞数学的人更喜欢音乐，而搞生物、搞力学的人更喜欢美术。我刚才举的海洋的例子如海格尔，他既是一个主张进化论的科学家，又是一个美术家，所以科学和艺术分不开。假如你的研究只是混饭吃的，那以上这些话对你来说都是废话；如果你的研究真的想创新，那是要有灵感，灵感来自文化，不是来自金钱。

Q 您被评为哔哩哔哩（B 站）“2021 年度百大 UP 主”，您进入青年网络社区，科学家与青年面对面，您是如何看待深奥的科学研究与当代青年文化的？

A 我是“被上网”的，是央视的一个记者（导演）给我出的点子。他最先是帮我在抖音上开了账号。现在，在网络平台，特别是在 B 站的影响之大，是我没有想到的。因为这是新技术，从前搞科学普及和科学讲座，都没有这种规模。我作为老师讲课有几十个人听就很高兴，写了书有几千个人看我更高兴，但现在是多少万的人，它的影响力这么广是我没有想到的。我印象特别深的就是那个弹幕，那么多人，好像你隐隐约约听见有年轻人在喊爷爷的声音，我觉得特别感动。记得在 1999 年，中国科学院 50 周年举办了一个为期三天的报告会，杨振宁、李政道都来了，我在会上也有一个报告。我的报告是一个学生替我做的 PPT，那时候刚开始用 PPT，在这之后我尝到甜头了，我说特别是地球科学海洋科学，空讲的效率不够，要有图像。后来一直到现在我都是自己做 PPT，我现在备课也都是用 PPT。这是一种新的技术，我觉得我用得很好。现在短视频我认为又是一种新技术，这种新技术的面要比原来广得多，所以我愿意用它。这个道理在哪里呢？我认为是两个方面，一是科学的发展，二是中国科普本身的需求。

我先说第一个原因。从前的科学都是分学科的，你搞你的，我搞我的，但是科学发展到后来学科都很难分了。现在推地球系统科学，各个学科在一起，因此跨学科成为一种常态。另外知识爆炸，不断有新东西出来，原来学的那些绝对不够，所以要不断学新东西，这样一来就提出了要对外行的人负责，你讲的东西让非同行的人也能看懂。现在有一些刊物比如《美国科学院院报》，它除了摘要之外，还有一条要用 plain language，就是用最普通的话告诉人家你这篇文章到底想说什么，我觉得这个非常好。从前都是越是术语用得多，说明本事越大。错了，你应该是让更多的人懂。因此，我主持南海深部计划的时候，最后总结大会，当时说了 18 个亮点，我们这个研究有 18 个题目是可以拿出来的，我说每个题目都要讲得能让记者听懂，我自己就带个头，我讲南海的研究，题目就叫南海演绎。我是用章回小说的形式来讲，就是要打破原来的格局。这是我说的科学发展到这个程度了，你能用普通的话说清楚，那才说明你是真的懂，你才真的理解了。一个好的科学家，他能够把他的东西用最普通的语言说出来，可以打比喻，可以说笑话，可以画漫画。而一个勉强刚懂的人，他一个字都不敢错，一个字都不敢改，改了就怕错了。所以为什么水平越是高的老师，他的课越好懂，因为他讲得比较普通；一个新的、勉强懂的老师他不敢动，改一个字他就错了，只能搬教科书，书上怎么说他怎么教。这就是区别。

第二个原因就是科普在中国形成产业了，这让我非常高兴，我记得在欧洲的时候，印象很深的是看见孩子们穿着制服去参观博物馆，那时我就想：什么时候中国的孩子也有这样的福气？现在到时候了。现在中国的家长愿意花钱让孩子去博物馆学科学普及的东西，出版社也出版了很多科普图书。同时，这个时候也要注意孩子得到的“粮食”是不是健康的。我曾经追踪过一个事情，那就是我们有一篇海洋方面的报道有错误，追踪下来发现，原因出在第一个翻译的人，他翻译错了。就像“一犬吠影，百犬吠声”，一条狗看见一个影子，其他狗什么也没看见，它听见有狗叫它也就叫。我们的科普很多是第二手、第三手、第四手的，抄来抄去，那怎么行！因此，我觉得科普工作就应该有更多的人、更多的科学家和更多对科学有兴趣的作家，认真来做。英文的文献就是一个非常好的例子，而中国的文献太少，所以这就是驱动我去开这个课、做这些事情的原因。我很愿意在网站上做这个事情，也花了不少工夫，但我认为值得，因为它的影响范围很大，而且代表一个方向，是一种文化的方向，是一种整个社会的走向，是求真、求善、求美的过程。科学探索精神就是要严谨，就是要真，这也是对青少年发展非常重要的推动，青年文化现在需要更多的丰富性。

Q 汪院士，您被评为“第八届全国道德模范”，您对海洋科学的不懈探索与赤子之心，一直保有着坚定而美好的推动人类社会进步的信仰，令我们深深敬仰，在同济大学“大学美育”的课堂，关于真善美，您能否说几句话，寄语青年学子？

A 回顾中国的历史，我们念书的时候的中国跟现在的中国很不一样。能进入大学学习是一种幸福，因为在当前的世界，能够安稳念书也是很不容易的。同学们一起在学校里学习，但是每个人的学习效果、成长差别却是很大的。我很羡慕现在的青年们，但是我也总觉得很多青年的学习生活不在点子上。说得难听一点，比如学校里的确有很多非常有益的教育，但也有些实际上并不是那么好。怎么说呢？一个人的学习取决于自己，取决于环境，如果大学本科四年，满耳朵听到的都是假话和套话，那这四年是很糟糕的。人在世界上，真话不是永远可以讲的，假话是永远不可以讲的，但是套话是应该尽量少讲的。我们现在套话泛滥，比什么时候都严重，有很多报告，很多文章，你把它的水分拧干，就只剩下一小段。所以在学习时要思考，要判断什么东西是该学的，什么东西是不应该盲目地跟着的。

如果说对同学们有什么期许的话，说到底是一个“真”字。曾经有人提出要我提几个字来表达我倡导的教育理念，我提了九个字——“说真话，求真理，做真人”。学校教育最重要的就是一个“真”字。教育家陶行知先生说得非常好，他说：“千教万教教人求真，千学万学学做真人。”“真”“善”“美”三个字中，“真”字是最重要的。如果你没有真的善，那就是伪善；没有真的美，那就是臭美。把“真”字弄掉了，后面的都是无效的。

总之，我希望青年学生们，一定要有自己的主张，无论研究科学，还是做人或者接受教育，都必须自己有判断力。

Q 汪品先院士始终心系创新青年人才的培养，为加强中国海洋文明、推动科学与文化的结合、发扬科学的文化本质奔走疾呼。感谢您，汪老师，让我们感受到科学的魅力，生活的力量和美的历程，以及您对未来中国青年的鼓舞和期待。非常感谢您！您让我们记得这样一片星空，也记得脚下的土地，谢谢您！

第二十四讲

大小之美：生命的宏观与微观

裴钢院士访谈

A 裴 钢

细胞生物学家，中国科学院院士，发展中国家科学院院士

Q 王 鑫

同济大学艺术与传媒学院传播系主任，长聘教授，博士生导师

生命是我们绚烂的多彩世界中最重要的组成部分，而生命初始源头及最小单位皆是细胞。在细胞研究领域，有一位科学家，他笃行致远、砥砺前行，在细胞信号转导研究里追求卓越。同时，作为教育家，他又有着独到的育人理念和教学实践，带领学子们在微观世界中探寻科学的真理与内在之美，培养全面发展的科技人才，不断提升自己的境界。正是他孜孜不倦的努力与付出，为中国生命科学界人才辈出的事业做出了贡献。

Q 同学们大家好，同济大学“大学美育”课程团队非常荣幸地邀请到我国细胞生物学家、中国科学院院士、发展中国家科学院院士、同济大学前校长裴钢先生。

裴校长您好！非常高兴您能接受我们的访谈。您是著名的细胞生物学家，多年在该领域从事研究工作并且有很高的学术造诣，同时也推动了同济大学生命科学医学的发展，您和同学们谈一谈相关的专业情况吧（图 1）。

A 刚才你也谈到了，我是从事细胞生物学研究的，其实我的本科专业是药学，硕士做了药学方面的研究，后来到美国读的博士是化学和生物物理方向，博士后阶段做的是细胞生物学研究，此后我就一直从事细胞生物学的研究。但是细胞生物学的研究也包含了生物化学、生物物理和许多生命科学的其他学科，生命科学是一个很大的学科群、学科类，近年来生命科学与医学也有融合，并且这种交叉非常普遍。因此，也可以说生命科学是医学的基础科学。我们所从事专业的统称就是生物医学或生命医学。说到细胞学，我觉得它是一个非常微观的领域，可以说是一个我们肉眼无法看到的世界。

图 1：裴钢院士访谈（采访：王鑫）

Q 在那样一个我们肉眼看不到的世界中，是什么让您觉得特别迷人，或者说您在研究的过程中，是不是看到了和我们在大千世界或宏观世界中所闻所见完全不一样的一种美?

A 你问了一个很好的问题，实际上在我们大学阶段都会碰到的问题。我们学习的知识是有规律的，而规律有不同的层次：一个层次是宏观世界，大家都能看得见、摸得着，宏观世界里有一定的规律；还有一个层次是微观世界，微观世界是我们看不到的，但是微观世界里的许多变化和规律是在宏观世界里表现出来的（图2）。比如，物理中的原子核，虽然看不到它，但是我们能看到由不同原子组合形成的宏观世界，因此我们在宏观世界能看到桌子、凳子等。比如，化学中通过不同的化学键、不同的化学组合，形成了不同的物质。当我说“我渴了，我要喝水”，不管是茶饮、咖啡，还是软饮料、碳酸饮料等，其中都包含了大量的化学物质。我们看不到化学的分子，但是我们能知道可乐是这个味道、橙汁是那个味道，这也是微观差异通过宏观的表现。

作为细胞，它是生命的最小单位，我看不到细胞，但是我能看到您，我也能看到自己，而我们就是由细胞组成的。任何生命都是由细胞组成的，我们虽然看不到细胞，但是我们能看到由细胞集体组成的有生命的大千世界。可能许多同学也非常喜欢看动物世界、植物世界，整个世界千奇百怪、林林总总、各式各样，这都是生命的表现。一谈到生命，我们就不能不想到细胞，因为细胞是生命的最小单位。宏观世界有许多生命的美，比如，大象的象牙非常美；豹子、老虎不仅皮毛好，跑得也快。还有各种各样的草原生命之美、海洋生命之美，说到底都离不开细胞。就更不用说人了。我说美，什么是美？全世界每年都有很多选美，选美是选人的美，但这个人由细胞构成，美的人是不是由美的细胞组成，还是细胞是一样的，它组成的方式是很美的？这就跟建筑的美差不多。细胞的美是一种微观的美，微观的美要通过微观的手段来进行研究，但是微观的美也可以通过它的集合、通过宏观的美体现出来。

Q 说到美，可能我们目之所及会看到很多，比如一望无际的稻田、浩瀚的大海、碧蓝的天空、各种美丽的花朵，这是诉诸视觉的美。还有一些美诉诸我们的听觉。但是细胞这个微观世界我们看不到。您能用一些描述性的语言来介绍微观世界吗？应该也是一个很瑰丽的世界吧？

A 最近倒是有很多小的科普电影或者小科普片试图描述细胞的情况。虽然细胞是最小的单位，也有各式各样的细胞，但是细胞通常都包括细胞膜、细胞质、细胞核等。细胞的形状不一样、大小也不一样。有的大细胞非常大，甚至大到肉眼能看到，比如卵细胞。细胞大到能被看到，小到看不到，但是它的组成和变化是有规律的，比如刚才您说的感官美，就是一个非常具象的美。但是还有很多抽象的美，科学和工程的美有很多抽象的形式，我想大多数工科的美一般都是表观的美。同济大学师生修建的大桥非常美、盖的房子也非常美，那是具体的、表观的美。但是理科，不管是化学、物理，还是生命科学等，它是一种抽象的美，这种美体现在自然界本身的和谐与规律中。规律本身就是一种美，而当规律被偶然打破、违反，则成为另外一种美，不对称就是另外一种美。美中有美，美之外还有美，这是抽象的美。细胞生物学的美从某种意义上说就是这种抽象的美。但是近年来随着生物技术的发展，我们可以通过显微镜、电子显微镜、电镜看到细胞的微观形象，看到这个微观世界的抽象美。科学技术的发展把微观世界展示成一种表观的形象的美，形象的美和微观的美在科学的前沿发展上得到某种统一。这也是一个非常有趣的科学前沿，我们把美学从宏观的美继续无限地推演到微观的美，微观世界确实有它自己的美（图 3）。

Q 刚才您讲的对称的美、不对称的美，也有某种规律，这里可能要特别说一下，世界上的美虽然千奇万状，但是更需要有一双发现美的眼睛。

A 当然，眼睛可以发现美。任何感官都可以发现美，比如耳朵也能发现美、舌

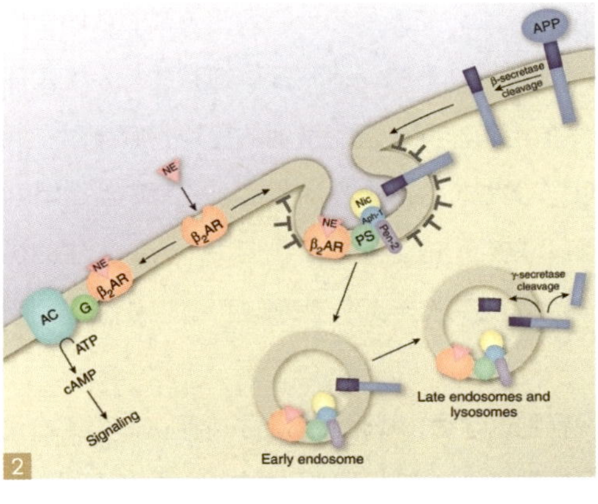

图 2：微观世界在宏观世界的表现（β 2- 肾上腺素受体与老年痴呆症，裴钢院士科研成果）

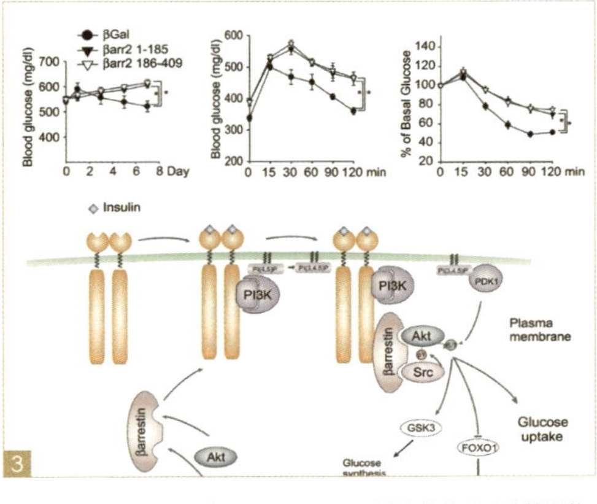

图 3：微观世界的研究（beta arrestin 对胰岛素信号通路的调节，裴钢院士科研成果）

头也可以发现美、鼻子也可能发现美。我们都想美，但是确实要有一个美好的心情、美好的心态才能接受美、认识美、欣赏美。美育不仅仅是让学生了解什么是美，更重要的是培养学生能够用一种审美的眼光去看待我们周遭的世界，我认为这是最重要的。美无处不在、无时不在，但是你能不能看到、意识到、欣赏到美，是有个体差异的。每个人都有自己的特点，除了传授知识以外，教育的功能之一是教会欣赏，我们称欣赏为 appreciation，也要 enjoy，就是享受这种美。这也是一条非常重要的逻辑，因为我们必须对所做的事情有一种热爱。这热爱从哪儿来，不是我要挣多少钱、我要得到什么名，而是我要爱我做的事情。后边要讲到我们做干细胞，归根结底，我们是热爱干细胞的事业。因为我们热爱干细胞事业，就会觉得干细胞事业充满了科学的乐趣，也能感受到它有无穷无尽的内在的美、一种真正的和谐。美是一个很重要的中间桥梁，使我们的个体和我们的环境达到某种和谐。

Q 我非常认同您刚才的这段话，特别是您说到，一定要热爱。昨天我读到一篇文章，一位诺贝尔奖的获得者说，一定要对我们热爱的东西倾注深情。

A 反过来说，正是因为倾注了深情，才能热爱，才能从对象当中去发现美，这可能是通过其他方式获取不到的。对同学们来说，尤其是对刚上大学的中国青年人来说，可能在很多情况下是懵懵懂懂的，用老话说，叫“先结婚后恋爱”。很多同学先进到学校和专业，那时还不太熟悉专业，通过逐渐熟悉专业，可能产生某种热爱、某种欣赏、某种爱好，然后才能走得更高、走得更远。

Q 有文章这样描述您，说您对“世界与生命的关系、天与人的关系的认识更为深沉，生命体验也更为丰富，人生带着些策马奔腾、逐波踏月的激荡”。这段描述也说明您在生命格局或者说人生气象上有非同一般的呈现。另外，您洞察了天地和生命，这和您的专业可能会有更多关联，您怎么看这段话，或者说怎么看对您的评价？在天和地、在生命和世界、在我们的生活以及我们每个人的人生的进程当中，如何能很好地把专业和个体生命结合在一起？我想这可能也是很多同学特别想知道的。

A 第一，我要澄清一下，我从来没看到这句话，我就听你说了（笑）。第二，我觉得有点不好意思，没有这么高，但是确实每个人都活在天地之间，每个人都活在世界里。我昨天看了一段话，是纪念江泽民同志的，其中引用了“唯见长江天际流”。

这首诗前面还有一句，“孤帆远影碧空尽”。有了“孤帆远影碧空尽”，才能“唯见长江天际流”。你说我的这个性格，实际上是我对人生经历和经验的一种领会，就像马克思有个说法，“人是他的社会关系的总和”。我曾经“上山下乡”，到工厂干过，也出过国，后来到中国科学院工作，接着又到大学工作，等等。在这些人生经历中吃了不少苦，但是如果一个人没有被苦难打倒，苦难带给他的就是经验和智慧，同时也磨炼了毅力、铸造了决心，使人走得更远。现在的年轻人非常幸运，有这么好的生活条件、学习条件，但是辩证法说，这些东西虽好，如果没有经过磨难、没有吃过苦中苦，就很难成功，吃完这些苦中苦以后，你会觉得一切都是天地；经历过暴风以后，天空一片晴朗，你就会觉得万事皆太好，一定是这样一种心情。因为人生非常短暂，能做的事情不是很多，我们现在要做的事情，一定要都能给自己留下美好的记忆，也给社会留下一个很好的印记。发挥自己最大的能力，实现自己最大的抱负、最大的价值，其实，每个人都是这么想的。如何能达到？就是要做自己最擅长的东西，要做自己最热爱的东西，没有这种激情、没有这种 passion，你就很难做好任何事情。各位同学来到同济大学，选择专业，就像刚才我调侃的，是“先结婚后恋爱”，我们要对自己选择的专业有所了解、有所理解、有所深入，才能对我们所学的东西产生兴趣、产生爱好，然后再把这件事情当成终身之事，作为终身事业来做，就会在做这个过程中得到愉悦感。这种幸福感是非常重要的，否则的话你说幸福到底是什么？你说一个饿了三天的人吃了一顿饱饭他的幸福感更强，还是一个“富二代”买了一辆宝马车或者买了一个 LV 包感到更幸福？幸福是相对的，没有绝对的幸福，幸福往往得之于许许多多的磨难之后。

Q 我们这些年轻学生一直成长在国泰民安的时代，这是幸运的。裴院士刚才说到了许多让人内心很动容的东西，这一定是经由一种非常浩瀚的、开阔的生命体验转化对生命的深沉理解和感悟，实际上也扩宽了我们的生命境界，我想这也是“大学美育”课程或者说美学教育的应有之义。

A 我还想再强调一点，我们现在对年轻人的社会教育，是一种成功学的教育，也是功利主义教育，就是以成功为目标、为导向，而且这种成功往往是指名利的成功。而名利的成功，是客观的、物质的存在。我们不能过多指责这种成功，成功毕竟是成功，但是当一切教育都以名利为标尺，去衡量成功、衡量幸福、衡量人生是不完美的，也是薄弱和脆弱的。人生应该有一种更大的追求，我想美学是一个很好的补充，因为在此过程中不是只追求最后结果，还要追求这个过程本身，

图 4：同济大学附属实验小学投入使用后，裴钢院士作为当时同济大学校长参加“开学第一课”

我们享受这个过程、欣赏这个过程、体验这个过程，这个过程本身有一定的美感，有一定的幸福感。美应该是一种非功利的，这是对我们现在偏重的物质主义的极大补充。美学教育也是对我们纯知识教育、纯分数教育非常重要的弥补或者说是一种陪伴（图 4）。

Q 您刚才讲的美的这种自由性、非功利性，确实是我们人生当中很重要的一个维度。物质上的满足或者说目的性的需求也是很正当的，但是不能只有此。我们还会有自我实现的需要，也许自我尊重、自我实现的需要才会引导我们去打开自己的人生境界，才能为国家和民族、为人类去做更多的贡献，我想这可能也是同济大学培养人才的应有之义。有很多老师都说您是一位特别有文艺范儿的科学家，听说您读《白香词谱》的时候写过这样的一句话：“山河往事词中历，婉约豪放入心来。”您也会经常挥毫泼墨，时常作诗，能不能请您和我们聊一下在您的科学研究中，或者说在非常繁重的行政事务之余，这些诗词歌赋给您带来了什么？

A 这就是另外一种美。我觉得美学可以使我们的人生多元多彩，非常 colorful。我刚才讲除了要热爱做的事情，同时也要热爱生活。生活是多样的，在生活中，我觉得带来最多幸福的并不是某些物质层面的内容，物质的确能带来一定的幸福，但我们需要更多维度的人生体验。当然我不是学文科的，但是我比较喜欢文科，尤其是诗词歌赋。当我看到这样一些美的时候，往往也希望表达，表达就总得有某种形式。语言可以表示你的心情。过去讲诗言志、歌咏言。我们搞生物研究的都知道，人和动物最重要的一个差别就是，人类创造了一种抽象思维，抽象思维的一个体现就是人能够使用语言。诗言志，就是你有一个想法的时候一定要抒发出来，并且用诗这样的语言能讲得更好一点。（图 5、图 6）

我的人生经历比较多，小学没念完就赶上“上山下乡”，中学基本上是在农村和工厂里做工，没有念过什么书。小时候功课也比较紧，没有读过太多的闲书，“下乡”以后正好有机会，不过那个时候的书也不多。当时，我从村里老中医那儿得到这一本《白香词谱》，我那时候年轻，读什么都很快，不仅读《白香词谱》，也读马克思主义著作，比如《政治经济学》。虽然那时候的劳动非常繁忙，但是接受东西特别快，对知识有一种渴求。我们“下乡”的青年点，有几个人愿意下象棋，我印象很深。我父母都是大学教授，我母亲是医生，管我比较严，所以我小时候没有做过其他事情，也不会下象棋，比如“马走日”“象走田”，开始的时候我都不知道。我刚开始是看他们下象棋，然后跟着他们下，后来玩得多了，就越下越好。我们村子里有下象棋很厉害的人，全村第一是辽宁省队的队员，叫张秀军，我现在还能把他的名字记得很清楚。最后我成为全村下象棋第二厉害的人。我和张秀军下棋，还是很难赢的。后来我发现，我只要喝完酒就能赢他，我理解为醉拳和醉棋是一样的，化有形于无形。我那时候还有科学思维，也做了一

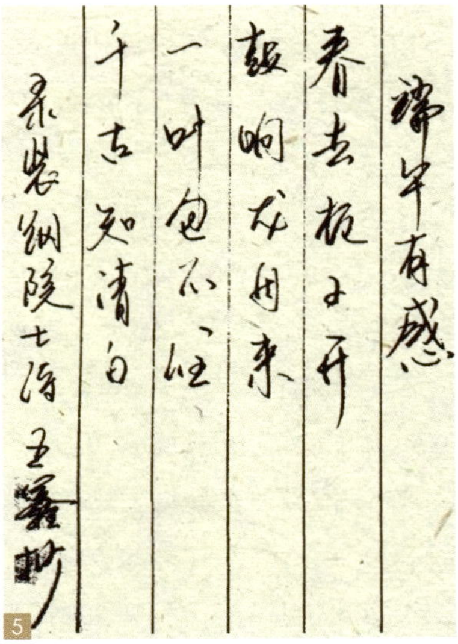

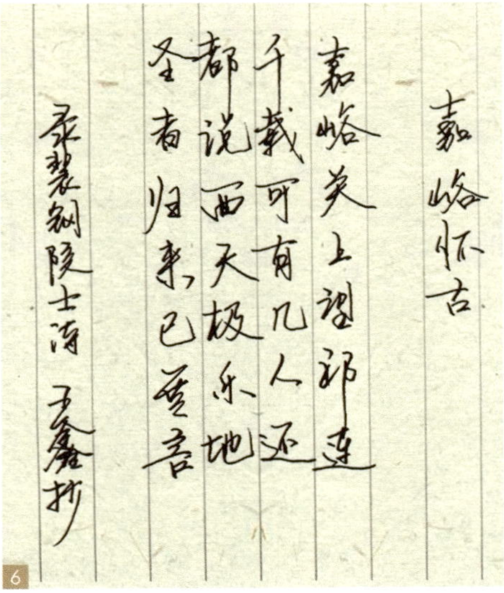

图 5、图 6：裴钢院士诗文（王鑫抄写）

个实验，这就是科学实验的早期。因为在“青年点”喝酒的时候往往是俩人一起喝，到底是我喝酒能赢他，还是他喝酒被我赢，后来经过实验发现跟他喝酒没关系，只要我喝酒就能赢他。还有一件事，我们“青年点”有个鞍山青年特别喜欢写诗，每次一有活动他就写诗，但在“青年点”写诗就是没人和，我就想你写我就和。有一天晚上我一连和了 5 首诗，和到高兴的时候就在“青年点”的墙上写。可惜那些“青年点”拆了，要不墙上都是这些涂鸦。我后来读了《白香词谱》，觉得这个确实能表达我的意思。宋词是中国词的高峰，有两个很著名的词人实际上都从济南来，我说词的历史都是济南的。你应该知道我指的这两个人是谁，中国宋词两个大家。那我考考你。

Q 您说的是婉约派和豪放派的两个词人？婉约派比较著名的是姜夔、柳永，还有李清照，李清照是济南的。苏东坡、辛弃疾都是豪放派的，肯定不是苏轼，苏轼是四川人，那就是辛弃疾。

A 是李清照和辛弃疾。我上次在济南开干细胞大会，我在干细胞的大会上致辞，我问所有参加干细胞会议的人知不知道济南有两个名人，在中国文学史上是卓有成就的两个名人，后来有人就答出来了，一个代表婉约派，是李清照；一个代表豪放派，是辛弃疾，两个人都是济南人。《白香词谱》主要讲词的魅力，这对后来词的哲学意蕴和审美风格都有影响。汉赋早期都以 4 个字为叠句，而唐诗讲声律和平仄，唐诗是律诗，律诗比较难，五律、七律、七绝，尤其短句更难。在美学上最有代表性的就是律诗向词的转化，就像是南宋和北宋的山水画的差别。南宋和北宋的山水画有一个大的差别，这也涉及美学的一个重要转变。

南宋的山水画的留白，白是无，无中生有，白是 nothing，但是白给你想象力。唐诗和宋词的最大差别是什么？为什么有这样一个转变？

Q 唐诗是律诗发展的顶峰。到了宋代之后，宋朝的文化，尤其是市井生活文化是非常发达，这些词首先有唱的要求，比如《江城子》《苏幕遮》这些词牌，有唱的一个前提，就会使得他们在这个词的创作上更灵活也更适宜于情感的表达，在吟唱的过程当中体现出一种柔美的心境，同时也有豪放派那种开阔的、雄浑的、壮美的情感。

A 非常好。我还是回到美学上来讲北宋和南宋的山水画，山水画有一个元素很重要，就是美，艺术就是要表达美。北宋画比较满，但是殊不知表达时有所保留、有所留白、有所空白也是一种美。有是一种美，无也是一种美，有无相间更是美。近代美术史上一个很重要的流派是抽象派，从毕加索，到后来纽约大都会展览的作品只是一张白纸，当然我就不说那个马桶了（指的是杜尚的《泉》）。唐诗是律诗，也是可以唱的，但唐诗非常严谨、规范，也非常拘谨，它不那么开放、不那么灵活。有一句宋词，“欲说还休，欲说还休”，到最后不说的时候，这就是留下了白。宋词是长短句，长短句的美（beauty）不在长句在短句，不在说出来的，在没说出来的，在于留有余地，叫人品味欲说还休。现代电影很多使用“蒙太奇”的手法，给观众想象的空间，这个想象也是美。很多情况下，比如教育，实际上教育不是满堂灌，教育要给学生一种启迪、举一反三、融会贯通的能力。这是教育的美，是非常重要的。唐诗到宋词，你说出来的是美，欲说还休的更是美；你画出来的很美，但是没画出来供人想象的那个地方更是美。我想，可能从这一点上，《白香词谱》对我的影响很大，因为每一句词下都有过往的作者和类似词的比较。那是个竖排本。有次记者采访我，我说太遗憾了，那本后来还回去了，但是心里头总是别扭，后来终于搞到一本《白香词谱》的复印本，但是质量没有原来那个好，但也是一种安慰，一种对往事的回忆。总之，情感这东西我觉得就是生活的维度，而且这个乐趣在于看到了这里边的enjoyment，我就不知道是大吃一顿好，还是去做一首所谓的词好，这带来不同维度的美，我觉得这个诗词还是有一定魅力的。现代诗写得也很好，北岛有一句诗，我非常欣赏，也非常让我感动。当年您那时候可能还没有上学，就是“卑鄙是卑鄙者的通行证，高尚是高尚者的墓志铭”。非常有感觉。我们学校还出了一个歌唱家，你知道吧，叫朱逢博。

Q 嗯，小的时候听过。

A 歌曲也有它的美，高音有高音的美、低音有低音的美、中音有中音的美。中国的编钟也是个律。律从现代物理学来说，它就是一个固定频率，拼成音节、和声，它也产生了美，美是某种和谐与对称。反过来某种不和谐、不对称又是一种美，它就是哲学的对立统一。美学可以也讲一点跟现代科学、现代工程学相关联的内容。我想可能从这一点来说对任何专业都很适用。我倒是希望文科的学生了解一些工科，欣赏一些工科和理科中抽象的和具象的美，可能会在事业上更加有所成就。人生有所充实是非常幸福的。

Q 刚才听到您讲下象棋的这段故事，还有您读诗词的经历，我觉得这里面很重要的一点，就是当您沉浸其中的时候，其实就没有很功利性的想法了。比如您最开始跟别人下棋，您是想赢的，是吗?

A 没有，没想赢。刚开始没想赢，后来觉得能赢才赢，赢了以后又觉得人生都是这样的，但是在下象棋的那种情境下，当全身心投入其中的时候，其实已经没有什么杂念了。

Q 下棋之初可能会有输赢之心，但是沉浸其中的时候就没有了输赢之心。我想这可能就是从一种功利的状态进入一种非功利的状态，而这种非功利的状态就是一种审美的状态。正如，最开始了解宋词，可能是作为一种知识性的内容去了解，但是沉浸其中时就会开始享受这种让人身心特别愉悦的东西。

A 还有一个差别我也想特别指出来。因为我小时候家里没有这个条件，像现在很多小孩家里，让你去弹钢琴、跳舞、学下棋、学游泳等。但是现在很多孩子都是被迫的，这会让孩子产生一种逆反心理。起码在这一段时间里，孩子不会欣赏和热爱这个事情，有可能很多年以后会像郎朗那样，感觉到这个“被逼”出来的事情，也是非常有价值的。我那个时候没有任何条件能做这些事，都是自己找事做，自己找事肯定要找个喜欢的事。那个时候如果生产队说去下棋也能挣工分，那估计也得要去下棋挣工分；说作诗也给算出勤，估计也得为了出勤去写诗，那就变成挣工分的文学工作者了。有的时候我们是出自自己本心来做一些科学的研究，还是说出于评估的需要来做科学研究或者为了学分，其实是两种心态，也是非功利的和功利的区别。

Q 我们“大学美育”课程的学生到底是为了课程学分，还是真正要学，我相信二者皆有之。我们希望能够给到学生超越这种功利性的目的，帮助学生建立一点对美的理解，帮助他们在更长远的人生中积累一点后劲。我想这是我们这门课程的初衷，也是它的主旨和目的。您多年从事高等教育工作，也是一个教育家。您觉得怎么使学生成为一个既有很好的理工科抽象思维能力的人，同时又具有感性思维，使他们真正成为一个自由的人?

A 这就回到教育的根本上去了。教育最根本的目的就是教书育人，可以从两个角度去看这个问题。一个是从学校角度看，学校要培养学生德智体美全面发展，把美育放在一个很重要的位置上（图 7）。这个问题的一个逻辑前提，我觉得是要有素质教育的部分。今天我们大力开展美学教育，也是素质教育的重要组成部

图 7：裴钢院士与同济大学演出人员交流

分。素质教育包括美学的教育，也包括其他各种教育，是专业之外的教育，其中美育教育非常重要。理论上这种教育应该在更早的阶段，在小学、中学、高中阶段就应该有这种教育。但是我们毕竟还是应试教育，大家都是为了考试，只要高考不考就很难推进。同学们到大学来，我们补补课是应该的，包括美学教育在内的通识教育，对于在高等教育阶段培养全面的高素质的人非常重要，这是第一点。第二点就是说在大类招生的情况下，学生不要太局限于自己的专业，要有一定的灵活度，这样的话学生能看到接触的东西的美，并且产生愉快的心情。或者说我们素质教育也提供了一个更大的空间，学生能有更大的自我认识和成长空间，专业过于狭窄不利人才培养，更大的空间里有一定的灵活度，选择自己的爱好和学分的组合，这是很重要的。第三点就是交叉，我们要提倡交叉学科、交叉育人，我在学校的时候，记得那时候我们学程教育叫 Major-Minor（主修课程—辅修课程）。现在还有吗，Major 和 Minor 课程？交叉学科能让学生看到另外一个跟自己的世界不一样的世界。为什么我们要去旅游，旅游就是到不同的地方，无论是在国内旅游还是到国外旅游。我在上海待惯了，到另外一个地方去，这就不一样，不一样可能就产生了愉悦的心情，就产生了多巴胺等，可能就会喜欢这个地方。第四点我觉得要多搞一些校园活动，如学校各种社团、各种活动，学校从某种意义上讲是一个大游乐场、大俱乐部，立教育于各种各样的活动之中，同时再培养学生的团队精神和集体主义精神，培养学生与其他人交往的能力，避免其孤立和枯燥。我指的是，学生个人首先要接纳从高中生到大学生的转变，这是一个现实。

大学生可能拥有更多的时间、更多的空间，在遵守大学规章制度的前提下，同样要寻找自己的爱好、寻找自己一生的可能。这个过程中不要害怕探索，要积极参加社团活动、各种素质教育课程、学校的活动，积极努力地跟其他人打交道，拓宽自己的知识面，拓宽自己的社会经验，也拓宽自己的社会交往的经验，这样的话才能打好基础，才能更好地前进。当然不是说进入大学就会想到我毕业要干什么、将来要干什么，但是也不能不想，想的话可能还是要着重从自己的爱好出发，我认为爱好是最好的老师。我从来都很喜欢我的工作，我跟很多学生和年轻人说，如果你有一份工作，你非常热爱你的工作，天天来做又不觉得厌烦，同时你靠这个工作还能养活自己、养活全家，二者合二为一，这是最好的选择，这样的生活多好。何必要找个业余工作，社会生存需要一份工作，自己爱好又是另一个工作？同时也要多元化地参与社会活动，尤其我们整个社会还面临很多挑战，还有很多不平等，很多穷人、有困难的人。悲天悯人同样非常重要。同济人就应该胸怀天下，同心同德同济天下，这样一句话就是大美，这是同济的美，这个美可能跟其他学校的美还有所不同。

Q　“大学美育”课程中不仅有一些人文艺术的课程，还涉及工科之美、理科之美、人文之美、艺术之美多个方面，我们还有院士访谈，在访谈中会发现，一个真正的科学家，绝不是单向度的，只在自己的专业领域有造诣，而是都有非常开阔的、深厚的人文素养和人文基础。您觉得这些人文的底蕴是不是也会启发您的科学研究？

A　因为科学是讲规律的，科学研究就是要探索各种各样的规律，科学首先要有反思，规律首先是一套逻辑体系，怎么来验证它，因为科学是可以被检验的。我们对客观世界的认识是相对的，因为没有绝对的东西，科学需要检验，实践是检验科学的标准；科学不断前进，同时科学进步依赖于科学本身的技术方法。科学还是要有一定的目的性，就是科学能不能造福人类、能不能满足国家的和人民的重大需求，这些也是科学带来的另外一些维度的事情。你做这些事情本身，不只是作为一般生存的动机来说，还需要更强的动机才能做好工作，发现和总结，还能解决很多科学的问题。生命科学的很多问题就是从医学角度来思考的，比如一些重大疾病，怎么来克服，为什么会患病，什么样的办法能够预防和治疗这些疾病。自然界的这些变化，能不能改变这种自然界的变化，如当下转基因的研究，以及基因编辑的研究。人工智能更不用说了，无处不在。这些事情都会涉及相应的领域。我觉得人文的东西，包括哲学、美学、伦理学的，都对科学发展有促进作用。反之，科学技术对我们的人文的发展、社会的发展也会有极大的推动和帮助。

Q 是的。我觉得美可能是一个桥梁、是一个媒介，或者说是一种连接，它把我们个体与他者联系在一起，把生命和天地连接在一起，把过去、当下和未来连接在一起。在您刚才的讲述中，我能够感受到其实也将人文和科学连接在一起。我们的学生如果能够更好地获得一些人文素养的积累或者说有自己的审美理想和审美趣味，也许更有助于他们未来的成长，包括他们将来在科学研究中的成长。最后能否请您也对我们的学生提出一些希望?

A 我希望“大学美育”课程越讲越好。讲完以后，不仅讲课的人更美，听课的人也更美，大家都“美美与共”。有人说在学校能学什么，其实最后剩下的东西，就是你学的知识。离开学校几年以后，或者若干年以后，你学的东西都忘了，但是剩的那些东西就是大学留给你的，也是最应该学到的东西。这些东西很难有一个量化的标准。大学确实是一个非常好的地方，我的几个人生最好的朋友都是我的大学同学，也希望各位同学在大学里多交一些朋友。大家要珍惜这段美好的时光，我相信大学时光应该是人生中最美好、最灿烂、最值得回忆的时光。希望你们不要荒废、虚度这段美好的年华。当你们到我这个年龄的时候，就会意识到在同济大学的时光太幸福了、太好了、太值得回忆了。在这里，不要忘了我们今天所讲的美和美学的教育，希望帮助你们真正对美有所了解，也希望大家有更美好的心灵!

Q 谢谢裴钢院士，感谢您接受我们的访谈!

第二十五讲

融合之美：科技与人文

李杰院士访谈

A 李 杰

结构工程专家，中国科学院院士

Q 王 鑫

同济大学艺术与传媒学院传播系主任，长聘教授，博士生导师

在人类城市建设过程中，自然防灾科学研究一直是其中最重要的一环。在中国，有一位科学教育家，他和他的学生组成了同一战壕的战友，一起攻克科学研究当中的各种难关，让中国在结构工程科学领域走在了世界前端。一路走来，他在寻求科学真理的同时也注重人文涵养的培育，实验室里也可以诗歌曼妙、豪情万千，正是这种高品质的科学与人文教育，给当代学子种下了不懈努力追求真理、不断完善自我的种子。李老师这些理念，以及教书育人这种学者的风范持续传承给我的学生。最终培养一代又一代青年科学家，撑起中国科学的未来（图 1）。

Q 同学们大家好，同济大学“大学美育”课程组今天非常荣幸地邀请到了我国结构工程专家、中国科学院院士、同济大学教授李杰先生来到“大学美育”课程。

李院士您好！

首先非常感谢您在百忙之中接受我们的访谈，也特别感谢您能和同学们分享您对美和艺术的一些理解，包括如何在美育当中去提升自己的修养。非常欢迎您的到来（图 2）！

A 谢谢！我也很愿意跟同学们在一块儿谈一谈学习之外的事情，非常好！

Q 我是第一次和您面对面地交流，您是一位科学家，却有一种独特的人文气质，儒雅又充满书卷气，给我留下了深刻的印象。所以我想了解一下，您的这种气质，是否与您平时的阅读习惯有关？您怎么看待现在大学生的读书情况？

A 您过奖了！读书是一个很大的课题，作为一个大学生，大学是人生最宝贵的一个时期，多读各方面的书，对人的一生都是非常重要的积累。就我个人而言，虽然我是学工科的，但是很早，应该说从中学开始，就读一些文、史、哲方面的书。我在大学时主要是读文学方面的书，在硕士研究生期间主要是读历史方面的

1

2

图 1：李杰院士访谈（采访：王鑫）；图 2：李杰院士和他的学生们

书，等到博士阶段开始读一些哲学方面的书，尤其是科学哲学方面的书。我个人觉得，对于文、史、哲的阅读，哲学主要是读思想；史学的话，我们不可能读大量的史料，所以要读人物；文学是要读作品。

读书，兴趣是第一位的，一定要读自己感兴趣的东西。比如，我在大学的时候比较喜欢散文，杨牧、刘白羽、秦牧的散文都会读一些。先是看散文的刊物，然后就慢慢地买书去读，逐渐地，兴趣就培养起来了。我个人读书，特别注重文、史、哲，比如读哲学，要先读哲学史；读文学，先要读文学史。把这个架构架起来，然后从中挑选，比如说读文学史，知道了你喜欢哪些人，你就读哪些人，你不要把读书当作一个负担，而是要当作自己内心的一种需求，阅读的范围自然就会变得宽广起来。读书也是一种修养，修养又是个人的事情。它不是一件非常功利性的事情。从某种意义上讲，它是无用之用。

Q 我特别认同您刚才讲到的两点：第一，您说到了读书的兴趣，很多人都是因为兴趣选择让他们眼前一亮的书；第二，您说从史的角度去入手，我觉得特别重要，历史的脉络会让学生能够比较好地去把握他所感兴趣的方面的时间进程，这两点特别重要。

A 推荐书单非常重要。毕竟同学们还需要成长的过程，他自己可能在漫无目的的爬梳过程中，不一定能找到一个合适的方向，所以老师的引导也是特别重要的。一个是老师的引导，一个是同学之间的互相交流，朋辈的交流也非常重要。现在的学生的知识面非常宽，我就感觉到 00 后的学生内心是非常活跃的，也是非常感性的，所以在这样一个人生阶段，根据兴趣多读一点有价值的书非常重要。

Q 是的！读书就像我们种植的一棵又一棵树，可能刚开始只是看到一棵一棵树，但是十年、二十年之后，它就变成了森林。所以也希望年轻学生能够在日常的学习中多走进图书馆，找自己感兴趣的书去阅读。这样的话，即使我们学不同的专业和学科，也会在其中感受到不同的艺术魅力、人文魅力和科学魅力。李院士，您有一句话是“人生重境界”，我个人特别喜欢。您是怎么理解境界的？您又是如何培养学生，提升他们的境界的呢？

A 这是我们团队的一个座右铭。同学们把两幅字放在我们团队的办公室里，一个是“向成功者学习”（图 3），一个是“人生重境界”。“境界”这个词是从文学家那儿学来的，我们讲的人生重境界事实上有多个方面的含义，比如说在科

图 3：李杰院士在爱因斯坦故居

学研究中，一开始，你的知识架构都是从看书、学习、听课中获得的；慢慢地，你会记住主要知识点，这基本上是一个重复的过程。但是，在这个重复的过程中你会慢慢品味出这些知识之间内在的一种联系。这些知识在你的心中会成为一个体系，你会看到这样一个体系里的一些很优美的东西，也会看到一些需要改进的东西。就像爬山时会在山路上看到许多很美的景观，如一些小花、树等，你会感觉到知识里有很美的东西。再往前走时，就会产生一种心胸开阔、眼界开阔的感觉。随着攀爬高度的增加，你的眼界拓宽了，你看到的东西也更多了，那么你对问题的认识就更深入了。我想这是一种人生的境界。

Q 刚才听到您对境界的理解，让我想起了王国维讲做学问有三重境界，“昨夜西风凋碧树，独上高楼，望尽天涯路”，这可能是探索的一个过程；在探索的过程中也有一些艰辛，但仍然“衣带渐宽终不悔”；当我们找到了自己所要探究的方面，可能就是“蓦然回首，那人却在，灯火阑珊处”。无论是人文还是科学，都有一个攀登的过程、一个求索探究的过程。在这个过程中我们会遇到的各种风景，有可能是一片浓云密雾，让我们找不到方向；有的时候山路上的那朵小花也会给予我们精神的力量，让我们觉得可以进一步探究下去；最后，无限风光在险峰。

A 是，您讲得非常好！我个人的感受是，无论是科学研究还是艺术创作，都有这样三个境界，也都需要这样一种探索的过程，有一个“衣带渐宽终不悔”的过程，有一个“蓦然回首”的过程。这是一种研究的境界，研究的境界其实和我们人生的境界能够相通。就像冯友兰先生也讲过人生有自然境界，有功利境界，有道德境界，有天地境界，最开始可能满足我们基本的一些需要，或者说一个功利的目标，最后我们可能会有所超越。马斯洛讲，人生分成若干个层次，也是在讲人生不同的一种境界，一开始是基本的生活的需求、安全的需求等，包括对幸福的追求。但是最后他讲人要走到一种自我实现的境界，可能就是无限风光在险峰，是不断的自我超越的过程，可能也是这样的一种理念。

Q 在同济大学 100 周年校庆前夕，时任总理温家宝同志来到这里讲过一段话，他说："没有一流的文科，就没有一流的理科；没有一流的理科，就没有一流的工科。"他也讲到学理工科的也要适当地去学一点人文艺术，然后也特别提到了"仰望星空"。您怎么理解一流的文科、一流的理科、一流的工科三者之间的关系？

A 我觉得温总理当年在同济大学的这一段讲话，讲得太好了，也太重要了，尤其是对理工科怎么办大学、学生怎么学习非常有意义。我个人感觉知识是一个整体，把知识分成文科、理科、工科是一种人为的划分。但是作为一个鲜活的人、一个生命体，他对知识的感受应该是全方位的。如果说我们培育的科技人才，只能像工匠一样做一点技术性的工作，从某种人生意义上说，至少是不完整的。我觉得不管是理科还是工科，都要把理科的基础知识学好，比如我们搞工科的，物理、数学的基础知识非常重要，文学的基础知识对我们来说也非常重要（图 4、图 5）。同样的道理，文科的学生掌握一些科学的基本知识，对职业生涯也有很重要的作用。我觉得当年温总理讲"仰望星空"是非常形象的，对我们是一种启迪，我们不仅要脚踏实地走我们的路，更要经常想一想我们内心的向往，像星空一样灿烂的向往。

图 4：李杰院士指导学生；图 5：李杰院士与学生进行学术讨论

Q 学科的划分就像您刚才讲的一样，它是一个人为的划分。古希腊时期，如亚里士多德的时代，会有大百科全书式的人物，体现出人类对未知世界的探索，既有科学的追寻，也有人文的追寻；另外就是“仰望星空”，体现的是高远的追求和向往。康德也说过，“世界上唯有两件事能够让我们心灵震撼，一是头顶上灿烂的星空，一是内心当中崇高的道德法则”。

A 是这样。康德先生讲的这两句话对我也影响巨大，灿烂的星空和人间的道德法则是古往今来真正的哲人所反复思考的问题。

Q 哲人和诗人也是相通的。我印象中也看过您写的一些诗，我个人是非常喜欢的。您的诗不仅有非常好的情感的灌注，还非常注意韵脚，比如：

哪儿有什么深刻，
我是一颗渴望着泥土的坚果。
冬阳，也会在秋的那端等我；
我等待着春洪，
和布谷鸟一路播撒的欢歌。

李老师，这是您 30 年前写的一首诗，您是在什么情境下写的这首诗？

A 我写诗，坦率地说，应该都是不入流的一些习作。我记得写这首诗时是 35 岁，我的第一个科研项目鉴定刚刚通过，回来坐在卧铺车厢里边睡不着觉，有这么一个感受。“哪儿有什么深刻，我是一颗渴望着泥土的坚果。冬阳，也会在秋的那端等我；我等待着春洪，和布谷鸟一路播撒的欢歌。”所以说是一种感受。所谓“诗言志”，就是当你有一种情绪、一种感觉，需要通过一种方式表达的时候，我认为诗是最好的表达方式，当然也有其他的艺术表达形式。

Q 是的。在心为志，发言为诗。我读这首诗的时候，能够感受到那种欢快和力量，有那种蛰伏之后的冲破感。您还有一首诗我也非常喜欢。

春舞猛犸象，
夏系彩云结，
秋来狂涛长吟连万里，
冬至玉树冰雕亦成玦；
参差英雄泪，
斑驳猛士血，

为此烽烟遍地起干戈，

壮士常怀风云阙[1]。

我觉得这首诗太让人震撼了，可见您的气象和胸怀，也可见当时您面对一片壮伟景象时内心的辽阔。所以也想请您和同学们分享一下，您是在什么情境下写这首诗的呢？

A 这个也很有意思，2014 年美国土木工程师协会授予我弗洛伊登瑟尔奖章，当时要到加拿大汉密尔顿小镇去受奖。汉密尔顿小镇离尼亚加拉大瀑布非常近了，我们就顺道去看了一下，可以说是非常震撼。那样的水让你感觉到——我记得这首诗前面写“此水只应天上来”，事实上所谓的“春舞猛犸象，夏系彩云结，秋来狂涛长吟连万里，冬至玉树冰雕亦成玦”全部是写水的，就是写水的那种感受，那种波涛汹涌、大瀑布的感受。包括后边写“参差英雄泪，斑驳猛士血”，从某种意义上说也是水的意象。

Q 这首诗有一种很强烈的情感力量贯注其中，可体会到您内心的胸怀、境界，这是我个人的解读，我非常喜欢。

A 谢谢！对我来说，我是搞科学研究的，很少有时间去体验这些东西。但是因为年轻的时候文学方面的书念得比较多，到了一定年龄之后，希望表达自己的情绪的时候，就帮助你有了那么一种方式。

Q 我在上课的时候，文、理科的学生都有。我注意到很多理工科学生的文笔是非常好的，也希望他们能够保持这种艺术的灵性，或者说这种感性，这有助于他未来的科学研究和人生成长。我们总要找到一种可以疏解，或者说表达自己的一种方式，诗歌可能就是一条很重要的路。

A 这是一个方面。事实上文学的东西、艺术的东西，从某种意义上说是形象思维；我们做科学研究，主要是抽象思维。好多同志说二者是完全不同的两种思维，我个人认为不是这样。它是从不同的角度去看人的思维，形象思维在很大程度上是逻辑思维的一个起点，逻辑思维是形象思维的一种程式化的表现，所以说两个东西很难分得开。

1 本首诗节选自李杰院士作品。

Q 我印象中您曾经在谈学科建设的时候说过，未来发展是不同学科之间的交叉融合；有关学科交叉融合的问题，您认为是思维方式和研究方法上的交叉，您怎么看待思维方式和研究方法上的交叉?

A 我刚才讲形象思维，就像你说席勒讲的形象思维和抽象思维是一个整体。学科交叉是另外意义上的事情，你讲的学科交叉可能是文科和理科的交叉，是形象思维对抽象思维的影响。我们讲的学科交叉，讲的是不同学科之间的渗透，不同学科之间的这种启发还不太一样。

Q 同济大学是一所以理工科更为见长的综合性院校，学校里的理工科学生人数占比较大，很多学生可能会认为把自己专业学好就行，对人文的课程兴趣可能会没有那么高，甚至觉得一些人文的课程，可能是无用的。您怎么理解学生中的这些情况?

A 我曾经讲过，现在 00 后年轻人得到的信息特别多，真正只学有用的东西的同学不是太多，主要是他们现在接受的东西太多、没有筛选，这是一个非常值得思考的问题。其实学理科的、学工科的，读一点人文科学方面的内容，我个人的体会叫作无用之用。如果一个人一生只了解一点专业的东西，他的人生就太单调了。因为人从某种意义上说，与一般动物的区别就是，人是有感情的，而这样一种感情是需要人文科学来滋养的。对于我自己的学生，我就讲几个基础，一个基础是科学基础，对于我们学工科的人来说，科学基础非常重要，要有数学的、力学的基本架构；一个是人文基础，我对学生的要求是让学生按自己的兴趣读文学的、历史的、哲学的内容，不要求学生一概都去读，但是可以选有兴趣的去读。比如，可以去读一读小说，读一读历史上的人物，等等。但是有时候我也给他们提一点要求，比如早期我的学生都知道，刚刚入学的学生到了假期，我会请他们读一点如刘逸生写的《唐诗小札》《宋词小札》，然后请他们读好了之后，和我一起谈一谈感想。我原来的学生陈建兵教授，现在也是国内非常知名的教授了，他和学生谈学问，同时也谈很多人文方面的经验感触，后来我看他的学生写博士学位论文的后记，体会最深刻的是老师和他谈这些东西，比如谈一谈历史上的某一个场景，刘邦为什么会有那种“安得猛士兮守四方”的感叹，学生对这些内容反而印象深刻。我反复强调人文科学是对人生的一种滋养，我希望我们的学生不仅仅在自己的专业领域成为专业精英，更重要的是要使自己的人生变得丰富，让你对这个世界有一种真正的感悟能力，这是无用之用的大用。

Q 我们在学生培养过程中，专业培养是一个方面，能不能给学生拓展出一个更丰富的面尤其值得思考。因为我们最终培养的是人，只有一个内心丰富的人、一个充满慈悲的人、一个对家国有情怀的人、一个全面发展的人，才能成为我们要培养的“国之大者”。他才会在抵御未来生活中很多风险和不确定性时，保持内心和外部世界的平衡。

A 我记得同济大学的前任党委书记周祖翼先生曾经有一次给我谈他的一些人生感受，他说他们学地质的，到了大西北看一看那漫漫黄沙、漫漫大漠，再想一想这些地质的形成时间是几百万年，是纵横几万里、上下数百万年，他的心胸马上就变得十分开阔。学历史也是一样，你要是看一看历史那么波澜壮阔，中国、外国那么多的英雄人物，你就会感觉到你人生遇到的那一点点事情实在是一些小的波澜，这会给你一种正确的直面人生的勇气。

Q 刚才您谈到处理“有用”和“无用”之间的关系，实际上审美往往是超越功利性的，因为它不是要占有，比如我们面对一朵小花，我们要去欣赏它，而不是要把它据为己有。但是我们生活中还有很多功利性的内容，怎么去平衡和选择呢？

A 这也是作为老师给学生经常讲的一个问题，我们生活在现实的世界中，对现实的功利性的东西不可能不考虑。但是，一个人在世界上大概有两方面的需求，一方面是物质方面的需求，他要生活、要有作为一个人的生活的尊严，在这方面应该有一些功利性的需求，这是完全正常的、非常必要的。但是与此同时，我刚才讲了人是有感情的、是有精神追求的，人在精神上的追求有的时候或者很多时候是超越功利的、是非功利的。人只有在功利性的需求满足之后才有资格谈非功利的需求，才能够真真正正去审美。这正是我刚才讲的“人生重境界”，你的人生不仅仅是被生活的压力所困扰，更是让你的心灵能够在更大范围里得到人生的感悟、人生的体验和人生的超越，我觉得这应该是人生的应有之义。

Q 刚才您说到的功利性的诉求是我们的人之常情，是我们首先要满足的，马克思也说过一个忧心忡忡的穷人可能只对面包感兴趣。但是基本的需求满足之后，就像您刚才提到的马斯洛的五层次需要理论，我们就会向更高的需要进发，会有被尊重的需要，也渴望去自我实现，它是非常自然的、自发的。作为学生，在年轻的时候多读一点书，尤其是多读一点人文科学方面的书来加强自己的修养，就会使这种不同层次的需求变得更为丰富，这种自发性变得更为强烈。您刚才也提到了，现在同学们的信息量太大，有的时候可能就会被涡卷其中，缺乏一定的选择和判断。以您的经验，他们用什么样的方法可以跃出这样的一个芜杂的信息海洋，然后有更多自我培养的一种需要？

A 年轻的时候，非常重要的是认识自己、培养自己的兴趣。我刚才讲了按照自己兴趣读书的重要，一旦有兴趣的时候，就要坚持读书而不是随波逐流。我刚才讲人文方面的训练，首先是从兴趣入手，然后逐渐深入阅读。总之，在年轻的时候读一些经典，这些经典是超越时代的。今天我们读 2000 多年前屈原的《离骚》，也一样有种仁人志士的感慨；我们读唐诗宋词，仍然会产生情感上的共鸣。你愿不愿意把时间花到你真正感兴趣的方面上去，非常重要。一旦有了兴趣，就要坚持。

Q 您说到了两个关键词，第一个关键词是要有兴趣、要去认识自己。认识自己是一个非常难的过程，需要不断地实践，然后找到自己的兴趣点所在。第二要持之以恒，可能有的时候会经历一个很孤独的过程，但是要坚持不停步。

A 现在的年轻人的资讯非常发达，他有好多小圈子，不至于像古时候的读书人那么孤独。现在的年轻人如果说他喜欢这个领域，他很快就会有一个很好的圈子，在读书的过程当中互相交流也是非常重要的。读书除了要以自己的兴趣为导向，还有一种方法，要以人生碰到的问题为导向。年轻人很多时候会碰到一些问题，这时候根据自己的问题有目的地读书也比较重要。问题会激发内驱力，这样的话他可能会更有意识地去从书里面找到给予他人生答案的内容。此外，年轻的时候读书要特别注重精读，我刚才讲了要特别注重框架性的内容和重点内容的结合，同时要特别重视精读和泛读的结合。我们平常在网上看的好多东西都是一掠而过、泛读的，但是真正的经典的内容一定要精读，要慢慢地读出自己的感受，才能够真真正正体会到个中滋味。

Q 李院士，您在读书方面有特别多的心得，也涉猎了大量的文、史、哲的书（图 6）。从您的讲述中，我发现您的人文素养反过来也哺育了您的科学研究。诗歌的创作、艺术的创作，会涉及灵感的问题，科学的研究是不是也会涉及灵感的问题？

A 是的。我曾经讲过，科学研究真正创新的东西往往是直觉的东西，甚至是非理性的东西，它不是按照逻辑的架构做出来的。我举一个例子，遗传算法的创始人、美国科学家霍兰德，他从达尔文的进化论得到灵感，然后发明了所谓的组合

图 6：李杰院士在书房

优化的遗传算法。我在年轻的时候读过一本书，叫作《仿生学》，仿生学就是从自然中获取灵感，比如为什么果蝇会有复眼等。我个人在做研究的过程中也深受其益，比如我们在做关于风的研究过程中，风的相位角、风谱的相位角是非常难以把握的。理论上我们差不多已经做了近十年，但是做不出来。后来，有一次我在操场上散步时发现，3000 米的赛跑，在不同的跑道上有不同的起跑点。由此我又想到马拉松，它虽然也有起跑点，但是它就是一条线，没有一个所谓的初相位。由此我就想到什么东西最重要，重要的不是初相位，重要的是相位速度，也就是每个人跑步时的速度最重要。这样的一些东西给到我们科学中，有了这些灵感，再去研究相位速度，我们就找到了零点演化时间，然后慢慢地给出科学上的、逻辑上的解释。我常常讲，科学上任何一个真正的飞跃性的进步，往往是非理性的结果，而这种直觉的、灵感性的东西来了之后，你再拐回去做一种逻辑上的构建、逻辑上的一种解释，所以理性事实上在非理性之后。

Q 您刚才分享了一个您科学研究中和灵感有关的例子，其实灵感可能是“来不可遏、去不可止”的，怎么能够让它既突如其来又能长期伴随?

A 人的大脑结构是由无意识的思考和有意识的思考相结合的，灵感可能来自无意识的思考，这一点和写诗比较类似。比如说我刚才讲“春舞猛犸象，夏系彩云结”，那么“春舞猛犸象”是讲猛犸象是水吗? 但是那个物，事实上就是一个意象，所以说“春舞猛犸象”。“夏系彩云结”是指彩虹，这是无意识的思维在诗歌创作里的表现。

Q 我觉得从事科学研究的年轻学子，要从您刚才的讲述中更好地去观察、去体验我们周围的世界。当你看它的时候，那个世界才会向你打开；你关注到一朵花的时候，这朵花才向你呈现了它的灿烂和芳华。同学们可能要有更多去观察世界的意识，同时在阅读中再建立一个世界，形成一种互文和对照的关系，这对科学研究也是有启发的。

A 您讲的实际上就是我们把丰富多彩的世界形式化的一个过程，这个形式化的过程跟科学研究中抽象化的过程很类似。我常常讲，一位科学家要善于发现工程师不善于发现的科学问题，也就是把丰富的、鲜活的现实世界形式化的过程。事实上，不仅在科学研究中，在艺术创作过程中也是这样一个过程，即怎么把它形式化、怎么把它形象化。

Q 刚才您说到的这个问题，是同学们非常感兴趣的一个话题。在“大学美育”这门课程中，学生们会问，什么是“美”、我们如何理解“美”。不知道在您的科学研究中，体会到的科学之美是怎样的；或者说美的思维，如何在科学中能够很好地呈现？

A 美是一个很大的话题，每个人对美的感受都是不一样的，但美既是客观的，又是主观的。譬如说李泽厚先生讲：“美是在长期的社会实践过程当中慢慢地形成的一种文化心理的积淀。”我感觉，科学之美可以说是随处可见的。我记得在大学念书的时候，我们“弹性力学”课程的老师寿楠椿先生，他把弹性力学的基本方程在黑板上写下来。每当他写下这些基本方程，他就要沉默将近一分钟甚至两分钟，对着那个方程沉默不语。我们还以为他在看是不是写错了。两分钟之后，他对我们感慨，也像是自言自语：“你们看，多么美的方程啊！”原来，是他自己陶醉其中。那是一种对称美，是一种非常洗练的存在。不只这些，牛顿定律也好美啊，就这么几个简洁的符号，万事万物的机械运动，就用三个符号说得清清楚楚！爱因斯坦方程多美啊，能量世界被爱因斯坦这么一个简单的方程说清楚了，非常漂亮！在我个人的研究中也有这样的人生体会，比如说我们建立的随机系统的概率密度演化方程，就是一个很典型的、很美的方程，把这样一个方程写出来，你就可以看到大千世界的一种随机系统，这样一个概率结构的演化过程。原来物理系统的状态的变化过程，有如此密切的联系，每一个瞬时都在变，但是在变化的过程中，被这样简单的几个符号、三组符号摆在一块，也是非常漂亮的方程。就像当时寿楠椿先生所说那样：“你们看，多么美的方程啊！”事实上这就是科学之美，那样一种简洁之美。科学之美还有好多内涵，譬如它内在的逻辑之美等。

Q 刚才您谈到科学之美的时候，我能够感受到您在科学研究中的沉浸和欢喜。刚才您用了一个词我特别喜欢，您说寿楠椿先生“陶醉”其中，我想这可能是科学研究最美也是最好的一个状态，可能也是作为科学家独有的一份快乐吧。

A 我曾经给学生讲过，我说人生有各种各样的满足感，但是当你真正发现这个世界的奥秘时，哪怕是很小的一个方面的奥秘，你发现这样的一个奥秘是如此精致，会有一种内心的、灵魂的震撼。我记得当我发现了密度演化方程，它的物理的状态变化和概率结构的转移之间的联系之后，我大概是凌晨两点钟想出这个问题的答案，整整五六个小时睡不着觉，那种激动的心情就一直萦绕着你。我们逻辑推导出这样一个方程，到我真正发现这样的一个奥秘，中间经过了 5 年的时间。

Q 科学发现是人生中让人非常有满足感的一种事情，我一直不知道澄明之境是一个什么样的状态，但是刚才您描述到您在科学发现过程中，所感受到的这种状态，可能就是审美体验当中的一种澄明之境。

A 佛教里边大概讲澄明的概念，其和马斯洛讲的自我实现，我觉得都有共通之处。

Q 刚才您在描述这个过程中眼里是有光的，我也被深深地打动。您之前也讲过，客观世界有它的随机性，无法用一个确定性的规律完全做出反应。我们人生也是一个不确定性的过程，如何在这样一个不确定的世界中，锚定自己的人生方向，安放自身？我想这对于年轻学子来讲，是非常希望了解到的。

A 确实，我们人生有很多不确定性的东西。我们讲随机系统，事实上不能完全用确定性的规律来加以反映。我讲这个东西就是随机性从哪儿来。我个人的体会或者我个人对随机性的定义是，源于对这个事物产生的原因的不可控制性，因为不可控制，所以随机。比如你去做一个实验，你要把各种条件都能控制住，如果说所有的条件都能控制住的话，结果就是完全一样的，下次还是完全重复的，但是不能完全控制时，结果就不一样了。就像我们的人生一样，有好多因素是我们不能控制的，所以说就会变得丰富多彩，有很多分叉，很多不同的人生轨迹。在这种不确定性的人生当中，怎么能够有一种确定性的把握？我刚才讲念书的时候要有兴趣，在年轻的时候，通过实践不断地锤炼自己的人生意志是非常关键的。

年轻的时候，要有一点点关于未来的理想、关于未来的设想，而且要为了这样一种设想去付出不懈的努力。要相信自己，相信你与别人不一样。每一个人都是独特的人，每一个心灵都非常值得高度尊重，你相信自己和别人是不一样的，你就会发现自己的人生轨迹完全可以按照自己的意志去设计去把握。我想这就是在不确定性的世界当中，怎样找到自己这样一个过程。

Q 我的理解就是远处一定要有灯塔，我们要奔着那个光去追求，在这个过程中我们要坚持不懈地努力，而且要相信自己的独一无二，要在不断的人生实践中锤炼自己的意志、锻造自己的理想。坚持不懈的毅力能够帮助自己看清人生不确定性带来的各种迷茫，然后让自己保持一个坚定的意志，勇往直前、永远向前。

A 先凝心静气地做一件事，慢慢地锻炼，就会把自己这种意志、这种毅力锻炼出来。

Q 现在技术迭代迅速，社会发展也进入一个“加速期”，以前我们会讲“板凳要坐 10 年冷”，现在还讲吗？您怎么看待学习和成长过程中快与慢的问题。

A “板凳要坐 10 年冷”，是讲一个人在研究的过程当中不要太多受社会的干扰，也不要太多受社会上那些浮躁的东西的影响。你要认定自己的目标并去努力，而不管别人怎么样，你要相信你的努力是会有价值的，这叫“板凳要坐 10 年冷”。我想不仅是在科学研究当中，在各个方面都存在这样一种必要性，这就是久久为功。

Q “大学美育”意在帮助学生建立对世界的非功利性、超越性和审美的认知，培养全面发展的人，这对他们一生来讲可能都具有重要意义和价值。您刚才是从一位科学家的视角、从一位理工科前辈的视角讲述的，最后想请您给我们的学子一些建议和期许。

A 我对年轻的一代非常羡慕，每年到了开学的季节，我总是要在校园里边走一走，看一看年轻的面孔，看看我们同济学子朝气蓬勃的、洋溢着青春气息的那一张张笑脸，我自己也觉得年轻了。同济的老校长吴启迪先生曾经讲 KAP 模式，我们培养全面发展的人，是能力、素质、人格三方面的发展。我们在读书的过程中、在实践的过程中，不断让自己体会到人生的不同境界；在研究的过程当中慢慢发现科学之美；在阅读历史、文学作品中发现艺术之美；在人类的发展史中发现许多我们现在可能还未曾体会到的、未来我们会发现的历史内在的逻辑之美。我想科学之美、文学之美、艺术之美，是人生全面发展的比较重要的一些侧面。在这个过程当中，作为年轻的学子，我建议大家根据自己的兴趣、根据自己的修养，或者根据自己的爱好仔细地读一点经典，我想这是我们“大学美育”的应有之义。

Q 谢谢院士！刚才在听您讲述的时候，您的眼睛中有让我感动的光芒在闪烁。您的话语当中流露出对同济大学非常深厚的感情，也流露出对我们年轻学子的殷殷期盼。我想您无论是作为科学家，还是作为我们资深的前辈教师，或是同济大学特别引以为傲的资深学者，都值得我们年轻的学子去学习，也值得我个人去学习。像您刚才说的那样，我们要把自己的人生放置到一个更广阔的世界里，在坚持中、在兴趣中、在久久为功当中去成就我们自己，这可能也是“大学美育”希望能够给到学生的能力、素质、人格的部分。

A 非常感谢！我也衷心地希望我们同济的学子通过“大学美育”课程开始认识人生之美，他们经过若干年的学习，经过不断地锤炼自己的意志，总有一天会成为我们同济未来的骄傲。谢谢！

Q 也谢谢您！

参考文献

【1】 黄寿祺，张善文 . 周易译注 [M]. 上海：上海古籍出版社，2018.

【2】 李建中 . 人文社科经典导引 [M]. 3 版 . 武汉：武汉大学出版社，2021.

【3】 亚伯拉罕 · 马斯洛 . 动机与人格 [M]. 许金声，译 . 北京：中国青年出版社，2022.

【4】 邓晓芒 . 西方现代艺术史 [M]. 北京：商务印书馆，2018.

【5】 H.H. 阿纳森 · 邹德侬 . 西方现代艺术史 [M]. 巴竹师，译 . 天津：天津人民美术出版社，1994.

【6】 马永建 . 后现代主义艺术 20 讲 [M]. 上海：社会科学院出版社，2006.

【7】 李约瑟 . 中国古代科学 [M]. 香港：香港中文大学出版社，1999.

【8】 敦煌文物研究所. 敦煌壁画故事 [M]. 兰州：甘肃人民出版社，1991.

【9】 敦煌研究院. 敦煌图史 [M]. 上海：上海古籍出版社，2000.

【10】 王伯敏 . 敦煌壁画山水研究 [M]. 杭州：浙江人民美术出版社，2000.

【11】 荣新江 . 敦煌学十八讲 [M]. 北京：北京大学出版社，2001.

【12】 宿白总，杨镰. 新疆探险史图说 [M]. 乌鲁木齐：新疆人民出版社，2003.

【13】 王荔 . 魔利支天为何方神氏 [C]// 浙江省博物馆，浙江省敦煌研究会，浙江大学古籍研究所 . 浙江与敦煌学 . 杭州：浙江古籍出版社，2004.

【14】 王荔 . 炳焕多彩的千古“敦煌色”[C]// 樊锦诗. 2004 年石窟研究国际学术会议论文集（下）. 上海：上海古籍 出版社，2006.

【15】 赵声良 . 敦煌石窟艺术简史 [M]. 北京：中国青年出版社，2015.

【16】 段文杰 . 敦煌石窟艺术研究 [M]. 兰州：甘肃人民出版社，2017.

【17】 上海博物馆 . 宝历风物：“黑石号”沉船出水珍品 [M]. 上海：上海书画出版社，2020.

【18】 王伯敏 . 中国版画通史（图文增订版）[M]. 杭州：浙江摄影出版社，2019.

【19】 N.J. 史蒂文森 . 西方服装设计简史 [M]. 任俊芳，译 . 上海：东华大学出版社，2018.

【20】 李当岐 . 西洋服装史 [M]. 2 版 . 北京：高等教育出版社，2005.

【21】 郑巨欣 . 世界服装史 [M]. 杭州：浙江摄影出版社，2000.

【22】 KLAUS HONNEF. Pop Art[M]. Cologne: TASCHEN, 2015.

【23】 马茂元，赵昌平 . 唐诗选 [M]. 上海：上海古籍出版社，2017.

【24】 刘逸生 . 唐诗小札 [M]. 北京：中国青年出版社，2016.

【25】 罗宗强 . 唐诗小史 [M]. 北京：中华书局，2019.

【26】 钱锺书 . 宋诗选注 [M]. 北京：人民文学出版社，2017.

【27】 缪钺 . 诗词散论 [M]. 北京：北京大学出版社，2018.

【28】 吉川幸次郎 . 宋元明诗概说 [M]. 李庆，骆玉明，译 . 上海：复旦大学出版社，2012.

【29】 齐治平 . 唐宋诗之争概述 [M]. 长沙：岳麓书社，1984.

【30】 王水照 . 宋代文学通论 [M]. 上海：复旦大学出版社，2022.

【31】 余秋雨 . 戏剧理论史稿 [M]. 上海 : 上海文艺出版社，1983.

【32】 余秋雨 . 世界戏剧学 [M]. 北京 : 北京联合出版有限公司，2021.

【33】 王国维 . 宋元戏曲史 [M]. 上海 : 上海书店出版社，2020.

【34】 杨晓林 . 影视鉴赏 [M]. 上海 : 上海交通大学出版社，2021.

【35】 杨晓林 .《红孩儿大话火焰山》对中国动画业的启示 [J]. 电影艺术，2006(2):87-88.

【36】 杨晓林 . 批评家的苦衷与滞后的电影批评 [J]. 人民论坛，2011(27):75.DOI:10.16619/j.cnki.rmlt.2011.27.001.
【37】 杨晓林，王帅帅 . 高仿真动画《魁拔》：“他者”的移植与“自我”的缺失 [J]. 四川戏剧，2014(12):158-161.
【38】 杨晓林 .《寻梦环游记》: 家人是比梦想更重要的事情 [J]. 艺苑，2018(5):24-26.
【39】 杨晓林 .《复仇者联盟 4》: 后现代与奇幻叙事 [N]. 新民晚报，2019-05-19.
【40】 杨晓林，陈曼青 . 回环式叙事结构电影论 [J]. 当代电影，2021(4):46-53.
【41】 杨晓林 . 中国神仙题材“同人动画”之演进——兼论新国潮语境下超级奇幻动画电影改编策略 [J]. 电影新作，2022(2):12-19.
【42】 杨晓林 .《新神榜：杨戬》: 画面，鈺蜞外；叙事，败絮其中 [N]. 新民晚报，2022-08-29.
【43】 刘易斯 · 芒福德 . 城市发展史：起源，演变和前景 [M]. 宋俊岭，倪文彦，译 . 北京：中国建筑工业出版社，2005.
【44】 董鉴泓 . 中国城市建设史 [M]. 北京：中国建材工业出版社，2004.
【45】 张京祥 . 西方城市规划思想史纲 [M]. 南京：东南大学出版社，2005.
【46】 沈玉麟 . 外国城市建设史 [M]. 北京：中国建筑工业出版社，1989.
【47】 汪德华 . 中国城市规划史纲 [M]. 南京：东南大学出版社，2005.
【48】 张冠增 . 西方城市建设史纲 [M]. 北京：中国建筑工业出版社，2011.
【49】 卓旻 . 西方城市发展史 [M]. 北京：中国建筑工业出版社，2014.
【50】 邵甬，周俭 . 世界遗产在中国：历史城市 [M]. 上海：东方出版中心，2021
【51】 邵甬 . 法国建筑 · 城市 · 景观遗产保护与价值重现 [M]. 上海：同济大学出版社，2010.
【52】 张松 . 历史城市保护学导论 [M]. 上海：上海科学技术出版社，2001.
【53】 P.S.N.RAO, 纪雁，沙永杰 . 印度德里城市规划与发展 [J]. 上海城市规划，2014(1):78-86.
【54】 吴其付 . 从山水到风水——阆中古城城市形象的变迁 [J]. 电子科技大学学报（社会科学版），2013,15(6):83-87，103.
【55】 刘玉芝 . 从奈良、京都的历史遗迹看日本的文化遗产保护 [J]. 中国文化遗产，2010(6):106-110.
【56】 张仲军 . 历史文化名城阆中古城街区街道空间分析 [D]. 长沙：湖南大学，2010:26
【57】 赵安启 . 唐长安城选址和建设思想简论 [J]. 西安建筑科技大学学报（自然科学版），2007(5):667-672.
【58】 刘涛，李秀，邓奕 . 四川阆中古城空间形态分析 [J]. 规划师，2005(5):116-118.
【59】 孙晖，梁江 . 唐长安坊里内部形态解析 [J]. 城市规划，2003(10):66-71.
【60】 梁江，孙晖 . 唐长安城市布局与坊里形态的新解 [J]. 城市规划，2003(1):77-82.
【61】 韩骥 . 京都、奈良在城市建设中保存古都风貌的经验 [J]. 城市规划，1981(1):63-70.
【62】 胡飞 . 问道设计 [M]. 北京：中国建筑工业出版社，2012.
【63】 Roben Clay. 设计之美 [M]. 济南：山东画报出版社，2010.
【64】 徐恒醇 . 设计美学概论 [M]. 北京：北京大学出版社，2020.
【65】 梁进，陈雄达，张华隆，等 . 数学建模讲义 [M]. 2 版 . 上海：上海科学技术出版社，2019.
【66】 梁进 . 数学与名画 [M]. 北京：科学出版社，2016.
【67】 梁进 . 名画中的数学密码 [M]. 上海：上海科学普及出版社，2018.
【68】 梁进 . 诗话数学 [M]. 上海：上海科技教育出版社，2019.
【69】 梁进，陈雄达，钱志坚，等 . 数学建模 [M]. 北京：人民邮电出版社，2019.
【70】 梁进，杨晓丽，郭华英 . 碳减排——数学模型及其应用 [M]. 北京：化学工业出版社，2020.
【71】 梁进 . 大自然是个数学老师 [M]. 武汉：长江少年儿童出版社，2020.
【72】 梁进 . 音乐与数学——谜一般的关系 [M]. 上海：上海科学技术出版社，2022.

【73】 梁进 . 什么是数学 [M]. 大连：大连理工大学出版社，2022.
【74】 李麟学 . 热力学建筑原型 [M]. 上海 : 同济大学出版社，2019.3.
【75】 李麟学 . 知识 · 话语 · 范式——能量与热力学建筑的历史图景及当代前沿 [J]. 时代建筑 .2015(2).
【76】 李麟学 , 蒋原伦 . 化解当代都市问题的良方——诗学视野下的建筑文化与空间观 [J]. 探索与争鸣 , 2020(10):9.
【77】 李麟学，丁凡，西格弗里德 · 齐林斯基 . 理论拓展与范式创新一学科交叉背景下媒介城市话语体系的建构 [J]. 上海文化，2023,10.
【78】 王鑫 , 李麟学 . 跨文化传播视域下中国传统共通性理论的当代阐释 [J]. 江西社会科学，2023,43(02):22-30+206-207.
【79】 张艳，李麟学 . 数字技术为美育带来的挑战与机遇一“新文科”背景下“大学美育”课程的教学实践探索，2023,5.
【80】 H.W. 詹森 . 詹森艺术史 [M]. 插图第 7 版 . 艺术史组合翻译实验小组 , 译 . 长沙 : 湖南美术出版社， 2017.
【81】 赵声良 . 敦煌石窟艺术简史 [M]. 北京 : 中国青年出版社，2019.
【82】 COSGRAVE, BRONWYN. The complete history of costume & fashion : from ancient Egypt to the present day[M]. New York: Checkmark Books, 2001.
【83】 JOHANNSEN W. Elemente der exakten erblichkeitslehre [M]. 1909.
【84】 MORGAN TH. SEX LIMITED INHERITANCE IN DROSOPHILA [J]. Science (New York, NY), 1910, 32(812): 120-2.
【85】 WATSON JD, CRICK FH. Genetical implications of the structure of deoxyribonucleic acid [J]. Nature, 1953, 171(4361): 964-7.
【86】 WATSON JD, CRICK FH. Molecular structure of nucleic acids; a structure for deoxyribose nucleic acid [J]. Nature, 1953, 171(4356): 737-8.
【87】 LYON MF. Gene action in the X-chromosome of the mouse (Mus musculus L.) [J]. Nature, 1961, 190: 372-3.
【88】 GURDON JB. The developmental capacity of nuclei taken from intestinal epithelium cells of feeding tadpoles [J]. Journal of embryology and experimental morphology, 1962, 10: 622-40.
【89】 FERGUSON MWJ, JOANEN T. TEMPERATURE-DEPENDENT SEX DETERMINATION IN ALLIGATOR-MISSISSIPPIENSIS [J]. Journal of Zoology, 1983, 200(JUN): 143-77.
【90】 LANDER ES, INT HUMAN GENOME SEQUENCING C, LINTON LM, et al. Initial sequencing and analysis of the human genome [J]. Nature, 2001, 409(6822): 860-921.
【91】 TAKAHASHI K, YAMANAKA S. Induction of pluripotent stem cells from mouse embryonic and adult fibroblast cultures by defined factors [J]. Cell, 2006, 126(4): 663-76.
【92】 Wang M, Zhao K, Liu M,, et al.. BMP4 preserves the developmental potential of mESCs through Ube2s- and Chmp4b-mediated chromosomal stability safeguarding. Protein Cell. 2022 Aug;13(8):580-601. doi: 10.1007/s13238-021-00896-x.

【93】 GREEN RE, KRAUSE J, BRIGGS AW, et al. A Draft Sequence of the Neandertal Genome [J]. Science, 2010, 328(5979): 710-22.

【94】 LU S, ZONG C, FAN W, et al. Probing Meiotic Recombination and Aneuploidy of Single Sperm Cells by Whole-Genome Sequencing [J]. Science, 2012, 338(6114): 1627-30.

【95】 HOU Y, FAN W, YAN L, et al. Genome Analyses of Single Human Oocytes [J]. Cell, 2013, 155(7): 1492-506.

【96】 LIU Z, CAI Y, WANG Y, et al. Cloning of Macaque Monkeys by Somatic Cell Nuclear Transfer [J]. Cell, 2018, 172(4): 881-+.

【97】 ZHAO K, WANG M, GAO S, et al. Chromatin architecture reorganization during somatic cell reprogramming. Current Opinion in Genetics & Development. 2021 Oct 70:104-113. https://doi.org/10.1016/j.gde.2021.07.006

【98】 BEJAN A, J. PEDER Z. Design in nature : how the constructal law governs evolution in biology, physics, technology, and social organization[J].Doubleday, 2012.

【99】 D'ARCY. Wentworth Thompson，Biology，On Growth and Form[M]. Dover Publications,1992.